ACCESO GRATIS a la Lectura en la Nube

Para visualizar el libro electrónico en la nube de lectura envíe junto a su nombre y apellidos una fotografía del código de barras situado en la contraportada del libro y otra del ticket de compra a la dirección:

ebooktirant@tirant.com

En un máximo de 72 horas laborables le enviaremos el código de acceso con sus instrucciones.

ANÁLISIS CRÍTICO DEL GOBIERNO CORPORATIVO DE LAS SOCIEDADES COOPERATIVAS DE CRÉDITO

Procedimiento de selección de originales, ver página web:
www.tirant.net/index.php/editorial/procedimiento-de-seleccion-de-originales

ANÁLISIS CRÍTICO DEL GOBIERNO CORPORATIVO DE LAS SOCIEDADES COOPERATIVAS DE CRÉDITO

Anna García Companys

tirant lo blanch
Valencia, 2024

En caso de erratas y actualizaciones, la Editorial Tirant lo Blanch publicará la pertinente corrección en la página web www.tirant.com.

La aceptación de la presente obra ha tenido en consideración la evaluación y calificación sobresaliente cum laude otorgada por los expertos componentes del tribunal calificador de la tesis doctoral que ahora se publica, cumpliendo con el criterio correspondiente de los revisores externos y ofreciendo la calidad debida a la presente obra.

EDITA: TIRANT LO BLANCH
C/ Artes Gráficas, 14 - 46010 - Valencia
TELFS.: 96/361 00 48 - 50
FAX: 96/369 41 51
Email: tlb@tirant.com
www.tirant.com
Librería virtual: www.tirant.es
DEPÓSITO LEGAL: V-3232-2024
ISBN: 978-84-1197-726-5

Si tiene alguna queja o sugerencia, envíenos un mail a: *atencioncliente@tirant.com*. En caso de no ser atendida su sugerencia, por favor, lea en *www.tirant.net/index.php/empresa/politicas-de-empresa* nuestro procedimiento de quejas.

Responsabilidad Social Corporativa: http://www.tirant.net/Docs/RSCTirant.pdf

Resumen

La presente publicación incluye los aspectos más relevantes de la tesis doctoral defendida en la Universitat de Lleida en julio de 2022, cuyo título era el mismo que la presente publicación.

Este trabajo aborda el estudio del gobierno corporativo de las sociedades cooperativas de crédito españolas con el propósito de identificar las incongruencias que se producen como consecuencia de la aplicación de las normas de gobierno financiero impuestas por la regulación sectorial. Estas normas, cuyo cumplimiento se configura como uno de los requisitos ineludibles para el acceso y el ejercicio de la actividad típica de intermediación indirecta en el crédito, si bien se proyectan sobre todas las entidades que operan en el mercado de crédito, tienen como principal referencia un tipo societario en concreto, la sociedad anónima cotizada, que presenta diferencias substanciales con las sociedades cooperativas. La circunstancia descrita favorece procesos de *bancarización* que conducen a desvirtuar los atributos esenciales de las cooperativas, como uno de los tipos societarios emblemáticos de la Economía Social y, en última instancia, a la pérdida de diversidad en el sector. Es por ello que este trabajo propone la aplicación del Principio de Proporcionalidad, contemplado expresamente en las normas comunitarias y nacionales, como instrumento idóneo para superar las inconsistencias detectadas y preservar la identidad cooperativa sin menoscabo alguno de la solidez del gobierno corporativo de las cooperativas de crédito.

Palabras clave: gobierno corporativo, cooperativas de crédito, identidad cooperativa, principio de proporcionalidad.

Resum

La present publicació inclou els aspectes més rellevants de la tesis doctoral defensada en la Universitat de Lleida al juliol de 2022, el títol de la qual coincideix amb el present treball.

Aquest treball versa sobre l'estudi del govern corporatiu de les societats cooperatives de crèdit espanyoles amb el propòsit d'identificar les incongruències que es produeixen com a conseqüència de l'aplicació de les normes de govern financer imposades per la regulació sectorial. Aquestes normes, el compliment de les quals es configura com un dels requisits ineludibles per a l'accés i l'exercici de l'activitat típica d'intermediació indirecta al crèdit, si bé es projecten sobre totes les entitats que operen en el mercat de crèdit, tenen com a referència principal un tipus societari en concret, la societat anònima cotitzada, que presenta diferències substancials amb les societats cooperatives. La circumstància descrita afavoreix processos de *bancarització* que condueixen a desvirtuar els atributs essencials de les cooperatives un dels tipus societaris emblemàtics de l'Economia Social i, en última instància, a la pèrdua de diversitat en el sector. És per això que aquest treball proposa l'aplicació del Principi de Proporcionalitat, contemplat expressament a les normes comunitàries i nacionals, com a instrument idoni per superar les inconsistències detectades i preservar la identitat cooperativa sense cap menyscapte de la solidesa del govern corporatiu de les cooperatives de crèdit.

Paraules clau: Govern corporatiu, cooperatives de crèdit, identitat cooperativa, principi de proporcionalitat.

Abstract

This publication includes the most relevant aspects of the doctoral thesis defended at the University of Lleida in July 2022, that shares the same name.

The present publication deals with the study of the *corporate governance* of Spanish *credit cooperatives* to identify the inconsistencies resulting from the application of financial governance rules imposed by the sectorial regulation. Complying with all these binding rules is one of the essential requirements to access the typical activity of indirect credit intermediation. These rules apply to all entities operating on the banking system, but they have taken a specific type of company as a reference: the joint-stock companies, which differ substantially from the cooperative structure and function. This situation favors changes in the system that distort the essential attributes of cooperatives, being the latter one of the emblematic classes of companies in the Social Economy. Consequently, those changes imply the loss of diversity in the financial sector. The present thesis therefore proposes the application of the Proportionality Principle, which is expressly provided in European and national rules, as an appropriate instrument to overcome the inconsistencies identified and to guarantee and preserve the basic values of cooperative identity without undermining the solvency of the cooperative-banking corporate governance.

Key words: corporate governance, cooperative banking, cooperative identity, principle of proportionality.

Índice

TERCERA PARTE: EL PRINCIPIO DE PROPORCIONALIDAD

PRIMERA PARTE:
FINALIDAD, OBJETO Y SUJETO DE ESTUDIO

I. FINALIDAD DEL ESTUDIO

El presente trabajo aborda uno de los aspectos identificados por la doctrina como uno de los principales obstáculos que dificultan el desarrollo de la sociedad cooperativa. Nos referimos a lo que genéricamente se conoce como **"regulaciones de mercado"**, que incluye determinadas normas de carácter sectorial, normas de competencia y normas relativas al sector público. Un ejemplo paradigmático es la **regulación financiera** que se aplica a todas las entidades de crédito, entendiendo por tales aquellas que desarrollan de modo exclusivo y excluyente la actividad típica consistente en recibir depósitos u otros fondos reembolsables del público y aplicarlos a la concesión de crédito por cuenta propia.

Dada la trascendencia y complejidad de esta actividad, el legislador comunitario y nacional únicamente reconocen la aptitud de un reducido catálogo de fórmulas jurídicas para realizarla. En particular, nos referimos a las sociedades anónimas normalmente cotizadas, más conocidas como bancos y las sociedades cooperativas. Aunque las normas también hacen referencia a las cajas de ahorro y al Instituto de Crédito Oficial (ICO), estas entidades tienen un carácter residual y, en el caso del ICO está exenta del cumplimiento de los requisitos que abordaremos en este trabajo. Es por ello que, aun a riesgo de simplificar, podríamos afirmar que existen dos grandes modelos de entidad de crédito: (1) por un lado, el **banco**, encarnado por una sociedad anónima normalmente cotizada, que desarrolla la actividad con ánimo de lucro, y (2) por otro lado, la **sociedad cooperativa de crédito**, paradigma de la Economía Social que a través de dicha actividad busca atender a las necesidades financieras de las personas socias, siendo esta su prioridad.

Teniendo en cuenta lo anterior, este trabajo se centra en el análisis de uno de los aspectos contemplados en la regulación financiera, concretamente **en las normas relativas al gobierno**

corporativo cuyo cumplimiento se configura como uno de los requisitos ineludibles para el acceso y el ejercicio de la actividad de intermediación indirecta en el crédito. El obstáculo al que nos referíamos anteriormente radica en que estas normas, si bien se proyectan sobre todas las entidades (sean bancos o cooperativas) tienen como principal referencia la sociedad anónima cotizada.

Esta circunstancia va en detrimento de las cooperativas de crédito, puesto que dichas normas no se acomodan a la identidad cooperativa y, además, suponen unos costes de cumplimiento desproporcionados para estas entidades. En otras palabras, **la estandarización que propone la normativa de gobierno financiera acaba alineando la estructura y forma de actuar de la cooperativa con el modelo dominante de sociedad anónima**. Esta es la idea principal del presente trabajo y la que trataremos de argumentar en las siguientes líneas y dar solución mediante la adecuada aplicación del Principio de Proporcionalidad. Para ello, se hace necesario definir con cierto detalle el objeto de estudio, concepto a concepto.

II. OBJETO DEL ESTUDIO: EL GOBIERNO CORPORATIVO

Los términos **"gobierno corporativo"** son la traducción al español de la expresión inglesa "*corporate governance*". En opinión del profesor OLIVENCIA[1], a pesar de ser la versión que ha prosperado hasta nuestros días, resulta poco acertada dado que *governance* no significa estrictamente gobierno sino

---

1 OLIVENCIA, M. (2011): "El gobierno corporativo como instrumento al servicio del accionista minoritario" *Cuadernos de Derecho para Ingenieros,* núm. 10: accionistas minoritarios, (coord. CREMADES, J., PEINADO GRACIA, J.I.), (dir. AGÚNDEZ, M.A. y MARTÍNEZ-SIMANCAS, J.), pp. 49-62.

gobernanza, es decir "forma, manera o sistema de gobernar" y no simplemente "acción y efecto de gobernar". La gobernanza representaría el conjunto de procesos, prácticas, políticas y estructuras que determinan cómo se dirige, administra y controla una organización. Además, el adjetivo *corporate* es traducido al español por corporativo, aunque éste no se refiere al concepto jurídico de corporación[2] sino a las estructuras jurídicas privadas cuya estructura se califica como corporativa. Siguiendo el argumento de ALFARO[3], la sociedad tiene estructura corporativa cuando es un organismo en cuyo seno existe una especialización en la toma y gestión de las decisiones que se asignan a distintos órganos, es decir, "a sujetos determinados dentro de la agrupación que adquieren las facultades y los deberes correspondientes cuando son elegidos para ocupar el órgano"[4]. Estos órganos son de dos tipos, un órgano al que se

---

2 BATALLER GRAU, J. (2018): "Un concepto de Responsabilidad Social de la Empresa desde el Derecho Mercantil" *Revista de Derecho Mercantil,* núm. 310, Civitas, Pamplona, p.3. Según el autor, la utilización del vocablo «corporativa» no viene a ser más que una traducción del inglés «corporate» que tiene unas connotaciones ajenas a la tradición jurídica continental. La construcción europea de esta institución pone el énfasis en incorporar al proceso a las pequeñas y medianas empresas con más difícil encaje en el término «corporativa».

3 ALFARO ÁGUILA-REAL, J. (2019): "Clasificación de los tipos societarios", *Blog El almacén del derecho.* Disponible en: https://almacendederecho.org/clasificacion-de-los-tipos-societarios. (Fecha de última consulta:14/3/2022).

4 En el mismo sentido, OLIVENCIA, M. (2011): "El gobierno corporativo como instrumento al servicio del accionista minoritario", *ob.cit.*, pp. 50 y 51. El autor citado señala, además de la configuración de órganos a quienes se imputan determinadas funciones y competencias, las siguientes notas que califican a una entidad como corporativa: (1) Predominio del todo, del ente, de la persona jurídica sobre las personas físicas que la constituyen; (2) Predominio de lo colectivo sobre lo individual; (3) Relevancia del patrimonio de la persona jurídica sobre el de las personas físicas. Asimismo, sostiene que estas notas se aprecian por la doctrina en las sociedades de capital, a diferencia de las de personas o personalistas, y no sólo en su prototipo, la anónima o por acciones, como sociedad abierta, sino en otros tipos, como

le atribuye la gestión y representación de la sociedad (órgano de administración) y un órgano en el que participan los miembros de la persona jurídica para conformar la voluntad social (junta de socios o de accionistas). Por el contrario, en las sociedades de personas las decisiones colectivas se asignan al grupo de forma que todos los miembros participan en medida igual en la adopción de las decisiones[5].

En el ordenamiento jurídico español, el prototipo de entidad con **estructura corporativa** es la sociedad de capital, que se contrapone al paradigma de las **sociedades de personas o personalistas** que presentan una estructura de tipo contractual. Sin embargo, la calificación de entidad corporativa también puede predicarse respecto a otras entidades de substrato asociativo e incluso fundacional. Entre las primeras, cabe destacar la sociedad cooperativa, que presenta una estructura orgánica homologable al de la sociedad de capital y en la que las decisiones son adoptadas por el principio democrático concurriendo en estas entidades los requisitos necesarios para juzgar también pertinente la utilización de la expresión "gobierno corporativo". En cualquier caso, el estudio del gobierno corporativo encuentra acomodo en el ámbito de una empresa[6] en la que

---

la de responsabilidad limitada, cerrada e híbrida de caracteres capitalistas y personalistas

5 ALFARO ÁGUILA-REAL, J. (2019): "Clasificación de los tipos societarios", *ob.cit.* (Fecha de última consulta:14/3/2022).

6 A pesar de que actualmente no existe un concepto jurídico de «empresa», se puede recurrir al texto de la Propuesta de la Sección Segunda de Derecho Mercantil del Anteproyecto de Ley del Código Mercantil tras el dictamen del Consejo de Estado (2018) que la define en su artículo 131-1 como "el conjunto de elementos personales, materiales e inmateriales organizados por el empresario para el ejercicio de una actividad económica de producción de bienes o prestación de servicios para el mercado". Seguidamente, el artículo 131-2 enuncia los elementos que componen la empresa tales como "los bienes y derechos afectos a la actividad empresarial, las relaciones jurídicas

concurren diversos sujetos con distintos roles e intereses y hasta contrapuestos. Es por ello evidente que en el supuesto de un empresario individual que, además de ser el único propietario de la empresa, asume la gestión y administración de ésta, no hay intereses antagónicos dado que todos los roles confluyen en la misma persona. Es a medida que la empresa alcanza un mayor tamaño y complejidad, momento en que no solo precisa de un número mayor de personas aportantes de recursos que optan por constituir una sociedad, sino que, además, se introduce la especialización de funciones. De este modo surge la **diferenciación entre los propietarios de la empresa (socios o accionistas) y las personas dedicadas a la gestión y representación de la sociedad (administradores)**, llegando incluso a que la función de gestión sea objeto de delegación siendo asumida por sujetos distintos a los administradores. En esta situación es razonable conjeturar la presencia de eventuales conflictos de interés, dado que los sujetos que asumen las distintas funciones pueden no resultar coincidentes.

---

y de hecho establecidas por el empresario para el desarrollo de dicha actividad y el fondo de comercio resultante de la organización de los elementos anteriores". Cabe señalar también la clasificación de la empresa según su tamaño en micro, pequeña, mediana y gran empresa, en función de factores como el número de trabajadores en su plantilla, su volumen de ventas y su activo en total. Sobre este particular, es necesario recordar que, en 1996, la Comisión Europea adoptó la Recomendación 96/280/CE de la Comisión, de 3 de abril de 1996, relativa a la definición de las pequeñas y medianas empresas (Diario Oficial L 107, pp. 4-9, de 30 de abril de 1996) en la que se fijaba una primera definición común, que se ha aplicado ampliamente en toda la Unión Europea. El 6 de mayo de 2003, la Comisión adoptó una nueva Recomendación 2003/361/CE, de 6 de mayo de 2003, sobre la definición de microempresas, pequeñas y medianas empresas (Diario Oficial L 124, pp. 36-41, de 20 de mayo de 2003) para tener en cuenta los cambios económicos ocurridos desde 1996. Esta Recomendación entró en vigor el 1 de enero de 2005 y se aplica a todas las políticas, programas y medidas que arbitra la Comisión para las PYME.

En su concepción tradicional, el **gobierno corporativo** se ha entendido como "el conjunto de normas jurídicas, mecanismos e instrumentos mediante los cuales aquellos que aportan el capital financiero se aseguran de que la dirección y gestión de la compañía va encaminada a defender sus intereses"[7]. Puesto que el objetivo principal que se infiere de esta concepción es la satisfacción de los intereses de los accionistas mediante la obtención del máximo beneficio, las reglas de gobierno se han centrado tradicionalmente en el estudio del **consejo de administración**, como instrumento de control de la actuación de los directivos y en las posibles soluciones a los problemas de agencia y de información asimétrica de las sociedades de capital en general y de las sociedades cotizadas en particular.

Su origen se remonta a la primera mitad del siglo XX, momento en que los autores BERLE y MEANS en su obra *The modern corporation of private property*[8] pusieron de manifiesto las circunstancias descritas, constatando la **separación entre propiedad y control** y las discrepancias entre los intereses de los gerentes y la propiedad en las grandes sociedades cotizadas[9].

---

7 FOLGADO FERNÁNDEZ, J.A, HERNÁNDEZ MOGOLLÓN, J.M, MARIÑO ROMERO, J.M (2012): "Responsabilidad social corporativa: una herramienta para un nuevo enfoque del gobierno corporativo", *Revista de Estudios Económicos y Empresariales*, nº 24, pp. 55-79, p. 61.

8 BERLE, A., MEANS, G. (1991): *The modern corporation and private property*, Ed. Routledge. Se trata de una obra que data de 1932, si bien la versión más actualizada es la aquí referenciada.

9 HIERRO ANIBARRO, S. (2014): "Gobierno corporativo sin mercado de valores" *Gobierno corporativo en sociedades no cotizadas* (dir. HIERRO ANIBARRO), ed. Marcial Pons, Madrid, pp. 17-35, p. 18. Señala que no obstante la extensión que ha alcanzado el gobierno corporativo en Europa y el interés en extender sus principios fuera del mercado de valores, el gobierno corporativo ha sido y sigue siendo patrimonio casi exclusivo de la sociedad cotizada. Otros autores argumentan que en las últimas décadas el término «gobernanza» o «gobierno corporativo» se ha empleado tanto en el sector de la organización del sector público, como en relación con el sector societario, particularmente referido

Años más tarde, JENSEN y MECKLING[10] sentaron las bases de la investigación sobre el gobierno corporativo con la denominada Teoría de la Agencia. A comienzos del s. XXI, el interés por el gobierno corporativo se intensificó a raíz de una sucesión de fracasos corporativos y financieros como el caso ENRON o los asuntos PARMALAT, TYCO, WORLDCOM, MADOFF, AIG, o MAXWELL[11], que pusieron de manifiesto la

---

a las grandes empresas y sociedades cotizadas, en este sentido, véase PÉREZ CARRILLO, E. (2012): "Empresa socialmente responsable, y crecimiento empresarial sostenible", *Empresa Responsable y Crecimiento Sostenible: Aspectos conceptuales, societarios y financieros* (dir. FERNÁNDEZ-ALBOR BALTAR), ed. Aranzadi, Navarra, pp. 25-27, p.29.

10 JENSEN, M. y MECKLING, W. (1976): "Theory of the firm: Managerial behavior, agency costs and ownership structure", *Journal of Financial Economics* 3, pp. 305-360. También debe citarse la obra de FAMA, E. Y JENSEN, M. (1983): "Agency problems and residual claims", *Journal of Law and Economics,* vol. XXVI.

11 A finales de los años 1990, el crecimiento del sector de las telecomunicaciones dio lugar a una burbuja especulativa financiera que, unida a modelos de negocio y planes empresariales vinculados a previsiones proco realistas sobre el crecimiento de las tecnologías, alimentaron incrementos ingentes en las cotizaciones bursátiles. Ello forzó a ejecutar políticas empresariales basadas en orientaciones puramente financieras y cortoplacistas que terminaron por causar una grave crisis de cotizaciones de este sector en todo el mundo por el boom tecnológico. En la misma época, debido a la liberalización del mercado energético en Estados Unidos, se permitió que determinados instrumentos utilizados por las empresas del sector energético quedaran fuera de supervisión. En concreto, se permitió excluir de tales controles a ciertas entidades que se creaban con fines específicos o para proyectos concretos como las *Special Purpose Entities.* Eso, junto a comportamientos directamente delictivos como el ocultamiento de información o el falseamiento de cuentas, fue posiblemente la principal causa subyacente a la gran quiebra de ENRON en 2001, la bancarrota de la empresa eléctrica más grande del mundo. Sobre este particular, PÉREZ CARRILLO, E. (2009): *Gobierno corporativo y responsabilidad social de las empresas,* Marcial Pons, p. 51. Como explica TERMES CARRERÓ, a partir del año 2000, el movimiento internacional de reforma del gobierno corporativo se acentuó, especialmente tras el caso ENRON,

necesidad de tomar medidas para asegurar el buen gobierno corporativo de las sociedades cotizadas. Dicha situación se acrecentó en 2007 con el estallido de la **crisis financiera** originada en Estados Unidos y cuya causa principal fue la concesión de créditos en un mercado inmobiliario sobrevalorado, su titulización poco transparente y su posterior venta por paquetes de productos complejos de ingeniería financiera, contando con la previa intervención y aprobación por las agencias de valoración de crédito. Estos valores fueron adquiridos y negociados en el mercado financiero, provocando importantes quiebras en grandes bancos de inversión como LEHMAN BROTHERS, MERRIL LYNCH, GOLDMAN SACHS, MORGAN STANLEY, BEARNS, STERN, que forzaron la intervención pública para evitar más quiebras[12]. Sobre este particular, numerosas investigaciones concluyeron que **las deficiencias en el gobierno corporativo de las empresas en general y de las entidades de crédito en particular fueron una de las causas más relevantes**

---

cuando se declaró la mayor bancarrota conocida en Estados Unidos, con un activo superior a los 63.000 millones de dólares, debido a la concatenación de graves deficiencias del gobierno de la empresa: un CEO y un Presidente que trataron de aprovechar los resquicios legales de la normativa contable, unos consejeros que aprobaban todo lo que se presentaba a las reuniones del consejo (con unos honorarios de 300.000 dólares anuales) y un auditor al que su falta de escrúpulos llevó a la quiebra. TERMES CARRERÓ, R. (2003): "Las irregularidades financieras en la economía de mercado", *Anales de la Real Academia de Ciencias Morales y Políticas*, núm. 80, pp. 141-176. Por su parte, el asunto PARMALAT supuso un fraude en el entorno de una gran empresa familiar, con el aparente beneplácito del sistema bancario italiano, que posiblemente sólo llegó a hacerse público porque fue denunciado por la Comisión de Bolsa y Valores (SEC por sus siglas en inglés) de Estados Unidos en base a la cotización de PARMALAT en la Bolsa de Nueva York. En cualquier caso, para realizar una revisión global de estos fracasos financieros puede consultarse a OLCESTE SANTOJA, A. (2005): *Teoría y Práctica del Buen Gobierno corporativo*, ed. Marcial Pons, Madrid-Barcelona, pp. 241 y ss.

12 PÉREZ CARRILLO, E. (2009): *Gobierno corporativo y responsabilidad social de las empresas, ob.cit.*, p. 52.

de la crisis financiera[13]. Un ejemplo que destacar es el Informe de 2009 que lleva por título *Report of the High-Level Group on Financial Supervision in the EU*, más conocido como Informe Larosière[14], que identificó la conexión entre las deficiencias en materia de gobierno corporativo y la citada crisis financiera afirmando literalmente que "*This is one of the most important failure of the present crisis*"[15]. Adicionalmente, expuso la carencia de herramientas institucionales de alcance europeo que per-

---

13 Entre otros, FARINHA, G. (2003): "Corporate Governance: a survey of the literature". *Universidade do Porto Economia Discussion Paper no. 2003-06.* University of Porto, p. 5 Disponible en: https://www.researchgate.net/publication/228260774_Corporate_Governance_A_Survey_of_the_Literature (fecha última consulta: 2/2/2022). Este autor apunta que se puso en duda la eficacia de los mecanismos que controlaban el gobierno de las empresas. En particular, los escándalos financieros y los elevados salarios de los ejecutivos propiciaron un clima de falta de confianza en los sistemas de gobierno. En la misma línea también se pronunció la ASSOCIATION OF CHARTERED CERTIFIED ACCOUNTANTS (ACCA) (2008): "Corporate Governance and the Credit Crunch" *discussion paper*, noviembre, p.4, al señalar que el credit crunch en gran parte podía considerarse como un fallo en el gobierno corporativo. Sobre este particular, véase a VAN der ELST, C. (2015): "Corporate Governance and Banks: How justified is the match?", *ECGI*, Law Working Paper núm. 284/2015, p. 2.

14 El Informe *Larosière* (The High-level Group on financial supervision in the UE Report), de 25 de febrero de 2009. Disponible en http://ec.europa.eu/internal_market/finances/docs/de_larosiere_report_en.pdf (fecha última consulta: 3/2/2022) tuvo lugar porque el Grupo de Alto Nivel presidido por Jacques de *Larosière* defendió que las autoridades monetarias de todo el mundo y sus autoridades financieras de supervisión y regulación podían y debían hacer mucho más en el futuro para reducir la posibilidad de que sucesos como este volvieran a producirse. Si bien esto no significaba que fuera posible prevenir todas las crisis futuras, sí podían atenderse las debilidades sistémicas e interconectadas a las que se había asistido.

15 En relación a la crisis financiera en Estados Unidos, veánse los artículos de BRUNER, C.M. (2011): "Corporate Governance Reform in a Time of Crisis", núm. 36, *Journal of Corporation Law*, pp. 309-339; ROSE, P. (2010): "Regulating risk by strengthening corporate governance", *SSRN Electronic Journal*,

mitieran coordinar la acción entre los Estados miembros y las instituciones europeas y defendió, entre otras muchas cuestiones, la necesaria implementación de mecanismos y la creación de una **estructura organizativa que permitiese afrontar los aspectos de la supervisión, restructuración y resolución de los operadores financieros en un marco europeo unificado**. Por consiguiente, y con la finalidad de evitar y superar los efectos de potenciales crisis financieras futuras, el Informe ofrece una serie de recomendaciones y propuso una reforma profunda tanto del marco regulatorio como supervisor europeo. Estas recomendaciones cristalizaron en el denominado **Sistema Europeo de Supervisión Financiera**, que combina (1) la supervisión microprudencial que corresponde a la vigilancia de las entidades de forma individual y que, en el ámbito bancario, se desarrolla a través del Mecanismo Único de Supervisión, y (2) la supervisión macroprudencial, que se ocupa de la vigilancia al sistema financiero en su conjunto para evitar riesgos de contagio (a cargo de la Junta Europea de Riesgo Sistémico). Esta estructura debe incardinarse en el marco de la denominada **Unión Bancaria**, cuyo objetivo es lograr un sector bancario europeo transparente, unificado y seguro.

Además de este cambio estructural y organizativo, en las últimas décadas hemos asistido a una evolución del tradicional concepto del gobierno corporativo hacia un **enfoque integral** que incluye aspectos relativos al diseño de la organización, el funcionamiento de las instituciones de gobierno dirigidas a adoptar en la empresa un conjunto de objetivos, políticas, sistemas, criterios organizativos y procesos de toma de decisiones, que permitan alcanzar objetivos de manera razonable, proyectar la empresa a largo plazo y asegurar su continuidad como organización, teniendo en cuenta a distintos grupos de

---

pp.1-30; SEPE, S.M., (2012): "Regulating Risk and Governance in Banks: a contractarian perspective" núm. 62, *Emory Law Journal*, pp. 327-406.

interés[16]. De hecho, si bien en sus orígenes el gobierno corporativo trataba de aportar soluciones a los conflictos surgidos por la separación entre propiedad y poder típico de las sociedades o entidades corporativas, el gobierno corporativo del s. XXI se perfila atendiendo las relaciones de la entidad con los **múltiples interesados** en la actividad societaria. En particular, la existencia de estos múltiples intereses debe advertirse en las **sociedades que operan en el sistema financiero**, entendiéndose el mismo como "el conjunto de instituciones, medios y mercados cuyo fin primordial es canalizar el ahorro que generan las unidades de gasto con superávit, hacia los prestatarios o unidades de gasto con déficit"[17]. El sistema financiero incorpora los mecanismos y elementos necesarios para proporcionar al sistema económico los recursos que éste precisa, apropiados no sólo en su volumen o cuantía, sino también en su naturaleza, plazo y costes[18]. Junto a esta función tradicional, el sistema

---

[16] En definitiva, el gobierno corporativo se concibe como la manera en la que las organizaciones gestionan, dirigen y realizan el proceso de toma decisiones teniendo en cuenta las necesidades de los distintos grupos de interés. GONZALEZ ESTEBAN, E. (2007): "La Teoría de los Stakeholders: un puente para el desarrollo práctico de la ética empresarial y de la responsabilidad social corporativa", *Veritas,* Vol. II, nº 17, pp. 205-224, p.208.

[17] Por todos, PAREJO, J.A., RODRÍGUEZ, L., CALVO, A. y CUERVO, A. (2012): "Capítulo 1. Sistema financiero: características generales" *Manual del Sistema Financiero Español,* ed. Ariel Economía, 24ª edición, Barcelona, p. 1.

[18] CALVO BERNARDINO, A., PALOMO ZURDO, R.J. y GUITIÉRREZ FERNÁNDEZ, M. (2013): "El panorama actual del sistema financiero español", *Los mercados financieros,* ed. Tirant lo Blanch, Valencia, pp. 29-75, p. 34. Como señalan algunos autores la razón por la cual la actividad financiera se organiza en algo tan complejo como es el sistema financiero subyace de la dificultad que supone poder organizarse de forma directa entre todas las personas que forman parte de una economía. Es decir, a falta de un sistema financiero regulado, cada persona que necesitara dinero tendría que buscar, de forma directa, a alguien dispuesta a prestárselo por la misma cantidad y para el mismo periodo de devolución que necesita, es decir, requeriría la llamada "doble coincidencia de deseos". Por ejemplo, si alguien precisara una

financiero debe también "contribuir al logro de la estabilidad monetaria y financiera[19] y permitir a través de su estructura, el desarrollo de una política monetaria activa por parte de la autoridad monetaria (...)"[20]. De acuerdo con el modelo tradicional de la regulación económica, se ha postulado una estructura del mercado financiero de carácter **sectorial** tomando como criterio de referencia la función de los operadores, objetos y técnicas de contratación típicas de los intermediarios financieros autorizados para intervenir en cada uno de ellos[21]. Como consecuencia de lo anterior, el sistema financiero suele clasifi-

---

cantidad de dinero durante cinco años, tendría que buscar a otra persona dispuesta no sólo a prestar exactamente ese dinero, sino a querer hacerlo exactamente durante ese periodo de tiempo, y con las mismas características del instrumento financiero en que se materialice la deuda. En consecuencia, las personas tendrían que localizarse mutuamente, lo cual supondría unos costes de búsqueda tan elevados que haría inviable el proceso. Además, los costes de búsqueda no son los únicos asociados a la actividad financiera y podemos mencionar la existencia de costes de información y costes de contratación que no podrían asumirse por los sujetos individualmente. En este sentido, véase también a ONTIVEROS, E. y VALERO, F. J. (2003): "El sistema financiero español desde la constitución. Homologación internacional vertebración territorial" *Economía Industrial*, núm. 349-350, pp. 111-126.

19 La «estabilidad financiera», se podría definir como aquella en la que el sistema monetario y financiero operan de forma fluida y eficiente. En una economía desarrollada, esto supone que el Banco Central transmite los efectos de su política monetaria y las entidades de crédito distribuyen los fondos que reciben de los ahorradores entre los demandantes de recursos y además atienden con normalidad los servicios bancarios que proveen a su clientela. Véase: https://www.bde.es/bde/es/secciones/sobreelbanco/funcion/Promover_la_est_0cf82d8ee17a821.html (fecha última consulta: 7/5/2022).

20 CALVO BERNARDINO, A., PALOMO ZURDO, R.J. y GUITIÉRREZ FERNÁNDEZ, M. (2013): "El panorama actual del sistema financiero español", *ob.cit.* p. 34.

21 TAPIA HERMIDA, A. (2011): "El sistema europeo de supervisión financiera", *Revista de Derecho Bancario y Bursátil*, núm. 121, pp. 9-60, p. 22.

carse en tres ámbitos principales de actividad: (1) el **mercado de valores**, que permite la canalización de capital a medio y largo plazo de los inversores a las empresas y administraciones públicas que necesitan recursos; (2) el **mercado de seguros**, en el que se desarrolla la función de compensación de riesgos de modo que las entidades captan primas del público al objeto de cubrir los riesgos que afectan a su persona o bienes y para el caso de siniestro se comprometen a pagar la suma o indemnización, y (3) el **mercado de crédito**, objeto del presente estudio que resulta fundamental en el conjunto del sistema financiero, puesto que es el que canaliza de forma más significativa los recursos hacia la inversión productiva y constituye un elemento esencial para completar la integración en el mercado único en la UE[22]. Sin embargo, no son pocos los autores que alertan acerca de las limitaciones de esta configuración sectorial debido principalmente a la existencia de relevantes vínculos entre los sectores mencionados y la aparición de operadores que se resisten a un encaje preciso en alguno de ellos[23].

---

22 Los servicios financieros constituyen una parte esencial de la labor de la Unión Europea para completar el mercado interior en el contexto de la libre circulación de servicios y capitales. Los avances hacia la integración se han desarrollado en distintas fases: (1) eliminación de las barreras nacionales de acceso (1957-1973); (2) armonización de legislaciones y políticas nacionales (1973-1983); (3) culminación del mercado interior (1983-1992); (4) creación de la zona de la moneda única y periodo anterior a la crisis (1999-2007); y (5) la crisis financiera mundial y reforma posterior a la crisis (desde 2007). La salida del Reino Unido de la Unión planteó una nueva serie de retos con posibles repercusiones para el sector de los servicios financieros en la Unión y fuera de ella. Véase: https://www.europarl.europa.eu/ftu/pdf/es/FTU_2.6.13.pdf (fecha última consulta: 7/5/2022).

23 Sentado lo anterior, es apropiado distinguir entre la intermediación financiera bancaria que se realiza exclusivamente por las entidades de crédito y la intermediación financiera no bancaria (en adelante, IFNB) que reúne la actividad de un conjunto de entidades heterogéneas que, en determinadas circunstancias, desarrollan un negocio con algunos aspectos similares a los de las entidades de crédito. En este grupo se encuentran las entidades de

En cualquier caso, las **entidades de crédito son uno de los operadores que intervienen en el sistema financiero desarrollando la actividad de intermediación financiera bancaria**. Esta actividad consiste típicamente en recibir del público depósitos u otros fondos reembolsables y en conceder créditos por cuenta propia, esto es, asumiendo el riesgo de insolvencia de los prestatarios y el de liquidez que se origina al cambiar los plazos[24]. Conviene reiterar que la **actividad descrita tiene carácter "exclusivo y excluyente"**, es decir, únicamente puede ser realizada por las entidades de crédito o, dicho de otro modo, quedando prohibido el ejercicio profesional de la misma a otros sujetos que no estén constituidos como entidades de crédito[25]. Sin embargo, debe tenerse en cuenta que las operaciones realizadas por las entidades de crédito son mucho más diversas y de mayor complejidad que las que se acaban de describir, de hecho, dichas entidades están autorizadas a realizar prácticamen-

---

seguros, los fondos de pensiones, los auxiliares financieros y otras instituciones financieras de naturaleza muy diversa. Entre otros, ver MARTÍNEZ-PINA GARCÍA, A. (2019): "Intermediación financiera no bancaria", *Revista de estabilidad financiera*, núm. 37, pp. 107-131, p. 107. Texto disponible en: https://repositorio.bde.es/bitstream/123456789/11166/1/Intermediacion_financiera.pdf (fecha última consulta: 7/5/2022).

24 La definición de «entidad de crédito» se recoge en el artículo 4.1 del Reglamento nº 575/2013 sobre requisitos prudenciales de las entidades de crédito y las empresas de inversión. Sobre este Reglamento nos adentraremos más adelante y aludiremos a él como CRR (*Capital Requirements Regulation*), tal como sigue: "«Entidad de crédito»: una empresa cuya actividad consista en recibir del público depósitos u otros fondos reembolsables y en conceder créditos por cuenta propia".

25 Artículo 9.1 de la Directiva CRD IV: "1. Los Estados miembros prohibirán a las personas o empresas que no sean entidades de crédito el ejercicio, con carácter profesional, de la actividad de recepción de depósitos u otros fondos reembolsables procedentes de particulares".

te todo tipo de operaciones financieras, salvo las de seguros, si bien pueden comercializarlos[26].

A todo ello, el renovado concepto de gobierno corporativo resulta especialmente **adecuado para las entidades de crédito**, en atención a los intereses en juego que se derivan de su condición de intermediarios financieros y de su papel en la garantía de la estabilidad financiera. Estas particularidades ligadas a la naturaleza de sus actividades, no sólo impiden que su gobierno corporativo pueda reducirse a un simple problema de conflicto de intereses entre los accionistas y la dirección sino que, además, justifican su **sometimiento a una estricta regulación y supervisión pública** que incide directamente en la conformación de dicho gobierno, se establece así un sistema de reglas, principios y procedimientos que conviven junto a las reglas propias de la normativa societaria correspondiente y, en consecuencia, se acaba dotando a dicho gobierno corporativo de un perfil singular respecto al que presenta en otro tipo de entidades ajenas al sector financiero. Es por ello que resulta **evidente la conexión entre la gobernanza interna de las sociedades (Derecho de Sociedades) y el llamado Derecho del Mercado Financiero**[27], puesto que ambos entornos normativos se entrelazan, utilizán-

---

26 Véase el artículo 150 del Real Decreto-Ley 3/2020, de 4 de febrero, de medidas urgentes por el que se incorporan al ordenamiento jurídico español diversas directivas de la Unión Europea en el ámbito de la contratación pública en determinados sectores; de seguros privados; de planes y fondos de pensiones; del ámbito tributario y de litigios fiscales. Define el concepto de operador de banca-seguros.

27 ZUNZUNEGUI, F. (2019): "Concepto y sistema del derecho del mercado financiero", *Regulación financiera. Revista de Derecho del Mercado Financiero*, working paper 2/2019. El Derecho del Mercado Financiero es, según el autor, la disciplina académica que comprende el estudio del conjunto de normas que regulan los mecanismos que permiten garantizar la eficiente asignación del ahorro a la inversión. El mecanismo principal que permite cumplir esta función económica es el mercado.

dose reglas propias del Derecho Societario como fórmula para la prevención y superación de futuras crisis[28].

Atendiendo a lo anteriormente expuesto, el gobierno corporativo de las entidades de crédito está integrado por dos modelos o sistemas de gobierno desarrollados en distintos cuerpos normativos que atienden a diversas finalidades de política legislativa; en primer lugar, el **"gobierno estrictamente societario"** que comprende las normas propias de cada tipo societario con el propósito de lograr el correcto discurrir de las relaciones internas y, en especial, el buen funcionamiento de los órganos de la sociedad. En segundo lugar, el **"gobierno financiero"** previsto en la regulación prudencial, el cual se configura como uno de los condicionantes o requisitos para el acceso y ejercicio de la actividad propia de las entidades de crédito. En particular, el **sistema de "gobierno societario"** englobaría las normas relativas a la naturaleza de cada entidad por lo que, para su aplicación, deben clasificarse las entidades en función de su forma jurídica. Su finalidad es lograr el buen orden en las relaciones internas y, en especial, el buen funcionamiento del consejo de administración y de la junta general, como principales órganos societarios. A su vez, las reglas societarias sobre el gobierno corporativo se encuentran en dos tipos de normas, por un lado, los Códigos de Buen Gobierno, en los que se ofrecen los principios de gobierno corporativo como meras sugerencias o recomendaciones dirigidas principalmente a las sociedades que emiten acciones admitidas a negociación en un mercado regulado (sociedades anónimas cotizadas) sin perjuicio de que

---

28 Se resalta este vínculo en la Comunicación de la Comisión al Parlamento Europeo, al Consejo, al Comité Económico y Social Europeo y al Comité de las Regiones "Plan de acción: Derecho de Sociedades europeo y gobierno corporativo–un marco jurídico moderno para una mayor participación de los accionistas y la viabilidad de las empresas". COM (2012) 740 final. Disponible en: https://eur-lex.europa.eu/legal-content/ES/TXT/?uri=CELEX%3A52012DC0740 (fecha última consulta: 26/1/2022).

puede extenderse su aplicación a otras entidades con la debida adecuación. Por otro lado, se encuentran las reglas de gobierno corporativo incorporadas al ordenamiento jurídico de los Estados, para otorgarles un mayor reconocimiento, siendo su principal referente las contenidas en la Ley de Sociedades de Capital (LSC) para las sociedades de capital y la normativa sustantiva de las cooperativas, para estas últimas.

Junto al sistema de gobierno societario, se encuentra el denominado **sistema de "gobierno financiero"**[29] que se configura como uno de los condicionantes o requisitos para el ejercicio de la actividad financiera y va más allá de las tradicionales re-

---

29 TAPIA HERMIDA, A. (2017): "Los sistemas de gobierno de las entidades financieras", *Estudios sobre órganos sociales de las sociedades de capital. Liber amicorum Fernando Rodríguez Artigas y Gaudencio Esteban Velasco* (coords. JUSTE, J., ESPÍN, C.), Cizur Menor, Aranzadi, pp. 591-609. Así lo señala también el mismo autor en TAPIA HERMIDA, A. (2018): "Sociedades mercantiles de intermediación financiera y buen gobierno empresarial" *ob.cit.*, p. 183, considera que la misma amplitud de las normas de gobierno corporativo se observa también en la regulación de los otros intermediarios financieros típicos, tales como las empresas de servicios de inversión o las entidades aseguradoras. Por su parte, muchos autores ya han evidenciado las razones que justifican que las entidades de crédito dispongan de normas de gobierno corporativo especiales y distintas a las de las sociedades no financieras. Véanse, entre otros, COCRIS, V. y UNGUREANU, M.C. (2007): "Why are Banks Special? An Approach from the Corporate Governance Perspective", pp. 55-66; BECHT, M., BOLTON, P. y RÖELL, A. (2012): "Why bank governance is different" *Oxford Review of Economic Policy* , vol. 27, núm.3, pp. 437-463; MEHRAN, H., MORRISON, A. y SHAPIRO, J. (2011): "Corporate Governance and Banks: What Have we Learned from the Financial Crisis?", *Federal Reserve Bank of New York Staff Reports*, num. 502, junio, pp.1-42, pp. 3 y ss.; MÜLBERT, P.O. (2010): "Corporate Governance of Banks after the Financial Crisis–Theory, Evidence, Reforms", *ECGI – Law working paper*, núm. 130/2009, p. 10 y ss.; HOPT, K.J. (2013): "Better Governance of Financial Institutions", *ECGI – Law working paper*, núm. 207/2013, p. 11 y ss.; CHEFFINS, B. (2014): "The Corporate Governance Movement, Banks and the Financial Crisis", *ECGI – Law Working Paper*, núm. 232/2014, pp. 39-40.

glas de buen gobierno societario, que refieren principalmente a las relaciones internas en beneficio del interés social (perspectiva eminentemente financiera o *shareholder*). Este sistema persigue que el gobierno de todas las entidades de crédito promueva su solvencia en aras a la estabilidad financiera.

Llegados a este punto, si bien gobierno societario y gobierno financiero persiguen objetivos distintos, **ambos coligen en varios aspectos.** Tal es el caso de la configuración del órgano colegiado de administración y los requisitos exigibles a sus miembros, los requerimientos sobre la organización estructural y orgánica de la entidad, la adopción de procedimientos internos de control o la constitución de comisiones *ad hoc*. Esta circunstancia ha sido criticada por entender que las disposiciones sobre gobierno corporativo deberían mantenerse estrictamente en el ámbito societario de cada entidad y no recogerse por la vía de disposiciones de Derecho del mercado financiero o Derecho administrativo económico[30]. En este sentido, y tal como defiende ALONSO, la regulación imperativa puede llegar a suponer una intromisión excesiva en el Derecho constitu-

---

[30] Entendemos que el «gobierno financiero» se integraría por la normativa regulatoria y supervisora bancaria, la cual encajaría dentro del área del Derecho administrativo económico por cuanto justifica la intervención del supervisor. Como señala RIVERO ORTEGA, R. (2018): *Derecho administrativo económico*, Marcial Pons, p. 17, el Derecho administrativo económico sirve, por un lado, para facilitar las intervenciones del poder público en la economía, ofreciendo las herramientas que permiten condicionar el comportamiento de los operadores económicos, poderes exorbitantes en manos de la Administración que no deben pasar desapercibidos a la hora de analizar el funcionamiento del mercado (potestades administrativas como la reglamentaria, la sancionadora, la autorizante o la supervisora). Por otro lado, el Derecho administrativo establece toda una serie de garantías que deben servir para evitar los excesos de la Administración, sus intervenciones desproporcionadas (injustificadas) y las desviaciones de poder y arbitrariedades que pueden darse como consecuencia de las conexiones entre la autoridad política y el interés económico, que traen el riesgo de la corrupción.

cional de la libertad de empresa (artículo 38 CE) y, aunque estemos ante un sector regulado y sujeto a limitaciones, algunas de ellas pueden no estar totalmente justificadas provocando que en lugar de mejorar el gobierno de las entidades de crédito resulten contraproducentes.

Conviene en consecuencia advertir que **las reglas de gobierno financiero impuestas por la normativa sectorial, si bien se proyectan sobre todas las entidades que operan en el mercado de crédito, tienen como principal referencia un tipo societario en concreto: la sociedad anónima cotizada**[31], que presenta diferencias substanciales con la sociedad cooperativa, fórmula social admitida por la norma de control para el acceso y ejercicio de la actividad de intermediación indirecta en el crédito, como hemos indicado. Esta circunstancia no sólo plantea un evidente desincentivo para la elección de estas formas organizatorias del empresario del sector bancario en beneficio de la sociedad anónima[32] sino que, además, dificulta la implementación de

---

31 La principal exponente de esta crítica en el ámbito de lo seguros privados, mercado sometido a normas equivalentes a las de Basilea III, ha sido PUYALTO FRANCO, M.J. (2017): "Los retos en materia de gobernanza de las entidades aseguradoras de la Economía Social" *Un derecho del seguro más social y transparente* (coord. ATIENZA NAVARRO, M.L, MAS BADIA, M.D., PEÑAS MOYANO, B., CASAR FURIÓ, M.E., (dir. BATALLER GRAU, J. y PEÑAS MOYANO, M.J.), pp. 597-642, p. 602.

32 En este sentido, PUYALTO argumentaba que el diseño de cualquier regulación subyace un asunto clave que consiste en decidir si se opta por un modelo de normas estrictas que prescriban determinados comportamientos (actividades permitidas o prohibidas) o bien, un enfoque que estimule o induzca el comportamiento deseado. En este último caso, las normas pretenden que los comportamientos deseados sean elegidos por los operadores a través de un mecanismo de incentivos que favorecen las alternativas que el regulador considera mejores. Si trasladamos estas consideraciones al marco regulatorio del mercado de crédito resulta que una de las decisiones más relevantes que debe adoptar el legislador es elegir los tipos societarios del catálogo legal que sean más adecuados para organizar y gestionar una entidad de crédito. Partiendo de la base de su clara

los diversos elementos que deben considerarse en el establecimiento de un adecuado sistema de gobierno corporativo.

III. SUJETO DEL ESTUDIO: LAS COOPERATIVAS DE CRÉDITO

Las sociedades cooperativas de crédito son entidades con personalidad jurídica propia que tienen por objeto el fomento y la captación del ahorro para atender las necesidades de financiación de sus socios y terceros comprendidos en su ámbito de actuación, es decir, **realizan actividades propias de cualquier entidad de crédito**[33].

---

preferencia por la sociedad anónima, como lo demuestran no solo las continuas las remisiones a su norma reguladora que se encuentran en diversas partes de su articulado sino también por el hecho de que se haya inspirado en ella para la regulación de determinadas materias, es claro que la cuestión solo puede resolverse de dos modos: estableciendo exclusivamente la sociedad anónima como forma organizatoria del empresario del sector bancario, o bien, intentando favorecer indirectamente la elección de este tipo societario. Descartada la primera opción, parece evidente que la preferencia de los operadores se dirigirá hacia aquellas fórmulas que ofrezcan mayores ventajas desde cualquier punto de vista, incluido la seguridad jurídica que ofrece un estatuto completo y perfectamente delimitado. Sobre estas cuestiones, PUYALTO FRANCO, M.J. (2013): "Del isomorfismo organizativo al reconocimiento de una identidad diferenciada: algunas propuestas para desarrollar el potencial de las empresas de la Economía Social en el mercado de seguros español", *ob.cit.*, p. 55.

33 Esta definición puede extraerse del análisis de la diversa normativa existente, puesto la legislación vigente no nos ofrece una definición exacta como tal de estas entidades. VALENZUELA GARACH, F. y VALENZUELA GARACH, F.J. (2019): "Cooperativas de crédito" *Tratado de Derecho de Sociedades Cooperativas* (dir. PEINADO GRACÍA, J.), (coord. VÁZQUEZ RUANO, T.), Tomo 2, pp. 1417-1450, p. 1426. Tal como explican los autores, ni la LCC ni el RCC ofrecen exactamente una definición de las cooperativas de crédito. El artículo Primero.1 LCC referente a la "Naturaleza", al describir su objeto social, contiene en realidad una definición excesivamente genérica, ya que por sí

Surgieron en el s. XIX en Alemania[34], con el objetivo de atender las necesidades financieras de sus miembros, desarrollándose distintas corrientes de carácter más rural (los antecedentes de las actuales cajas rurales) y de carácter más urbano

---

misma no excluiría que la cooperativa de crédito pudiera constituirse en forma de sociedad mercantil capitalista, la típica de los bancos, con tal de que su actividad estuviera al servicio de las necesidades financieras "de sus socios y de terceros". Ni tampoco los otros requisitos que se añaden en los puntos 2 y 3 del propio artículo 1 (personalidad jurídica propia, número ilimitado de socios y responsabilidad de éstos por las deudas sociales limitada al valor de sus aportaciones), ayudan demasiado para delimitar las características propias de estas cooperativas de crédito.

34 En Europa, el nacimiento del crédito cooperativo se ubica en el siglo XIX en Alemania, lugar donde afloraron las primeras iniciativas de esta clase, frente al desarrollo del movimiento cooperativo de consumo en Inglaterra y del movimiento obrero en Francia. En sus comienzos, las actividades de las primeras cooperativas de crédito se dirigían exclusivamente a sus socios, pertenecientes a familias modestas de agricultores, pequeños artesanos y comerciantes, consistiendo su actividad principal la concesión de créditos mediante un sistema de base cien por cien mutualista y con la aplicación de tipos de interés reducidos. Estos movimientos tienen como referencia a tres personajes históricamente relevantes: Friedrich Wilhelm RAIFFEISEN (1818-1888), Herman SCHULZE-DELITZSCH (1808-1883) y Wilhem HAAS (1839-1913). Todos ellos eran autores alemanes que realizaron grandes aportaciones en el ámbito cooperativo tanto a nivel doctrinal como práctico. Vid. MATEO BLANCO, J. (1990): "Raiffeisen: vida, doctrina, obras e influencia en el actual cooperativismo de crédito" *Ob. col. EL CREDITO, octavas jornadas cooperativas, Monografías Cooperativas*, núm. 8, Lleida, pp. 11-43. GUINNANE, T.W. (2012): "Las primeras cooperativas de crédito alemanas y las actuales organizaciones de microfinanzas. Semejanzas y diferencias", *Revista MBS de microfinanzas y banca social*, Fundación Cajamar, núm. 2, pp. 88-109, p. 91. Si bien las cooperativas de crédito de Alemania surgen a partir de otras instituciones locales más antiguas, sus orígenes modernos están asociados a dos corrientes. Por una parte, las cooperativas de Hermann SCHULZE-DELITZCH y, por otra, las de Friedrich RAIFFEISEN. Ambas iniciativas fueron reacciones indirectas a la revolución fallida de 1848. Un tercer grupo de cooperativas está vinculado a la figura de Wilhelm HAAS, quien comenzó su actividad como una rama del grupo Raiffeisen.

(origen de las cajas profesionales y laborales). Es decir, nacieron de la voluntad de un conjunto de personas de agruparse para dar respuesta a la necesidad común de proveerse de financiación, puesto que los mecanismos del mercado no les permitían una satisfacción eficiente. El objetivo primordial de estas entidades era prestar un servicio para la provisión de financiación a sus miembros, los cuales se vinculaban a la entidad de forma libre y voluntaria. Con esta figura se pretendía dar respuesta a colectivos desfavorecidos a la hora de cubrir sus necesidades de recursos económicos y financieros, con la peculiaridad de que se trataba de un conjunto mayormente homogéneo de individuos[35]. Estas incipientes entidades fueron desplegándose por todo el territorio, llegando también a España con este propósito inicial, si bien en nuestro país contábamos con figuras precursoras como los denominados "pósitos"[36].

---

35 SOLER TORMO, F. (2002): "La identidad cooperativa como garantía de futuro: Las cooperativas de crédito ante la trivialización de sus principios", *CIRIEC-España*, núm. 40, pp. 215-242, p. 218, y BELMONTE UREÑA, J. (2007): "El sector de las cooperativas de crédito en España: un estudio por comunidades autónomas", *Consejo Económico y Social de Andalucía*, pp. 2-384, p. 120,121.

36 Inicialmente existieron unas figuras precursoras que, sin poseer estrictamente el *estatus jurídico* de cooperativa de crédito, cumplían con su incipiente función principal de ayuda mutua. Siguiendo a BORJABAD, en nuestro país encontramos soluciones antiguas con cierta base cooperativa como la lorra vascuence, la endecha asturiana, las comunidades de regantes o los pósitos. Vid. BORJABAD GONZALO, P. (2005): *Derecho Cooperativo Catalán*, EURL, Lleida, p. 19. Por su parte, el mecanismo de salvaguarda de los pósitos se remonta al siglo XV. Los pósitos eran unas entidades sin ánimo de lucro cuya función era, inicialmente, abastecer de grano (trigo u otros cereales) a la población local de las ciudades y pueblos, para utilizarlo como alimento o para facilitarles las labores de siembra en los años más complicados de escasez. Su finalidad era defender a los agricultores de la usura y que conecta posteriormente con el movimiento mutualista y económico que se despliega en Europa en la segunda mitad del s. XIX. Resulta interesante el trabajo de GARCÍA SALINERO, R. (2014): *Los pósitos agrícolas: análisis de su evolución económica y contable.* Tesis Doctoral, Salamanca. El autor realiza un estudio exhaustivo de esta figura

de los pósitos municipales. Los define como la "semilla del cooperativismo de crédito". Los pósitos podrían pues considerarse como bancos en especie puesto que realizaban operaciones de préstamo del grano (trigo u otros cereales), cobrando réditos o estableciendo fianzas con los préstamos de grano y a veces de dinero, que permitía la continuidad del cultivo y la subsistencia. En palabras de PÉREZ MORGA, "los pósitos son unos repuestos o almacenes de grano con que la previsión de los pueblos ha tratado siempre de evitar el hambre en los años estériles y calamitosos". Al respecto vid. PÉREZ MORGA, F. (1827): *Colección de reales cédulas, instrucciones, órdenes y demás disposiciones del ramo de Pósitos, expedidas hasta fin del año 1826, con algunas notas instructivas para mayor ilustración.* Imprenta Real, Madrid. Asimismo, a pesar de que en sus inicios los pósitos prestaban principalmente trigo para evitar la escasez de pan, en años posteriores también pagaron maestros, facultativos, fuentes públicas, carnicerías, iglesias y realizaron contribuciones reales para superar dificultades financieras del gobierno. Más adelante, todas esas colaboraciones a fondo perdido acabarían siendo las causantes de arruinar a los pósitos y condujeron a su desaparición. En palabras de BELMONTE UREÑA, J. (2007): "El sector de las cooperativas de crédito en España: un estudio por comunidades autónomas", *ob.cit.*, p.120, este tipo de organismos proliferó en las ciudades de Levante (Murcia, Alicante, Valencia, Castellón y localidades del sur de Albacete), siendo la Caja de Socorros y Ahorros de Orihuela (1882) la primera entidad de este tipo, a la que siguió la Caja de Ahorros y Monte de Piedad de la Cámara Agrícola de Jumilla fundada en 1893 y que sirvió de modelo para otras que se implantaron con su ayuda en esta zona. En esta línea también debemos citar la Caja de Ahorros y Socorros y Monte de Piedad de Gandía fundada en 1899. Estas entidades se caracterizaron por depender de organizaciones de propietarios (cámaras agrícolas, asociaciones agrarias, sindicatos agrícolas, etc.) lo que les dotó de solvencia económica para iniciar sus operaciones y les permitió tener estabilidad durante todo el período 1905-1935, especializándose en operaciones de crédito destinadas a los pequeños y medianos cultivadores, incluso realizaban compras de insumos con destino a su clientela (abonos, maquinaria, productos fitosanitarios, etc.). En el trabajo de GÓMEZ y FERNÁNDEZ, los autores caracterizan como organización empresarial a los pósitos, como instituciones locales que funcionaron como bancos de préstamo en simiente durante más de cuatro siglos. La identificación de las diferentes prácticas contables en dichas instituciones lleva a los autores a analizar el rol de la legislación contable, tanto por la influencia en su supervivencia como por su posterior declive y final

Hoy en día, la noción de "**cooperativa de crédito**" alude a un tronco común que abarca a tres tipos de entidades: las cajas rurales, las cajas populares y las cajas profesionales. A pesar de esta diferenciación, **se rigen todas ellas por idéntica normativa tanto societaria como financiera**. Se definen como una banca de proximidad, arraigada al territorio, que ha priorizado las necesidades reales de sus miembros y que los estudios demuestran que su comportamiento en general no contribuyó a la crisis financiera de 2007.

El cooperativismo de crédito español tiene una gran relevancia en la Economía Social, aunque muy lejos del peso que tiene en otros países como Alemania, Francia y Holanda, en los que estas entidades tienen un papel prioritario dentro del sector bancario. Actualmente existen 61 cooperativas de crédito en nuestro país, las cuales se integran en su mayor parte en **Grupos Cooperativos** (CAJAMAR, CAJA RURAL y SOLVENTIA), los cuales se definirían como el conjunto de varias sociedades cooperativas con una entidad cabecera encargada de emitir instrucciones al conjunto, de forma que se produce "unidad de decisión"; así como **Sistemas Institucionales de Protección (SIPs),** figura prevista en la norma financiera que consiste en la unión de entidades y la prestación de ayuda mutua, sin llegar a la fusión formal plena. Se trata de un grupo consolidable de base contractual, que incluye un compromiso de apoyo mutuo entre las entidades, si bien cada una conserva independencia jurídica como su nombre y estructura interna[37]. Esta figura

---

desaparición. Vid. GÓMEZ DÍAZ, D. y FERNÁNDEZ-REVUELTA, L. (1998): "Complejidad organizativa y desarrollo contable de los pósitos en España, Siglos XVI-XIX". *Revista de Contabilidad*, núm. 2, pp. 85-112.

37 BURILLO, F. (2013): "Transformación de las cajas de ahorro en el marco de la reforma del sistema financiero" (dirs. /coords. FUENSANTA GOMEZ, M., MAGNOLIA PARDO, M.) *Economía Social y Derecho. Problemas jurídicos actuales de las empresas de la Economía Social*, ed. Comares, pp.225-245, p. 237. En los SIP destaca el mantenimiento de la identidad y personalidad jurídica de las

de los SIPs surgió en el ordenamiento jurídico comunitario[38] con la Directiva 2006/48/CE, de 14 de junio, de acceso a la actividad de las entidades de crédito[39], traspuesta al nuestro interno a través de diversas normas cuya adopción supuso una

---

entidades de crédito del SIP, minimizándose así los efectos drásticos propios a una unión de empresas en la que, tras una cesión de soberanía, cada una pasa a formar parte de un "todo" perdiendo su independencia, su capacidad de decisión y, por tanto, su razón de ser a nivel individual. En segundo lugar, el SIP permite abarcar una mayor dimensión territorial con el respaldo de todo el conjunto. En tercer lugar, la puesta en común de recursos propios y resultados implica la adopción de una rigurosa gestión que permite reforzar la solvencia y liquidez, contar con mecanismos más exhaustivos de control interno y de gestión de riesgos, redundando todo ello en un aumento de la rentabilidad, eficiencia y capacidad competitiva. Por último, el SIP permite obtener una calificación del riesgo común a todas las entidades del sistema aumentando así las posibilidades de obtener una mejor valoración por parte de las agencias de calificación o rating y facilitando a su vez, el acceso a mercados de capitales.

38 Teniendo en cuenta que se trata de una figura prevista en el acervo comunitario, debemos destacar que, en el panorama comparado existen SIPs en la banca cooperativa en países como Austria (en el que existen dos grupos SIPs, a saber, el *RZB Group* (grupo de Raiffeisen Banks) y el *Osterreocjosche Volksbanken*) y Alemania (el grupo SIP se denomina *Genossenschaftliche Finanz-Gruppe Volksbanken Raiffeisenbanken*). Sobre este último, el grupo financiero cooperativo es uno de los grupos bancarios más grandes de Alemania. Incluye alrededor de 800 *Volksbanken* y *Raiffeisenbanken*, el banco central DZ BANK, las empresas del Grupo DZ BANK, desde *Bausparkasse Schwäbisch* Hall hasta *Union Investment*, y varias instituciones especiales. Vid. https://www.wertewelt.dzbank.de/content/wertewelt/de/home/genossenschaftswerte/vorstellung-der-genossenschaftlichen-finanzgruppe.html#:~:text=Die%20genossenschaftliche%20FinanzGruppe%20ist%20eine,Union%20Investment%20%E2%80%93%20sowie%20verschiedene%20Sonderinstitute. (fecha última consulta: 8/4/2022).

39 Normativa hoy en día derogada por la Directiva CRD IV. Sin embargo, texto disponible en: https://eur-lex.europa.eu/legal-content/ES/TXT/PDF/?uri=CELEX:32006L0048&from=es (fecha última consulta: 8/5/2022).

nueva opción estratégica de cooperación entre entidades[40]. En nuestro ordenamiento jurídico interno, se introdujo por vía del Real Decreto-Ley 6/2010, de 9 de abril, de medidas para el impulso de la recuperación económica y el empleo, si bien fue con el Real Decreto-Ley 11/2017 que se abrió la posibilidad a las sociedades cooperativas de crédito de integrarse en los SIPs, con el objetivo de dar respuesta a eventuales problemas de gobernanza y solvencia[41]. Esta figura es importante puesto

---

40 FAJARDO GARCÍA, G. (2011): "How viable are Spanish credit cooperatives after recent bank capitalization and restructuring regulations?", *CIRIEC-España, Revista de Economía Pública, Social y Cooperativa*, núm. 73, Special Issue, pp. 151-170. También interesante la tesis de GUTIÉRREZ, M. (2011): *Análisis del desempeño en la reordenación del sistema bancario español: el caso de las cajas de ahorros*, Tesis doctoral, Universidad Nacional de Educación a Distancia, Madrid. Como defiende el autor en su trabajo, el Sistema Institucional de Protección representa una opción estratégica de cooperación empresarial, pues se trata de un sistema de apoyo y defensa mutua basada en una única marca y una gestión de riesgos o rating común cuyo objetivo es compartir niveles de solvencia, garantía y liquidez sólidos.

41 Este Real Decreto tenía el objetivo de dotar a las cooperativas de crédito de instrumentos que les permitieran abordar las situaciones de dificultad a las que se enfrentaren con agilidad y a través de medidas eficaces, ya que se parte de la consideración de que este tipo de entidades de crédito podrían tener mayores dificultades que otras para captar recursos en los mercados, dado su pequeño tamaño y las características del modelo cooperativo, con ciertas restricciones a determinadas operaciones. Tal como consta en su Exposición de Motivos, "se procede, por un lado, a incorporar expresamente al régimen jurídico de las cooperativas de crédito la posibilidad de integrarse en sistemas institucionales de protección previstos en la normativa europea, adoptando una serie de medidas destinadas a facilitar su constitución y potenciar su eficaz funcionamiento, y, por otro lado, a introducir, siguiendo los estándares internacionales, una especialidad en el régimen concursal de las entidades de crédito y empresas de servicios de inversión, como es la distinción, dentro de la categoría de los créditos ordinarios, entre créditos preferentes y créditos no preferentes".

que, tal como acertadamente resalta PUY[42], se trata de un instrumento que permite a las sociedades cooperativas ampliar su funcionalidad, mejorar el control prudencial y protegerse de forma más adecuada frente a los riesgos de falta de liquidez o los eventuales problemas de solvencia. Ello acaba contribuyendo a una mejora del gobierno corporativo puesto que cada cooperativa debe cumplir y estar en condiciones de hacerlo de conformidad con los estándares fijados por el correspondiente esquema de protección del que forman parte. De hecho, la pertenencia a un SIP no exonera del cumplimiento de los requisitos de gobierno corporativo de forma individual para cada entidad.

Teniendo en cuenta lo anterior, la estructura actual de las cooperativas de crédito en particular y del sistema financiero en general trae causa de la reorganización a raíz de la crisis de 2007. Las cooperativas de crédito se vieron abocadas a un proceso de concentración sin precedentes en su historia[43] y su modelo particular les permitió afrontar unos procesos de cambios en base a fusiones[44], Sistemas Institucionales de Pro-

---

42 PUY FERNÁNDEZ, G. (2021): "La importancia del gobierno corporativo en la gestión de las cooperativas de crédito" *ob.cit.*, p. 265.

43 PALOMO ZURDO, R.J., SANCHIS PALACIO, J.R. (2010): "Efectos de las fusiones sobre la concentración y la eficiencia bancaria: el caso de las Cajas Rurales y los retos de la crisis financiera", *Revista española de financiación y contabilidad*, vol. XXXIX, núm. 146, abril-junio, pp. 289-319. Los autores indican que las crisis económicas actúan como "catalizadoras" de procesos de reestructuración empresarial y las fusiones son muchas veces imprescindibles para evitar quiebras. Durante el decenio 1998-2007 se han producido numerosos episodios de concentración entre las Cajas Rurales españolas.

44 Debemos destacar que, desde 1995 desaparecieron por fusión con otras cajas rurales: las cajas de San Juan Moró, Benicasim, Artana (por cesión de activos y pasivos a favor de C.R. Credicoop), y la Caja Rural Segre-Cinca, que fue absorbida por la Caja Rural de Huesca. Asimismo, como ya se ha mencionado, en 1999 se constituyó una nueva caja, la Caixa Rural de Albalat en Valencia (y en 2001, Credit Valencia Caja Rural).

tección y Grupos Cooperativos, y ello traspasó los tradicionales ámbitos territoriales de carácter provincial o comarcal y condujo a una reorganización del mapa de cooperativas de crédito tendiendo a la concentración de las entidades y reducción en su número[45]. Esta estructura ha tenido un papel fundamental

---

[45] En diciembre de 2009, el Banco de España autorizó la constitución del Grupo Cooperativo Cajamar como la primera fusión bajo la fórmula del Sistema Institucional de Protección realizada en España, a la que se fueron sumando entidades unas veces mediante fusiones y otras mediante integración en el SIP. En el año 2010, Caja Rural del Mediterráneo, Ruralcaja, S.C.C. (fruto de la fusión de las cajas rurales de Alicante, Elche, Valencia, y Credicoop de Castellón) lideró la creación del Grupo Cajas Rurales del Mediterráneo. Entre 2009 y 2010 también asistimos a otras fusiones como la de Caja de los Abogados, S.C.C con Caja Rural Aragonesa y de los Pirineos S.C.C, la de Caixa Rural de Balears, S.C.C con Cajamar y la de Caja Rural de La Roda, S.C.C. con Caja Rural de Albacete S.C.C. Todos estos procesos de concentración condujeron a que, a finales de 2010, el número de entidades se situase en 78 cooperativas de crédito, agrupadas en torno a 60 grupos consolidables. Con la aprobación el 18 de febrero de 2011 del Real Decreto-Ley 2/2011 para el reforzamiento del sistema financiero español, se abrió un proceso de reestructuración y saneamiento de las entidades de crédito españolas. Así, el año 2011 finalizó con un total de 74 cooperativas de crédito, 48 en términos de grupos consolidables. Un año después, bajo un clima de incertidumbre sobre la solvencia de las entidades de crédito, se continuaron aprobando reformas para el saneamiento del sector. Entre otras, el Real Decreto-Ley 2/2012 de 3 de febrero, de saneamiento del sector financiero, que contaba con una importante excepción para el sector de las cooperativas de crédito puesto que, mientras que a otros tipos de entidades sólo les estaban permitidos los procesos de integración mediante fusiones, a las cooperativas de crédito también se les permitía utilizar fórmulas basadas en vínculos contractuales. Al poco tiempo, se aprobó el Real Decreto-Ley 18/2012 (a posteriori, Ley 8/2012, de 30 de octubre) con más medidas concretas para el saneamiento de los balances de las entidades de crédito. En este contexto, en junio de 2012 el Gobierno español se vio obligado a pedir a solicitar a la UE hasta 100.000 millones de euros para sanear el sector financiero, rescate que vino acompañado de una serie de exigencias que se plasmaron en el Real Decreto-Ley 24/2012 de 31 de agosto, de reestructuración y resolución de entidades de crédito (posterior Ley 9/2012, de 14 de noviembre). En definitiva, toda

en el mantenimiento de estas entidades, evitando su desaparición, puesto que se ha apostado cada vez más por una mayor concentración en el sector bancario.

En tanto que las **cooperativas de crédito son sociedades cooperativas autorizadas para actuar como entidad de crédito**, desde el punto de vista operativo se asimilarían a los bancos y, desde el punto de vista jurídico, son cooperativas. Esta simultaneidad de condiciones configura su naturaleza jurídica mixta[46] con su consiguiente doble régimen jurídico[47]. A todo

---

esta avalancha regulatoria aceleró los movimientos de concentración en todo el sistema financiero español en general y de las cooperativas de crédito, en particular. A finales de 2012 había 68 cooperativas de crédito, 40 en términos de grupos, por tanto, menos de la mitad que en el inicio de la crisis.

46 De este modo se define en LLOBREGAT HURTADO, M.L. (1994): "Cooperativas de crédito" *Derecho del Mercado Financiero*, vol. 1, (dirs. ALONSO UREBA, A. y MARTÍNEZ-SIMANCASM, J.), Madrid, pp. 135-182, p. 140. Más recientemente, vid. ALDA GARCÍA, M., ASSO SANZ, J.L., MARCO SANJUÁN, I. (2017): "Las cooperativas de crédito en España tras la reestructuración del sector financiero". *Aposta. Revista de Ciencias Sociales*, núm.75, pp. 98-129, p. 98 y ss. Todos ellos consideran que la característica más específica de las cooperativas de crédito es esta simultánea condición de sociedad cooperativa y entidad de crédito, lo que incluso les consolida en el reconocimiento de su plena personalidad jurídica propia, al no ser simples secciones de crédito de otras cooperativas diferentes a las de crédito.

47 Tal como afirma PALOMO ZURDO, R.J. (2000): *Pasado, presente y futuro de la banca cooperativa en España*, CIRIEC-España, p. 18, una sociedad cooperativa de crédito es una cooperativa que desempeña una actividad especializada de tipo financiero o bancario. Por tanto, reúne una doble condición: la de su naturaleza y la de su actividad. Por lo que respecta a su naturaleza, se trata de una sociedad cooperativa y, en cuanto a su actividad especializada, la normativa sobre entidades de crédito indica que tiene tal consideración toda empresa que tenga como actividad típica y habitual recibir fondos del público en forma de depósito, préstamo, cesión temporal de activos financieros u otras análogas que lleven aparejada la obligación de restitución, aplicándolos por cuenta propia a la concesión de créditos u operaciones de análoga naturaleza.

ello, no ha faltado debate doctrinal respecto a si, en la actualidad, éstas deben ser únicamente consideradas entidades de crédito o si mantienen su *status* y naturaleza cooperativa[48] reuniendo también las características para considerarlas entidades de la Economía Social. Las **cooperativas** son una forma jurídica societaria, con unos valores y principios identitarios que, mediante el desarrollo en común de cualquier tipo de empresa, satisfacen las necesidades de sus socios. Como definición aceptada internacionalmente debemos referenciar a la inserta en la Declaración sobre la Identidad Cooperativa de la Alianza Cooperativa Internacional (ACI)[49] del XXXI Congreso celebrado en Manchester en septiembre de 1995, que define

---

48 Así lo recogen VALENZUELA GARACH, F. y VALENZUELA GARACH, F.J. (2019): "Cooperativas de crédito" *ob.cit.*, pp. 1424 y ss.

49 La Alianza Cooperativa Internacional (ACI) es el órgano supremo de representación del movimiento cooperativo a escala internacional. Se fundó en Londres en 1895, como asociación no gubernamental, para representar y asistir a sus cooperativas asociadas a nivel mundial. Desde su creación hasta nuestros días, la ACI ha realizado tres declaraciones formales sobre los principios cooperativos. Las dos primeras fueron en los Congresos de Paris 1937 y en el de Viena en 1966. La versión actual de los principios cooperativos se encuentra en la "Declaración de la Alianza Cooperativa Internacional sobre Identidad Cooperativa", adoptada en el XXXI Congreso celebrado en Manchester en 1995 para conmemorar el centenario de la ACI. Según la página web de la ACI: "Hoy en día, los miembros de las cooperativas representan, al menos, el 12 % de la humanidad. Como empresas basadas en valores y no en los ingresos de capital, los 3 millones de cooperativas presentes en el planeta trabajan juntas para construir un mundo mejor". Extracto disponible en: https://www.ica.coop/es (fecha última consulta: 7/4/2022). Sobre los principios cooperativos, vid. SANZ JARQUE, JJ. (1994): *Cooperación, teoría general y régimen de las sociedades cooperativas, el nuevo derecho cooperativo*, , Ed. Comares, Granada, p. 91. El autor dice que actualmente se entiende por principios cooperativos: "las directrices y bases extraídas de la experiencia cooperativa, que informan y asientan la vida de las cooperativas, desde su constitución y nacimiento, hasta su desenvolvimiento y desarrollo, e incluso hasta su disolución, liquidación y extinción. Son base de la experiencia cooperativa, es decir, de las vivencias, actitudes y comportamientos cooperativos".

una cooperativa como "una asociación autónoma y voluntaria de personas cuyo objetivo es satisfacer necesidades comunes, tanto económicas como sociales y culturales, a través de una empresa cuya propiedad comparten todos sus miembros y que es controlada democráticamente por ellos". La doctrina es prácticamente unánime en definirla como **un tipo de empresario social**[50] dotado de personalidad jurídica propia que ejerce una actividad económica en el mercado, cuyo objeto prioritario es la promoción de actividades económicas y sociales de sus miembros y la satisfacción de sus necesidades, observando los principios y valores cooperativos.

La Declaración sobre la Identidad Cooperativa de la ACI incluye la definición de cooperativa que hemos transcrito, así como una lista de los **valores cooperativos** y un conjunto revisado de sus principios[51], tomando como punto de partida las re-

---

50 Se trata de un «empresario social» que explota una «empresa», a quien le corresponden como tal una serie de obligaciones y deberes. En este sentido, vid. URÍA, R., MENÉNDEZ, A. y VÉRGEZ, M. (2006): "Sociedades cooperativas", *Curso de Derecho mercantil* (dirs. URÍA- MENÉNDEZ), ed. Tomson-Civitas, Madrid, 2ª ed., Tomo I, pp. 1421- 1446, pp. 1426 y 1427; MORILLAS, M.J. y FELIU, M.I. (2018): *Curso de cooperativas*, ed. Tecnos, Madrid, pp. 71-73; si bien caracterizada porque su actividad tiene como causa la satisfacción de las necesidades de los socios. En este sentido, vid. SERRANO, A. D., SOLDEVILLA, Y. (1982): "La cooperativa como sociedad abierta", *Servicio de Publicaciones. Ministerio de Trabajo y Seguridad Social*, Sevilla, pp. 21-25. También interesante el trabajo de ARAGONÉS REYES, M. (1995): *Libertades económicas y Estado social*, ed. McGraw-Hill, Madrid, pp. 18,19. Recordemos que lo determinante para calificar a algo como empresa o a alguien como empresario es el desarrollo de una actividad económica organizada bajo cualquier forma por una persona física o jurídica, de cualquier clase, sin que el ánimo de lucro sea elemento esencial. Por consiguiente, que al frente de la actividad esté una cooperativa no debe suponer ningún obstáculo para considerar como empresario a ésta.

51 Sobre los principios cooperativos, recomendamos a SANZ JARQUE, JJ. (1994): *Cooperación, teoría general y régimen de las sociedades cooperativas, el nuevo Derecho Cooperativo, ob.cit.*, p. 91. El autor define actualmente a lo que se entiende por

glas de la organización de los conocidos Pioneros de Rochdale. Resulta ineludible hacer referencia a ellos cuando se trata de delimitar el concepto de sociedad cooperativa y determinar la identidad cooperativa, integrada por las cualidades esenciales que las diferencian respecto a otros tipos de entidades[52]. La ACI proclama los **valores** de la siguiente forma: "las cooperativas se basan en los valores de ayuda mutua, responsabilidad, democracia, igualdad, equidad y solidaridad. Siguiendo la tradición de sus fundadores sus miembros creen en los valores éticos de honestidad, transparencia, responsabilidad social y preocupación por los demás". En primer término, el valor de ayuda mutua o autoayuda comporta la creencia de los cooperativistas en que el desarrollo individual pleno sólo se puede alcanzar en asociación con otros individuos. En segundo término, los socios asumen la responsabilidad de su cooperativa a lo largo de la vida de ésta y contraen la obligación de promoverla y difundirla, garantizando la independencia respecto de otras organizaciones públicas o privadas. Como tercer valor, la igualdad implica que el socio constituye parte esencial de la cooperativa, sin importar el capital aportado por cada uno. Esta es una seña que permite diferenciarla de otras sociedades orientadas al beneficio del capital y, en consecuencia, será necesario tratar a los socios de la cooperativa sobre la **base de la contribución a la cooperativa (actividad cooperativizada) y no de la búsqueda de la especulación propia de otras sociedades como la sociedad anónima**.

«principios cooperativos» las directrices y bases extraídas de la experiencia cooperativa, que informan y asientan la vida de las cooperativas, desde su constitución y nacimiento, hasta su desenvolvimiento y desarrollo, e incluso hasta su disolución, liquidación y extinción. Son base de la experiencia cooperativa, es decir, de las vivencias, actitudes y comportamientos cooperativos.

52 GADEA SOLER, E. (2009): "Estudio sobre el Concepto de Cooperativa: Referencia a los Principios Cooperativos y a su discutida vigencia", *Boletín JADO Academia Vasca de Derecho*, núm. 17, pp. 165-185, p.177.

Los **principios cooperativos** constituyen unas pautas flexibles que delimitan la naturaleza de las cooperativas, el papel de los diferentes partícipes y la forma de distribuir los excedentes, siendo generalmente aceptados como criterios que deben respetar todas las sociedades cooperativas. En concreto, los principios reformulados por la ACI en el año 1995 son los siete que revisamos sumariamente a continuación[53]: (1) El **principio de afiliación voluntaria y abierta**, por el que "las cooperativas son organizaciones voluntarias abiertas a todas las personas capaces de utilizar sus servicios y dispuestas a aceptar las responsabilidades de ser socio, sin discriminación social, política, religiosa, racial o de sexo" [54]. Por su acepción

---

53 Para un análisis detallado de cada uno de los principios, recomendamos la lectura atenta del trabajo de la Alianza cooperativa Internacional sobre las notas de orientación para los principios cooperativos, disponible en: https://www.ica.coop/es/medios/biblioteca/research-and-reviews/notas-orientacion-principios-cooperativos (fecha última consulta: 10/5/2022). Asimismo, TRUJILLO DÍEZ, I. (2000): "El valor jurídico de los principios cooperativos. A propósito de la Ley 27/1999, de 16 de julio, de cooperativas", *Revista Crítica de Derecho Inmobiliario*, núm. 658, pp. 1329-1360; GADEA, E. (2006): "Cooperativismo y globalización", *Asociación Internacional de Derecho Cooperativo*, Universidad de Deusto, pp.49-62, p. 55 y ss.; y PAZ CANALEJO, N. (1995): "Principios cooperativos y prácticas societarias de la cooperación" *REVESCO: Revista de estudios cooperativos*, (Ejemplar dedicado a: La identidad cooperativa), núm. 61, pp. 15-34.

54 VARGAS VASSEROT, C. (2015): "El principio cooperativo de puertas abiertas (adhesión voluntaria y abierta). Tópico o realidad en la legislación y en la práctica societaria", *CIRIEC-España, Revista jurídica* núm. 27/2015, p.1. El estudio trata sobre el principio cooperativo de "adhesión voluntaria y abierta", conocido como principio de puerta abiertas, y de su vigencia en nuestro ordenamiento. En la primera parte del trabajo se hace un recorrido histórico por la evolución de la formulación de este primer principio de la ACI y su recepción y desarrollo en el Derecho positivo español. En una segunda parte, se analizan varias cuestiones relacionadas con este principio (baja voluntaria, variabilidad del capital social, número máximos de socios, causas para denegar la entrada de nuevos miembros, etc.) y cómo han sido resueltas por el legislador. Finalmente se exponen las diferencias estructurales

de voluntaria, la cooperativa está formada por personas que eligen libremente formar parte de esta y, por la característica de abierta, este principio tiene dos vertientes, la de entrada y de salida, permitiendo a cualquier persona ser socio de una cooperativa y dejar de serlo cuando considere, si bien no se trata de un derecho absoluto puesto que cabría la posibilidad de fijar ciertas condiciones o requisitos en ambos supuestos. (2) Como segundo principio, el **control democrático** implica que "las cooperativas son organizaciones gestionadas democráticamente por los socios, los cuales participan activamente en la fijación de sus políticas y en la toma de decisiones. Los hombres y mujeres elegidos para representar y gestionar las cooperativas son responsables ante los socios. En las cooperativas de primer grado, los socios tienen iguales derechos políticos de voto (un miembro, un voto), y las cooperativas de otros grados están también organizadas de forma democrática". Es decir, los socios gestionan y controlan la sociedad en última instancia y lo hacen de forma democrática, ya que pueden y deben participar en las discusiones y en la toma de decisiones de la sociedad. Las cooperativas de crédito en particular desempeñan un papel clave en el fomento de la democracia económica, ya que favorecen la participación de las partes interesadas, que no son meros clientes de servicios financieros, sino **socios que pueden participar y decidir (independientemente de sus aportaciones al capital) en la gobernanza de la entidad**. (3) Por el principio de **participación económica de los socios** "los socios contribuyen equitativamente al capital de sus cooperativas y lo gestionan de forma democrática". Esto implica que el capital es propiedad de la cooperativa y, en el caso de que los socios

---

entre distintos tipos de cooperativas, para llegar a la conclusión de que el principio de libre adhesión no rige en ellas con igual intensidad y que su efectividad depende, en gran medida, del particular desarrollo estatutario de cada entidad.

perciban una compensación, ésta será limitada. Además, los socios asignan los excedentes de la actividad a fines como el desarrollo de la cooperativa mediante la constitución de reservas y el beneficio de los socios se reparte proporción a su actividad cooperativizada en la mayoría de los supuestos. En cualquier caso, la máxima es priorizar a los individuos antes que al capital. (4) El **principio de autonomía e independencia** postula que "las cooperativas son organizaciones autónomas de autoayuda, gestionadas por sus socios. Si firman acuerdos con otras organizaciones, incluidos los gobiernos, o si consiguen capital de fuentes externas, lo hacen en términos que aseguren el control democrático por parte de sus socios y mantengan la autonomía cooperativa". Se trata de una llamada de atención a las cooperativas para que, en sus relaciones con el poder, mantengan siempre su capacidad de tomar decisiones libremente, sin comprometer en ningún caso su independencia. (5) El quinto **principio de educación, formación e información** contempla que "las cooperativas proporcionan educación y formación a los socios, a los representantes elegidos, a los directivos y a los empleados para que puedan contribuir de forma eficaz al desarrollo de sus cooperativas. Informan al gran público, especialmente a los jóvenes y a los líderes de opinión, de la naturaleza y beneficios de la cooperación". El movimiento cooperativo tiene desde sus orígenes un compromiso claro con la educación y formación, siendo ambos esenciales a todos los niveles (socios, miembros de los órganos de representación y directivos, así como al público en general). (6) Por lo que respecta al **principio de cooperación entre cooperativas**, éste indica que "las cooperativas sirven a sus socios lo más eficazmente posible y fortalecen el movimiento cooperativo trabajando conjuntamente mediante estructuras locales, nacionales, regionales e internacionales". Esto es, las cooperativas deben esforzarse para desarrollar actividades conjuntas desde el plano local hasta el plano internacional teniendo siempre presentes los intereses de sus socios, tanto entre cooperativas de la misma clase como de distintas clases. (7) Por último, que no menos importante, el **principio de interés por la comunidad** por el que "al mismo tiempo que se centran en las necesidades y los deseos de los socios, las cooperativas trabajan para conseguir el desarrollo sostenible de sus comunidades, según los criterios aprobados por los socios". No hay duda de que las cooperativas existen para el beneficio de sus socios, pero también contraen una responsabilidad con la comunidad y territorio en el que están presentes, teniendo además en cuenta la fuerte vinculación que les une.

Considerando esta apresurada referencia a los valores y principios cooperativos, la mayoría de las legislaciones determinan que **las sociedades cooperativas deben ajustar su estructura y funcionamiento a los principios y valores formulados por la ACI**[55]. Así, en la medida en que son incorporados a nuestro derecho positivo, informan su constitución y funcionamiento y actúan también como elemento interpretativo de la normativa, constituyendo un aspecto fundamental e irrenunciable de estas entidades y atendiendo a que las leyes los regulan por remisión o por referencias genéricas, les permite estar permanentemente actualizados, puesto que no petrifican en preceptos legales unos principios que son revisados, juzgados e interpretados al hilo de los tiempos y de la evolución del contexto en el que se desarrolla cada cooperativa[56]. No obstante, en la mayoría

---

55 En España, la Ley General de Cooperativas de 1974 fue la primera norma de nuestro ordenamiento que recogió los Principios Cooperativos de la ACI, formulados inicialmente en el Congreso de Viena de 1966 y les reconoció su función de definir el carácter cooperativo de una sociedad e informar su constitución y funcionamiento. A partir de ese momento, todas las leyes de cooperativas que se han ido promulgando hacen referencia, de una u otra manera, a dichos principios, reconociéndoles como principios normativos de obligado respeto para las cooperativas.

56 MORILLAS, M.J. (2019): "Capítulo II. Concepto y clases de cooperativas" *Tratado de Derecho de Sociedades Cooperativas* (dir. PEINADO GRACIA, J.I.),

de los casos, aparecen también supeditados a la propia legislación, con alusiones como "en los términos resultantes de la presente Ley" o "sin perjuicio de lo previsto en la presente Ley" y ello podríamos considerar que debilitaría, de algún modo, su auténtico valor normativo[57].

Una vez descritas las principales características de las sociedades cooperativas en general, estamos en disposición de afirmar que las cooperativas de crédito presentan caracteres suficientes para continuar manteniendo su *status* de cooperativa y, en consecuencia, de entidad de la Economía Social. Entre los argumentos a favor del mantenimiento de su naturaleza cooperativa destaca su finalidad, su régimen económico[58] y el mantenimiento de los principios cooperativos. En cuanto a la **finalidad**, la autoayuda continúa estando presente en la cooperativa de crédito por su carácter mutualista, caracterizada por constituirse y desarrollarse como servicio a las necesidades financieras de sus socios[59]. En este sentido, la norma prevé la

---

Tomo I, Tirant Lo Blanch, Valencia, pp. 145-181, p. 168.

57 TRUJILLO DÍEZ, I. (2000): "El valor jurídico de los principios cooperativos. A propósito de la Ley 27/1999, de 16 de julio, de cooperativas", *ob.cit.,* p. 1345. No se sabe bien si afirma el valor normativo de los principios cooperativos o precisamente lo niega. Puede también interpretarse, lo que quizás sea más adecuado, que los principios cooperativos no gozan de una superioridad jerárquica, sino que ceden ante las disposiciones particulares de la ley. Por otro lado, su carácter normativo los dota de preeminencia en caso de colisión con cláusulas estatutarias o con acuerdos sociales.

58 VALENZUELA GARACH, F. y VALENZUELA GARACH, J. (2007): "Las cooperativas de crédito en el vigente ordenamiento jurídico español (una visión sintética)" *ob.cit.,* p. 1615.

59 MORILLAS, M.J. (2010): "Las formas jurídicas de empresarios en el mercado de crédito", *ob.cit,* pp. 51-114, p.74. La autora indica que las de crédito son cooperativas de una clase especial puesto que son sociedades mutualistas orientadas a la prestación de servicios a los propios socios con sometimiento a los principios y valores cooperativos (aunque aplicados con gran flexibilidad) cuya actividad con terceros no puede superar el 50 % de sus recursos totales.

posibilidad de que el Ministerio de Economía deniegue la autorización de crear una cooperativa de crédito "cuando en el proyecto presentado no se aprecie la existencia de intereses o necesidades económicas comunes que han de constituir la base asociativa de la cooperativa". Destaca su **finalidad de servir a las necesidades financieras** de sus personas socias, mediante el ejercicio de las actividades propias de las entidades de crédito, limitándose el conjunto de operaciones activas con terceros al 50% de los recursos totales de la entidad. Su **régimen económico** es también un rasgo identitario, en tanto que la eventual retribución del capital está limitada legalmente a un umbral máximo y por el **principio de irrepartibilidad de una parte del patrimonio neto por su imputación a fondos obligatorios.** Así, de los resultados del ejercicio deben dotarse unos porcentajes mínimos al fondo de reserva obligatorio y al fondo de educación y promoción y, el resto, la Asamblea General decidirá su distribución o bien como retorno a sus socios o socias, según los criterios que fijen los estatutos (que acostumbra a ser en función de la participación en la actividad cooperativizada, y no en atención al capital, debiéndose observar los estatutos de cada cooperativa para valorar qué se define como actividad cooperativizada, por ejemplo, el importe de operaciones pasivas con la entidad) o bien como dotación a fondos de reserva voluntarios (únicamente disponibles previa autorización del supervisor), y/o haciendo partícipes a los trabajadores. Es por ello que los socios no participan en la capitalización del excedente anual a disposición de la asamblea general, más que en el importe de los fondos de reserva voluntarios, por lo que resulta **poco probable que esta estructura de propiedad conduzca a comportamientos tendentes a la maximización de beneficios.** En este sentido, los socios disponen de un derecho-deber de llevar a cabo la actividad cooperativizada[60] que corresponde a la propia de las entidades de crédito que si bien tradicionalmente ha consistido en recibir fondos del público y aplicarlos por cuenta propia a la concesión de créditos, hoy en día se amplía a la realización de toda clase de operaciones activas, pasivas, de servicios bancarios o parabancarios (financiación hipotecaria, gestión de fondos y patrimonios, seguros, arrendamiento financiero, etc.) [61]. Por último, los **propios valores y principios cooperativos** impactan también directamente en el modelo de gobernanza de la cooperativa de crédito, en tanto el interés social de la cooperativa se asimila al interés del conjunto de los socios, tanto actuales como futuros, hablándose así de un "**legado cooperativo**". La entidad es depositaria de un legado que puede utilizar en el presente pero que debe transmitir a las futuras generaciones de socios, el cual está basado en la acumulación perpetua de capital. Por estos motivos, el interés social de la cooperativa en su conjunto se prioriza al de sus socios actuales, **protegiéndose como bien jurídico la estabilidad y continuidad de la entidad, y teniéndose en cuenta otros**

---

60 No hay duda de que la sociedad cooperativa debe organizarse para dar cumplimiento a sus fines, que logrará mediante la realización de actividades para sus socios conjuntas, coordinadas y en régimen de mutualidad a la que las normas cooperativas denominan «actividades cooperativizadas» (si bien según la opinión de diversos autores, hubiera sido mejor denominarlas «actividades cooperativas»). A este respecto, VARGAS VASSEROT, C. (2006): *La actividad cooperativizada y las relaciones de la cooperativa con sus socios y con terceros*, ed. Thomson-Aranzadi, Cizur Menor (Navarra).

61 VARGAS VASSEROT, C. (2015): "Situación y perspectivas del cooperativismo de crédito en España ante la futura e incierta reforma de su régimen legal", *Boletín de la Asociación Internacional de Derecho Cooperativo*, pp. 115-135, p. 131. Del mismo autor, VARGAS VASSEROT, C. (2006): *La actividad cooperativizada y las relaciones de la cooperativa con sus socios y con terceros, ob.cit.*, p. 220; y MARTÍNEZ SEGOVIA, F. (2006): "La relación cooperativizada entre la sociedad cooperativa y sus socios: naturaleza y régimen jurídico", *Revista de Derecho de Sociedades*, núm. 25, pp. 203-234, p. 221.

intereses más allá que el de sus socios, tales como la propia comunidad en la que operan.

Como contrapunto a la anterior tesis, varios autores se han postulado en contra[62] de seguir calificando a las cooperativas de crédito como cooperativas en sentido estricto. Entre los argumentos que sostienen que desvirtúan el carácter cooperativo, cabe destacar la quiebra del tradicional principio cooperativo democrático de "**un socio–un voto**" al admitirse – si así lo prevén los estatutos sociales – la posibilidad del voto plural en función de criterios como la actividad desarrollada por el socio, al número de ellos que tengan las cooperativas asociadas e, inclusive, la participación de aquél en el capital social (artículo Noveno.2 Ley Cooperativas de Crédito o LCC). Consideran que esta posibilidad altera las condiciones requeridas para mantener el carácter cooperativo y de agente de la Economía Social. Ahora bien, debe resaltarse que esta potencial "pérdida" identitaria se corrige por la propia norma puesto que el **voto plural está limitado a unos porcentajes concretos** ex artículo Séptimo.3 LCC. De hecho, el papel de la persona socia y su participación con el principio democrático en la toma de decisiones dificulta tener miembros con **participaciones significativas**, dado que sea cual sea la aportación al capital social, todos tendrán un voto. Así, a pesar de que es cierto que la ley prevé el denominado "voto plural ponderado" y, uno de los parámetros que permite para esta "ponderación" es la participación en el capital, la **ley establece ciertas limitaciones al control por parte de los socios que también deben tenerse en cuenta**.

---

[62] VALENZUELA GARACH, F. y VALENZUELA GARACH, J. (2007): "Las cooperativas de crédito en el vigente ordenamiento jurídico español (una visión sintética)" *ob.cit.*, p. 1615.

En definitiva, siguiendo a BOTANA[63], a pesar de haber pasado un proceso de **homogeneización en el sector bancario**, en el momento actual **siguen apreciándose en las cooperativas de crédito, de forma más o menos nítida, los rasgos configuradores de la identidad cooperativa**. El conjunto de todos estos rasgos esenciales implica una forma de actuar distinta a la sociedad de capital, por lo que los pilares sobre los que reposa el gobierno corporativo de las cooperativas difieren en estas entidades, siendo fundamentales para definir su identidad cooperativa. A todo ello, siguiendo el argumentario de FICI[64], **preservar una identidad distinta (que no significa una identidad rígida e inmutable) resulta crucial para el desarrollo de la Economía Social frente a tentativas de atenuarla por parte del sector capitalista**. Algunos autores ya han hecho referencia a esta tendencia en términos negativos hablando de la "societarización" de la cooperativa como resultado de una regulación cada vez más parecida a la de la sociedad capitalista que acaba provocando el "isomorfismo" o "uniformización" en el

---

63 BOTANA AGRA, M. (2020): "Acomodación de la cooperativa de crédito al marco de gobierno corporativo de las entidades de crédito", *Cooperativismo e Economía Social*, núm. 42, pp. 97-116, p. 111.

64 FICI, A. (2015): "Tendencias y perspectivas del derecho cooperativo en el contexto global y la supervisión como oportunidad para el sector de la economía solidaria" ", *Boletín de la Asociación Internacional de Derecho Cooperativo, Universidad de Deusto*, pp. 223-249. Este artículo se divide en dos partes: en la primera se presentan y comentan las más recientes tendencias del derecho cooperativo en el contexto global; en la segunda, se examina la cuestión más específica de la supervisión de las cooperativas, siguiendo, también aquí, un enfoque comparativo. El hilo conductor es la «identidad cooperativa» y la tesis propuesta en el artículo es que la supervisión constituye un elemento indispensable de la legislación cooperativa en tanto en cuanto proteja de manera adecuada la específica identidad de las cooperativas, que la propia legislación cooperativa debería establecer, haciendo así frente al riesgo de la inoportuna asimilación de las cooperativas con las restantes sociedades, concretamente, las sociedades de capital con ánimo de lucro.

conjunto del sistema, en la medida en que todas las formas jurídicas acaban resultando iguales en virtud de este proceso[65]. En resumen, las cooperativas de crédito mantienen los rasgos configuradores de la denominada "identidad cooperativa", que incluye aquellos elementos y cualidades esenciales que diferencian a las cooperativas respecto a otro tipo de sociedades siendo la gobernanza cooperativa uno de los elementos clave de esta identidad. De hecho, la societarización en el sujeto de nuestro estudio se acaba materializando con la "desmutualización" o "bancarización". El riesgo de "desmutualización"[66] de

65 Sin embargo, esta tendencia no siempre ha sido así. Según el profesor HENRY, la evolución del Derecho Cooperativo puede dividirse en dos fases. En una primera fase, se destaca la distinción entre las cooperativas y las sociedades de capital y, en una segunda fase que comienza en los años setenta del siglo pasado y sigue vigente hoy en día se caracteriza por la aproximación entre unas y otras, es decir, por la alineación entre cooperativas y otras formas puramente más comerciales. HENRŸ, H. (2013): *Orientaciones para la legislación cooperativa (segunda edición)*, Organización Internacional del Trabajo, Ginebra, pp. 9-10.

66 En la «desmutualización», la forma societaria de la cooperativa cambia normalmente a una sociedad anónima, perdiendo el sentimiento de bien colectivo y propiedad colectiva de los socios presentes y futuros sobre el valor neto de la cooperativa. En estos casos se pasa del interés común de todos los socios institucionalizado en la cooperativa, a una forma societaria caracterizada por el ánimo de lucro, la propiedad de la sociedad a través de sus acciones, y el interés individual de cada uno de los accionistas. Resulta interesante los trabajos de KAPLAN DE DRIMER, A. (2000): "Las cooperativas ante los peligros de desnaturalización y desmutualización", *Anuario de Estudios Cooperativos*, núm.1, Universidad de Deusto, Bilbao, pp. 167-176, en los que la autora advierte arduamente de los peligros de la desnaturalización y desmutualización de las cooperativas en general. Su argumentario se recoge también en UNAI DEL BURGO, D. (2002): "La desnaturalización de las cooperativas. Estudio de los instrumentos financieros de carácter societario y del modelo de expansión no-cooperativo de Eroski S. Coop". *Boletín de la Asociación Internacional de Derecho Cooperativo*, núm.36, pp.51-120, p.74 y ss. Como definen los autores, el proceso de desmutualización, consistente en que una entidad cooperativa o mutual sea transformada en una sociedad anónima o

las cooperativas de crédito, es decir, el hecho que las cooperativas pierdan su esencia y se conviertan en entidades bancarias o, aún sin convertirse formalmente, adopten su forma de ser y actuar, comporta el **peligro del isomorfismo del sistema impactando en última instancia en la diversidad del sector bancario**. Así, compartiendo el postulado que defiende PUYALTO en sus trabajos sobre otras entidades del sistema financiera[67], esta situación muestra una clara tendencia a **favorecer su aproximación al tipo dominante**: el de las sociedades de capital y particularmente la sociedad anónima cotizada. Esta circunstancia, además de provocar incoherencias y lagunas que, plantea una profunda contradicción con la defensa y promoción de la Economía Social y de sus principales operadores.

Teniendo en cuenta lo anterior, **si bien a priori no existen impedimentos insuperables para trasladar al ámbito de la sociedad cooperativa parte de las reglas del gobierno corporativo financiero, diseñadas fundamentalmente para las sociedades cotizadas, no es recomendable su aplicación automática a las sociedades cooperativas**. Y ello porque, tal como se ha señalado, que las reglas o modelos de buen gobierno corporativo hunden sus raíces en la dualidad existente entre la propiedad y el control típicos de la sociedad anónima, así como

---

en algún otro tipo de entidad de propiedad particular. Nos referimos al caso en que la entidad cooperativa efectúa la «conversión» de su forma jurídica en una sociedad de capitales, por razones tanto internas como externas a la misma. Los autores aluden a una de las causas a la necesidad empresarial, por la extrema competencia habida en el mercado concurrencial actual, obligándola a idear nuevas formas de captación de capital.

67 Véanse los trabajos de PUYALTO FRANCO, M.J. (2013): "Del isomorfismo organizativo al reconocimiento de una identidad diferenciada: algunas propuestas para desarrollar el potencial de las empresas de la Economía Social en el mercado de seguros español", *ob.cit.*, y PUYALTO FRANCO, M.J. (2017): "Los retos en materia de gobernanza de las entidades aseguradoras de la Economía Social", *ob.cit.*

en la necesidad de dar respuesta a la responsabilidad de los administradores, la ausencia de transparencia, rendición y calidad de la información, todo ello en base a los problemas de la relación de agencia con los directivos. En las entidades de la Economía Social, a pesar del velado empeño por aproximarlas al modelo de gobierno de las sociedades capital incorporando administradores externos en los órganos de gestión y representación, **tal dualidad no existe**, siendo los mismos socios quienes gestionan la sociedad y, por tanto, teniendo un mayor control sobre el órgano de administración que es el encargado de la supervisión directa los directivos. La gobernanza cooperativa es tan singular que no puede ser capturada adecuadamente por los modelos económicos estándar, de modo que es razonable pensar que sus particularidades puedan llegar a ser malinterpretadas por el propio supervisor. A ello debe sumarse que, a pesar de que el estatuto cooperativo no inmuniza contra los errores que se han dado en el sector de la intermediación del crédito, también es cierto que éste podría llegar a limitar su aparición y sus consecuencias negativas[68]. Es, por tanto, **fundamental que las especialidades que definen la identidad cooperativa sean adecuadamente trasladadas tanto al regulador como al supervisor**[69] en tanto que hasta el momento, los retos

---

68 GUIDER, H. (2014): "Impacto de la regulación sobre la banca cooperativa" *40 UNACC. Conectando con el cambio de modelo de negocio*, Madrid, p. 65. Véase también en TENCATI, A., ZSOLNAI, L. (2009): "The Collaborative Enterprise" *Journal of Business Ethics*, 85, pp. 367-376.

69 GROENEVELD, H. (2015): "Governance of European Cooperative Banks: overview, issues and recommendations", *TIAS School for business and society*, p. 2. En este informe se subraya como la regulación obliga a los bancos cooperativos a explicar sus características específicas de gobierno de una manera convincente, creíble y transparente a los reguladores y supervisores. Sería perjudicial para los bancos cooperativos y perjudicaría a todo el sector financiero si estas características, deliberada o inconscientemente, se ignoraran o se malinterpretaran. Tal como se advierte, los bancos cooperativos "no deberían pedir favores", pero los responsables de la formulación de políticas

y desafíos del gobierno cooperativo han escapado, en gran medida, a la atención de la literatura general y del propio regulador[70], mientras que la gobernanza de las empresas capitalistas ha recibido tradicionalmente un mayor interés. En esencia, siguiendo de nuevo el argumentario de PUYALTO[71], el verdadero reto para el legislador comunitario y nacional estriba en asumir que **este estatuto jurídico especial debe impregnar el marco jurídico y reglamentario en todos sus ámbitos, desde el Derecho de Sociedades hasta la política de empresa, pasando**

---

deberían tener en cuenta sus características al diseñar e implementar medidas de política. Por último, los bancos cooperativos muestran efectos positivos para la diversidad, la competencia y la estabilidad en el sector financiero europea.

70 En cualquier caso, el primer hito a conseguir debería ser incrementar el conocimiento e interés por las cooperativas de crédito. En esta línea, el "Dictamen del Comité Económico y Social Europeo sobre Cooperativas y reestructuración" de junio 2012 (2012/C 191/05) ya señalaba "ni los ciudadanos en general, ni los sectores de la empresa privada y la administración pública conocen bien la forma de las cooperativas. En algunos países, el concepto de *cooperativa* tiene incluso connotaciones negativas (...)". Como destaca GROENEVELD en su informe, las variables que miden el desempeño financiero (performance) de los bancos cooperativos son menos volátiles que las de todo el sector bancario. Los bancos cooperativos se involucran en segmentos comerciales más estables. Este resultado refuerza aún más la conclusión de que el movimiento de la banca cooperativa ha hecho una contribución incomparable a la diversidad indispensable en la banca. Esta observación tiene implicaciones políticas significativas y justifica reiterar la reflexión de que el impacto de las (nuevas) regulaciones bancarias varía entre las entidades de crédito con diferentes estructuras de propiedad. Las propuestas de nuevas reglas, regulaciones y principios de gobernanza instan a los bancos cooperativos a explicar sus características específicas (de gobernanza) de una manera convincente, creíble y transparente. Afectaría a los bancos cooperativos y a todo el sector financiero si estas características fueran ignoradas o mal entendidas. Vid. GROENEVELD, H. (2016) "A snapshot of European Co-operative Banking", *TIAS School for business and society*, abril, p.19.

71 PUYALTO FRANCO, M.J. (2018): "El ejercicio de la actividad aseguradora por las empresas de la Economía Social: una revisión crítica de la situación en España", *Revista Ius et Veritas*, núm. 57, pp. 106-125, p. 125.

por el derecho contable, fiscal, armonización estadística, etc. Sólo de este modo podrá lograrse una cabal articulación de las características de los diferentes operadores que actúan en el mercado y preservar su diversidad, superando las limitaciones con las que topan en la actualidad.

Estas **limitaciones que acusan la fórmula cooperativa en distintos sectores de actividad ya fueron recogidas en el Informe sobre la Economía Social aprobado por la Comisión de Economía y Hacienda del Congreso de los Diputados en 2011**. Al hilo de una de las recomendaciones del Informe en que abogaba por eliminar las trabas a las entidades de la Economía Social para operar en cualquier actividad económica, incidía en el hecho que las cooperativas: "tropiezan con obstáculos legales para ejercer su actividad en algunos ámbitos especialmente regulados (...) situación que provoca dificultades para su desarrollo y en muchos casos obliga a la constitución de sociedades mercantiles de capital, sociedades anónimas o limitadas, de carácter instrumental, esto es, de capital bajo el control de las cooperativas, situación muy perjudicial para las cooperativas". No cabe duda de que, para que la cooperativa pueda llegar a ocupar un papel realmente relevante dentro de la actividad económica, **se le debe proporcionar un régimen legal sólido que le permita actuar en el mercado con idénticas posibilidades que el resto de las empresas con las que competirá, sin perder su propia idiosincrasia**[72]. Es más, no solamente "idénticas posibilidades", sino que añadiría incluso "mejores", relacionado ello con artículo 129.2 de la Constitución Española, precepto constitucional que obliga al fomento del cooperati-

---

72 DIVAR (1985): *La alternativa Cooperativa*, CEAC, Barcelona, p. 48. Según el autor, estamos ante un modelo llamado de «cooperativismo remodelado» para que las cooperativas consigan sus objetivos en un mercado de feroces rivalidades, por ello, parece que externamente han renunciado a la puridad de sus principios y, singularmente, a la solidaridad y fines sociales.

vismo. Resulta esencial dotar de este marco regulador afable con las cooperativas de crédito ya que, como forma jurídica de la Economía Social, tienen un papel prioritario en garantizar el acceso al crédito de distintos colectivos.

SEGUNDA PARTE:

EL GOBIERNO CORPORATIVO DE LAS COOPERATIVAS DE CRÉDITO

I. RÉGIMEN JURÍDICO APLICABLE A LAS COOPERATIVAS DE CRÉDITO

I.I. IDENTIFICACIÓN DE LA NORMATIVA

La identificación de la **normativa** aplicable a las cooperativas de crédito españolas no resulta tarea sencilla puesto que ésta es extensa y dispersa, dada su doble condición de cooperativas y de entidades de crédito y la consiguiente sumisión a un régimen jurídico mixto financiero y cooperativo.

Como primera consideración, el **reparto competencial** entre Estado y CCAA resulta matizado en el caso particular de las cooperativas financieras (de crédito y de seguro) dado que el Estado tiene reconocidas **competencias exclusivas en la fijación de las bases de ordenación del crédito y de la banca en el artículo 149.1. 11ª CE**. En virtud de este precepto constitucional, el Estado promulgó la **LEY 13/1989, DE 26 DE MAYO, DE COOPERATIVAS DE CRÉDITO (LCC)** en la que se determinan las bases normativas en materia de cooperativas de crédito. En su artículo Segundo relativo al régimen jurídico se establece lo siguiente: "Artículo segundo. Régimen jurídico. Las Cooperativas de Crédito se regirán por la presente Ley y sus normas de desarrollo, sin perjuicio, en cuanto a estas últimas, de las disposiciones que puedan aprobar las Comunidades Autónomas en el ejercicio de las competencias que tengan atribuidas en la materia. También les serán de aplicación las normas que con carácter general regulan la actividad de las entidades de crédito. Con carácter supletorio les será de aplicación la Legislación de Cooperativas".

Es por tanto necesario analizar **cuándo la norma estatal tiene aplicación preferente o subsidiaria**[1]. La delimitación del ámbito competencial del Estado y CCAA en materia cooperativa se ha resuelto en función del lugar en el que la cooperativa realiza con carácter principal la actividad cooperativizada (es decir, la actividad propia de su objeto social con sus socios). Sin embargo, para las cooperativas de crédito el criterio competencial cambia puesto que será de aplicación la norma estatal cuando su **ámbito de actuación estatutariamente reconocido** – no se habla ya de actividad cooperativizada – sea supraautonómico o estatal (artículo 104 LC, artículo 7.1 RCC y artículo 2.3 Reglamento Registro cooperativas[2]). En otras palabras, se aplicará la normativa

---

1 La jurisprudencia muestra que no ha resultado una cuestión sencilla ni pacífica. Entre otras, caben destacar las siguientes sentencias del Tribunal Constitucional: STC 44/1984, de 27 de marzo, STC 165/1985 de 5 de septiembre, STC 86/1989 de 11 de mayo, STC 155/1993 de 6 de mayo y STC 275/2000 de 16 de noviembre, STC 134/1992, de 5 de octubre, STC 204/1993, de 17 de junio, STC 245/2000, de 16 de noviembre, STC 291/2005, de 10 de noviembre. Doctrinalmente, la delimitación de competencias en materia cooperativa ha sido objeto de estudio por LEÓN SANZ, F. (1997): "Fusión, transformación y otras modificaciones estructurales de sociedades cooperativas. Distribución de competencias entre el Estado y las Comunidades Autónomas", *RdS*, núm.9, pp. 25-59 o ALFONSO, R. (1999): "La reforma de la legislación estatal sobre sociedades cooperativas y su incidencia en las comunidades autónomas sin ley reguladora", *La Ley*, núm.4750, pp.1-6. Sobre cooperativas de crédito en particular, VICENT CHULIÁ, F. (1989): "Nota breve sobre la ley de cooperativas de crédito", La Ley, núm. 3, pp.169-174; VICENT CHULIÁ, F. (1994): "El nuevo estatuto jurídico de la cooperativa de crédito (I)", *Revista de derecho bancario y bursátil*, núm.53, pp.9-54.

2 El literal de estos artículos lo reproducimos a continuación dada su importancia: Artículo 104 LC: "Las cooperativas de crédito se regirán por su ley específica y por sus normas de desarrollo. Asimismo, les serán de aplicación las normas que, con carácter general, regulan la actividad de las entidades de crédito, y con carácter supletorio la presente Ley de Cooperativas cuando su ámbito de actuación estatutariamente reconocido, conforme a su ley específica, sea supraautonómico o estatal, siempre que realicen en el citado ámbito actividad cooperativizada de manera efectiva".; Artículo 7.1. RCC:

estatal a las cooperativas de crédito cuya actividad, sea o no cooperativizada, exceda del territorio de una Comunidad Autónoma y se deberá inscribir en el Registro de Cooperativas Estatal. Por su parte, en el supuesto que la cooperativa desarrolle total o principalmente su actividad en una determinada Comunidad Autónoma, será de aplicación la normativa cooperativa autonómica, siendo preceptiva la inscripción de la cooperativa en el Registro Autonómico de Cooperativas.

Sentado lo anterior, la **Sentencia del Tribunal Supremo STS 155/1993, de 6 de mayo**[3] relativa a un recurso de inconstitucionalidad promovido por la Generalitat de Catalunya contra determinados preceptos de la LCC y a la Sentencia del Tribunal Constitucional 291/2005, de 10 de noviembre[4] se pronunció sobre diversos puntos conflictivos en esta materia concluyendo lo siguiente: (1) precisa que la LCC se circunscribe a la competencia estatal en la fijación de las bases del régimen jurídico de las cooperativas de crédito y subraya que las materias relativas a la ordenación del crédito son de competencia exclusiva del Estado y, por tanto, no atribuible a las Comunidades Autónomas; (2) por otro lado, sin perjuicio del carácter básico de

---

"A los efectos previstos en el artículo anterior habrán de ser inscritas en el Registro estatal de Cooperativas aquellas sociedades cuyo ámbito de actividad ordinaria y habitual, sea o no cooperativizada, exceda del territorio de una Comunidad Autónoma, cualquiera que fuere el municipio de la sede social. Corresponde a las Comunidades Autónomas la inscripción de las entidades cuyo ámbito, respecto a aquella actividad, no rebase el de la Comunidad correspondiente".; Artículo 2.3 Real Decreto 136/2002, de 1 de febrero, por el que se aprueba el Reglamento del Registro de Sociedades Cooperativas: "3. Corresponde al ámbito de aplicación de este Reglamento, el registro de los actos de las Cooperativas de crédito cuya actividad, sea o no cooperativizada, exceda del territorio de una Comunidad Autónoma, conforme a su legislación específica".

3 Accesible en: https://www.boe.es/buscar/doc.php?id=BOE-T-1993-13767 (fecha última consulta: 20/4/2022)

4 ECLI:ES:TC:2005:291.

algunas materias expresadas en la Disposición final segunda LCC y cuarta RCC, se considera de competencia autonómica el régimen del voto de los socios, el del director general y el de los fines del Fondo de Educación y Promoción. Por su parte, el Tribunal Constitucional clarificó con la **Sentencia del Tribunal Constitucional STC 291/2005 (Pleno), de 10 de noviembre** el sistema de fuentes aplicables a las sociedades cooperativas de crédito y constató, de nuevo, la doble naturaleza de las cooperativas de crédito como entidades de crédito y sociedades cooperativas, determinando como legislación supletoria la de cooperativas estatal por lo que atañe a la materia cooperativa, y en ningún caso en lo que respecta a la materia financiera[5].

---

[5] Esta sentencia declara la constitucionalidad de la norma recurrida (a saber, el artículo 104 LC en la redacción dada por el artículo 54 de la Ley 55/1999, de 29 de diciembre, de medidas fiscales, administrativas y del orden social) y fija el sistema de fuentes de las cooperativas de crédito. Los siguientes tres párrafos extraídos de la STC 291/2005, que se trascriben seguidamente recogen la doctrina acerca de la aplicación de la legislación cooperativa: a) "*La doctrina constitucional expuesta nos permite asentar ya como premisa de nuestro enjuiciamiento la constatación de la doble naturaleza de las cooperativas de crédito: a un tiempo entidades crediticias [artículo 1.2 d) del Real Decreto Legislativo 1298/1986, de 28 de junio, sobre adaptación del Derecho vigente en materia de entidades de crédito al de las Comunidades Europeas] y sociedades cooperativas, como expresamente consigna el artículo 1 de la Ley 13/1989, de 26 de mayo, de cooperativas de crédito. Esta doble naturaleza se proyecta sobre el sistema de fuentes que rige su régimen jurídico*". *b) "Seguidamente concluimos que «fácilmente se comprende que el inciso impugnado, al establecer que "con carácter supletorio les será de aplicación la legislación de cooperativas", no está configurando a la legislación catalana en materia de cooperativas como legislación supletoria aplicable a las cooperativas de crédito, pues esa legislación de cooperativas supletoria no será sino la legislación de cooperativas estatal (concretamente, Ley 3/1987, de 2 de abril, general de cooperativas [entonces vigente]), siempre, claro es, que, por razón de la materia, le corresponda al Estado la competencia normativa o, en su caso, aun correspondiendo a la Comunidad Autónoma, ésta no lo haya ejercitado»". c) "La aplicación supletoria de la «legislación de cooperativas» establecida por el legislador básico estatal, no se refiere a los aspectos crediticios, sino específicamente a los que este Tribunal ha denominado «cooperativos», en los que se entremezclan, destacadamente, elementos laborales y mercantiles".*

Asimismo, la **Disposición final segunda LCC** declara como básicos los artículos de la LCC con algunas excepciones: "Se declaran básicos, al amparo de lo establecido en el artículo 149.1.11 de la Constitución, los preceptos contenidos en la presente Ley con la excepción del artículo 9, apartados 5, 6 y 7. Tampoco tendrán la consideración de normas básicas las precisiones contenidas en el apartado 1 del artículo quinto relativas al número de promotores y plazos mínimos exigidos para solicitar la constitución de una Cooperativa de Crédito, en el apartado 1 del artículo 7 respecto del valor nominal mínimo de los títulos de aportación y en el apartado 3, a) del artículo 9 en relación con la forma en que debe hacerse la delegación de voto".

Sin perjuicio del carácter básico o no básico de los preceptos, antes de adentrarnos en su régimen jurídico, es importante subrayar el **artículo 129.2 CE** referente a la promoción de las cooperativas, que proclama literalmente que: "Los poderes públicos promoverán eficazmente las diversas formas de participación en la empresa y fomentarán, mediante una legislación adecuada, las sociedades cooperativas. También establecerán los medios que faciliten el acceso de los trabajadores a la propiedad de los medios de producción". Nos planteamos qué alcance tiene este mandato constitucional en la materia que aquí nos ocupa, puesto que **el fomento de las sociedades cooperativas debe partir de una legislación adecuada, con normas jurídicas y políticas socioeconómicas que favorezcan expresa e indubitadamente el cooperativismo frente a las demás fórmulas societarias**. En la línea de DÍAZ DE LA ROSA, este principio no se respeta si se establecen medidas de fomento que benefician por igual al sector cooperativo y a otras formas de organización, toda vez que ese "igualitarismo" termina redundando en perjuicio de las cooperativas que, al ser tratadas como iguales, cuando su condición es desigual, pierden la ventaja que institucional y constitucionalmente les depara el ordenamiento jurídico[6]. Es más, en las cooperativas de crédito en particular, nos encontramos que, lejos de favorecerse su desarrollo, se tiende a un isomorfismo bancario reforzando esta figura del banco sociedad anónima, obligando al resto de entidades que no comparten sus características a adaptarse vía fusiones y concentraciones para poder sobrevivir.

En concordancia con lo expuesto, identificamos a continuación el **elenco normativo bajo el que están sujetas las sociedades cooperativas de crédito**: (1) En primer lugar, la mencionada **LEY 13/1989, DE 26 DE MAYO, DE COOPERATIVAS DE CRÉDITO (LCC)**, que ha sido modificada y adaptada en varias ocasiones[7], dictada por el Estado en base al artículo **149.1.11.a) CE**. Tal como consta en su Exposición de Motivos, la LCC no pretende ofrecer una regulación completa y exhaustiva de todos los aspectos de las cooperativas de crédito, sino tan sólo establecer las bases del régimen jurídico de dichas instituciones en cuanto a entidades de crédito. La LCC determina en su Disposición adicional segunda (de acuerdo con varias resoluciones del TC) cuáles son los preceptos básicos[8] cuyo contenido tiene aplicación preferente respecto a

---

6 DÍAZ DE LA ROSA, A. (2010): "Reflexiones a propósito del artículo 129.2 de la Constitución Española" *Anuario da Facultade de Dereito da Universidade da Coruña, núm.14, pp. 311-324,* p. 320. Al marcado carácter social que tienen las sociedades cooperativas que las hace, por sí mismas, merecedoras de protección constitucional, hay que añadir la posibilidad que nos ofrecen las cooperativas para dar efectividad a un gran número de derechos y principios constitucionales, que los poderes públicos difícilmente pueden garantizar en toda su extensión y plenitud.

7 Resulta relevante destacar el Real Decreto 256/2013, de 12 de abril por el que se incorporaron modificaciones de gran calado en el articulado de LCC y RCC.

8 Véase Disposición adicional segunda LCC: "Se declaran básicos, al amparo de lo establecido en el artículo 149.1.11 de la Constitución, los preceptos contenidos en la presente Ley con la excepción del artículo 9, apartados 5, 6 y 7. Tampoco tendrán la consideración de normas básicas las precisiones

las normas autonómicas. Asimismo, recordemos que bastará la actuación de la cooperativa de crédito en más de una Comunidad Autónoma para quedar sometida a la normativa estatal y justificar la correspondiente inscripción en el Registro de Cooperativas estatal; (2) Posteriormente a la LCC, se aprobó un reglamento para desarrollarla, el **REAL DECRETO 84/1993, DE 22 DE ENERO (RCC)** [9] y, en igual escala jerárquica se sitúan las normas autonómicas de desarrollo de la LCC; (3) Por su condición de entidad de crédito, les serán de aplicación las normas que con carácter general regulan la actividad de las entidades de crédito que, al tener que respetar las bases de ordenación de la actividad financiera y de la política monetaria estatal se rigen por la legislación estatal[10]. Concretamente, la

---

contenidas en el apartado 1 del artículo quinto relativas al número de promotores y plazos mínimos exigidos para solicitar la constitución de una Cooperativa de Crédito, en el apartado 1 del artículo 7 respecto del valor nominal mínimo de los títulos de aportación y en el apartado 3, a) del artículo 9 en relación con la forma en que debe hacerse la delegación de voto".

9 Este Reglamento derogó las normas reglamentarias contenidas en los Reales Decretos 2710/1978 y 2860/1978, que todavía seguían vigentes en cuanto no eran contrarias a la LCC. Se atiende fundamentalmente a la necesidad de desarrollar con carácter básico aquellos preceptos de la LCC y restantes leyes aplicables como la actualmente derogada Ley 26/1968 de 29 de julio de disciplina e intervención de las entidades de crédito, que constituían el régimen jurídico de las cooperativas de crédito en cuanto a entidades de crédito.

10 En este sentido, los párrafos 3°, 4° y 5° de la Exposición de Motivos LCC merecen ser destacados: "Como es sabido, *la legislación del Estado tiene solo carácter de derecho supletorio respecto del de las Comunidades Autónomas con competencias legislativas plenas en materia de cooperativas.* Esta regla general *resulta matizada, en el caso particular de las Cooperativas de crédito* en tanto en cuanto, en virtud del Real Decreto Legislativo 1298/1986, de 28 de junio, por el que se adaptan las normas legales en materia de establecimientos de crédito al Ordenamiento Jurídico de la Comunidad Económica Europea, se concede a las Cooperativas de crédito inscritas en el Registro especial del Banco de España el *carácter de entidades de crédito,* al igual que también lo son los bancos privados, las Cajas

LEY 10/2014, DE 26 DE JUNIO DE ORDENACIÓN, SUPERVISIÓN Y SOLVENCIA DE LAS ENTIDADES DE CRÉDITO (LOSSEC), como norma de referencia en materia de ordenación y solvencia de las entidades de crédito de nuestro país (condición que, el artículo 1.2 otorga expresamente a las cooperativas de crédito) su normativa reglamentaria de desarrollo, así como las órdenes, circulares e instrucciones dictadas por los organismos supervisores. Con carácter supletorio, en una escala inferior, debe situarse la normativa estatal y autonómica[11]

---

de Ahorro o las Entidades Oficiales de Crédito. Tales matizaciones se derivan de que el *artículo 149.1 de la Constitución*, en su apartado decimoprimero, establece como competencia exclusiva del Estado la de fijar las bases de la Ordenación del Crédito y Banca. en consecuencia, en la presente Ley *se fijan cuáles son estas bases por lo que se refieren a las Cooperativas de crédito, incluyéndose, no obstante, otros preceptos que no tienen este carácter con la finalidad de dar unas normas supletorias que se apliquen en defecto de legislación autonómica, si bien éstos se relacionan expresamente con la Disposición Final Segunda*, de acuerdo con las más recientes exigencias de la Jurisprudencia constitucional. En conclusión, *la presente Ley no pretende ofrecer una regulación completa y exhaustiva de todos los aspectos de las Cooperativas de crédito*, sino tan sólo establecer las bases del régimen jurídico de dichas instituciones en cuanto entidades de crédito, que al Estado corresponde dictar al amparo del artículo 149.1.11 de la Constitución". La cursiva es nuestra.

11 VALENZUELA GARACH, F. y VALENZUELA GARACH, F.J. (2019): "Cooperativas de crédito" *ob.cit.*, p. 1418 y ss. En términos generales, las leyes de cooperativas (nacional y autonómicas) tienen carácter supletorio en el ámbito de las cooperativas de crédito. No obstante, en función del tratamiento dispensado en cada una de estas leyes podemos distinguir entre distintos grupos: (1) leyes de cooperativas con un precepto básico referido a las cooperativas de crédito (entre otras, la Ley estatal cuyo artículo 104 LC se refiere específicamente a la normativa aplicable a las cooperativas de crédito); (2) leyes autonómicas de cooperativas con un único precepto básico para las cooperativas del sector financiero, esto es, cooperativas de crédito y de seguros, es el caso de la normativa madrileña, castellano-leonesa, cántabra y asturiana; (3) leyes autonómicas de cooperativas con una serie de preceptos específicamente dedicados a las cooperativas de crédito (ya sea en la propia ley de cooperativas autonómica como la Ley 12/2015 de cooperativas de

sobre sociedades cooperativas. A este respecto, LC[12] se aplicará supletoriamente a las cooperativas que desarrollen su actividad cooperativizada[13] en el territorio de varias Comunidades Autónomas, excepto cuando en una de ellas se desarrolle con carácter principal. La LC se refiere en su artículo 104 LC del siguiente modo: "Las cooperativas de crédito se regirán por su ley específica y por sus normas de desarrollo. Asimismo, les serán de aplicación las normas que, con carácter general, regulan la actividad de las entidades de crédito, y con carácter supletorio la presente Ley de Cooperativas cuando su ámbito de actuación estatutariamente reconocido, conforme a su ley específica, sea supra autonómico o estatal, siempre que realicen en el citado ámbito actividad cooperativizada de manera efectiva" así como, el artículo 29 RCC: "En lo no previsto sobre estructura orgánica de las cooperativas de crédito por este u otros capítulos del presente Real Decreto se estará a lo dispuesto en la Ley 13/1989 y en la restante normativa, estatal o autonómica, sobre Cooperativas, que resulte de aplicación. No obstante, los miembros de los órganos estatutarios quedarán sometidos, a las prohibiciones e incompatibilidades que la Ley antes mencionada establece para consejeros y directores". Además de las anteriores, hay que tener en cuenta que, en muchas materias previstas en la propia normativa cooperativa, ésta

---

Cataluña (LCCAT), o bien en una ley diferenciada como es el caso de la Ley de Crédito Cooperativa de Extremadura (LCCEX).

12 A diferencia de la Ley 3/1987 General de Cooperativas, siguiendo el criterio de delimitación espacial utilizado por la mayoría de las leyes de cooperativas autonómicas.

13 SANZ JARQUE, J.J. (1994): *Cooperación, teoría general y régimen de las sociedades cooperativas, el nuevo derecho cooperativo, ob.cit.*, p.75. Se entiende por «acto cooperativo» y «actividad cooperativizada» toda actividad en el sentido de actos y negocios jurídicos con contenido y efectos económico contables, realizada bien por los socios y la cooperativa, bien por ésta y los socios y aún con terceros, que sea dirigida a la consecución del objeto social de la cooperativa, en armonía con el fundamento y la causa de esta.

se puede ver superada por el contenido de los estatutos sociales de las propias entidades puesto que la propia norma así lo prevé. También les será de aplicación la Ley 5/2011, de 29 de marzo, de Economía Social (LES), por ostentar la cooperativa la condición de integrante de la Economía Social. En cuanto a las normas de fiscalidad, se sujetan a los criterios y métodos aplicables a las entidades de crédito, sin perjuicio de lo que se establezca Ley 20/1990, de 19 de diciembre, sobre Régimen Fiscal de las Cooperativas (artículo Octavo LCC). La sociedad cooperativa es objeto de un tratamiento fiscal específico, condicionado por la existencia de dotaciones a los fondos no repartibles, por la imposibilidad de su reparto o por la correcta aplicación de estos a los fines legalmente establecidos (artículo 13 de la referida Ley 20/1990). En las sociedades cooperativas de crédito, el régimen jurídico aplicable se halla en el Título V de la citada norma[14].

I.II. LA REGULACIÓN FINANCIERA: ANTECEDENTES Y SITUACIÓN ACTUAL

Uno de los elementos esenciales de la ordenación de las entidades de crédito ha sido la **regulación prudencial** que encuentra su origen en los estándares establecidos por el Comité de Supervisión Bancaria de Basilea (BCBS, por sus siglas en

---

14 El artículo 39 define las cooperativas de crédito a efectos tributarios del siguiente modo: "serán consideradas como cooperativas protegidas, a los efectos de esta Ley, aquellas Entidades que, sea cual fuere la fecha de su constitución, se ajusten a los principios y disposiciones de la Ley 13/1989, de 26 de mayo, de Cooperativas de Crédito, tanto del Estado como de las Comunidades Autónomas que tengan reconocida competencia en esta materia en sus respectivos Estatutos de Autonomía, según el ámbito territorial de actuación de la cooperativa con sus socios, siempre que tengan su domicilio en territorio nacional y hayan sido inscritas en los Registros del Banco de España, Mercantil y en el correspondiente de cooperativas (...)".

inglés)[15]. Los estándares son normas de carácter internacional que carecen de obligatoriedad jurídica formal, por lo que **necesitan ser incorporadas a los ordenamientos internos** para adquirir fuerza jurídica vinculante[16]. Como veremos, en el caso de la UE, los estándares de Basilea en materia de regulación prudencial han sido incorporados al derecho comunitario a través de reglamentos y directivas. Los primeros, como es sabido, tienen un alcance general, son obligatorios en todos sus elementos y directamente aplicables en cada Estado miembro, y cualquier particular puede reclamar su cumplimiento ante los tribunales nacionales. En cambio, las directivas son normas que vinculan a todo Estado miembro destinatario, en cuanto al resultado que hay que alcanzar, dejando a las instancias nacionales la facultad de escoger la forma y los medios, es decir que cada Estado miembro tiene que cumplir sus fines, pero tiene libertad para

---

15 El BCBS está compuesto por representantes de 28 jurisdicciones, entre los que se encuentran bancos centrales y autoridades con responsabilidad en la supervisión bancaria. Además, en el BCBS participan, como observadores, diversos organismos internacionales y algunos países. El Banco de España es miembro del BCBS desde 2001. El resto de las jurisdicciones que son miembros del Comité son Alemania, Arabia Saudí, Argentina, Australia, Bélgica, Brasil, Canadá, China, República de Corea, Estados Unidos, Francia, Hong Kong, India, Indonesia, Italia, Japón, Luxemburgo, México, Países Bajos, Reino Unido, Rusia, Singapur, Sudáfrica, Suecia, Suiza, Turquía y Unión Europea (Banco Central Europeo y Mecanismo Único de Supervisión. El BCBS no solo es el principal organismo global para la regulación prudencial de los bancos, sino que también proporciona un foro para la cooperación en materia de supervisión bancaria con el objetivo principal de fortalecer la regulación, supervisión y prácticas de los bancos en todo el mundo y, por consiguiente, mejorar la estabilidad financiera. COMITÉ DE SUPERVISIÓN BANCARIA DE BASILEA (2013): *Carta estatutaria*, disponible en https://www.bis.org/bcbs/charter_es.pdf (fecha última consulta: 7/5/2022). En particular, artículos 1 y 2 de la Carta Estatutaria Comité de Supervisión Bancaria de Basilea.

16 COMITÉ DE SUPERVISIÓN BANCARIA DE BASILEA (2013): *Carta estatutaria, ob.cit.* Artículo 12.

elaborar su legislación interna de desarrollo. Junto a las normas o estándares para la regulación y supervisión prudencial de los bancos, el BCBS también formula "directrices" (*guidelines*) que puntualizan y completan las anteriores ofreciendo orientación para su aplicación, así como "buenas prácticas" (*sound practices*) que generalmente describen las prácticas observadas, con el fin de propiciar un entendimiento común y mejorar las prácticas bancarias o de supervisión. En este sentido, se alienta a los miembros del BCBS a comparar estas prácticas con las que aplican ellos mismos y las instituciones que supervisan, con el fin de determinar posibles ámbitos de mejora[17].

Desde 1988, el Comité de Basilea ha emitido tres grandes acuerdos, conocidos como Basilea I, Basilea II y Basilea III, los cuales han tenido un impacto directo en la regulación y supervisión de las entidades de crédito. **Basilea I** fue el primero de los acuerdos aprobado por el Comité de Basilea con el objetivo principal de frenar la disminución del capital de los bancos. De acuerdo con dicho objetivo, Basilea I estableció un nuevo concepto de capital que iba más allá del concepto contable y supuso, a partir de 1992, la exigencia de capitalización de los bancos en un mínimo del 8% sobre activos ponderados por riesgo[18] que constituyó el núcleo principal del denominado Pi-

---

17 Ídem.

18 Es lo que se conoce como «coeficiente de solvencia» que básicamente consiste en que los bancos mantengan, a nivel del grupo bancario consolidado, un nivel mínimo de capital que permita absorber las pérdidas que pueden provocar los riesgos que asumen, sin que la entidad quiebre. Los riesgos a los que están sometidos los bancos son muy diversos, siendo los más importantes el riesgo de crédito, el de mercado, el de interés de la cartera de inversión y los «otros riesgos», término, este último, que incluye el riesgo operacional, los riesgos legales, estratégicos, etc. Basilea I abordó inicialmente solo el riesgo de crédito, el más importante para la banca y, en una revisión posterior, incorporó también el riesgo de mercado de las operaciones contabilizadas en la cartera de negociación de un banco.

lar I. Hasta principios de la década de 1990 el acuerdo logró su objetivo al detener la reducción de la capitalización, pero posteriormente se comprobó que contenía algunas deficiencias en cuanto a su formulación que dieron lugar a los acuerdos de **Basilea II** en 2004. De este modo, Basilea II modificó los elementos principales del Pilar I (nivel mínimo de recursos propios) y diseñó dos nuevos pilares: la autoevaluación del riesgo por cada entidad en diálogo con el supervisor (Pilar II) y la disciplina de mercado (Pilar III). Los Tres Pilares (Pilar I, Pilar II y Pilar III) constituyen tres formas diferentes y complementarias de abordar cada uno de los riesgos a los que está sometida una entidad de crédito por lo que la idea fundamental de Basilea II es que los Tres Pilares deben funcionar de forma conjunta, es decir, las entidades no sólo tienen que tener un nivel mínimo de recursos propios (Pilar I) sino que, adicionalmente: (1) las autoridades supervisoras deben asegurarse de que dichas entidades disponen de unos sistemas internos adecuados para calcular el capital económico necesario en relación con sus riesgos, independientemente del nivel legal mínimo exigido, deben ser capaces de analizar el perfil de riesgos de cada entidad, con la finalidad de conocer si el nivel de solvencia alcanzado es adecuado (Pilar II) y, (2) las entidades deben facilitar información clara sobre su perfil de riesgo, así como sobre las actividades y controles utilizados para mitigar los riesgos asumidos (Pilar III). En este sentido, el Pilar III parte de la premisa que el incremento de transparencia beneficia no sólo a las propias entidades sino también a los inversores, depositantes y al sistema financiero en general[19].

Tras el estallido de la crisis financiera de 2007, la cumbre de líderes del G-20 elaboró una serie de reformas financieras que

---

19 COMITÉ DE SUPERVISIÓN BANCARIA DE BASILEA (2004): *Aplicación de Basilea II: aspectos prácticos*, Texto disponible en https://www.bis.org/publ/bcbs109esp.pdf (fecha última consulta: 7/5/2022).

posteriormente propició la formulación de medidas por parte del Grupo de Gobernadores y Jefes Supervisión (GHOS por sus siglas en inglés[20]) del BCBS. Estas medidas fueron aprobadas por el Consejo de Estabilidad Financiera (FSB) y por los líderes del G-20 en la Cumbre de Pittsburgh de 2009. En la Cumbre de Seúl de noviembre de 2010 se recogieron los frutos de los trabajos encargados por el G-20 al FSB y al BCBS con la aprobación de **Basilea III**[21]. Este nuevo acuerdo refuerza la regulación y supervisión microprudencial y la complementa con una dimensión macroprudencial que podría definirse como "aquella que usa instrumentos prudenciales para prevenir la acumulación de riesgos sistémicos, limitando de esta manera su incidencia sobre la economía real a través de posibles interrupciones en la provisión de servicios financieros"[22]. En este sentido, se entiende por riesgo sistémico "el riesgo de interrupción en la provisión de servicios financieros causada por deficiencias de una parte o de la totalidad del sistema financiero que puede tener un efecto importante en la actividad económica"[23]. En definitiva, se trata de mejorar la capacidad

---

20 El Grupo de Gobernadores y Autoridades de Supervisión es el órgano de vigilancia del BCBS de modo que éste necesita su refrendo para adoptar sus principales decisiones. Además, el GHOS aprueba la Carta Estatutaria del BCBS y sus modificaciones; ofrece orientación general con respecto al programa de trabajo del BCBS; y designa al Presidente del BCBS de entre sus miembros. Véase artículo 6 de la Carta estatutaria del Comité de Supervisión Bancaria de Basilea.

21 El Comité de Basilea publicó sus propuestas de reforma de la normativa prudencial bancaria conocida como Basilea III el 16 de diciembre de 2010.

22 Esta definición ha sido consensuada por el Fondo Monetario Internacional, el Consejo de Estabilidad Financiera y el Banco de Pagos Internacional. Véase JÁCOME, L. (2013): "Política macroprudencial: en qué consiste y cómo ponerla en práctica", *Boletín del Cemla,* Abril-junio, pp. 93-120, p. 95. Disponible en: https://www.cemla.org/PDF/boletin/PUB_BOL_LIX02-03.pdf (fecha última consulta: 7/5/2022).

23 Ídem.

del sector bancario para absorber perturbaciones procedentes de tensiones financieras o económicas de cualquier tipo, reduciendo con ello el riesgo de contagio desde el sector financiero hacia la economía real.

Es importante precisar que Basilea III no sustituye a Basilea II, sino que se construye sobre él, modificando alguno de sus elementos e introduciendo nuevas herramientas prudenciales. En todo caso, se mantiene la estructura de Tres Pilares que acaba de ser someramente descrita. Así, Basilea III revisa el Pilar I[24] con nuevas medidas para mejorar la calidad y el nivel del capital con el objetivo de asegurar su capacidad para absorber las posibles pérdidas de las entidades de crédito y se introduce una ratio de apalancamiento como complemento a la que ya existía ratio de solvencia, para contener el excesivo endeudamiento en el sistema bancario, entre otras medidas. En cuanto al **Pilar II**[25] las disposiciones se centran en la **gobernanza y la**

---

24 El Pilar I son los requerimientos mínimos que deben cumplir las entidades. Estos requerimientos mínimos son de capital para cubrir los riesgos de crédito, de mercado y operacional y de activos líquidos para cubrir el riesgo de liquidez. En la actualidad, se concretan en las ratios de capital, de apalancamiento, de cobertura de liquidez (*liquidity coverage ratio,* LCR) y de financiación estable neta (*net stable funding ratio,* NSRF). El primer pilar se caracteriza por su automatismo: la normativa establece detalladamente cómo debe calcularse cada una de estas ratios, y los umbrales que deben superarse estan también claramente fijados. Véase DEPRÉS, M., VILLEGAS, R., AYORA, J. (2020): *Manual de regulación bancaria en España,* Funcas, Madrid, p. 206.

25 El segundo pilar es el proceso de examen supervisor. El papel de los supervisores consistirá en evaluar si los bancos cuantifican adecuadamente sus necesidades de capital y de liquidez en función de sus riesgos, interviniendo cuando sea necesario. Mientras que el Pilar I está claramente acotado en la normativa, el Pilar II implica una revisión de la entidad que abarca tanto los riesgos ya considerados en el Pilar I, como otros riesgos, siendo especialmente relevantes: los riesgos que se consideran en el Pilar I pero que no se cubren por completo (p.ej. riesgo de concentración del crédito), aquellos que no tiene en cuenta el Pilar I (p.ej. riesgo de tipo de interés estructural

gestión de riesgos a escala de una entidad en su conjunto e incluyen exigencias en materia de gobierno corporativo de las entidades de crédito, ya que se considera que unas estructuras adecuadas en este ámbito, en especial el régimen de remuneraciones, son elementos necesarios para una gestión eficiente de riesgos en una entidad de crédito. Finalmente, el Pilar III[26] ofrece un marco consolidado y mejorado, que incluye todas las reformas del marco de Basilea e introduce un cuadro de parámetros prudenciales clave de los bancos[27]. Debemos destacar que estos Tres Pilares, si bien no son literalmente mencionados en la normativa de solvencia aplicable a las entidades de crédito europeas y españolas, se encuentran detrás de la reestructuración de dicha normativa.

En este contexto, no debe obviarse uno de los pilares esenciales de la Unión Bancaria: el **Código Normativo Único** (*Singlerulebook*) [28], en cuyo desarrollo participan los órganos

---

o el riesgo de negocio) y los factores externos al banco (p.ej. los efectos del ciclo económico). Véase DEPRÉS, M., VILLEGAS, R., AYORA, J. (2020): *Manual de regulación bancaria en España, ob.cit.*, p. 206.

26 El tercer pilar es la disciplina de mercado y está diseñado para completar los otros dos pilares. Las entidades dependen de los mercados para desarrollar su actividad. Por tanto, cuanto más sólida sea la percepción que tenga el mercado de la entidad, su acceso a los recursos será mayor. Véase DEPRÉS, M., VILLEGAS, R., AYORA, J. (2020): *Manual de regulación bancaria en España, ob.cit.*, p. 207.

27 Toda la información sobre estos aspectos está disponible en https://www.bis.org/.

28 El «*Single Rulebook*» pretende proporcionar un conjunto único de normas prudenciales armonizadas que las instituciones de toda la UE deben respetar. El Consejo Europeo acuñó el término en 2009 para referirse al objetivo de un marco regulador unificado para el sector financiero de la UE que completaría el mercado único de servicios financieros. Esto garantizará la aplicación uniforme de Basilea III en todos los Estados miembros. Cerrará las lagunas normativas y contribuirá a un funcionamiento más eficaz del

comunitarios competentes elaborando los actos legislativos básicos (directivas y reglamentos) centrados en la eliminación de discrecionalidades nacionales para conseguir la máxima armonización. Así, el Consejo Europeo recomendó un CÓDIGO NORMATIVO ÚNICO para eliminar las diferencias legislativas entre los Estados miembros y garantizar el mismo nivel de protección para los ciudadanos y unas condiciones de competencia equitativas para los bancos en toda la UE[29]. El Código Normativo Único no solo constituye la clave de bóveda de la regulación del sector financiero de la UE, sino que también es uno de los pilares fundamentales de la Unión Bancaria. Sin embargo, debe precisarse que no se trata de un código en el sentido de la tradición continental, sino que está integrado por una serie de actos jurídicos que todas las entidades financieras de la UE deben cumplir. Además de por directivas y reglamentos, la normativa prudencial se complementa con normas de segundo nivel como los reglamentos delegados, normas técnicas de ejecución y normas técnicas de regulación. Son actos normativos de obligado cumplimiento aplicables en cada Estado miembro sin necesidad de trasposición como ocurre con las directivas. Los legisladores de la UE delegan en la Comisión Europea el desarrollo de estas normas y ésta se apoya en

---

mercado único. Disponible en: http://www.eba.europa.eu/regulation-and-policy/single-rulebook (fecha última consulta: 20/4/2022). Como ya hemos apuntado, una de las tareas centrales que se encomiendan a la Autoridad Bancaria Europea es contribuir al *Single Rulebook* en materia bancaria, es decir, conseguir un conjunto de reglas directamente aplicables en todos los Estados miembros de la UE con el objetivo de proporcionar igualdad de condiciones para todas las instituciones de crédito, así como un nivel de protección igualmente elevado para depositantes, inversores y consumidores.

29 Véanse las Conclusiones del Consejo Europeo 18 y 19 de junio 2009 https://data.consilium.europa.eu/doc/document/ST%2011225%202009%20REV%202/ES/pdf (fecha última consulta: 10/5/2022).

las autoridades europeas de supervisión para su elaboración[30]. Finalmente, en el tercer nivel se encuentran las guías y recomendaciones de las Autoridades Europeas de Supervisión. No son normas imperativas, y las autoridades competentes pueden decir si las aplican o no, en cuyo caso deberán justificarlo.

En cuanto al contenido del *Single Rulebook*, los actos jurídicos más importantes para la Unión Bancaria y que, además,

---

30 Debe destacarse que la función normativa de las AES no cuenta con una base jurídica en el Tratado de Funcionamiento de la Unión Europea (TFUE) por lo que siempre deben contar con una habilitación legislativa previa incluida en el propio Reglamento o Directiva. Ello tiene su razón de ser en que la construcción de la Unión Bancaria se realizó sin modificar el TFUE y, de conformidad al todavía vigente artículo 127.6 TFUE, el Banco Central Europeo debe ser el supervisor prudencial. A pesar de ello, con el objetivo de preservar la propia independencia del Banco Central Europeo en el ejercicio de la función de supervisión respecto a la de la política monetaria (que el mismo órgano también ostenta), se le atribuyeron funciones a la ABE que son básicamente armonizadoras. En la práctica, ambas instituciones se acaban complementado y realizando las funciones que, normalmente, se concentrarían en un único órgano, hecho que implica una mayor complejidad estructural y administrativa en un sector que, por sí, ya es suficientemente complejo. Vid. GARCÍA-ALVAREZ, G. (2014): "La construcción de una unión bancaria europea: La autoridad bancaria europea, la supervisión prudencial del Banco Central Europeo, y el futuro Mecanismo Único de Resolución", *La reforma bancaria en la Unión Europea y España*, (coords. TEJEDOR BIELSA y FERNÁNDEZ TORRES), ed. Civitas-Thomson Reuters, Navarra, pp. 74-146, p. 79. En este sentido, también véase a LIDÓN ORTIZ, M. (2020): "Fortalezas y debilidades de la regulación bancaria europea" *Regulación bancaria y actividad financiera*, (dirs. GONZALEZ, J.C. y COLINO, J.L.), Wolters Kluwer, pp. 31-66. Como observa la autora, debería replantearse el papel y la atribución de competencias de la ABE en un futuro, para que, por la vía de la reforma del TFUE, se pudieran reforzar sus funciones y ejercerlas con plena legitimación. Ello garantizaría la plena independencia de la ABE y se reforzaría su papel, que dejaría de ser meramente armonizador, pudiendo emitir hard law por sí misma y ostentar potestad sancionadora ante posibles incumplimientos.

implementan los estándares de Basilea III[31] son el conjunto normativo denominado PAQUETE CRD IV compuesto por: (i) la Directiva 2013/36/UE del Parlamento Europeo y del Consejo, de 26 de junio de 2013, relativa al acceso a la actividad de las entidades de crédito y a la supervisión prudencial de las entidades de crédito y las empresas de inversión, por la que se modifica la Directiva 2002/87/CE y se derogan las Directivas 2006/48/CE y 2006/49/CE (a la que nos referiremos como Directiva CRD IV[32]) y (ii) el Reglamento (UE) nº 575/2013 del Parlamento Europeo y del Consejo, de 26 de junio de 2013, sobre los requisitos prudenciales de las entidades de crédito y las empresas de inversión (conocido como Reglamento CRR[33]). A las anteriores hay que añadir la Directiva modificada sobre los sistemas de garantía de depósitos (SGD)[34] y las Directivas sobre Recuperación y Resolución Bancarias[35]. La Directiva CRD IV

---

31 Resulta novedoso que la transposición de Basilea III en Europa se haya hecho, no solo a través de una directiva (que es el instrumento que se había venido utilizando), sino también a través de reglamentos directamente aplicables sin transposición nacional. Por otra parte, dicha transposición no se reduce a una mera reproducción de los acuerdos de Basilea III, sino que existen algunas diferencias como la definición de capital y la apuesta más decidida por instrumentos macroprudenciales. Sobre este último aspecto, el legislador europeo decidió incluir una herramienta que aborda el riesgo sistémico de naturaleza no cíclica, el colchón de capital sistémico, que requiere que las entidades tengan capital ordinario para hacer frente a riesgos de carácter no cíclico y a largo plazo que puedan producir una perturbación del sistema financiero con consecuencias negativas graves en dicho sistema y en la economía real.

32 Por sus siglas en inglés: *Capital Requirements Directive* (CRD).

33 Por sus siglas en inglés: *Capital Requirements Regulation* (CRR).

34 Directiva 2014/49/UE del Parlamento Europeo y del Consejo del 16 de abril de 2014 sobre sistemas de garantía de depósitos.

35 Directiva 2014/59/UE del Parlamento Europeo y del Consejo de 15 de mayo de 2014 por la que se establece un marco para la recuperación y la resolución de entidades de crédito y empresas de servicios de inversión, y por la que se modifican la Directiva 82/891/CEE del Consejo, y las Directivas 2001/24/

incluye las disposiciones relativas a las condiciones de acceso a la actividad de las entidades de crédito; las relativas a la libertad de establecimiento y a la libre prestación de servicios, así como a la supervisión prudencial. Incorpora elementos como las normas de remuneración de empleados, más prudente en Basilea III, al endurecerse el equilibrio entre la remuneración fija y la variable para evitar que favorezcan la excesiva toma de riesgos; normas relativas al gobierno corporativo de las entidades y mejora la transparencia respecto a las actividades de las entidades. Por su parte, el Reglamento CRR regula los requisitos prudenciales que deben cumplir las entidades e incluye todas las normas técnicas con un grado elevado de prescripción relativas a la definición de capital, riesgos de crédito, de liquidez, operacional y de mercado, y, además, las normas relativas al apalancamiento o el tratamiento de los grandes riesgos.

El Código se completa con normas de segundo nivel elaboradas por la Comisión Europea y las Autoridades Europeas de Supervisión (la Autoridad Bancaria Europea en el caso de las entidades de crédito) tales como los reglamentos delegados, normas técnicas de ejecución y normas técnicas de regulación; así como en normas de tercer nivel entre las que se encuentran las guías y recomendaciones de las Autoridades Europeas de Supervisión, que no tienen carácter imperativo y están sujetas al principio cumplir o explicar.

CE, 2002/47/CE, 2004/25/CE, 2005/56/CE, 2007/36/CE, 2011/35/UE, 2012/30/UE y 2013/36/UE, y los Reglamentos (UE) n o 1093/2010 y (UE) n o 648/2012 del Parlamento Europeo y del Consejo (BRRD I) y Directiva (UE) 2019/879 del Parlamento y del Consejo de 20 de mayo de 2019 por la que se modifica la Directiva 2014/59/UE en relación con la capacidad de absorción de pérdidas y de recapitalización de las entidades de crédito y empresas de servicios de inversión, así como la Directiva 98/26/CE (BRRD II).

Esta estructura muestra como la globalización[36] y la europeización han incidido intensamente en la estructura normativa y orgánica de la regulación del sector financiero y bancario español. En consecuencia, disponemos de un numeroso y heterogéneo entramado de normas, de origen europeo en el que a las normas de primer nivel (reglamentos y directivas), se suman otras de desarrollo como las normas técnicas de regulación y de ejecución, así como toda una variedad de guías, recomendaciones, etc.[37]. **El conjunto de medidas regulatorias es pues sumamente complejo y extenso, lo cual obliga a un pro-**

---

36 Tal como indica SALVADOR ARMENDÁRIZ, M.A., "Sistema de fuentes del derecho bancario: cuestiones actuales" *Cuestiones controvertidas de la regulación bancaria. Gobierno, supervisión y resolución de entidades de crédito* (coords. GONZÁLEZ VÁZQUEZ, J.J. y COLINO MEDIAVILLA, J.L.) pp. 25-56, p. 49, no se trata solo de los Acuerdos de Basilea, que sin duda son el elemento central del fenómeno de la globalización en la regulación bancaria, sino que también a los estándares y normas técnicas que elabora la IASB (*International Accounting Standards Board*) en relación con las normas contables o las recomendaciones de la FATF (*Financial Action Task Force*) en relación con las normas de prevención y blanqueo de capitales. Asimismo, otras instituciones internacionales como el G-20 o el FMI también influyen en la determinación de la normativa regulatoria.

37 Tal como señala SALVADOR, la dificultad para interpretar el alcance y obligatoriedad de estas diferentes fuentes normativas es un aspecto común al de otros ámbitos del Derecho derivado europeo y está asociada a la propia estructura de pirámide normativa europea. Ya es suficientemente complejo identificar las materias que son susceptibles de ser recogidas en Reglamentos del Parlamento y del Consejo (por tanto, que se convierten en derecho interno de los Estados miembros) y qué materias deben necesariamente regularse vía Directivas (y, por tanto, su regulación definitiva deberá estar recogida en las normas propias de derecho interno de cada Estado miembro vía trasposición), qué decir de la dificultad para conocer qué materias son objeto (y con qué detalle) de regulación de segundo u ulterior nivel, a qué sujetos alcanza su vinculación y en qué sistema de fuentes (multinivel y multiestatal) se debe insertar. SALVADOR ARMENDÁRIZ, M.A. (2018): "Sistema de fuentes del derecho bancario: cuestiones actuales" *ob.cit.*, pp. 51,52.

fundo conocimiento de estas y a una constante interrelación entre ellas.

Posteriormente, en mayo de 2019, con la aprobación en el Parlamento Europeo del PAQUETE CRD V, se introdujeron reformas en el marco prudencial y de resolución de las entidades de crédito, dándose un paso más en la implementación de Basilea III, con un calendario de entrada en vigor amplio y escalonado (en algunos aspectos, la entrada en vigor se pospone hasta el 1 de enero de 2024). El PAQUETE CRD V incluye (i) la Directiva 2019/878/UE, de 20 de mayo de 2019, que modifica la Directiva CRD IV[38] y (ii) el Reglamento (UE) 2019/876, de 20 de mayo de 2019[39] que modifica el Reglamento CRR, entre otras normas relativas al régimen de resolución[40]. En fechas

---

38 Directiva (UE) 2019/878 del Parlamento Europeo y del Consejo de 20 de mayo de 2019 por la que se modifica la Directiva 2013/36/UE en lo que respecta a los entes exentos, las sociedades financieras de cartera, las sociedades financieras mixtas de cartera, las remuneraciones, las medidas y las facultades de supervisión y las medidas de conservación del capital. Texto disponible en: https://www.boe.es/doue/2019/150/L00253-00295.pdf (fecha última consulta: 7/5/2022).

39 Reglamento (UE) 2019/876 del Parlamento Europeo y del Consejo de 20 de mayo de 2019 por el que se modifica el Reglamento (UE) nº 575/2013 en lo que se refiere a la ratio de apalancamiento, la ratio de financiación estable neta, los requisitos de fondos propios y pasivos admisibles, el riesgo de crédito de contraparte, el riesgo de mercado, las exposiciones a entidades de contrapartida central, las exposiciones a organismos de inversión colectiva, las grandes exposiciones y los requisitos de presentación y divulgación de información, y el Reglamento (UE) nº 648/2012. Texto disponible en: https://www.boe.es/doue/2019/150/L00001-00225.pdf (fecha última consulta: 7/5/2022).

40 Principalmente en materia de resolución de entidades, esto es, la Directiva 2019/879/UE, que modifica la Directiva 2014/59/UE, de 15 de mayo de 2014, por la que se establece un marco para la reestructuración y la resolución de entidades de crédito y empresas de servicios de inversión; y el Reglamento (UE) 877/2019, que modifica el Reglamento 806/2014, de 15 de julio de 2014, por el que se establecen normas y un procedimiento uniforme para la

recientes, la Comisión Europea inició la discusión para concluir la incorporación de Basilea III en la UE que se propone que entre en vigor en 2025. En particular, la propuesta legislativa de la Comisión postula una revisión de las Directivas y los Reglamentos sobre requerimientos de capital para que los bancos de la UE sean más resilientes ante posibles perturbaciones económicas en el futuro, y contribuyan a la recuperación de Europa de la pandemia de COVID-19 y a la transición a la neutralidad climática[41].

---

resolución de entidades de crédito y de determinadas empresas de servicios de inversión en el marco de un Mecanismo Único de Resolución y un Fondo Único de Resolución.

41 Nos referimos a las siguientes: en primer lugar, la Propuesta de Directiva del Parlamento Europeo y del Consejo por la que se modifica la Directiva 2013/36/UE en lo que respecta a las facultades de supervisión, las sanciones, las sucursales en terceros países y los riesgos ambientales, sociales y de gobernanza, y se modifica la Directiva 2014/59/UE (COM/2021/663 final). En este caso, si bien se incorporan algunos cambios relacionados con la adopción de Basilea III, la mayoría de las modificaciones no están relacionadas con Basilea III, sino que buscan mejorar el marco de supervisión de las entidades y la armonización de los distintos regímenes nacionales. En segundo término, la Propuesta de Reglamento del Parlamento Europeo y del Consejo por el que se modifica el Reglamento (UE) n.º 575/2013 en lo que respecta a los requisitos para el riesgo de crédito, el riesgo de ajuste de valoración del crédito, el riesgo operativo, el riesgo de mercado y el suelo de producción (COM/2021/664 final). Esta propuesta constituye el grueso de la reforma, y comprende las modificaciones en los métodos de cálculo de los requerimientos de recursos propios. Finalmente, la Propuesta de Reglamento del Parlamento Europeo y del Consejo por el que se modifica el Reglamento (UE) n.º 575/2013 y la Directiva 2014/59/UE en lo que respecta al tratamiento prudencial de los grupos de entidades de importancia sistémica mundial con una estrategia de resolución de puntos de entrada múltiples y una metodología para la suscripción indirecta de instrumentos elegibles para cumplir con el requisito mínimo de fondos propios y pasivos elegibles (COM/2021/665 final).

En España **la transposición de la normativa europea** que implementó los estándares de Basilea III se ha realizado en dos etapas. En una primera fase, se publicó el Real Decreto-Ley 14/2013, de 29 de noviembre, de medidas urgentes para la adaptación del derecho español a la normativa de la Unión Europea en materia de supervisión y solvencia de entidades financieras, que transpuso los aspectos más urgentes de este marco. En uso de la habilitación conferida por ese Real Decreto-Ley, el BE aprobó la Circular 2/2014, de 31 de enero, sobre el ejercicio de diversas opciones regulatorias contenidas en el Reglamento (UE) n.º 575/2013, que determinó las opciones nacionales elegidas, tanto de carácter permanente como transitorio, para su aplicación por las entidades de crédito a partir de la entrada en vigor de dicho reglamento en enero de 2014[42]. En una segunda fase, se promulgó la LEY 10/2014, DE 26 DE JUNIO, DE ORDENACIÓN, SUPERVISIÓN Y SOLVENCIA DE ENTIDADES DE CRÉDITO (en adelante, LOSSEC), que sentó las bases de una transposición completa de la Directiva CRD IV[43]. Posteriormente, en febrero de 2015, se publicó

---

42 Posteriormente, esa circular fue modificada, en cuanto al tratamiento de la deducción de los activos intangibles durante el período transitorio, por la Circular 3/2014, de 30 de julio, del Banco de España.

43 La publicación de la LOSSEC supuso una auténtica refundición de la normativa de ordenación y disciplina de las entidades de crédito y contiene el núcleo esencial de su régimen jurídico de aplicación. En el preámbulo de la Ley consta: "(…) esta Ley también acomete una empresa cuya realización ha sido vivida como una necesidad durante años, como es la *refundición en un único texto de las principales normas de ordenación y disciplina de entidades de crédito.* La muy frecuente modificación de las leyes vigentes ha ido deteriorando su inteligibilidad de tal modo, que *la regulación carecía ya del mínimo rigor sistemático necesario para garantizar la coherencia de conjunto y facilitar su correcta aplicación e interpretación.* La elaboración, por lo tanto, de *un texto normativo único,* en el que, a la vez que se lleva a cabo la transposición de la normativa dictada recientemente por la Unión Europea, se integran las normas del ámbito nacional que regulan la materia de forma dispersa e inconexa,

el REAL DECRETO 84/2015, DE 13 DE FEBRERO, POR EL QUE SE DESARROLLA LA LEY 10/2014, DE 26 DE JUNIO, DE ORDENACIÓN, SUPERVISIÓN Y SOLVENCIA DE ENTIDADES DE CRÉDITO (en adelante, ROSSEC). Estas normas se completaron con la Circular 2/2016, de 2 de febrero, del Banco de España, a las entidades de crédito, sobre supervisión y solvencia, que completa la adaptación del ordenamiento jurídico español a la Directiva CRD IV y al Reglamento CRR, en particular, se recoge una de las opciones que este Reglamento atribuye a las autoridades nacionales competentes, adicional a las que el Banco de España ya ejerció en la Circular 2/2014[44].

---

contribuye decisivamente a la mejora de la eficiencia y calidad de nuestro ordenamiento financiero". La cursiva es nuestra. En cierto modo, culmina la evolución que se había producido en los años precedentes que se inició con las disposiciones contenidas en la Ley 2/2011 de 4 de marzo de Economía Sostenible, cuyo capítulo III contenía una sección dedicada a "Transparencia y Gobierno Corporativo" y, en particular, el artículo 27 que determinaba unos principios de buen gobierno corporativo y la adecuada gestión del riesgo. En este sentido, vid. ROLDAN, J., CARO, A. (2014): "Las entidades financieras en España. Un sistema en evolución al servicio de la sociedad", *50 años de análisis financiero en España*, pp. 83-99, p. 84. Como apuntan los autores, hasta bien avanzada la segunda mitad del s. XX, la actuación de los bancos estuvo sometida a una regulación muy restrictiva como, por ejemplo, la regulación del reparto de dividendos bancarios, que estuvo limitado por ley a un 6% del capital y reservas, hasta que en 1981 se estableció el principio de libre distribución. Para el cambio de escenario, conocido como "*statuo quo*" bancario fue fundamental la Ley de bases de ordenación del crédito y la banca de 14 de abril de 1962, que inició la liberalización del sector bancario. Con esta ley se abrió la posibilidad de creación de nuevos bancos, se promueve la especialización de estos y se comienza a liberalizar la apertura de nuevas oficinas ya que, aun dentro de un régimen estricto, los denominados "planes de expansión" aprobados en los años setenta fueron autorizando la creación de sucursales.

44 En concreto, la prevista en el artículo 116.4 del Reglamento RRC, referente a la posibilidad de que las exposiciones frente a determinados entes del sector público puedan recibir la misma ponderación que la administración de la cual dependen. El Banco de España considera que se dan las circunstancias

En nuestro ordenamiento jurídico interno, el artículo 28 de la LOSSEC obliga **a todas las entidades de crédito a ejercer su actividad respetando las normas de gobierno corporativo** establecidas en dicha norma y las demás que resulten aplicables. Es por ello que, a tenor de lo establecido en el apartado 1 del artículo 29 LOSSEC, **las entidades y los grupos consolidables de entidades de crédito deben dotarse de sólidos procedimientos de gobierno corporativo**, que incluyan: (a) Una estructura organizativa clara con líneas de responsabilidad bien definidas, transparentes y coherentes; (b) Procedimientos eficaces de identificación, gestión, control y comunicación de los riesgos a los que estén expuestas o puedan estarlo; (c) Mecanismos adecuados de control interno, incluidos procedimientos administrativos y contables correctos; (d) Políticas y prácticas de remuneración que sean: 1º no discriminatorias en cuanto al género[45] y, 2º Compatibles con una gestión adecuada y eficaz de riesgos y que la promuevan. Continua este apartado aludiendo a la necesaria aplicación del aludido **principio de proporcionalidad** por cuanto: “los sistemas, procedimientos y mecanismos serán *exhaustivos y proporcionados* a la naturaleza, escala y complejidad de los riesgos inherentes al modelo empresarial y las actividades de la entidad. Asimismo, deberán respetar los

---

adecuadas para ello en aquellos entes citados en el artículo 56.2 del ROSSEC que no sean sociedades mercantiles ni fundaciones y estén sectorizados como Administraciones públicas o Administraciones de Seguridad Social en el Sistema Europeo de Cuentas Nacionales y Regionales de la Unión Europea, así como en el Instituto de Crédito Oficial. En el caso de los entes dependientes de Comunidades Autónomas y Corporaciones Locales, es necesario además que esas exposiciones puedan incluirse en el ámbito de los mecanismos adicionales de financiación previstos en la Disposición adicional primera de la Ley Orgánica 2/2012, de 27 de abril, de Estabilidad Presupuestaria y Sostenibilidad Financiera.

[45] Se modificó por el apartado 6.12 del Real Decreto-Ley 7/2021, de 27 de abril, como transposición parcial del Paquete CRD V a la norma interna.

criterios técnicos relativos a la organización y el tratamiento de los riesgos que se determinen reglamentariamente".

Como se ha dicho, en la aplicación de esta regulación hay que tener en cuenta las guías o directrices que emita el propio Banco de España (BE), y las que presenten los organismos y comités internacionales activos en la regulación y supervisión bancarias, como la ABE y sean adoptadas como propias por el BE. **En cualquier caso, a fecha de hoy, no se debería considerar el sistema actual como un sistema definitivo, entendido como el resultado final de un proceso, sino más bien considerarlo como una fase más hacia la verdadera y total convergencia en la supervisión financiera**, la cual llegará con el tiempo y con muchas más reformas sobre el sistema actual[46].

I.III. LA SUPERVISIÓN FINANCIERA Y EL MECANISMO ÚNICO DE SUPERVISIÓN

La **supervisión financiera** en España adopta un modelo sectorial, con tres supervisores distintos para cada uno de los principales sectores financieros[47]. En el caso del sector de crédito,

---

46 Tal como indica LIDÓN ORTIZ, M. (2018): "Visión crítica del sistema de competencias compartidas en el mecanismo único de supervisión", *Cuestiones controvertidas de la regulación bancaria,* (dirs. GONZÁLEZ, J.C. y COLINO, J.L.) La Ley, pp. 57-90, p. 63.

47 Por tanto, España mantiene aún la estructura de supervisión previa a la crisis, siendo uno de los pocos países de la UE con tres organismos supervisores: Banco de España, Comisión Nacional del Mercado de Valores (CNMV) y Dirección General de Seguros y Fondos de Pensiones (DGSFP). En este sentido, conviene traer a colación que la Comisión para la Reconstrucción Social y Económica del Congreso de los Diputados emitió en julio de 2020 un "Dictamen para la reconstrucción social y económica" al objeto de tomar medidas frente a la crisis del coronavirus, según el cual, además de otras cuestiones, se apostaba por el modelo de supervisión conocido como "*twin peaks*" (o "doble torre"), configurado por el Banco de España y la Comisión

el Banco de España (también, BE) tiene atribuidas funciones de supervisión sobre las entidades de crédito y sobre otras entidades financieras o relacionadas con el sistema financiero que operan en el ámbito nacional. Concretamente, desarrolla una función microprudencial de vigilancia de la solvencia de las entidades, así como una función de política macroprudencial orientada a salvaguardar la estabilidad del sistema financiero en su conjunto. Asimismo, tiene asignadas la supervisión de conducta y transparencia y la protección de la clientela de las entidades inscritas en sus registros oficiales y la de prestación de los servicios de pago y vigilancia de los sistemas de pago[48]. Con independencia de lo anterior, el BE desarrolla funciones supervisoras en colaboración con otros organismos, como la Comisión de Prevención del Blanqueo de Capitales e Infrac-

---

Nacional del Mercado de Valores. Con este modelo se pretende solucionar los posibles conflictos que pueden surgir en el supervisor que tiene, al mismo tiempo, el deber de proteger al consumidor, así como el de velar por las entidades financieras. La reforma planteada consistiría básicamente en contar con un organismo centrado en la vigilancia en materia de solvencia del sector financiero, función que siempre se ha pensado que recaería en el Banco de España, y otro dedicado a la supervisión de la conducta de mercado, es decir, a supervisar las operaciones de venta de productos y servicios financieros, tarea que asumiría la CNMV. Este modelo dejaría sin competencias de supervisión a la DGSFP. El sector asegurador ha rechazado en numerosas ocasiones este modelo "*twin peaks*" y ha exigido que se mantenga una supervisión aseguradora diferenciada, por las especificidades del propio sector. Documento disponible en: https://www.congreso.es/docu/comisiones/reconstruccion/153_1_Dictamen.pdf (fecha última consulta: 10/5/2022).

48 Sobre este particular existe un marco regulatorio específico constituido por la Directiva (UE) 2015/2366 del Parlamento Europeo y del Consejo, de 25 de noviembre de 2015, sobre servicios de pago en el mercado interior, transpuesta al marco normativo español mediante el Real Decreto-Ley 19/2018, de 23 de noviembre, de servicios de pago y otras medidas urgentes en materia financiera. Este marco regula los servicios de pago y las entidades especializadas en su provisión, y pone especial énfasis en los requerimientos sobre riesgos operativos y de seguridad.

ciones Monetarias (CPBCIM) y la Comisión Nacional del Mercado de Valores (CNMV), en este último caso, en la tarea de vigilancia de las infraestructuras del mercado financiero de valores.

La supervisión microprudencial de las entidades de crédito se desarrolla en el marco del **Mecanismo Único de Supervisión (MUS)** ejerciéndose de forma conjunta entre el BCE y las autoridades nacionales competentes (ANC) de cada país, entre las que se encuentra el BE. De este modo, el BCE es el responsable directo de la supervisión de las entidades significativas y ejerce una supervisión indirecta sobre las entidades significativas, en tanto que el BE tienen atribuidas las competencias de supervisión directa de las entidades menos significativas para las que el BCE lleva a cabo una supervisión indirecta. En el ámbito de las cooperativas de crédito de nuestro país, el Grupo Cooperativo Cajamar[49] es uno de los grupos cooperativos más importantes y el único que entra dentro de las entidades significativas que supervisa directamente el Banco Central Europeo (BCE) dentro del Mecanismo Único de Supervisión (MUS)[50].

II. ÓRGANOS SOCIETARIOS EN LAS COOPERATIVAS DE CRÉDITO

A pesar de que tradicionalmente el estudio del gobierno corporativo se ha centrado en el órgano colegiado de administración, es relevante realizar también el análisis del órgano que

---

49 Para más información sobre el nacimiento y evolución de grupo vid. https://www.cajamar.es/es/comun/informacion-corporativa/sobre-cajamar/ (fecha última consulta: 1/4/2022).

50 Entre todas las entidades financieras y crediticias que operan en España, el Grupo Cooperativo Cajamar se encuentra en el puesto 11 del ranking nacional por volumen de activos.

conforma la voluntad social por su papel indirecto de gestión de las sociedades. Tiene asignada la función de control del órgano de administración puesto que debe aprobar o desaprobar la gestión anualmente en sede de junta general ordinaria y ostenta la competencia para nombrar y destituir los administradores. Es por ello que en las siguientes líneas realizamos un estudio de los dos órganos principales de toda entidad de estructura corporativa: el órgano de reunión, deliberación y adopción de acuerdos de los socios y el órgano de administración encargado de la gestión y representación de la sociedad y la supervisión de directivos. Ambos constituyen el núcleo central del gobierno de cualquier sociedad, sin perjuicio de las relaciones de poder existentes entre ellos[51] y de la existencia de otros órganos de carácter legal o estatutario. En el ámbito de las sociedades de capital, estas reglas se contienen en la LSC que, además, constituye una norma de referencia obligada y de aplicación preferente en algunos aspectos para sociedades no capitalistas como las sociedades cooperativas. En sede de cooperativas de crédito, la norma societaria de referencia será la LCC, el RCC y la LC con carácter supletorio.

Desde el ámbito estrictamente financiero, la regulación del gobierno corporativo de las entidades se encuentra en un amplio abanico normativo que trataremos de simplificar en los siguientes apartados.

En la sociedad cooperativa de crédito, los dos órganos obligatorios son (1) la "**asamblea general**", órgano supremo de deliberación y gobierno formada por todos los socios, equivalente a la junta general de las sociedades de capital y (2) el tradicionalmente y todavía denominado[52] "**consejo rector**", como ór-

---

51 GIRON TENA, J. (1952): *Derecho de Sociedades anónimas: (según la Ley de 17 de julio de 1951)*, Universidad de Valladolid, Valladolid, p. 334.

52 Incidimos en esta referencia a "todavía nombrado" consejo rector puesto que la "Propuesta de la Ponencia para la elaboración de un texto articulado

gano de decisión y representación en virtud del artículo Noveno.1 LCC [53], homologable al consejo de administración de las sociedades de capital. Ambos por mandato legal, con carácter necesario e inderogable, vienen a constituir el núcleo central del gobierno de toda cooperativa de crédito.

A diferencia de las sociedades de capital, que se caracterizan por la dualidad de propiedad y administración en la estructura societaria, en las cooperativas, los órganos societarios obligatorios están integrados por sujetos que comparten la condición de socios. En sede de la asamblea general, los socios ostentan su poder de decisión en el órgano soberano en las materias propias de su competencia y, por lo que respecta al consejo rector, la condición de socios de sus integrantes es consustancial a la naturaleza cooperativa y de entidad de la Economía Social en la medida en que la autogestión es un principio que deben seguir por lo que el órgano de administración está dirigido por sujetos que, a priori, tienen los mismos intereses que el resto de los socios. Se trata de uno de los rasgos más característicos de las cooperativas en general y las de crédito en particular: **la preceptiva condición de socios de los miembros del consejo**

---

de revisión del régimen jurídico de las cooperativas" de la Comisión General de Codificación. Sección Segunda, de Derecho Mercantil presentada en 2017 apunta a la voluntad de eliminar esta denominación y equipararla a la de consejo de administración como en las sociedades de capital. Véase la "Propuesta de la Ponencia para la elaboración de un texto articulado de revisión del régimen jurídico de las cooperativas", texto disponible en: https://www.mjusticia.gob.es/es/AreaTematica/ActividadLegislativa/Documents/1292428955296-Propuesta_de_la_Ponencia_para_la_elaboracion_de_un_texto_articulado_de_revision_del_Regimen_juridic.PDF (fecha última consulta: 22/3/2022).

53 En Extremadura los artículos 34 y 57 LCCEX exigen un tercer órgano en las cooperativas de crédito: "la comisión de control", que será la encargada de cuidar de que la gestión del consejo rector se cumpla con la máxima eficacia y precisión, dentro de las líneas generales de actuación señaladas por la asamblea general y de las directrices emanadas de la normativa financiera.

rector, así como las restricciones legales a nombrar administradores que no sean socios aunque, como veremos, este requisito se ha ido relajando[54].

Adicionalmente, la ley permite que las cooperativas cuenten, por previsión estatutaria, con un **órgano de intervención y un comité de recursos** (artículos 19, 38 y 44 LC y artículo 18.1.e) RCC), así como con la figura del **director general** (artículo Noveno.4 LCC). Además de estar obligadas a designar a **auditores** que supervisen sus cuentas anuales e informes de gestión (artículo Undécimo LCC), deberán constituir en el seno del consejo rector distintos **comités internos** como el comité de riesgos, remuneraciones, nombramientos y auditoría. Otros sujetos que tienen un papel fundamental para el buen gobierno financiero son los **responsables de las funciones de control y asimilados**, tal como se tendrá ocasión de exponer.

En este análisis haremos alusión a la normativa común, para el supuesto que fuera de aplicación la norma supletoria por no estar contemplado en la norma sectorial. Sin embargo, creemos conveniente advertir sobre la multiplicidad de leyes cooperativas en nuestro país y referenciar en ocasiones a algunas de ellas. Es importante resaltar este aspecto dado que muchas de las cooperativas de crédito mantienen su carácter territorial y les será de aplicación la norma autonómica que corresponda en el caso que así se prevea, resultando relevante esta consideración en la materia que nos ocupa. En primer término, el artículo Noveno LCC relativo a órganos societarios se ha con-

---

54 CHAVES, R. (2004): "Gobierno y democracia en la Economía Social", *Mediterráneo económico*, núm.6, pp. 35-52, p. 30 y ss. El autor señala que el creciente reconocimiento legislativo a una mayor presencia del capital no cooperativo en el modelo de gobierno y de distribución de beneficios de las cooperativas, reconocimiento que, si bien pretende mejorar la capacidad económico-financiera de estas empresas, no es menos cierto que tiende a erosionar su identidad, dando la razón a la teoría del isomorfismo institucional.

figurado como materia no básica conforme a su Disposición final segunda LCC. En este sentido, de conformidad con el preámbulo de la LCC: "El artículo noveno es el destinado a los Órganos sociales, donde se distingue la Asamblea General, el Consejo Rector y la Dirección, fijando cuáles son las competencias respectivas de cada uno de ellos y sus normas de funcionamiento, admitiendo en lo referente al Consejo Rector y a la Dirección que las Comunidades Autónomas fijen otras normas de carácter distinto, respetando siempre las normas básicas establecidas por el Estado". En particular, las materias que la Disposición final segunda considera "no básicas" vinculadas con el gobierno corporativo y que, por tanto, las CCAA podrán regular sobre ellas son los apartados 5, 6 y 7 del artículo Noveno: "5. La reunión del Consejo Rector deberá ser convocada por el Presidente a iniciativa propia o a petición de al menos dos Consejeros o de un Director general; 6. Los miembros del Consejo Rector podrán ser remunerados cuando así lo dispongan los Estatutos. 7. La Dirección de la Cooperativa de Crédito estará desempeñada por uno o más Directores Generales", así como el artículo Noveno.3.a): "Los votos serán delegables en otros socios, con las siguientes limitaciones: a) La delegación deberá hacerse por escrito antes de la celebración de la Asamblea, y será siempre nominativa". En segundo lugar, la multiplicidad de normativas afectará también en aquellas materias no reguladas en la LCC o el RCC, que no refieren a aspectos financieros y que, por tanto, será de aplicación la normativa autonómica o estatal que fuera aplicar en función del ámbito de actuación (no de la actividad cooperativizada como hemos adelantado en anteriores apartados).

II.I. LA ASAMBLEA GENERAL

La asamblea general es el órgano de **representación de la voluntad de los socios** de las sociedades cooperativas y se instrumenta mediante la reunión de éstos constituida con el doble y diferente objeto de deliberar y adoptar acuerdos de su competencia[55]. Su homólogo en las entidades bancarias es la junta general de accionistas[56], cuya regulación se recoge en el Título V de la LSC (artículos 159-208 LSC) respecto a las normas de la junta general de las sociedades de capital en general

---

55 El artículo 20 LC define la asamblea general como "la reunión de los socios constituida con el objeto de deliberar y adoptar acuerdos sobre aquellos asuntos que, legal o estatutariamente, sean de su competencia, vinculando las decisiones adoptadas a todos los socios de la cooperativa". SANTOS DOMINGUEZ perfila a la asamblea general como el «órgano cooperativo común»: cooperativo porque es el órgano donde participa quién realiza la actividad cooperativizada y común porque está regulado en todas las leyes cooperativas, configurándose como un instrumento de gobierno obligatorio y eficaz. En su trabajo, partiendo de la idea de que las cooperativas deben adoptar instrumentos de gobierno corporativo teniendo en cuenta sus características particulares (tamaño, clase de actividad y estructura), se analiza el papel y el régimen de la asamblea general, se defiende y potencia su papel decisorio y de control como sede adecuada para solucionar problemas de gobierno y se apuesta por la sociedad cooperativa de segundo y ulterior grado como instrumento de gobierno corporativo que puede facilitar la participación orgánica de los socios. El autor considera como elementos identificadores de las cooperativas la mutualidad y la participación orgánica, y desvincula los principios cooperativos de la configuración tipológica e identitaria de la cooperativa. Véase SANTOS DOMÍNGUEZ, M. A. (2014): *El poder de decisión del socio en las sociedades cooperativas: La Asamblea general.* Cizur Menor, Thomson Reuters, Navarra.

56 Para más información sobre el papel de la junta general en el gobierno corporativo, destacamos: ALONSO LEDESMA, C. (1999): "El papel de la Junta general en el gobierno corporativo de las Sociedades de Capital", *El gobierno de las sociedades cotizadas* (coord. ESTEBAN VELASCO, G.), pp. 615-706; IBÁÑEZ JIMÉNEZ, J. (2014): "La cuarta reforma del buen gobierno corporativo español: antecedentes y consecuencias para el régimen de la junta general" *Comentarios a la reforma del régimen de la junta general de accionistas en la reforma del buen gobierno de las sociedades: Examen del Informe de la Comisión de Expertos y del Proyecto de reforma de la Ley de Sociedades de Capital*, Thomson Reuters, pp. 21-43.

y el Título XIV prevé en su Capítulo VI (artículos 511 bis-527 LSC) ciertas especialidades para las sociedades cotizadas.

Ambos se asemejan en que son órganos sociales que consisten en la reunión de sus socios, válidamente constituidos y convocados según las normas legales y estatutarias, para debatir y tomar acuerdos por el régimen de mayorías sobre asuntos sociales propios de su competencia. Estos acuerdos y decisiones son obligatorios y vinculan a todos los socios, incluso a los disidentes o que no hayan asistido. Los dos son estrictamente internos, a los cuales no se les atribuyen facultades de representación o de gestión (competencia que recae en los respectivos órganos de administración), si bien ostentan la competencia de representación indirecta puesto que son los responsables del nombramiento y revocación de administradores y los responsables de validar la gestión social. Tanto la asamblea general como la junta general presentan problemas comunes, básicamente respecto a la apatía del accionista/socio que, en el caso de ciertas cooperativas, como son las de crédito, se acentúa al ser baja la participación del socio en la actividad cooperativizada en proporción a la total de la entidad[57].

II.I.1. ESTATUTO JURÍDICO DEL SOCIO

Dejando a un lado los aspectos relativos a la competencia, tipos de junta, convocatoria, constitución, etc. que tienen poco interés a los efectos de este trabajo, centraremos nuestra atención en aquellas cuestiones que, sin duda, presentan diferencias sustanciales entre las sociedades cooperativas y las sociedades de capital, que están directamente conectadas con

---

57 En el ámbito que estamos tratando observamos una menor participación en las asambleas, sobre todo cuando la cooperativa aumenta su dimensión. Vid. CORTÉS GARCÍA, F. (2007): "Buen gobierno y las cooperativas de crédito", *La sociedad cooperativa*, núm. 43, pp. 14-18, p.17.

el **estatuto jurídico del socio**. Así, la condición de socio en una sociedad cooperativa de crédito comporta unos **derechos y obligaciones** que difieren, en gran parte, de los que conforman el estatuto jurídico del socio en el resto de las sociedades mercantiles y, en particular, de los accionistas de los bancos sociedades anónimas[58].

A. *PRINCIPIO DE PUERTAS ABIERTAS Y CLASES DE SOCIOS*

Como hemos ya apuntado, para formar parte de cualquier entidad cooperativa rige el **principio de puertas abiertas**, al que expresamente aluden las leyes de cooperativas, en su doble vertiente de adhesión voluntaria y abierta. Recordemos que la adhesión voluntaria implica que quien ingresa en una cooperativa lo hace porque quiere y permanecerá en la estructura social mientras ésta sea su voluntad y, del mismo modo, podrá darse de baja en cualquier momento sin necesidad de alegar causa o razón alguna. Por su parte, la adhesión abierta comporta que toda persona que cumpla con los requisitos objetivos para ser socio puede, si lo desea, convertirse en miembro de la sociedad, lo cual trae consigo que el número de socios sea ilimitado y el **capital social variable**, con las consecuencias económicas y contables que ello ha supuesto.

Sobre este particular, si bien es cierto que los estatutos sociales de las cooperativas pueden exigir unos requisitos para ser socio de la cooperativa, éstos deben ser objetivos, estar jus-

---

58 Como resaltan GADEA et al., en las sociedades cooperativas, el estatuto jurídico del socio y, por ende, el propio tipo social, se caracteriza por tener un catálogo de derechos y obligaciones para los socios más amplios que en otros tipos de sociedades, derivado en parte por el reconocimiento de los llamados principios cooperativos. Véase VARGAS VASSEROT, C., GADEA, E., SACRISTAN, F. (2009): *Régimen jurídico de la sociedad cooperativa del s. XXI. Realidad actual y propuestas de reforma*, ed. Dykinson, 1ª ed., p. 153.

tificados y deben ajustarse a los principios cooperativos y la ley. Sobre este aspecto, el artículo 11.1.e) LC establece como menciones mínimas estatutarias la correspondiente a "los requisitos para la admisión de socios". En las cooperativas de crédito en particular, se suelen exigir requisitos especiales en aquellas cuyo ámbito de actuación sectorial está muy definido como, por ejemplo, la cooperativa de crédito Caixa d'Enginyers en la que se requiere que, al menos, el 20% de los socios tengan la condición de ingenieros[59].

En cuanto a las **clases de socios**, el artículo 12 LC declara que pueden ser socios en las cooperativas tanto las personas físicas como jurídicas, públicas o privadas y las comunidades de bienes, debiéndose fijar por estatutos sociales las condiciones para ser socio. La normativa estatal y las distintas normas autonómicas prevén distintas tipologías de socios, en función de la relación con la sociedad. Existen pues distintos tipos de socios

---

59 Vid. Artículo 8: "*Estatutos sociales. Personas que pueden ser socios. Pueden ser socios de esta Cooperativa de Crédito, además de los Ingenieros en sus diferentes ramas, cualesquiera personas físicas o jurídicas, públicas o privadas, nacionales o extranjeras, y las comunidades de bienes, con los límites y requisitos establecidos en los presentes Estatutos y en la legislación vigente. Deberán tener la condición de ingeniero, como mínimo, el 20 % de los socios de la cooperativa de Crédito. El incumplimiento de esta obligación producirá que el consejo rector en el plazo máximo de tres meses, convoque asamblea general para adoptar los acuerdos pertinentes que permitan resolver sobre la exigencia de esta norma estatutaria*". Disponible: https://www.caixaenginyers.com/documents/1109332/1552352/Estatutos_CI__CAST.pdf (fecha última consulta: 1/4/2022) O bien el Artículo 8 Caja Rural Teruel: "*Artículo 8. Personas que pueden ser socios. Pueden ser socios de esta Cooperativa de Crédito, además de los Ingenieros en sus diferentes ramas, cualesquiera personas físicas o jurídicas, públicas o privadas, nacionales o extranjeras, y las comunidades de bienes, con los límites y requisitos establecidos en los presentes Estatutos y en la legislación vigente. Deberán tener la condición de ingeniero, como mínimo, el 20 % de los socios de la cooperativa de Crédito. El incumplimiento de esta obligación producirá que el consejo rector en el plazo máximo de tres meses, convoque asamblea general para adoptar los acuerdos pertinentes que permitan resolver sobre la exigencia de esta norma estatutaria*".

en las cooperativas en general: el socio ordinario (con distintas nomenclaturas según la norma autonómica tales como común, de pleno derecho, cooperador, usuario, común o en activo) que es la persona física o jurídica titular de la actividad, finalidad u objeto mutualizado, quien lleva a cabo la denominada "actividad cooperativizada" con la cooperativa; el socio colaborador (artículo 14 LC), que es la persona física o jurídica que, sin poder desarrollar o participar en la actividad cooperativizada principal propia del objeto social de la cooperativa, puede contribuir a su consecución; también se prevé la posibilidad de socios personas físicas que aporten su capacidad de trabajo (socios de trabajo); así como socios ordinarios con vínculo temporal. En cualquier caso, los socios participan en las cooperativas en calidad de proveedores, usuarios o consumidores, o bien como trabajadores, según el supuesto y clase de cooperativa.

En el sujeto de nuestro estudio, la LCC no acoge las anteriores clasificaciones regulando entre sus disposiciones un **régimen jurídico único** para todo socio, sin diferenciar en ningún momento entre clases más allá de las diferencias entre personas físicas y jurídicas, salvo la referencia al "socio de trabajo" o "socio empleado", como sinónimos de la misma figura[60]. Por otro lado, del artículo 22. 3 RCC puede interpretarse que los socios clientes tienen la condición de socios cooperadores (siendo la única referencia a esta nomenclatura entre todo el articulado): "3. El consejo rector podrá requerir la presencia

---

60 La primera denominación aparece en el artículo 10.3 RCC que dispone: "Tampoco podrán las cooperativas de crédito anticipar fondos, conceder préstamos o prestar garantías de ningún tipo para la adquisición de sus aportaciones, salvo en el caso de que el acreditado o garantizado sea empleado de la propia cooperativa, como asalariado, *socio de trabajo* o prestador de servicios profesionales de naturaleza civil a la misma". La segunda, respecto a los "socios empleados", ex artículo 18.2.*fine* RCC señala "El número de socios clientes de la entidad presentes o representados, en la Asamblea General, habrá de ser superior al de socios empleados".

de un notario para que levante acta de la asamblea, y estará obligado a hacerlo cuando lo prevea el Estatuto y siempre que al menos cinco días hábiles antes del previsto para la celebración de aquélla lo soliciten por escrito en la sede social socios que representen el 10 por 100 del capital social o del total de socios, o alcancen la cifra de 100 *cooperadores*, así como cualquier otro órgano social"[61]. Esto tiene sentido en tanto que el socio común o ordinario es el cliente de la entidad de crédito. A todo ello, los estatutos podrían regular entre sus disposiciones otras tipologías de socios.

Por último, la **pérdida de la condición de socio** supone la ruptura del vínculo de naturaleza societaria entre el socio y la sociedad, sin que necesariamente implique una desvinculación total con la entidad puesto que podría continuar siendo cliente de esta. Esta pérdida puede producirse por la baja (voluntaria u obligatoria) del socio, por fallecimiento o por expulsión. Cuando el socio de la cooperativa quiere separarse no está sometido a más condicionantes que el preaviso y tiene derecho a recuperar la aportación a capital realizada, dada la naturaleza variable de su capital; mientras que, en el resto de las sociedades mercantiles, el socio sólo podrá separarse si concurre alguna de las causas legal o estatutariamente establecidas o si consigue transmitir sus acciones o participaciones a otro sujeto. Por su parte, en el trabajo de GARCÍA COMPANYS[62]

---

61 La cursiva es nuestra.

62 GARCÍA COMPANYS, A. (2020): "Análisis comparado del régimen de exclusión de socios en las sociedades de capital con el régimen de expulsión de socios en las sociedades cooperativas" *Comunicación presentada al Congreso de Sociedades Málaga*. Se concluye que, si bien la exclusión y la expulsión de socios podrían considerarse regímenes análogos *a priori*, presentan diferencias relevantes derivadas de la distinta naturaleza jurídica de las sociedades de capital y sociedades cooperativas. Existen divergencias entre ambos regímenes tanto en su concepto y motivación como por lo que respecta a las causas, los procedimientos y los efectos sociales y económicos. En consecuencia, no es

resaltamos las diferencias entre el régimen de exclusión de socios en las sociedades de capital con el de expulsión de socios en las sociedades cooperativas. En cualquier caso, en el supuesto de pérdida de la condición de socio, el reembolso de las aportaciones realizadas al capital social se configura como **derecho económico ligado a la vertiente de adhesión voluntaria del principio de puerta abierta** que rige en todas las sociedades cooperativas. Reiteramos que este principio significa que quien ingresa en una cooperativa lo hace porque quiere y permanecerá en la estructura social mientras esa sea su voluntad, pudiendo darse de baja sin necesidad de alegar ninguna causa ni razón alguna. Sin embargo, el derecho del socio de darse de baja cuando quiera de la cooperativa suele venir limitado temporalmente por determinadas disposiciones legales y por preceptos estatutarios[63].

B. TÍTULOS DE SOCIO, LIMITACIONES Y PARTICIPACIONES SIGNIFICATIVAS

Los socios de las cooperativas de crédito deben poseer, al menos, un **título nominativo**, cuyo valor se fijará en estatutos sociales y será igual o superior a 60,10 euros (artículo Séptimo.1 LCC). Estos títulos no tienen forma de títulos negociables en mercados de valores y ello supone la inexistencia de un mercado que valore la situación patrimonial o las expectativas para los socios. Asimismo, la **participación cuantitativa** de los socios está **limitada** legalmente de la siguiente forma: (a) en el

---

posible la equiparación total entre ambas figuras ni desde el punto de vista del socio ni de la sociedad.

63 Nos referimos a las típicas estipulaciones por las que la baja sin justa causa no se pueda hacer hasta el final del ejercicio económico, el posible establecimiento de un plazo de preaviso y la imposición estatutaria de compromisos de permanencia.

caso de socios personas jurídicas, su cuota de participación no podrá superar el 20% del capital social de la cooperativa; (b) en el caso de socios personas físicas, su cuota de participación no podrá superar el 2,5% del capital social de la cooperativa; (c) asimismo, en ningún caso el conjunto de las aportaciones poseídas por personas jurídicas que carezcan de la condición de sociedad cooperativa podrá representar una cuantía superior al 50% del capital social, con la particularidad de los fondos de garantía privados que recoge la propia ley y la pertenencia a los SIPs[64]. Se evidencia así el papel esencial y prioritario de los socios en la sociedad cooperativa de crédito, acorde con su objeto de servir a sus necesidades financieras de estos socios y de terceros mediante el ejercicio de las actividades propias de las entidades de crédito (artículo Primero LCC), atendiéndose preferentemente a sus socios por cuanto el conjunto de operaciones activas con terceros no puede superar el 50% de los recursos totales de la entidad. Esta granularidad de la propiedad dificulta tanto la adquisición de participaciones significativas como el encaje de los consejeros independientes, tratándo-

---

64 Véase artículo Séptimo.5: "5. Los límites mencionados en el apartado 3 no se tendrán en cuenta en el caso de la participación por cualquier medio en el capital social de una Cooperativa de Crédito por parte del fondo de garantía privado constituido ex ante en el marco de un sistema institucional de protección de los previstos en el artículo 113.7 del Reglamento (UE) 575/2013, de 26 de junio, del Parlamento Europeo y del Consejo, sobre los requisitos prudenciales de las entidades de crédito y las empresas de inversión, y por el que se modifica el Reglamento (UE) n.º 648/2012. Asimismo, dichos límites no se tendrán en cuenta cuando se adopten algunas de las medidas previstas en la Ley 11/2015, de 18 de junio, de recuperación y resolución de entidades de crédito y empresas de servicios de inversión. Cuando el fondo de garantía privado se encuentre en el supuesto descrito en el párrafo primero, deberá presentar al Banco de España, para su aprobación, un plan de actuación a efectos de garantizar la viabilidad que contenga medidas concretas dirigidas a permitir la desinversión del fondo en la Cooperativa de Crédito, en condiciones adecuadas para todas las entidades integrantes del sistema institucional de protección".

se estos de requisitos impuestos por la normativa financiera, como se abordará más adelante.

Estas **limitaciones** al capital social, junto con el **principio democrático de un socio-un voto**, dificultan (que no impiden) la existencia de socios con participaciones significativas en las sociedades cooperativas de crédito a diferencia de lo que ocurre en las sociedades anónimas cotizadas. La norma bancaria define las "**participaciones significativas**" como aquellas que alcancen, directa o indirectamente, al menos un 10% del capital o de los derechos de voto de la entidad o las que, sin llegar a dicho porcentaje, permitan ejercer una influencia notable en la entidad. En consecuencia, si bien sí es factible contar con socios (únicamente en el caso de personas jurídicas) que ostenten un porcentaje de participación en el capital social de un 10% o superior, en el supuesto de existir y, a pesar de que puedan tener formalmente una participación significativa, **ello no afectaría a su poder de decisión en la cooperativa, teniendo igual que los demás socios solamente un voto en sede de asamblea general**.

Sin embargo, también es cierto que el principio de un socio–un voto podría alterarse[65] *ex* artículo Noveno.2 LCC que dispone lo siguiente: "En la Asamblea General cada socio tendrá un voto. No obstante, si los Estatutos lo prevén, el voto de los socios podrá ser *proporcional a sus aportaciones en el capital social, a la actividad desarrollada o al número de socios de las cooperativas asociadas*; en este supuesto los Estatutos deberán fijar con

---

65 En este sentido, es interesante la opinión de VICENT CHULIÁ, F. (1989): "La nueva Ley de Cooperativas de Crédito", *CIRIEC-España*, núm. 7, pp. 121-138; VICENT CHULIÁ, F. (1994): "El nuevo estatuto jurídico de las Cooperativas de Crédito (I)", *ob.cit.* Tal como señala el autor, parece que, con esta medida, el legislador ha querido dotar de un cierto carácter capitalista a este tipo de entidades, con la finalidad de estimular las aportaciones de los socios cooperativistas.

claridad los criterios de proporcionalidad del voto[66]" y sigue indicando "En todo caso los límites de voto por socio serán los señalados en el artículo 7.3". En resumen, los estatutos pueden romper el principio un socio – un voto determinando el voto proporcional o plural de sus socios, en base a los citados criterios, entre los que hay el capital social, aunque estarán siempre limitados.

Formuladas tales apreciaciones, podría concluirse que las cooperativas de crédito **sí pueden contar con socios que ostenten participaciones significas y cuyo control en la sociedad dependerá del régimen de voto que se prevea en estatutos**. Si se prevé el voto democrático, la participación significativa no tendrá consecuencias en el control asambleario y, en el caso que los estatutos prevean el voto proporcional por capital social, éste estará como máximo limitado al 20% del total del capital social.

La norma bancaria, cuando estipula las cautelas en los supuestos de adquisiciones de participaciones significativas, persigue evitar la existencia de socios mayoritarios dominantes que interfieran en la buena gestión de la entidad, no se advierte sobre el principio democrático cooperativo. En particular, el artículo 29.2.b) ROSSEC impone el deber de valorar la idoneidad a los adquirentes de participaciones significativas[67] cuando de la adquisición de dicha participación se deriven nuevos nombramientos y sin perjuicio de un análisis posterior por parte de la entidad. Sobre este particular, la LOSSEC[68] impone

---

66 La cursiva es nuestra.

67 Se define como participación significativa en una entidad de crédito española aquella que alcance, directa o indirectamente, al menos un 10% del capital o de los derechos de voto de la entidad o la que, sin llegar a dicho porcentaje, permita ejercer una influencia notable en la entidad

68 Paralelamente a la LOSSEC, el régimen jurídico aplicable a las participaciones significativas se completa en el Capítulo II del Título II (arts. 23 a 28)

un severo control público de las participaciones significativas en el capital de las entidades de crédito, al objeto de **conocer la identidad** de sus socios relevantes. Este interés se sostiene por cuanto la composición del accionariado y la identidad de sus socios significativos puede determinar la gestión de una entidad, en la medida que éstos tienen poderes de intervención en la misma[69].

---

del ROSSEC, el cual deberá también coordinarse con el de las sociedades cotizadas (establecido en los arts. 125 a 137 TRLMV, en el Real Decreto 1066/2007 así como en lo previsto en el artículo 497 LSC respecto a las sociedades cotizadas). Básicamente, este régimen de control público implica que las entidades de crédito deberán notificar la adquisición, incremento y reducción de las participaciones significativas al Banco de España, que será la autoridad competente para evaluar la adquisición propuesta (si bien podrá contar con la colaboración de otras entidades supervisoras en el caso que afecte a una entidad que esté autorizada en otro Estado miembro de la Unión Europea). Se prevén también, en el artículo 20 LOSSEC, los efectos en caso de incumplimiento de las obligaciones y en el artículo 23 LOSSEC las medidas para asegurar la gestión sana y prudente de la entidad. Este artículo recoge que cuando existan razones fundadas y acreditadas para considerar que la influencia ejercida por las personas que posean una participación significativa en una entidad de crédito pueda resultar en detrimento de la gestión sana y prudente de la misma, que dañe gravemente su situación financiera, el Banco de España podrá adoptar como medias la suspensión de derechos de voto por el plazo máximo de tres años o incluso la revocación de la autorización a la entidad. Por último, el ROSSEC ha desarrollado tanto las reglas para el cómputo de participaciones significativas, así como las presunciones del ejercicio de influencia notable en cada tipo de entidad (artículo 27 del ROSSEC).

69 TAPIA HERMIDA, A. (2018): "Sociedades mercantiles de intermediación financiera y buen gobierno empresarial" *Actores, actuaciones y controles del buen gobierno societario y financiero* (dirs. FERNANDEZ-ALBOR, A. y PÉREZ CARRILLO, E.), (coord. TORRES, M.), ed. Marcial Pons, pp. 177-191, p. 181. También vid. SÁNCHEZ CALERO, J. (2009): "El papel de los accionistas y administradores en la crisis de las entidades de crédito", *Revista de derecho bancario y bursátil*, nº 28, nº 115, p 15. Es por ello por lo que se planteó el alcance de su responsabilidad en la crisis de 2007, si bien los socios/accionis-

Este régimen financiero para las participaciones significativas refleja el planteamiento seguido en sede de sociedades cotizadas. El artículo 540 LSC obliga a estas entidades[70] a elaborar y hacer público un **Informe Anual de Gobierno Corporativo (en adelante, IAGC)** que deberá comunicar a la CNMV, en los que deberá explicarse **estructura del sistema de gobierno de la sociedad y de su funcionamiento** en la práctica, enunciando los aspectos que, en todo caso, han de integrar su contenido mínimo. En particular: a) La **estructura de propiedad** de la sociedad; b) Cualquier **restricción a la transmisibilidad** de valores y cualquier restricción al derecho de voto; c) Estructura de la administración de la sociedad; d) **Operaciones vinculadas** de la sociedad con sus accionistas y sus administradores y cargos directivos y operaciones intragrupo; e) **Sistemas de control del riesgo**, incluido el fiscal; f) **Funcionamiento de la junta general**, con información relativa al desarrollo de las reuniones que celebre; g) **Grado de seguimiento de las recomendaciones de gobierno corporativo**, o, en su caso, la explicación de la falta de seguimiento de dichas recomendaciones; y h) Una descripción de las principales características de los **sistemas internos de control y gestión de riesgos** en relación con el proceso de emisión de la información financiera.

---

tas acaban teniendo una limitada capacidad de control a posteriori sobre la gestión desarrollada en el ejercicio precedente y, en algunos casos contados, se les reconoce una muy restringida capacidad de orientación. Ahora bien, como señala el autor, no es menos cierto que en no pocos casos, la gestión imprudente en la asunción de riesgos y en la contabilización de resultados ha contado con el beneplácito de los accionistas, que requerían una retribución vía dividendos y la creación de valor que también han terminado afectando severamente la solvencia de las entidades.

70 Recuérdese que la Disposición adicional séptima del Real Decreto Legislativo 4/2015, de 23 de octubre, por el que se aprueba el texto refundido de la Ley del Mercado de Valores, extiende la obligación a otros emisores de valores cotizados.

Como reflexión a lo expuesto, a diferencia de lo que ocurre en las sociedades capitalistas en las que los propietarios, por medio de la adquisición de títulos de propiedad, pueden controlar la empresa, obtener rentabilidad riesgo de su inversión y vender esos derechos económicos y políticos, en las cooperativas, la compraventa de estos derechos no tiene incentivo para los socios, puesto que no existe un mercado que valore los títulos ni aportan un componente especulativo. Además, tampoco otorgan un poder adicional a la hora de hacerse con el control de la entidad puesto que éste está limitado. Por todo ello, resulta lógico afirmar que **el único activo que supone la adquisición de una aportación de capital** por parte del socio es, a parte de poder disfrutar de los servicios de la cooperativa, la facultad de participar activamente en la toma de decisiones y su gobierno. En otras palabras, los incentivos de los socios de las empresas de la Economía Social distan de los propios de los socios o accionistas de las sociedades de capital ya que la aportación no podrá ser utilizada con finalidad especulativa, por la inexistencia de derecho alguno sobre el valor neto de la cooperativa[71]. Aun así, se ha demostrado un aumento de la pérdida de interés por parte de los socios, la llamada como apatía societaria o racional [72] que, como hemos apuntado, se ve incrementada en aquellas cooperativas con socios cuya actividad cooperativi-

---

71 DE CASTRO APARICIO, M. (2012): "Buen gobierno y ética en los negocios, ¿nueva tendencia o recuperación de principios?" *40 UNACC: El Sistema financiero y el gobierno corporativo*, Madrid, pp. 75-80, p.79. Su estructura jurídica (de las cooperativas de crédito) conforma entidades en las que los inversores lo son necesariamente a largo plazo y sin ningún matiz especulativo al no ostentar derechos sobre el valor neto de la cooperativa.

72 FONTEYNE, W. (2007): "Cooperative Banks in Europe Policy Issues", *IMF Working Papers*, p.30. Este principio puede suponer también que, en grandes cooperativas, los miembros tengan pocos incentivos e interés para votar puesto que el grado de esfuerzo que se les requiere puede considerarse desproporcional a la influencia de su voto. Este problema afecta también a los accionistas minoritarios de las sociedades de capital.

zada es menor respecto a la totalidad en su conjunto (como en las cooperativas de consumo o de crédito) si bien se trata de un mal generalmente común tanto en sociedades mercantiles como en cooperativas. Al respecto, autores como BARRERO y VIGUERA[73] determinan la participación de los socios en la fijación de las políticas y en la toma de decisiones, como uno de los aspectos esenciales en los que se ha de traducir esta exigencia democrática en las cooperativas en general. Esta "apatía racional"[74] entendemos que podría sortearse por el esfuerzo en conjunto del consejo rector y la propia asamblea general[75]

---

73 BARRERO RODRÍGUEZ, E. y VIGUERA REVUELTA, R. (2015): "El principio de gestión democrática en las sociedades cooperativas. Alcance y recepción legal", *CIRIEC-España Revista Jurídica de Economía Social y Cooperativa,* núm. 27, pp. 175-203, pp. 178-182. En particular, resaltan cuatro directrices: (1) participación activa de los socios en la fijación de las políticas y en la toma de decisiones; (2) responsabilidad ante los socios de quienes resulten elegidos para gestionar y representar a la sociedad; (3) igualdad del derecho de voto en las cooperativas de primer grado; y (4) organización democrática en las cooperativas de ulteriores grados.

74 CONTHE, M. (2012): "Gobierno corporativo: tendencias recientes" *40 UNACC: El Sistema financiero y el gobierno corporativo,* Madrid, pp. 29-33, p.33. CONTHE ya pronosticaba en el año 2012 que esta *apatía racional* de los inversores seguirá haciendo que el protagonismo de la junta general en la dirección de las compañías siga siendo una legítima aspiración, más que una realidad.

75 FONTEYNE, W. (2007): "Cooperative Banks in Europe Policy Issues" *ob.cit.*, p. 32. La participación y asistencia de los miembros a las reuniones anuales varía significativamente, dependiendo de los esfuerzos realizados por los gerentes y administradores. Muchos bancos cooperativos en Europa tienen una participación importante de sus miembros y reuniones anuales muy concurridas. Este es el caso de las cooperativas más pequeñas que todavía están estrechamente conectadas con su propia base. Sin embargo, también hay evidencia de que la participación de los miembros en las cooperativas (financieras o de otro tipo) es a menudo muy limitada. Por su parte, según COQUE los especiales estímulos de los socios de una cooperativa para participar en su gobierno se fundamentan en el principio de identidad: la homogeneidad de necesidades y capacidades exige empresas democráticas para

para vincular la base social en la propia organización en tanto que resulta esencial contar con socios que conozcan el funcionamiento de la cooperativa y muestren interés en la misma puesto que el alcance de su poder de decisión en el gobierno depende en gran medida de su compromiso y participación, debiendo necesariamente vincularse al principio cooperativo de educación, formación e información[76] que guía la forma de actuar de la cooperativa. Sin embargo, pesar de que no hay duda de que los procesos democráticos son costosos y complicados, éstos deben mantenerse y particularmente en el sujeto de nuestro estudio, probablemente apostando por nuevas formas de participación por distintos canales ofrecidos por las tecnologías de la comunicación.

Tomando en consideración estos aspectos, no cabe duda de la relevancia del estudio teórico de la figura de la **asamblea general** pero la experiencia empírica ha demostrado que la política de la cooperativa queda también relegada al consejo

---

satisfacer esas necesidades. Cita autores como BENECKE o ESCHENBURG. Es lógico considerar que el doble papel que debe interpretar cada socio (capitalista y usuario) le incentiva doblemente a gobernar la empresa para que, efectivamente, satisfaga sus necesidades y continúe haciéndolo frente a eventuales desviaciones. De hecho, identifica que las principales causas de ineficiencia en las cooperativas tienen lugar especialmente en aquellas cooperativas que "sólo lo son de nombre", es decir cuando se ha violado el principio de identidad. Vid. COQUE MARTÍNEZ, J. (2003): "De la eficiencia cooperativa. El gobierno participativo bajo una perspectiva sistémica" *Acciones e investigaciones sociales*, núm. 18, pp. 67-87, p. 74.

76 DE MIRANDA, J.E., CORREA LIMA, A. (2020): "La influencia del principio de la educación, formación e información en la identidad cooperativa: de las consecuencias prácticas de la aplicación meramente formal hacia la preservación de la esencia del cooperativismo en el escenario pos-pandemia" *Boletín de la Asociación Internacional de Derecho Cooperativo*, núm. 57/2020, Bilbao, pp. 95-111. Como apuntan los autores, el principio de la educación, de la formación e información es esencial para que todos los principios sean eficaces y para reforzar al propio cooperativismo.

rector y en la dirección, en tanto que el órgano societario por excelencia se ha convertido en una reunión caracterizada por la apatía societaria y centrada en los asuntos propios de la reunión ordinaria, como la aprobación de cuentas, informe de gestión y de aplicación de excedentes[77].

C. DERECHOS Y OBLIGACIONES DE LA PERSONA SOCIA

En un banco sociedad anónima, cada acción – como parte alícuota indivisible y acumulable del capital social[78] – confiere a su titular legítimo la condición de accionista y le atribuyen unos **derechos y obligaciones** frente a la sociedad reconocidos en la Ley y en los estatutos[79]. Por los que respecta a los de carácter legal, los derechos que la LSC enumera y reconoce de forma expresa se agrupan en función de su contenido en tres categorías: (i) derechos políticos, (ii) derechos de carácter económico y (iii) derechos mixtos. La categoría de derechos de contenido político engloba el derecho de asistencia a la junta, de voto y de información, entre otros como el derecho de solicitud de convocatoria judicial y el régimen de impugnación de acuerdos. Dentro de la segunda categoría relativa a los derechos económicos, se incluyen los de participación en el reparto de las ganancias sociales y en el patrimonio resultante de la liquidación. Y, por último, en la noción de derechos mixtos podemos incluir el de asunción preferente en la creación de nuevas participaciones y el de suscripción preferente en la emisión de nuevas acciones o de obligaciones convertibles en acciones. Además de los anteriores, la Ley reconoce otros derechos a los

---

77 CHAVES, R., SOLER, F. (2004): "El gobierno de las cooperativas de crédito en España", *CIRIEC-España, Centro Internacional de Investigación e Información sobre la Economía Pública, Social y Cooperativa,* Valencia., p. 135.

78 Artículo 90 LSC.

79 Artículo 91 LSC.

socios como el de separación de la sociedad, el de transmisión de participaciones sociales o acciones y el de exigir responsabilidades en los supuestos que proceda, a los que también aludiremos sucintamente. Por último, debe destacarse que la LSC estipula que, con carácter general, se atribuyan a los socios los mismos derechos, aunque se permiten ciertas excepciones[80]. Relacionado con ello, el artículo 97 LSC insta a que la sociedad de capital otorgue un trato igual a los socios que se encuentren en idénticas condiciones. En el ámbito de cotizadas, el artículo 514 LSC también exige que estas sociedades garanticen, en todo momento, la igualdad de trato de todos los accionistas que se hallen en la misma posición, en lo que se refiere a la información, la participación y el ejercicio del derecho de voto en la junta general.

Por su parte, los **derechos de los socios** en las cooperativas vienen determinados por su **participación en la actividad cooperativizada** y no por su aportación a capital. En las sociedades cooperativas de crédito, los socios ostentan un doble carácter como propietarios y receptores de la actividad financiera de la cooperativa. Por un lado, los socios son los propietarios de la entidad con quien mantendrán un vínculo societario – lo cual les reporta derechos y obligaciones fijados estatutariamente y por la normativa de cooperativas que sea de aplicación – y, por otro lado, como usuarios de la actividad bancaria se considerarán clientes, pudiendo llevar a cabo las operaciones de crédito, depósito y todas aquellas típicas de las entidades de crédito. Ello conlleva que las relaciones de los socios con la cooperativa de crédito presenten un **doble marco societario y empresarial**,

---

80 Artículo 94 LSC: "(...) Las participaciones sociales y las acciones pueden otorgar derechos diferentes. Las acciones que tengan el mismo contenido de derechos constituyen una misma clase. Cuando dentro de una clase se constituyan varias series, todas las que integren una serie deberán tener igual valor nominal".

existiendo una doble relación contractual entre ambos, por una parte, un contrato de sociedad y, por otro, uno o varios contratos bancarios[81]. En efecto, en su condición de cliente de una entidad de crédito, al socio le será de aplicación también el conjunto de la normativa tuitiva de protección al consumidor y usuario, con idénticos términos que a los clientes de las demás entidades de crédito como los bancos[82] por lo que, desde esta posición, no hay diferencias entre el accionista de un banco y el socio cooperativo.

Al igual que en las sociedades de capital, los derechos como socio pueden clasificarse en (i) derechos políticos, (ii) derechos de carácter económico y (iii) derechos mixtos y, atendiendo al título por el cual nacen estos derechos, entre legales, estatutarios y derivados de acuerdos de órganos sociales. En el ámbito cooperativo, los derechos legales de cualquier socio se

---

81 VARGAS VASSEROT, C. (2015): "Situación y perspectivas del cooperativismo de crédito en España ante la futura e incierta reforma de su régimen legal", *ob.cit.*, p. 131. Del mismo autor, vid. VARGAS VASSEROT, C. (2006): *La actividad cooperativizada y las relaciones de la cooperativa con sus socios y con terceros, ob.cit.*, p. 220; y MARTÍNEZ SEGOVIA, F. (2006): (La relación cooperativizada entre la sociedad cooperativa y sus socios: naturaleza y régimen jurídico", *ob.cit.*, p. 221.

82 Sobre este tema es interesante el estudio de VARGAS sobre aportaciones con y sin derecho de reembolso. Para el caso que nos ocupa, pone como ejemplo las cooperativas de crédito. En el supuesto en que se quiera convertir a un cliente en socio, lo que suele ocurrir cuando la operación bancaria es de cierta entidad o se contratan determinados productos (préstamos hipotecarios, imposiciones a largo plazo, etc.), simplemente se le exige la firma de una declaración individual de incorporación a la cooperativa de crédito, que muchas veces el cliente ni siquiera lee. Por su parte, a los clientes también les interesa el ingreso en la sociedad en cuanto que es la forma de poder conseguir mejores condiciones financieras de sus productos, y a veces la única, ya que el hacerse socio se establece como requisito sine qua non para realizar con la entidad ciertas operaciones bancarias. VARGAS VASSEROT, C. (2011): "Aportaciones exigibles o no exigibles: ésa es la cuestión", *CIRIEC-España, Revista Jurídica*, núm. 22, pp. 1-45, p. 41.

prevén en el artículo 16 LC para las cooperativas en general[83], mientras que los derechos estatutarios y de acuerdos válidamente adoptados por los distintos órganos sociales dependerán de cada entidad.

• **DERECHO DE ASISTENCIA**

El **derecho de asistencia** implica que, con carácter general, todos los socios están facultados para asistir a las reuniones del órgano soberano de la sociedad, la junta general para las entidades bancarias y la asamblea general para las cooperativas de crédito. El art. 16.2.a) prevé que los socios tienen derecho a: "Asistir, participar en los debates, formular propuestas según la regulación estatutaria y votar las propuestas que se les

---

[83] En particular, los siguientes: a) Asistir, participar en los debates y formular propuestas según la regulación estatutaria y votar las propuestas que se les sometan en la asamblea general y demás órganos colegiados de los que formen parte. b) Ser elector y elegible para los cargos de los órganos sociales. c) Participar en todas las actividades de la cooperativa, sin discriminaciones. d) El retorno cooperativo, en su caso. e) La actualización, cuando proceda, y a la liquidación de las aportaciones al capital social, así como a percibir intereses por las mismas, en su caso. f) La baja voluntaria. g) Recibir la información necesaria para el ejercicio de sus derechos y el cumplimiento de sus obligaciones. h) A la formación profesional adecuada para realizar su trabajo los socios trabajadores y los socios de trabajo. El artículo 16.3 LC detalla sistemáticamente el mínimo de los derechos legales que se otorgan al socio de la cooperativa en la legislación estatal (entre otros, derechos de asistencia a la asamblea general, derecho de información, etc.) y en el artículo 18.4 LC se fija que, "la sanción de suspender al socio en sus derechos, que no podrá alcanzar al derecho de información ni, en su caso, al de percibir retorno, al devengo de intereses por sus aportaciones al capital social, ni a la de actualización de las mismas, se regulará en los estatutos sólo para el supuesto en que el socio esté al descubierto de sus obligaciones económicas o no participe en las actividades cooperativizadas, en los términos establecidos estatutariamente". Por su parte, el artículo 21 RCC establece el derecho de representación del socio que establece la posibilidad de admitir en estatutos la representación otorgada a cónyuge, ascendiente o descendiente del socio, así como apoderado general (con plena capacidad de obrar).

sometan en la Asamblea General y demás órganos colegiados de los que formen parte." En la ley de cooperativas estatal se trata de un derecho y no de una obligación (no se encuentra entre las obligaciones del artículo 15 LC), por lo cual la inasistencia comporta simplemente el sometimiento a los acuerdos válidamente adoptados por la mayoría, sin penalización alguna. Sin embargo, otras leyes como por ejemplo la Ley 12/2015 de cooperativas catalana configura este derecho de asistencia, a su vez, como una obligación ex artículo 41.c) LCCAT "Los socios de una cooperativa están obligados a: (...) c) Asistir a las reuniones de las asambleas generales y de los otros órganos a los cuales estén convocados". Esta obligación tiene sentido para reforzar el carácter de autogestión en las cooperativas y la necesaria implicación de sus miembros.

Este derecho de asistencia comprende un conjunto de facultades que van desde el uso de la palabra, el planteamiento de propuestas, recabar información o solicitar que consten en acta determinadas manifestaciones.

De conformidad con el artículo 179 LSC, los estatutos de la sociedad anónima pueden exigir al accionista la posesión de un número mínimo de acciones para asistir a la junta general sin que, en ningún caso, sea superior al uno por mil del capital social, y respecto a la sociedad cotizada, este número mínimo no puede ser mayor de mil acciones[84]. Relacionado con este punto, el Principio 7 del Código de Buen Gobierno CBG insta que la sociedad **facilite el ejercicio de los derechos de asistencia y participación en la junta general de accionistas en igualdad de condiciones**. Para ello, aconseja que la sociedad haga públicos en su página web los requisitos y procedimientos para acreditar la titularidad de acciones y que éstos favorezcan la asistencia y ejercicio de sus derechos, aplicándose de forma

---

[84] Artículo 521 *bis* LSC.

no discriminatoria[85] y se determina el procedimiento a seguir en el supuesto que un accionista haya ejercido su derecho a completar el orden del día o a presentar nuevas propuestas de acuerdo[86]. En la sociedad cooperativa de crédito no puede limitarse la participación de los socios, sea cual sea su capital social.

En todo caso, los socios pueden asistir a las reuniones personalmente o por medio de representante. A través de la representación, el socio confiere a otro individuo el derecho a comparecer en su nombre a la reunión y a ejercitar los derechos inherentes a su condición. Debe destacarse que el régimen de representación también varía en función de si se trata de una sociedad anónima cotizada[87] o una cooperativa, estando más limitada en la segunda en tanto que interesa la participación directa de la persona socia. En el ámbito de las sociedades cotizadas, son nulas las cláusulas estatutarias que limiten el derecho del accionista a hacerse representar por cualquier persona[88]. En cambio, el artículo 27 LC prevé que el socio únicamente puede hacerse representar por otro socio, quien no podrá representar a más de dos.

• **DERECHO DE VOTO**

Uno de los aspectos más relevantes en cuanto al estatuto jurídico del socio cooperativo es el reiterado **principio democrático de un socio–un voto**, por el cual todos los socios tienen los mismos derechos políticos con independencia de su inversión en el capital. Esta paridad impide hacer uso de la capacidad de control de las decisiones societarias mediante la adquisición de un número mayor de participaciones, como podría ocurrir en

85 Véase la Recomendación núm. 9.

86 Véase la Recomendación núm. 10.

87 Artículo 522 LSC.

88 Véase artículo 522.1 LSC.

una sociedad de capital y, en especial, en la sociedad anónima cotizada. Sobre este particular, téngase en cuenta que tanto la LSC, LOSSEC y la LMV estipulan un régimen especial sobre las **participaciones significativas** al objeto de supervisar quién controla en todo momento la entidad en cuestión.

El **derecho de voto** es el derecho político por excelencia[89] en cualquier entidad mercantil puesto que, mediante su ejercicio, los socios– directamente o mediante representantes – influyen en la vida social interviniendo en la adopción de los acuerdos sociales. A diferencia del principio democrático de una persona – un voto que rige en las asambleas generales, en las juntas de las sociedades capitalistas la mayoría no se forma por personas o cabezas[90], sino por su participación en el capital social. No es válida la creación de acciones que de forma directa o indirecta alteren la proporcionalidad entre el valor nominal de la acción y el derecho de voto[91]. Tal exigencia de proporcionalidad no es absoluta y admite excepciones como, por ejemplo, en el caso de "acciones sin voto" o el establecimiento de un número máximo de votos por accionista, sin perjuicio de la aplicación a las sociedades cotizadas de lo establecido en el artículo 527 LSC sobre cláusulas limitativas del derecho de voto[92]. En la figura de las participaciones o accio-

---

89 Artículos 188 – 190 LSC.

90 Al respecto debe recordarse la resolución de la dirección general de Registros y del Notariado (DGRN) de 17 de enero de 2009 que propugna que no es admisible que los estatutos establezcan para adoptar acuerdos un sistema exclusivamente "viril" o "por cabezas".

91 Artículo 188.2 LSC vinculado con el artículo 96.2 LSC: "(…) No podrán emitirse acciones que de forma directa o indirecta alteren la proporcionalidad entre el valor nominal y el derecho de voto o el derecho de preferencia".

92 Este artículo estipula que: "en las sociedades anónimas cotizadas las cláusulas estatutarias que, directa o indirectamente, fijen con carácter general el número máximo de votos que pueden emitir un mismo accionista, las sociedades pertenecientes a un mismo grupo o quienes actúen de forma

nes sin voto[93], como contraprestación a este derecho de voto, se determinan ciertos privilegios de carácter económico como dividendos preferentes, en caso de reducción de capital, cuota de liquidación u otros derechos[94]. Además, en las cotizadas pueden existir siempre que se prevea por estatutos, acciones con "voto por lealtad"[95], las cuales confieren a su titular el doble de los votos correspondientes a cada una de las acciones en función de su valor nominal[96].

La Ley permite también la suspensión del ejercicio derecho de voto por causas justificadas, como puede ser la mora en el pago de la porción de capital no desembolsada[97] o las participaciones recíprocas excedentes[98]. Otro supuesto es en el caso

---

concertada con los anteriores, quedarán sin efecto cuando tras una oferta pública de adquisición, el oferente haya alcanzado un porcentaje igual o superior al 70 por ciento del capital que confiera derechos de voto, salvo que dicho oferente no estuviera sujeto a medidas de neutralización equivalentes o no las hubiera adoptado".

93 Se regula su régimen en los artículos 98 a 103 LSC.

94 La emisión de acciones sin voto pretende obtener recursos propios para la sociedad que no alteren la situación de control político de esta. Véase al respecto SAP Madrid de 12 julio de 2005 (EDJ 2005/146843). Por otro lado, dicha emisión trata de responder al fenómeno del «absentismo», frecuente en la vida real de las grandes sociedades, en el que una gran masa de accionistas pasivos, no teniendo más que un interés patrimonial en la tenencia de las acciones, no suelen hacer uso de sus derechos políticos.

95 Es con la Ley 5/2021 que se introduce en nuestro derecho la regulación de las denominadas "acciones con voto por lealtad" (artículo 527 *ter* a 527 *undecies*), que confieren a su titular un voto adicional doble. Como hemos dicho, estas acciones suponen una excepción a la regla de proporcionalidad entre el valor nominal de la acción y el derecho de voto como mecanismo para incentivar a los accionistas a mantener su inversión en las sociedades cotizadas en el largo plazo.

96 Artículo 527 *ter* LSC.

97 Artículo 83.1 LSC.

98 Artículo 152.2 LSC relacionado con el artículo 151 LSC.

de conflicto de intereses con la sociedad, en que el accionista se ve privado de su derecho de voto[99]. También el accionista puede, voluntariamente, limitar su libertad del voto, obligándose con otros socios o con terceras personas a votar en un determinado sentido mediante, por ejemplo, pactos de sindicación o pactos parasociales que vinculo a algunos a todos los socios.

Como hemos adelantado en otros apartados, el principio democrático en las cooperativas de crédito puede alterarse mediante el voto plural ponderado, este viene limitado legalmente por lo que no permite el control por ningún miembro de la entidad.

- **DERECHO DE INFORMACIÓN**

El **derecho de información** es un derecho individual e inherente a la condición de socio o accionista[100] y se configura como una herramienta fundamental para dar respuesta a la asimetría de información entre los distintos sujetos que conforman una sociedad.

---

99 Artículo 190 LSC.

100 Véanse sobre el derecho de información las siguientes sentencias: STS (Civil) de 29 julio de 2004 (EDJ 2004/116283): "*Pues aunque es reiterada la doctrina jurisprudencial de esta Sala, que establece que el derecho de información es un derecho importantísimo y que debe ser interpretado ampliamente, y que dicho derecho de información es un derecho esencial no solo inderogable, sino asimismo irrenunciable, y que desde luego su desconocimiento acarrea ineludiblemente la nulidad de los acuerdos de la junta en que previo a su desarrollo se haya denegado a cualquier socio la información solicitada, lo que supone que siempre podrá solicitar la tutela judicial correspondiente*".; SAP Barcelona de 29 junio de 2018 (EDJ 2018/525087): "*El derecho de información es un derecho individual atribuido a todos los socios aisladamente considerados, y es de carácter irrenunciable, por lo que no se puede modificar ni suprimir por pactos entre particulares incorporados a los estatutos. Se trata de un derecho de contenido participativo (esto es, de participación en la marcha social), a diferencia de los derechos del socio de contenido patrimonial -como el derecho a participar en los beneficios de la sociedad*".

El régimen del derecho de información de las cooperativas de ámbito estatal se regula en el art. 16 LC que, entre otros aspectos, prevé el derecho del socio a solicitar información sobre los puntos del orden del día, solicitar y recibir información sobre la marcha de la cooperativa. Asimismo, cuando el 10% de los socios de la cooperativa o cien socios si ésta tiene más de mil, soliciten por escrito al Consejo Rector la información que considere necesaria, éste deberá proporcionarla también por escrito, en un plazo no superior a un mes. El Consejo rector puede negar la información solicitada, cuando el proporcionarla ponga en grave peligro los legítimos intereses de la cooperativa o cuando la petición constituya obstrucción reiterada o abuso manifiesto por parte de los socios solicitantes. No obstante, estas excepciones no procederán cuando la información se solicite por más de la mitad de los votos presentes y representados en asamblea o bien lo acuerde el Comité de Recursos o la Asamblea General como consecuencia del recurso interpuesto por los socios solicitantes de la información. La negativa del Consejo Rector a proporcionar la información solicitada podrá ser impugnada por los solicitantes.

Contar con un régimen que garantice el adecuado ejercicio del derecho de información de socios y accionistas permite lograr un mayor equilibrio entre los actores que conforman una sociedad. Este derecho se articula en distintos mecanismos, en función del asunto a tratar en la reunión de junta general. Así, con carácter general para cualquier tipo de acuerdo, el socio puede exigir informes o aclaraciones sobre los diferentes asuntos comprendidos en el orden del día de la junta general[101].

---

101 Así, el orden del día delimita el conjunto de materias que pueden ser objeto del derecho de información, salvo en relación con aquellos supuestos sobre los que la junta puede tratar sin necesidad de que los mismos consten en el orden del día, esto es, en el caso de separación de los administradores o el ejercicio de la acción de responsabilidad.

Para las **sociedades anónimas**, se permite solicitar las informaciones o aclaraciones que se estimen precisas o formular por escrito las preguntas que consideren pertinentes hasta el séptimo día anterior al previsto para la celebración de la junta[102]. Solo podría denegarse en caso de que la información sea innecesaria para la tutela de los derechos del accionista, existan razones objetivas para considerar que podría utilizarse para fines extrasociales o su publicidad perjudique a la sociedad o a las sociedades vinculadas. En todo caso, no procederá la denegación de la información cuando la solicitud esté apoyada por socios que representen, al menos, el veinticinco por ciento (25%) del capital social[103] permitiéndose en sociedades anónimas fijar un porcentaje menor, siempre que sea superior al cinco por ciento (5%) del capital social.

Por último, respecto a las **sociedades cotizadas**, el artículo 518 LSC trata de asegurar que los accionistas tengan información suficiente disponible en la página web con carácter previo a la junta general, al objeto que puedan solicitar a los administradores las informaciones o aclaraciones que estimen necesarias, o bien formular por escrito preguntas acerca de los asuntos comprendidos en el orden del día. Estas solicitudes de información o aclaraciones, así como la formulación por escrito de preguntas, se pueden realizar hasta el quinto día anterior al previsto para la celebración de la junta (en lugar de hasta el séptimo día, como se establece para las sociedades anóni-

102 Artículo 197.1 LSC.

103 No obstante, un sector de la doctrina considera que, aun cumpliéndose la condición de contar con del 25% del capital cabe la negativa de los administradores a facilitar la información solicitada si estiman que los socios hacen un uso abusivo de su derecho con fines extrasociales, pues la ley no ampara el derecho de información que se ejercita con la finalidad de entorpecer injustificadamente la marcha de la sociedad. Véase SAP Barcelona de 20 marzo de 2018 (EDJ 2018/31491).

mas no cotizadas como hemos visto)[104]. Asimismo, los artículos 519-520 LSC sobre el derecho de los accionistas a completar el orden del día y a presentar nuevas propuestas de acuerdo, también ha sido objeto de modificación en 2021, rebajándose del cinco por ciento (5%) al tres por ciento (3%) el capital social necesario para estar legitimado a solicitar el complemento de convocatoria. Además, las sociedades anónimas cotizadas están obligadas a entregar a sus accionistas (o al tercero que nombre cada accionista) la información necesaria para el ejercicio de los derechos derivados de sus acciones. Cuando esta información esté a disposición de los accionistas en el sitio web de la sociedad, bastará con un aviso que indique dónde pueden encontrar esta información[105].

Como vemos, el ejercicio de parte del derecho de información de una sociedad de capital también se asigna en función de las aportaciones al mismo y, en una sociedad cooperativa prima el principio democrático de una persona-un voto, es decir, por cabezas.

• DERECHOS ECONÓMICOS Y RÉGIMEN ECONÓMICO

Otra las diferencias principales entre las entidades de la Economía Social y las sociedades capitalistas son los **derechos económicos** vinculados a su participación en la sociedad. El derecho a la participación en las ganancias sociales[106] de una sociedad de capital es el derecho económico por excelencia, constituyendo el sustrato propio y la causa última del contrato de sociedad de conformidad con los citados artículos 1665 CC y 116 C.de Com. Este derecho se proyecta de forma separada

---

104 Destacamos que estos artículos fueron modificados tanto por la Ley 31/2014 y, posteriormente, por la 5/2021.

105 Este aspecto se recoge en el artículo 520 *bis* LSC sobre transmisión de información de la sociedad a los accionistas y beneficiarios últimos.

106 Artículo 93.a) LSC.

en dos manifestaciones, por un lado, el derecho abstracto a participar en las ganancias sociales y, por otro, el derecho concreto al dividendo acordado y repartible en un determinado ejercicio social, que se materializa desde que hay un acuerdo de la junta[107]. La regla general del artículo 275 LSC es que la distribución de los dividendos se realiza en proporción a su participación en el capital pero se admite la posibilidad de que los estatutos sociales establezcan criterios diferentes al de proporcionalidad. Igualmente, quedan a salvo la existencia de eventuales acciones privilegiadas o de acciones sin voto.

El estudio de esta materia debe necesariamente vincularse con la aplicación del resultado del ejercicio, la cual difiere en esencia al de las sociedades cooperativas. La junta general resolverá sobre la aplicación del resultado del ejercicio de acuerdo con el balance aprobado de conformidad con lo previsto en el artículo 273 LSC. En todo caso, se deberá destinar como reserva legal una cifra igual al diez por ciento (10%) del beneficio del ejercicio hasta que alcance, al menos, el veinte por ciento (20%) del capital social. Es decir, una vez la cifra alcance este importe no será necesario dotar en mayor cantidad esta reserva, por muchos beneficios que pueda tener la sociedad.

De hecho, el **régimen económico** de las entidades de la Economía Social y de las sociedades cooperativas es uno de los elementos clave que las singulariza y las diferencia respecto al resto de sociedades. Se incluyen varios aspectos como el capital social y su variabilidad, su remuneración, su transmisión y

---

[107] Véase entre otras, SAP Baleares de 23 mayo de 2011 (EDJ 2011/136776) que dispone lo siguiente: "*(…) deba distinguirse el derecho a participar en las ganancias, como derecho abstracto que no atribuye al socio ninguna acción de pago de cantidad, y el derecho al dividendo repartible en un determinado ejercicio económico, que deriva del anterior pero que es el único que hace nacer a favor de los socios un crédito concreto sobre la parte proporcional de los beneficios que la junta general haya acordado repartir*".

reembolso, el desarrollo de la actividad cooperativa con terceros no socios, la determinación de los resultados del ejercicio, la distribución de excedentes y beneficios o las reservas, entre otros.

En una sociedad capitalista, el **capital social** se integra por las aportaciones de los socios y sólo pueden ser objeto de aportación los bienes o derechos patrimoniales susceptibles de valoración económica y en ningún caso el trabajo o servicios[108]. La aportación social es un acto de disposición del que se derivan efectos traslativos desde la esfera patrimonial del socio aportante a favor de la sociedad, como patrimonio autónomo[109] y, como contraprestación a las aportaciones realizadas, el socio percibirá la correspondiente parte alícuota del capital social. Es por ello que se exige que el valor de la aportación realizada por el socio a favor de la sociedad tenga un importe igual, como mínimo, al valor nominal de las participaciones o acciones asumidas[110]. Por su parte, el **capital social**[111] **de la sociedad cooperativa** está conformado por la suma que repre-

108 Artículo 58 LSC.

109 Artículo 60 LSC.

110 Artículo 59.2 LSC.

111 El capital social de la cooperativa cumple, en líneas generales, las mismas funciones que en cualquier otra sociedad, aunque, a diferencia de las sociedades de capital, el capital no determinará el grado de participación de los socios y, el principio de puerta abierta nos conduce a que la cifra de capital social sea variable como fruto de las altas y bajas de los socios en las cooperativas (si bien este principio va perdiendo cada vez más vigencia). Asimismo, el capital social de una sociedad cooperativa está constituido por las aportaciones, obligatorias y voluntarias, efectuadas con eses fin, tanto de carácter dinerario como no dinerario, ya sea en el momento de su constitución o en otro posterior, bien por la incorporación de nuevos socios o bien como consecuencia de nuevas imposiciones de aportaciones obligatorias o por aportaciones voluntarias (artículo 1.1.1 Norma Segunda de la Orden EHA/3360/2010, por la que se aprueban las Normas sobre los Aspectos Contables de las Sociedades Cooperativas).

senta el total de las aportaciones que realizan los socios a la cooperativa (artículo 45.1 LC). En las sociedades cooperativas de crédito, está representado mediante títulos nominativos de aportación, de igual valor nominal, determinado por los estatutos sociales (respetando siempre los límites legales), pero con un montante unitario que no será nunca inferior a 60,10 euros (refiere todavía a "diez mil pesetas") (artículo Séptimo.1 LCC)[112]. Asimismo, el artículo Séptimo.2 LCC estipula que la condición de socio de la cooperativa de crédito no se perderá cuando, con ocasión de un plan de saneamiento aprobado por el Fondo de Garantía de Depósitos en Cooperativas de Crédito o en caso de que la compensación de pérdidas producida en las operaciones cooperativizadas se anule o reduzca (de forma proporcional en todas las aportaciones) el valor nominal de las aportaciones por debajo del fijado por los estatutos, aunque el socio no reponga el déficit.

Fundamentalmente, una de las diferencias más relevantes de las cooperativas respecto a las demás sociedades mercantiles es que, si bien en los estatutos sociales de la cooperativa se fija una cifra de capital social, ésta no representa el **capital social nominal** como ocurre en las sociedades de capital, sino su importe mínimo ya que éste, por esencia, el capital social tiene naturaleza variable por el conocido principio cooperativo de "puerta abierta", que ya hemos explicado en epígrafes anteriores. En los últimos años, no han faltado estudios relacionados con el capital social cooperativo, promovidos por las discusiones en materia contable sobre si el capital social debía ser califi-

---

112 El carácter no básico de este precepto permite a las normativas autonómicas a realizar las modificaciones que estimen oportunas; sin embargo, la situación no se ha visto alterada en la realidad, por cuanto los artículos 17.1 LCCEX y 136.1 LCIB se han limitado a reproducir un contenido semejante al del citado precepto estatal.

cado como un elemento de pasivo o como recursos propios[113]. El creciente interés surge a raíz de la denominada Norma Internacional de Contabilidad 32 (NIC 32), de conformidad con la cual, las aportaciones de los socios al capital social cooperativo debían ser calificadas como pasivo (deuda) por la existencia de una obligación contractual de devolución por el principio

---

[113] VARGAS VASSEROT, C. (2007): "Los previsibles efectos de la NIC 32 en el sector cooperativo" *REVESCO. Revista de estudios cooperativos*, núm. 91 pp. 120-159. De la NIC 32 se desprende que las aportaciones de los socios al capital se reconocerán como «patrimonio neto» sólo si la cooperativa tiene un derecho incondicional a rehusar su reembolso. El autor ya apuntaba a que, en nuestro ordenamiento cooperativo, en aras de proteger al máximo al socio, incluso frente al riesgo de amenazar la estabilidad de la cooperativa, históricamente se había reconocido un derecho cuasi absoluto al reembolso de sus aportaciones, que la cooperativa tenía que atender, aunque esto significara tener que reducir el capital estatutario o incluso la disolución de esta. En consecuencia, tal como estaba en nuestra legislación cooperativa reconocido el derecho al reembolso de las aportaciones del socio (que, aunque es posible someterlo a una serie de limitaciones impuestas temporales e incluso cuantitativa, no se puede impedir su ejercicio) significaría que todas las aportaciones al capital social de las cooperativas que hubieran hecho o que hicieran los socios se tendrían que calificar a efectos contables como «pasivos exigibles» y no como lo tenían hasta ese momento como «recursos propios». Por tanto, apuntaba acertadamente a que, en el ordenamiento cooperativo español, si se quería evitar que todas las aportaciones de los socios al capital cooperativo fueran consideradas recursos ajenos, era necesario realizar una serie de modificaciones legales en la articulación del derecho de reembolso y en el propio régimen del capital social. Como solución se configuró el doble régimen legal de: "aportaciones con derecho a reembolso" y "aportaciones cuyo reembolso puede ser rehusado por el consejo rector". Sobre este aspecto, del mismo autor, vid. VARGAS VASSEROT, C. (2011): "Aportaciones exigibles o no exigibles: ésa es la cuestión", *ob.cit*, p. 41. El autor demuestra que mantener el derecho de reembolso de los socios no afecta ni a la solvencia ni a la estabilidad financiera, ni se incrementa gravemente el riesgo de disolución cooperativa. Según el autor, parece más un problema de "imagen financiera", el cual se arreglaría si se utilizara una forma correcta de analizar la solvencia y garantías que ofrece la cooperativa en el tráfico empresarial.

cooperativo de puertas abiertas. Sin embargo, en el actual marco legal, todas las leyes cooperativas regulan expresamente el régimen de las aportaciones voluntarias u obligatorias[114] cuyo reembolso puede ser rehusado incondicionalmente por el consejo rector. En consecuencia, en nuestro ordenamiento jurídico se admite la coexistencia de dos tipos de aportaciones al capital social de los socios en función de si resulta exigible por el socio el pago de su liquidación en el supuesto de baja o no: las aportaciones reembolsables o no reembolsables, las cuales deberán anotarse contablemente en el pasivo a largo plazo o en el capital, respectivamente. Ello permite hacer frente a la situación de desventaja financiera en que se encontrarían las cooperativas frente a otros tipos sociales que desde su constitución cuentan con una cifra determinada de recursos propios.

En relación con las **aportaciones sociales** en las cooperativas de crédito, éstas pueden ser reembolsadas a los socios siempre que se cubra suficientemente el capital social obligatorio, las reservas y el coeficiente de solvencia (artículo Séptimo.4 LCC). Por lo que respecta a las condiciones de reembolso, la LCC no se pronuncia, remitiéndose a un desarrollo reglamentario que tampoco existe, por lo que se deberá estar a lo que prevean las distintas normativas autonómicas sobre cooperativas y los estatutos sociales. Por otro lado, en caso de concurso o liquidación de la cooperativa de crédito no se admitirán privilegios de ningún tipo en cuanto a la prelación de las aportaciones realizadas por los socios (artículo Séptimo.4 in fine LCC).

---

114 La LC establece que el capital social estará constituido por las "aportaciones obligatorias" y "voluntarias" de los socios. Si bien la LCC no hace distinción entre aportaciones obligatorias (que tienen carácter obligatorio para todos los socios como su nombre indica, sean origen estatutario en el momento de la constitución o aprobadas por la asamblea general posteriormente para todos los socios) y voluntarias (que tienen carácter potestativo para los socios de la cooperativa y son aprobadas por la asamblea general), debe admitirse también la existencia de ambas en estas entidades.

Dejando a un lado el régimen económico en general y retomando los derechos económicos no existe, con carácter legal, el derecho a la **retribución por el capital aportado** y, cuando se reconoce estatutariamente, su retribución no puede superar ciertos límites. La previsión estatutaria de abono de intereses a los socios por las aportaciones al capital social dependerá de la existencia de resultados netos o reservas de libre disposición suficientes para satisfacerla (artículo 10.1.a) RCC). De conformidad con lo dispuesto en el artículo 12.5 RCC, en caso de utilización de reservas voluntarias, se deberá contar con la previa autorización del Banco de España, que la concederá si la entidad cumple con los requerimientos de solvencia legalmente exigibles. En el caso de ser negativo el resultado del ejercicio económico, sólo se podrán abonar intereses si mediase autorización del Banco de España e informe favorable del órgano autonómico competente en materia de cooperativas[115]. Asimismo, por vía reglamentaria se ha fijado un **tope máximo** a la retribución del capital vía intereses, al impedir que ésta pueda hacerse con un interés que exceda de seis puntos sobre el legal del dinero vigente en el ejercicio (artículo 12.2, párr. 2.º RCC)[116].

Sí que consta en toda cooperativa el **derecho del socio el de participar en los beneficios y en el patrimonio resultante de la liquidación**, excluyendo el de suscripción preferente que no tiene cabida en las cooperativas. Los beneficios obtenidos en la cooperativa generados gracias al esfuerzo colectivo de sus miembros se aplican a fondos irrepartibles, los cuales contribuyen al fortalecimiento empresarial de la cooperativa cons-

---

115 Este régimen es el previsto expresamente por la ley balear (artículo 136.3 LCIB).

116 Del mismo modo se prevé en la normativa general de cooperativas estatal y en la mayoría de las autonómicas.

tituyéndose, como veremos más adelante, como un auténtico "legado cooperativo".

Para las cooperativas de crédito, además, existen también ciertas especificidades derivadas de su condición de entidad financiera. En este sentido, la Disposición adicional sexta del Real Decreto 1309/2005, de 4 de noviembre modificó, como se advierte en su Exposición de Motivos, "el Reglamento de cooperativas de crédito, aprobado por el Real Decreto 84/1993, de 22 de enero, para adaptar el régimen de las cooperativas de crédito a las normas internacionales de contabilidad". En consecuencia, el artículo 10 RCC se vio modificado por la adición de un nuevo número 2 en los términos que siguen: "Los estatutos podrán prever que cuando durante un ejercicio económico el importe de la devolución de las aportaciones supere el porcentaje del capital social que en ellos se establezca, los nuevos reembolsos estén condicionados al acuerdo favorable del consejo rector. Asimismo, los estatutos podrán regular la existencia de aportaciones al capital social cuyo reembolso puede ser rehusado incondicionalmente por el consejo rector. La transformación obligatoria de aportaciones de los socios con derecho de reembolso, en aportaciones cuyo reembolso puede ser rehusado incondicionalmente por el consejo rector, requerirá el acuerdo de la asamblea general, el socio disconforme podrá darse de baja y ésta se calificará como justificada". Esto es, el legislador remite a los estatutos sociales la posible introducción de un **umbral máximo** para la devolución de aportaciones sociales en cada ejercicio económico, la introducción de las aportaciones sociales sin derecho al reembolso o ambos mecanismos. Como destaca PANIAGUA[117], la conexión entre

[117] PANIAGUA ZURERA, M. (2006): "El capital social cooperativo en Derecho español y su armonización con las Normas Internacionales de Contabilidad", *REVESCO*, núm. 90, tercer cuatrimestre, pp.57-91, p. 84-85. Como destaca el autor, la reforma no hace sino atender, en forma urgente, las demandas

esta reforma y la NIC 32 es evidente en los mismos términos en que se redacta la norma reglamentaria. Las expresiones "los nuevos reembolsos estén condicionados al acuerdo favorable del consejo rector" o "cuyo reembolso puede ser rehusado incondicionalmente por el consejo rector" se toman directamente de estas normas internacionales de contabilidad.

Teniendo en cuenta que el artículo Sexto.1 LCC, artículo 3 RCC, la Disposición final cuarta RCC y la Disposición adicional tercera RD 1245/1995[118], preceptos referidos al **capital social mínimo** de las cooperativas de crédito tienen carácter básico, el capital social mínimo de las cooperativas de crédito es fijado por el Gobierno central (previo informe del Banco de España) para todas las Comunidades Autónomas en igualdad de condiciones, en función del ámbito territorial en el que opere la cooperativa de crédito y del total de habitantes de los municipios comprendidos en cada territorio. Los criterios cuantitativos que determina la normativa son los siguientes: (a) Cooperativas de crédito de ámbito local que operen en municipios de menos de 100.000 habitantes de derecho: 175 millones de pesetas (1.050.000 euros); (b) Cooperativas de crédito de ámbito local no incluidas en el apartado anterior ni en el siguiente, o de ámbito supralocal sin exceder de una Comunidad Autónoma: 600 millones de pesetas (3.600.000 euros); (c) Cooperativas de crédito con sede o ámbito supraautonómico, estatal o superior o que incluya los municipios de Madrid o Barcelona: 800 millones de pesetas (4.800.000 euros). Acto seguido, se impone que las cooperativas de crédito no podrán operar fuera

---

planteadas por las sociedades cooperativas de crédito obligadas a presentar cuentas consolidadas que, desde el 1 de enero de 2005, deben formular sus cuentas consolidadas conforme a las NIC.

118 Real Decreto 1245/1995, de 14 de julio, sobre creación de bancos, actividad transfronteriza y otras cuestiones relativas al régimen jurídico de las entidades de crédito.

del ámbito territorial concreto delimitado en sus respectivos estatutos, al menos en lo relativo a las operaciones principales del objeto social, de conformidad con los niveles económicos y demográficos indicados. Para operar fuera de tal territorio deberán previamente modificar su capital social, ajustándolo al nivel que corresponda (artículo Sexto.2 LCC). En cualquier caso, sea cual sea su cifra, el capital social mínimo habrá de estar íntegramente suscrito y totalmente desembolsado en efectivo, no admitiéndose las aportaciones *in natura* (artículo 3.3 RCC, por remisión del artículo Sexto.1 LCC).

Uno de los aspectos más distintivos de nuestro sujeto de estudio está relacionado también con los **resultados económicos**, pudiendo existir beneficios o pérdidas, como en cualquier sociedad. En cuanto a las posibles pérdidas que se vayan generando en las cooperativas de crédito, de conformidad con el artículo Octavo.2 LCC, éstas deberán ser absorbidas o cubiertas con cargo a sus recursos propios y, en el caso que no fuesen suficientes para tal cobertura o produjeran una reducción del capital mínimo exigido por un tiempo superior a un año (artículo 13.1 RCC), será obligatorio disolver la cooperativa (ello salvo reintegración del capital o de los recursos propios en la medida necesaria y dentro del plazo y condiciones que, previa solicitud de la cooperativa pueda establecer el Banco de España). Por su parte, en el caso de que la entidad cuente con **beneficios**, éstos irán destinados en primer lugar a cubrir las pérdidas de los tres ejercicios anteriores que no hubiesen quedado absorbidas aplicando los recursos propios de la entidad (artículo 12.3 RCC); lo que explica, asimismo, las limitaciones impuestas a las cooperativas de crédito de nueva creación durante los tres primeros años de su actividad (artículo 9.1 RCC)[119]. El saldo acreedor de la cuenta de resulta-

---

[119] Según este artículo, durante los tres primeros ejercicios, a partir del inicio de sus actividades como entidad de crédito, las cooperativas de nueva creación

dos constituirá el "excedente neto" del ejercicio económico y, una vez deducidos los impuestos exigibles y los intereses al capital desembolsado, limitados de acuerdo con la legislación cooperativa, el excedente disponible se destinará a los siguientes conceptos (artículo Octavo.3 LCC): (1) En primer lugar, un mínimo del 20% a dotar el Fondo de Reserva Obligatorio (FRO)[120]. El FRO se destina a la consolidación y garantía de la cooperativa de crédito y estará constituido por este 20% de los excedentes disponibles, al menos, y con las demás cantidades que, preceptivamente, deban destinarse al mismo según la normativa autonómica o los estatutos. Cuando se imponga la obligación de dotar dicho Fondo con un determinado porcentaje

---

quedarán sujetas a las siguientes limitaciones: a) No podrán retribuir las aportaciones de sus socios, ni repartir retornos, debiendo destinar la totalidad de sus beneficios de libre disposición a reservas. b) El Fondo de Educación y Promoción, o análogo, sólo podrá ser dotado con recursos especiales que, estando previstos en la legislación cooperativa aplicable, no provengan de la actividad económica de la entidad. c) (...) d) La transmisión "*inter vivos*" de las aportaciones, su gravamen o pignoración, así como la suscripción de nuevas aportaciones por una persona jurídica cuando su importe, unido al que con anterioridad posea, exceda del 5 por 100 del capital social, estarán condicionadas a la previa autorización del Banco de España (...).

120 Los artículos 55 y 56 LC regulan los preceptos relativos a los fondos sociales obligatorios de cualquier cooperativa. El artículo 55 LC, relativo al Fondo de Reserva Obligatorio (FRO) indica que éste se destina a la consolidación, desarrollo y garantía de la cooperativa y que es irrepartible entre los socios. Al FRO se destinarán necesariamente: a) Los porcentajes de los excedentes cooperativos y de los beneficios extracooperativos y extraordinarios que establezcan los estatutos o fije la asamblea general, de acuerdo con lo dispuesto en el artículo 58 de la LC o el porcentaje de los resultados, caso de optar la cooperativa por la contabilización separada de los resultados cooperativos de los extracooperativos, contemplada en el artículo 57.4 de la LC; b) Las deducciones sobre las aportaciones obligatorias al capital social en la baja no justificada de socios; c) Las cuotas de ingreso de los socios cuando estén previstas en los estatutos o las establezca la asamblea general; d) Los resultados de las operaciones reguladas en el artículo 79.3 de la LC.

sobre los excedentes, superior al mínimo legal, se considerará que, a los efectos previstos en la norma fiscal (en particular, el artículo 16.5 de la Ley 20/1990 relativa a la reducción de la base imponible), la dotación obligatoria al citado Fondo deberá quedar situada al nivel exigido por las regulaciones autonómicas o estatutarias (artículo 15.1 RCC). El FRO es el resultado del ahorro colectivo de los socios cooperativistas de crédito y la ley le confiere carácter indisponible aun en caso de disolución. (2) En segundo lugar, deberá destinarse un mínimo del 10% a dotar el Fondo de Educación y Promoción (FEP)[121] cuyo objetivo es el fomento del cooperativismo, la formación y promoción de socios y trabajadores de la cooperativa. (3) En tercer lugar, el resto del beneficio podrá ser distribuido por la asamblea general de la cooperativa de tres formas distintas: (i) en concepto de retorno a los socios (según fijen los estatutos); (ii) como dotación de Fondos de Reserva Voluntarios u otros análogos (que son únicamente disponibles previa autorización de la autoridad supervisora); (iii) o bien haciendo partícipes de tal beneficio a los trabajadores de la cooperativa. Por todo lo expuesto, a diferencia de lo que ocurre con las sociedades

---

[121] El artículo 56 LC regula el régimen general del Fondo de Educación y Promoción (FEP) indicando que se destinará, en aplicación de las líneas básicas fijadas por los estatutos o la asamblea general, a actividades que cumplan alguna de las siguientes finalidades: a) La formación y educación de sus socios y trabajadores en los principios y valores cooperativos, o en materias específicas de su actividad societaria o laboral y demás actividades cooperativas; b) La difusión del cooperativismo, así como la promoción de las relaciones intercooperativas; c) La promoción cultural, profesional y asistencial del entorno local o de la comunidad en general, así como la mejora de la calidad de vida y del desarrollo comunitario y las acciones de protección medioambiental. Para su dotación, se destinará necesariamente al fondo de educación y promoción: a) Los porcentajes de los excedentes cooperativos o de los resultados que establezcan los estatutos o fije la asamblea general contemplados en el artículo 58.1 de la LC; b) Las sanciones económicas que imponga la cooperativa a sus socios.

de capital, es importante destacar la no participación de los socios en la capitalización del excedente anual a disposición de la asamblea general, más que en el importe de los Fondos de Reserva Voluntarios[122].

Al igual que en resto de sociedades mercantiles, la **responsabilidad** de los socios por las deudas sociales está limitada al importe nominal de sus aportaciones al capital[123]. Asimismo, la cooperativa responde de sus deudas con todo su patrimonio, presente y futuro, excepto el correspondiente a la reserva de educación y promoción. Por ello es relevante conocer el valor de las aportaciones sociales de cada socio puesto que es el que va a marcar el límite de su responsabilidad por las deudas sociales (artículo Primero.3 LCC), aunque quepa la posibilidad de "remisión estatutaria al régimen cooperativo común una vez que se les practique y abone la liquidación correspondiente" (artículo 16 RCC).

---

122 BOTANA AGRA, M. (2020): "Acomodación de la cooperativa de crédito al marco de gobierno corporativo de las entidades de crédito", *ob.cit.*, p. 111.

123 Por lo que respecta a la responsabilidad por las obligaciones contraídas por ésta, ésta quedará limitada al valor de las aportaciones sociales conforme determine la normativa aplicable. Así se dispone en el apartado 3 del artículo Primero de la LCC: "El número de sus socios es ilimitado y la responsabilidad de los mismos por las deudas sociales alcanza el valor de sus aportaciones". Y en el artículo 16 RCC "La responsabilidad de los socios por las deudas sociales alcanza el valor de sus aportaciones, y para quienes causen baja en la sociedad queda extinguida, salvo remisión estatutaria al régimen cooperativo común una vez que se les practique y abone la liquidación correspondiente, sin que pueda reclamárseles cantidad alguna por deudas contraídas por la entidad antes de la fecha de su separación de la misma". Ello es una diferencia respecto al régimen general en que el socio que cause baja en la entidad continuará siendo responsable frente a la misma, durante los cinco años siguientes, por las obligaciones contraídas por la entidad con anterioridad a la fecha de baja, hasta el importe reembolsado de sus aportaciones al capital social. En este sentido, vid. Artículo 15.3, 15.4 LC, que tiene carácter supletorio.

Mayores diferencias surgen de lo dispuesto en el artículo 22.2 LC con relación al artículo 30 LC, el cual instaura la posibilidad de que los acuerdos de la asamblea se adopten mediante sufragio indirecto con la interposición de un órgano intermedio entre el conjunto de socios que manifiestan su voluntad individual en las juntas preparatorias y la asamblea general que adopta los acuerdos sociales. En este supuesto, si bien la adopción de acuerdos sociales se continúa realizado por parte de los socios, ello se configura a través de unos compromisarios denominados "delegados", elegidos a tal efecto. Así, por causas objetivas como pueden ser razones operativas como podría ser el elevado número de socios y la consiguiente dificultad de su presencia simultánea, puede establecerse por previsión estatutaria[124] que las competencias de la asamblea general recaigan en una asamblea general de delegados facilitando así la participación de los socios en la adopción de decisiones. Esta posibi-

---

124 Esto es, la puesta en marcha de este sistema de adopción de acuerdos es potestativa para las cooperativas, si bien tal opción debe adoptarse en los estatutos como forma única de reunión de la Asamblea. Es decir, no puede quedar en ningún caso al arbitrio del consejo rector, ni siquiera a decisión última de la Asamblea, la utilización de uno u otro sistema. Por tanto, su alteración precisará de modificación estatutaria. En el caso de optar por este sistema, los estatutos deberán regular: (a) los criterios de adscripción de los socios en cada junta preparatoria; (b) su facultad de elevar propuestas no vinculantes; (c) las normas para la elección de delegados, de entre los socios presentes que no desempeñen cargos sociales; (d) el número máximo de votos que podrá ostentar cada uno en la asamblea general y (e) el carácter duración del mandato, que no podrá ser superior a los tres años. Asimismo, cuando el mandato de los delegados sea plurianual, los estatutos deberán regular un sistema de reuniones informativas, previas y posteriores a la Asamblea, de aquéllos con los socios adscritos a la junta correspondiente (Artículo 30 LC). Podemos afirmar que la asamblea general de delegados está concebida para facilitar la participación del socio en la Asamblea a través de los delegados y las juntas preparatorias tienen la facultad de elevar a los órganos competentes propuestas, escritas, razonadas y no vinculantes, relativas al mejor cumplimiento del objeto social.

lidad resulta de especial interés en las cooperativas de crédito, dada la dimensión y complejidad alcanzados como consecuencia de los numerosos procesos de integración, tratándose de una estructura orgánica relativamente frecuente la integrada por juntas preparatorias y asambleas de delegados[125]. Sin embargo, como señala PUY, si bien este sistema está diseñado para facilitar la participación del socio (relacionado ello con el principio democrático) pueden producirse disfunciones que desvirtúen la participación activa del socio en la toma de decisiones. Por su parte, la asamblea general de delegados tiene las mismas competencias que la asamblea general, debe ser igualmente convocada según los artículos 23 y 24 LC con idénticos requisitos de constitución y adopción de acuerdos. Esta doble figura de juntas preparatorias más asambleas de delegados no cuenta con previsión analógica similar en las sociedades de capital, en las cuales no se regula la posibilidad de celebración de juntas generales en dos fases.

En tercer y último lugar, cabría también la diferenciación entre asamblea con carácter universal y no universal, con idéntico papel que las juntas generales: mientras la asamblea universal se encuentra presentes o representados todos los socios de la cooperativa, en la segunda, no.

Otro a punto a tratar son las competencias de la asamblea general. El órgano asambleario puede adoptar acuerdos obligatorios sobre todas aquellas competencias que tenga atribuidas, así como debatir y emitir declaraciones no vinculantes sobre cualquier asunto[126]. Al igual que en la junta general de las

---

125 PUY FERNÁNDEZ, G. (2021): "La importancia del gobierno corporativo en la gestión de las cooperativas de crédito" *ob.cit.*, p. 260.

126 Tal como señala CRUZ, no tendría sentido intentar anular acuerdos no vinculantes de la asamblea porque, en realidad, su único efecto de manifestar la opinión asamblearia quedaría vivo en todo caso. CRUZ RIVERO, D. (2019): "Órganos sociales", *Tratado de Derecho de Sociedades Cooperativas*

sociedades de capital, las competencias se le pueden atribuir directamente por vía legal (enumeradas en el artículo 21 LC o en la norma autonómica correspondiente[127]) o bien estatutariamente, habiendo materias indelegables y otras cuya delegación sí se permite. El régimen del artículo 21 LC es equiparable al del artículo 161 LSC y, entre otras competencias, la asamblea general tiene legalmente atribuida la función de fijar la política oficial de la cooperativa[128] (artículo 21 LC), pudien-

---

(dir. PEINADO GRACIA, J.I.), (coord. VÁZQUEZ RUANO, T.), Tomo I, 2ª edición, pp. 387-651, p. 395. Siguiendo este principio, el artículo 43 de la anterior Ley General de cooperativas dispuso que "todos los asuntos propios de la cooperativa, aunque sean de la competencia de otros órganos sociales, podrán ser objeto de debate y acuerdo de la asamblea general". Sin embargo, este modelo originó problemas en la organización de las cooperativas, pues justificaba la invasión de las competencias de otros órganos sociales por parte de la asamblea general, causando importantes disfunciones. Por esta razón, la LC y las leyes autonómicas, han tratado de casar el principio democrático que rige la cooperativa con la operatividad que ofrece una más rigurosa separación competencial. En este sentido, OLAVARRIA observa que la tendencia a delimitar los poderes de los órganos de la cooperativa tiene el objeto de fortalecer el órgano de administración, puesto que así le reserva un ámbito de actuación acotado. Se considera una nueva muestra de la influencia del Derecho de Sociedades de capital sobre la regulación de las cooperativas. Vid. OLAVARRIA IGLESIA, J. (2011): "Capítulo V. Órganos sociales I. La asamblea general" *Cooperativas: régimen jurídico y fiscal* (coord. FAJARDO GARCÍA, G.), Valencia, pp. 111-128, p. 115.

127 En general, todas las legislaciones autonómicas siguen, aunque con algunas diferencias, este catálogo de competencias de la asamblea general. Sobre el sentido de lo que deba considerarse «modificación sustancial» de la estructura de la cooperativa, véase VARGAS VASSEROT, C., GADEA, E., SACRISTAN, F. (2009): *Régimen jurídico de la sociedad cooperativa del s. XXI. Realidad actual y propuestas de reforma, ob.cit.* pp. 212, 213.

128 Esta función de fijar la política general de la cooperativa es una competencia general común a todas las legislaciones autonómicas, inherente a la naturaleza de este órgano. Su fundamento recae en las características propias de la sociedad cooperativa, para la que la asamblea general tiene una clara superioridad jerárquica. Esta competencia es una manifestación del principio

do dar instrucciones obligatorias a los demás órganos sociales, entre los está el consejo rector. Esta facultad también se instaura en el artículo 161 LSC para las sociedades de capital, el cual posibilita la intervención de la junta general en asuntos de gestión, a pesar de que esta disposición no ha fomentado el activismo accionarial ni los socios han realizado un uso intensivo de esta habilitación legal. La normativa bancaria, por su parte, otorga más competencias a este órgano societario. Entre otros, el artículo 34 LOSSEC, sobre elementos variables de la remuneración estipula que la junta general de accionistas (entiéndase aplicable a la asamblea general para las cooperativas de crédito) podrá aprobar un nivel superior de remuneración al legalmente previsto siempre que se den ciertas circunstancias.

II.I.2. FUNCIONAMIENTO DE LA ASAMBLEA GENERAL DE LA COOPERATIVA DE CRÉDITO

La **convocatoria** de la asamblea general es el acto formal de llamamiento a todos los socios para concurrir un determinado día y hora al lugar previsto, al objeto de deliberar y adoptar las decisiones oportunas sobre unos asuntos que constan en el orden del día. La legitimación para convocar la asamblea general corresponde al consejo rector (artículo 23.1 LC), aunque su falta puede suplirse subsidiariamente por el órgano judicial y, en algunas legislaciones autonómicas por la intervención[129] o por un comité técnico (si bien nunca de oficio y siempre ante la omisión del órgano de gobierno).

---

democrático que rige la sociedad cooperativa y se corresponde con la posición que suelen ostentar los socios respecto de la sociedad. Véase a VÁZQUEZ CUETA, J.C. (2010): "Las sociedades con base mutualista", *Derecho mercantil I* (coord. JIMÉNEZ SÁNCHEZ, G.J.), vol. 2, 14ª edición, Madrid, pp. 453-497, p. 593.

129 En la LC la intervención no tiene legitimación, ni aun supletoria, para convocar la asamblea general, pero sí puede tener iniciativa para ello.

De conformidad con el artículo 18.1.c) RCC, la convocatoria de la asamblea general de las cooperativas de crédito deberá formalizarse con una antelación mínima de 10 días hábiles a la fecha de celebración de esta, mediante la publicación del correspondiente anuncio en dos periódicos de gran difusión en el territorio de actuación de la cooperativa, sin perjuicio de los demás requisitos publicitarios previstos por la legislación cooperativa que resulten aplicables[130]. Los anuncios en prensa no serán obligatorios para las asambleas ordinarias si los estatutos señalan el mes en el que obligatoriamente han de celebrarse cada año tales sesiones, de carácter ordinario, y éstas tienen lugar dentro de dicho mes (artículo 18.1.b RCC). En cuanto a la facultad de efectuar la convocatoria a través de medios electrónicos de comunicación, debe señalarse que el correo electrónico puede subsumirse como forma de comunicación individual y escrita. Asimismo, por influencia de la normativa de las sociedades de capital, algunas leyes autonómicas reconocen la posibilidad de convocar la asamblea directamente a través de la página web de la cooperativa[131].

---

130 Según la LC, para las cooperativas en general, los anuncios de convocatoria deberán exponerse públicamente de forma destacada en el domicilio social y en cada uno de los centros en que la cooperativa desarrolle su actividad, sin perjuicio de que los estatutos puedan indicar además cualquier procedimiento de comunicación individual y escrita que asegure la recepción del anuncio por todos los socios en el domicilio designado al efecto o en el que conste en el Libro Registro de socios; no obstante, para los socios que residan en el extranjero los estatutos podrán prever que sólo serán convocados individualmente si hubieran designado para las notificaciones un lugar del territorio nacional (artículo 24.1 LC).

131 Con carácter general sobre esta cuestión véase a ESTEVE GONZÁLEZ, L. (2008): "Las cooperativas en la sociedad de la información" *Internacionalización de las cooperativas. Aspectos jurídicos, económicos, geográficos y sociológicos* (coord. MORÁN GARCÍA, M.E.), Valencia, pp. 31-50 y VARGAS VASSEROT, C., GADEA, E., SACRISTAN, F. (2009): *Régimen jurídico de la sociedad cooperativa del s. XXI. Realidad actual y propuestas de reforma, ob.cit.*

El contenido del anuncio de convocatoria de la asamblea general se encuentra regulado en el artículo 24.2 LC. La publicidad del orden del día es muy relevante para permitir a los socios el ejercicio del derecho de información y el derecho a incorporar otros asuntos en la fijación del orden del día y evitar situaciones sorpresivas y perjudiciales para la correcta formación de la voluntad social. Frente a las sociedades de capital, las leyes cooperativas tienden a otorgar mayor libertad a los socios a la hora de configurar estatutariamente el contenido de las convocatorias, consecuencia de un menor detalle en su regulación. En cualquier caso, la convocatoria indicará, al menos, la fecha, hora y lugar de la reunión, si es en primera o segunda convocatoria[132] (entre las que deberá mediar un plazo de 24 horas), así como los asuntos que componen el orden del día, que habrá sido fijado por el consejo rector e incluirá también los asuntos que incluyan los interventores (en caso de existir) y un número de socios que represente el 10% o alcance la cifra de 200, y sean presentados antes de que finalice el octavo día posterior al de la publicación de la convocatoria. El consejo rector, en su caso, deberá hacer público el nuevo orden del día con una antelación mínima de cuatro días al de la celebración de la asamblea, en la forma establecida para la convocatoria.

---

[132] CRUZ RIVERO, D. (2019): "Órganos sociales", *ob.cit.*, p. 472, las circunstancias del anuncio que incluya tanto la primera como la segunda convocatoria deberán permitir a los socios acudir a ambas convocatorias. Así, se podría considerar contrario a la buena fe convocar a los socios para la primera y segunda convocatoria en momentos muy cercanos y en lugares distantes. Tal conducta podría tener como resultado la privación de los derechos de asistencia y voto a parte de los socios, lo que podría determinar la nulidad de los acuerdos adoptados. Por otro lado, debemos destacar que entre la primera y la segunda reunión deberá mediar, por lo menos, un plazo de veinticuatro horas, salvo que los estatutos señalen uno inferior, que será recordado siempre en cada escrito convocador (Artículo 18.1.C CRR). En cambio, en la LC no se establece un periodo de tiempo entre el primer y segundo llamamiento, a diferencia de lo previsto en la LSC y en algunas leyes autonómicas.

Como es de sobras conocido, la asamblea general ordinaria deberá convocarse dentro de los seis meses siguientes a la fecha de cierre del ejercicio económico (artículo 23.1 LC)[133]. Si una vez cumplido el plazo legal no se realiza la convocatoria, los interventores (en el caso de existir) deberán instarla al consejo rector y si éste no la convoca dentro de los 15 días siguientes, deberán solicitarla al juez competente, que la convocará. Se faculta asimismo a cualquier socio para solicitar de la referida autoridad judicial que la convoque[134]. Por lo que respecta a la asamblea general extraordinaria, pueden instar su convocatoria: (a) una minoría de cooperadores que represente 500 socios; (b) el 10% del censo societario; así como (c) los órganos de creación facultativa a quienes los estatutos atribuyan esa facultad (artículo 18.1.a RCC), a diferencia de lo regulado en la LC para el resto de las cooperativas en general[135]. Por supuesto, cabe la alternativa de celebrar asambleas generales universales, siempre que estén presentes o representados la totalidad de los socios y acepten, por unanimidad, constituirse

---

133 Adviértase como la LC exige que se convoque dentro de esos seis meses, no que se celebre dentro de dicho plazo.

134 A diferencia del régimen previsto en las sociedades de capital en las que se requiere un mínimo de participación en el capital para poder solicitar la convocatoria. Pese a que los socios podrán solicitarla directamente al órgano judicial, evidentemente nada obsta que se realice una reclamación previa al consejo rector. A este respecto, la doctrina ha realizado una interpretación correctora de la norma para confirmar que también el socio debe necesariamente instar primero al consejo rector la celebración de la asamblea para después acudir al órgano judicial.

135 A diferencia del artículo 23.3 LC que estipula que la asamblea general extraordinaria será convocada a iniciativa del consejo rector, a petición efectuada, fehacientemente, por un número de socios que representen el veinte por ciento del total de los votos y, si lo prevén los estatutos, a solicitud de los Interventores. Si el requerimiento de convocatoria no fuera atendido por el consejo rector dentro del plazo de un mes, los solicitantes podrán instar del Juez competente que la convoque.

en asamblea general universal aprobando el orden del día. Así consta en el artículo 23.5 LC que continúa indicando que todos los socios firmarán un acta que recogerá, en todo caso, el acuerdo para celebrar la asamblea y el orden del día[136].

Se permite así, como es tradicional en nuestro Derecho de Sociedades para la generalidad de sociedades mercantiles, la posibilidad de suplir la ausencia de convocatoria (o la convocatoria defectuosa) mediante la asistencia de todos los socios, lo que tiene un fundamento evidente en la propia finalidad del acto de convocatoria: dar a conocer a los socios el orden del día y el momento y lugar de celebración de la asamblea[137]. Sin embargo, dada la magnitud y el elevado número de socios de las cooperativas de crédito, resulta prácticamente imposible llevar a cabo asambleas generales con carácter universal.

Una vez los socios han sido correctamente convocados, llegado el día y hora previsto en la misma, reunidos en algún lugar que será normalmente el domicilio social (si bien cabe la posibilidad de celebración de reuniones telemáticas[138]), la asam-

---

136 Este requisito es distinto respecto del artículo 178 LSC. En el caso de las sociedades de capital, es el RRM en su artículo 97.1-4 que exige que se haga constar en el acta “a continuación de la fecha y lugar y del orden del día, el nombre de los asistentes, que deberá ir seguido de la firma de cada uno de ellos”.

137 GALÁN CORONA, E. (1998): “La junta general” *La sociedad de responsabilidad limitada* (coord. NIETO CAROL, U.), Madrid, pp. 599-641, p. 606.

138 Esta posibilidad es analizada por FAJARDO GARCÍA, G. (2020): “Las asambleas telemáticas de las cooperativas en España”, *XVIII Congreso Internacional de Investigadores en Economía Social y Cooperativa.* Disponible en: http://ciriec.es/wp-content/uploads/2020/09/COMUN-032-T16-FAJARDO-ok.pdf (fecha última consulta: 16/3/2022). Como indica la autora, en sede de sociedades de capital, la asistencia en las juntas generales puede realizarse de forma telemática. La LSC prevé en el artículo 182 LSC que las sociedades anónimas fijen en sus estatutos la asistencia telemática (por ejemplo, por videoconferencia) a las juntas generales. Además, esta disposición se entiende también aplicable a las

blea general se iniciará con la válida **constitución en primera o en segunda convocatoria**. En términos generales, las exigencias legales que fija la LC para la válida constitución de la asamblea son dos: (1) alcanzar el quórum de socios suficiente y (2) la correcta constitución y composición de la mesa de la asamblea[139]. Una vez constituida, llega el turno de las discusiones y el derecho de voto, al objeto de deliberar y/o adoptar los acuerdos del orden del día. Estos acuerdos se recogerán en un acta que deberá ser aprobada y podrá ser objeto de inscripción[140].

---

sociedades de responsabilidad limitada a raíz de la Resolución DGRN de 19 de diciembre de 2012 (disponible en: https://www.boe.es/boe/dias/2013/01/25/pdfs/BOE-A-2013-727.pdf fecha última consulta: 10/5/2022), siempre que se garantice la identidad del socio, se asegure que los asistentes remotos tengan noticia en tiempo real de lo que ocurre y en la medida en que los socios puedan intervenir. Por su parte, el voto en las juntas generales también puede ser, lógicamente, de forma telemática. El artículo 189 LSC (previsto para las sociedades anónimas pero aplicable también a las sociedades limitadas) determina que "de conformidad con lo que se disponga en los estatutos, el voto de las propuestas sobre puntos comprendidos en el orden del día de cualquier clase de junta general podrá delegarse o ejercitarse por el accionista mediante correspondencia postal, electrónica o cualquier otro medio de comunicación a distancia, siempre que se garantice debidamente la identidad del sujeto que ejerce su derecho de voto". Estas son las normas previstas en la LSC. Sin embargo, a raíz de la pandemia actual COVID se aprobaron con carácter de urgencia que permitieron flexibilizar el régimen y posibilitaron tanto a las juntas generales como a los órganos de administración de las personas jurídicas civiles y mercantiles celebrar sus reuniones con carácter excepcional en 2021 por medios telefónicos, telemáticos o por escrito y sin sesión, aunque no esté expresamente previsto en sus estatutos (artículo 3 Real Decreto-Ley 34/2020, de 17 de noviembre, de medidas urgentes de apoyo a la solvencia empresarial y al sector energético, y en materia tributaria).

139 Artículo 25.2 LC.

140 El funcionamiento de una reunión de asamblea general sería el siguiente: en el momento de la celebración es cuando se reúnen (presentes o representados) los socios que han sido previamente convocados. Antes de entrar a deliberar sobre los asuntos insertos en el orden del día se formará la lista de asistentes y deberá incluirse una autorización a los socios para formular

En cuanto al quórum necesario para la válida constitución[141] de la reunión asamblearia, el artículo 18 RCC difiere según se

---

al consejo rector preguntas y sugerencias relativas a los asuntos del mismo orden del día. El control previo de éstos y los requisitos y estructura de la lista de asistentes, debidamente detallados, serán objeto de regulación en los estatutos. En el supuesto que en la cooperativa no existiesen interventores, la idoneidad de las representaciones será valorada por un comité especial regulado en los estatutos y formado por socios que no ostenten otros cargos, por el Comité de Recursos o por interventores de lista designados en el mismo acto, y previa aceptación en el momento de este sistema, por una minoría de, al menos, el 10% de los socios asistentes (artículo 18 RCC).

141 La doctrina se ha planteado si el quórum de constitución de la asamblea general debe mantenerse durante todo el tiempo en que transcurran las sesiones, pues aquél puede variar durante su celebración, por el abandono de alguno de los socios, circunstancia no resuelta expresamente por la LC, aunque sí en algunas leyes autonómicas. Según la mayoría de la doctrina autorizada, el quórum exigido lo es solo en el momento de constitución de la asamblea, pues el requisito del quórum del artículo 25.1 de la LC se refiere únicamente al momento de la constitución de la asamblea y no a su celebración, al transcurso de las sesiones una vez válidamente constituida, por lo que es irrelevante a estos efectos el abandono de las sesiones por algún socio, es más, una vez computada su asistencia su ausencia posterior conllevará su abstención en las votaciones efectuadas con posterioridad. Este criterio es mantenido con carácter general en materia de sociedades anónimas por la doctrina científica y jurisprudencial, aunque con la oposición de algún destacado autor que se apoya en argumentos basados en el carácter democrático del instituto cooperativo y en el sistema de mayorías diseñado por la Ley. En contra, PAZ CANALEJO, N. (1994): "Ley General de Cooperativas" *Comentarios al Código de Comercio y legislación mercantil especial* (dirs. PAZ CANALEJO, N. y VICENT CHULIÁ, F.), Tomo XX, vol. 3°, pp.395 y ss. El autor, tras exponer el criterio mayoritario de la doctrina mercantilista y del TS, defensores de que la determinación de la validez de la convocatoria ha de situarse al iniciarse o constituirse la Asamblea, defendía que dicho momento no era suficiente, sino que, además, había de procederse igualmente al referido cómputo en el momento de la votación para la adopción de acuerdos, pues de lo contrario, "se quebraría la enfatizada democracia de la sociedad cooperativa (...) se habría abierto fácilmente un portillo a los abusos de grupos minoritarios de control o del propio Presidente asambleario (...)".

trate de asambleas unitarias o en dos fases, y según se trate de la primera y segunda convocatoria. Para empezar, en el supuesto de asambleas unitarias, el quórum mínimo de constitución (ampliable por estatutos) será en primera convocatoria, de más de la mitad de los socios y, en segunda convocatoria, deberán estar presentes un número de socios no inferior al 5% del censo societario o 100 socios. A estos efectos, se computarán hasta un máximo de dos socios representados por cada asistente directo, priorizando las dos primeras representaciones otorgadas atendiendo a su fecha (artículo 18.2 RCC). Como hemos apuntado, entre la primera y la segunda reunión deberá mediar, por lo menos, un plazo de 24 horas (salvo que los estatutos señalen un plazo, el cual será recordado siempre en cada escrito convocador). Además, el número de socios clientes de la entidad presentes o representados, en la asamblea general, habrá de ser superior al de socios trabajadores (artículo 18.2 fine RCC), a fin y efecto que la cooperativa de crédito no caiga en poder de sus empleados, poniendo en peligro su capacidad competitiva. Respecto al supuesto de asambleas de delegados organizadas en dos fases sucesivas, las juntas preparatorias habrán de reunir en primera convocatoria el número de socios que los estatutos exijan, pero siempre superior al de la segunda convocatoria; y, en segunda convocatoria habrá de alcanzarse, como mínimo, el 5% del total de miembros de base adscritos a cada Junta preparatoria, entre presentes y representados (con los límites de dos socios representados por cada asistente directo, dando prioridad a las dos primeras representaciones otorgadas atendiendo a su fecha). No obstante, cuando los socios adscritos a una Junta preparatoria sean menos de 100 o más de 500, los estatutos determinarán el quórum exigible en segunda convocatoria, sin necesidad de aplicar la regla anterior. Por su parte, la asamblea de delegados requerirá siempre, como mínimo, la previa celebración efectiva de más de las tres cuartas partes del total de juntas preparatorias previstas en los estatutos. Y, para quedar constituida en primera convocatoria, se exige la asistencia de más de la mitad del total de delegados elegidos en las Juntas celebradas y de socios que ostenten cargos en la cooperativa de crédito; en segunda convocatoria, bastará con que asistan a dicha asamblea más del 40% del total de los delegados elegidos y de los cargos sociales. Todo ello habrá de constar en el acta de cada sesión asamblearia.

En lo concerniente a la mesa de la asamblea general, ésta tiene asignada la función de controlar la legalidad en la admisión de los socios a la reunión (examinando los poderes de los representantes y formando la lista de asistentes), dirigir los debates, conceder la palabra, mantener el orden, levantar el acta (artículo 29 LC) y dispensar certificados acerca de los acuerdos tomados en la asamblea. A tenor de lo inserto en el artículo 25.2 LC, estará presidida por el Presidente (y, en su defecto, por el Vicepresidente) del consejo rector; actuará de secretario el que lo sea del consejo rector o quien lo sustituya estatutariamente[142]. Las funciones y facultades del Presidente

---

142 MORILLAS, M.J., FELIU, M.I. (2018): *Curso de cooperativas, ob.cit.*, pp. 332-334. La actual LC no contiene una previsión normativa expresa exigiendo que el sistema de elección del presidente de la asamblea deba venir contemplado en estatutos (a diferencia del régimen derogado del artículo 46.2 de la anterior Ley de Cooperativas). Sería suficiente que el procedimiento viniera contemplado en el Reglamento de régimen interno, en aras a una mínima seguridad y estabilidad jurídica (además del principio de autorregulación). Asimismo, la designación del secretario puede venir establecida legal, convencional y judicialmente. El artículo 25.3 LC determina que actuará de secretario de la asamblea quien lo sea del consejo rector. Los estatutos y la propia asamblea pueden decidir si otra persona actúa como tal. El contenido natural de la función del secretario es la asistencia a la presidencia (que no se prevé en la LC), asimismo, la competencia y función propia del secretario es la redacción del acta de la asamblea y la intervención en la aprobación del acta mediante su firma (artículo 29.1 y 2 LC), con la excepción del supuesto del artículo 29.4 LC (acta notarial). No corresponde propiamente al secretario de la asamblea la transcripción al libro de actas, ni la certificación ni custodia de estas (corresponde al consejo rector ex. Artículo 60.4 LC: "4.

de la asamblea incumben tanto el desarrollo de la sesión asamblearia como la firma y aprobación del acta (artículo 29 LC).

Llegados al momento de la **aprobación de los acuerdos**, a diferencia del régimen previsto en las sociedades capitalistas, rige la más que reiterada norma de una persona–un voto, sin diferencias en cuanto a representación ni aportaciones económicas entre los socios. No hay que pasar por alto que esta regla democrática lleva inherente una intensa fragmentación y dispersión del voto, que se acentúa conforme crece la cooperativa, pudiendo llegar a favorecer, en última instancia, el control de la empresa por parte de sus directivos[143]. Se dice que el principio democrático en la cooperativa puede derivar en dos extremos, el del exceso y el del defecto[144], por ello se considera esencial la ponderación entre el poder asambleario y la necesaria profesionalización de la cooperativa. Los estatutos sociales pueden sustituir la igualdad de voto y prever el llamado voto plural o proporcional en función de varios criterios (artículo Noveno.2 LCC y 20 RCC), respetando los límites de las aportaciones de cada socio al capital social establecidos por el artícu-

---

Los libros y demás documentos de la cooperativa estarán bajo la custodia, vigilancia y responsabilidad del Consejo Rector, que deberá conservarlos, al menos, durante los seis años siguientes a la transcripción de la última acta o asiento o a la extinción de los derechos u obligaciones que contengan, respectivamente".

143 CHAVES, R., SOLER, F. (2004): "El gobierno de las cooperativas de crédito en España", *ob.cit.*, p.23

144 COQUE MARTÍNEZ, J. (2003): "De la eficiencia cooperativa. El gobierno participativo bajo una perspectiva sistémica" *ob.cit.*, p. 76. En el extremo del exceso, se ralentiza la dirección cotidiana porque todo el mundo quiere decidir todo. Los socios confunden su papel de trabajador, cliente o proveedor con el de gestor profesional. En esta situación de asamblearismo, la cooperativa deja de ser viable porque está sometida a decisiones lentas y subóptimas. Por su parte, en el extremo del defecto, los gestores profesionales acumulan información y, por tanto, poder, en detrimento del resto. Esto sucede con especial frecuencia en las cooperativas de crédito.

lo Séptimo.3. Con ello, si bien se rompe la total paridad entre los socios, se evita la figura del socio dominante que es lo que, en todo caso, pretende evitar el legislador[145] y que es una de las características de los bancos sociedades anónimas.

En el caso de adoptarse el citado sistema de **voto plural**[146], éste deberá aplicarse a todos los socios y no será válido restringir o reservar los votos plurales en favor de una determinada categoría o grupo de socios. Como se ha avanzado anteriormente, los criterios de proporcionalidad pueden ser en función de uno de los siguientes parámetros: (a) a las aportaciones en el capital social[147], (b) a la actividad desarrollada o (c) al número de socios de las cooperativas asociadas, en cuyo caso,

---

145 CHAVES, R., SOLER, F. (2004): "El gobierno de las cooperativas de crédito en España" *ob.cit*, p. 72.

146 Si bien nos encontramos ante sociedades de un marcado carácter mutualista, la admisión del voto plural ponderado con arreglo a diferentes criterios ha sido una constante tanto en el Derecho Cooperativo histórico como en el vigente. Las razones que han motivado su admisión tienen su fundamento en que el principio unitario un socio–un voto puede llegar a dificultar la actividad de supervisión y control que lleva a cabo la asamblea general tanto por la dispersión y falta de unidad del voto como por el escaso interés de los socios por los asuntos sociales. Desde otra perspectiva, la existencia de voto plural puede originar situaciones de control en la asamblea general por un socio o grupo de socios y, consecuentemente, determinar la elección de los miembros de sus órganos de gobierno. Vid. PUY FERNÁNDEZ, G. (2021): "La importancia del gobierno corporativo en la gestión de las cooperativas de crédito" *ob.cit.*, p. 258.

147 El criterio basado en la contribución al capital social únicamente tendrá en cuenta las aportaciones suscritas por los socios no morosos que, atendida la naturaleza jurídica de éstos, excedan del nivel mínimo u obligatorio. Este criterio de proporcionalidad al capital podrá ser combinado o atenuado, pero no reforzado, con la aplicación simultánea de otras pautas admitidas en la Ley (artículo 20.2.b RCC). Se trata de una forma excepcional en derecho cooperativo para este tipo de entidades puesto que, para las demás clases de cooperativas en las que se admite este tipo de voto, legalmente se suele exigir en función de la actividad cooperativizada.

los estatutos deberán fijar con claridad los criterios de proporcionalidad del voto. Sentados estos elementos, según datos extraídos del más que reiterado trabajo de CHAVES y SOLER[148], el criterio más frecuente utilizado en las cooperativas de crédito es el principio democrático, mientras que el voto plural se contempla en una de cada tres cooperativas que contestaron la encuesta en su momento.

Visto lo anterior, se confirma nuevamente que el principio democrático es el principal configurador del gobierno de las cooperativas[149] por lo que **un buen gobierno cooperativo será aquel que logre el máximo nivel de desempeño económico de la cooperativa compatible con la preservación o desarrollo de su identidad, en particular, el mantenimiento del principio democrático de decisión**[150], por lo que resulta esencial el estudio de la

---

148 CHAVES, R., SOLER, F. (2004): "El gobierno de las cooperativas de crédito en España" *ob.cit.*, p.133.

149 GUIDER, H. (2014): "Impacto de la regulación sobre la banca cooperativa", *ob.cit.*, p. 65. Como señala el autor, la banca cooperativa pertenece a sus clientes. La parte social es un título de propiedad que otorga un derecho de voto según el principio "una persona, un voto". De ello se deriva un mecanismo de gobernanza original con un control de la gestión por parte de los miembros elegidos. Ello es un seguro contra la mala gestión. Además, esta gobernanza democrática evita cualquier conflicto de intereses que podrían darse en otras empresas constituidas como sociedades anónimas. En un banco cooperativo, ningún miembro posee una minoría de bloqueo o un poder mayoritario en función del capital que posea.

150 Entre otros, así lo subrayan autores como CHAVES, R. (2004): "Gobierno y democracia en la Economía Social", *ob.cit.,* p. 22; VILLAFÁÑEZ PÉREZ, I. (2017): "Principios y valores cooperativos, igualdad de género e interés social en las cooperativas" *CIRIEC-España Revista Jurídica de Economía Social y Cooperativa,* núm. 30, pp. 47-83, p. 63; CHAVES, R., SOLER, F. (2004): "El gobierno de las cooperativas de crédito en España" *ob.cit.*, p. 43. Un buen gobierno corporativo puede concebirse como aquel que logra el máximo nivel de desempeño económico de la cooperativa compatible con la preservación o desarrollo de su identidad cooperativa. En este sentido, es interesante el artículo de DAVIS, P. (2001): "The governance of co-operatives under com-

asamblea general como órgano societario para el buen gobierno de las cooperativas de crédito. A ello debe sumarse, como señala BOTANA[151], que la aplicación de la normativa sobre entidades

---

petitive conditions: issues, processes and culture" *Corporate Governance*, núm. 1(4), pp. 28-39, que asume que el gobierno cooperativo tiene, como parte central de su objetivo principal: el mantenimiento de identidad cooperativa. En particular señala que, para la mejora del gobierno cooperativo se deberían seguir las siguientes premisas: un buen gobierno es ante todo la defensa de la identidad cooperativa y sus objetivos; un buen gobierno requiere el ejercicio de valores de liderazgo y un buen gobierno requiere una cultura cooperativa que satisfaga las necesidades de sus socios y de los demás *stakeholders*. Por su parte, SANTOS DOMÍNGUEZ plantea que las cuestiones relativas al poder societario se estudien principalmente en las relaciones entre quienes realizan la actividad cooperativizada (es decir, socios) y quienes administran la sociedad (socios administradores y directivos). El autor señala que, en la organización de la sociedad anónima, las competencias y funcionamiento de la junta general ceden ante otro tipo de medidas de gobierno, en particular, la responsabilidad de los administradores y sus deberes y, en consecuencia, las soluciones normativas a los problemas de ejercicio del poder societario no se encuentran en sede de la junta general sino en los administradores. Sin embargo, en las cooperativas, el planteamiento es diferente dado que la asamblea general es el órgano de ejercicio y control del poder societario, las medidas de gobierno corporativo de las cooperativas deberían dirigirse a las competencias y al funcionamiento de la asamblea general y deben de ser vinculantes. SANTOS DOMÍNGUEZ, M. A. (2014): *El poder de decisión del socio en las sociedades cooperativas: La Asamblea general, ob.cit.*, pp. 321-325 y ss. Asimismo, debemos citar a BOTANA que, a pesar de la rica y extensa argumentación que este autor recoge, la cuestión no dejar de ser controvertida. Entre otros aspectos, existen problemas relevantes en la articulación de la asamblea general como el ejercicio del poder en una cooperativa dominada, la participación representativa de los socios de cooperativas que son a su vez socias de otras sociedades, la divergencia en la actividad cooperativizada realizada por diferentes socios o el ejercicio del objeto social a través de otras sociedades. Véase BOTANA AGRA, M. (2018): "Notas sobre los Códigos de buen gobierno corporativo en el ámbito de las sociedades cooperativas", *ob.cit.*, p.100.

151 BOTANA AGRA, M. (2020): "Acomodación de la cooperativa de crédito al marco de gobierno corporativo de las entidades de crédito", *ob.cit.*, p. 111.

de crédito puede debilitar significativamente el principio cooperativo de la autogestión democrática, si bien se aprecia todavía un cierto margen de actuación e intervención de los socios en materia de gobierno corporativo de la cooperativa.

Llegado el momento de **emisión del voto,** las votaciones solo serán secretas cuando lo obligue una norma legal o estatutaria o bien cuando así lo soliciten un 20 %[152] de los socios presentes en la asamblea[153]. Por otro lado, los estatutos pueden admitir el voto por correo, con la necesaria intervención notarial en la elección o renovación de los cargos sociales[154].

Además, al objeto de favorecer la participación societaria, se posibilita la **delegación de voto** a favor de otro socio siempre que se haga con anterioridad a la asamblea general, cumpliéndose los requisitos legales[155]. La delegación cuenta con el lími-

---

152 En la LC, el artículo 25.3 dispone el régimen general de las cooperativas que: “3. Las votaciones serán secretas en los supuestos previstos en la presente Ley o en los estatutos, además de en aquéllos en que así lo aprueben, previa su votación a solicitud de cualquier socio, el diez por ciento de los votos sociales presentes y representados en la Asamblea General. Los estatutos podrán regular cautelas respecto al último supuesto, para evitar abusos; entre ellas la de que sólo pueda promoverse una petición de votación secreta en cada sesión asamblearia cuando, por el número de asistentes, la densidad del orden del día o por otra causa razonable, ello resulte lo más adecuado para el desarrollo de la reunión”.

153 Artículo 18.3 RCC.

154 Artículo 22.2 RCC.

155 Artículo Noveno.3.a) LCC: 3. Los votos serán delegables en otros socios, con las siguientes limitaciones: a) La delegación deberá hacerse por escrito antes de la celebración de la Asamblea, y será siempre nominativa. b) Ningún socio podrá recibir votos por delegación que, sumados a los que le correspondan, superen los límites de voto señalados en la presente Ley”; y artículo 21 RCC: “Artículo 21. Derecho de representación.1. El Estatuto deberá concretar necesariamente en qué situaciones un socio no podrá representar a otros, incluyendo en este caso a los socios que estuvieren sancionados o en conflicto de intereses para votar, y a quienes ostenten cargos sociales, no obstante,

te de que los votos totales de un socio – es decir, sumados los propios y los que reciba por delegación – no podrán exceder tampoco los límites de voto por socio a que se refiere el citado artículo 7.3 LCC respecto al voto plural (artículo Noveno.3.b) LCC y 21.3 RCC con carácter de norma básica). Los estatutos de cada sociedad deberán concretar necesariamente en qué situaciones un socio no podrá representar a otros, incluyendo en este caso a los socios que estuvieren sancionados o en conflicto de intereses para votar, y a quienes ostenten cargos sociales (no obstante, en este último caso éstos podrán representarse entre sí). Por otro lado, en atención al carácter de usuarios de servicios crediticios que tienen los socios de las cooperativas de crédito, los estatutos pueden también admitir como válida la representación otorgada al cónyuge, ascendiente o descendiente del socio con plena capacidad de obrar, así como al apoderado general. La delegación será siempre revocable, nominativa y por escrito, incluirá el orden del día completo y, si los estatutos lo exigen, un apartado solicitando instrucciones de voto. Deberá materializarse una vez publicada la convocatoria de la sesión asamblearia y antes del día en que ésta tenga lugar. Por último, el representante, a solicitud de su representado, estará

éstos podrán representarse entre sí. En atención al carácter de usuarios de servicios crediticios que tienen los socios de las cooperativas de crédito, el Estatuto de éstas podrá admitir como válida la representación otorgada al cónyuge, ascendiente o descendiente del socio con plena capacidad de obrar, así como al apoderado general. 2. La delegación será siempre revocable, nominativa y escrita, incluirá el orden del día completo y, si el Estatuto lo exige, un apartado solicitando instrucciones de voto. Deberá materializarse después de publicada la convocatoria de la sesión asamblearia y antes del día en que ésta tenga lugar. 3. Ningún socio podrá recibir votos por delegación que, sumados a los que le correspondan, superen los límites de voto señalados en la Ley 13/1989. 4. El representante, a solicitud de su representado, estará obligado a remitir a éste certificación del acta de la asamblea, que habrá de solicitar al Secretario del Consejo Rector dentro de los diez días hábiles siguientes a la petición de dicho representado".

obligado a remitir a éste certificación del acta de la asamblea, que habrá de solicitar al secretario del consejo rector dentro de los diez días hábiles siguientes a la petición de dicho representado. A todo ello destacamos las diferencias respecto a las sociedades anónimas cotizadas en las que su régimen de representación es más amplio llegado incluso al extremo que serán nulas las cláusulas estatutarias que limiten el derecho del accionista a hacerse representar por cualquier persona.

En cuanto a las **mayorías necesarias**, por regla general para la adopción de los acuerdos sociales en la asamblea general será necesario contar con, al menos, la mitad más uno de los votos válidamente emitidos[156] y, respecto a las decisiones sobre modificaciones estatutarias, estructurales u organizativas de la cooperativa de crédito (esto es, modificaciones patrimoniales, financieras, organizativas o funcionales que, según los estatutos, tengan carácter esencial) así como las fusiones y cesiones globales, la emisión de obligaciones u otros valores, el cese del consejo rector y las demás expresamente previstas en la legislación cooperativa[157], requerirán una mayoría favorable de, al menos, dos tercios de los votos presentes o representados (artículo 22.1 RCC). El artículo 28.3 LC, como norma supletoria, prevé que los estatutos puedan exigir mayorías superiores a las instauradas en los apartados anteriores, sin que, en ningún caso, rebasen las cuatro quintas partes de los votos válidamente emitidos.

---

156 Artículo 22.1 RCC: "1. Los acuerdos no electorales se adoptarán, como regla general, por más de la mitad de los votos válidamente emitidos". El artículo 28.1 LC establece que no serán computables a estos efectos los votos en blanco ni las abstenciones.

157 El artículo 28.2 LC dispone que será necesaria la mayoría de dos tercios de los votos presentes y representados para adoptar acuerdos de modificación de estatutos, adhesión o baja en un grupo cooperativo, transformación, fusión, escisión, disolución y reactivación de la sociedad.

Una vez los acuerdos son aprobados en asamblea general, uno de los derechos básicos de los socios es la posibilidad de **revisión e impugnación de éstos**, de conformidad a las normas previstas al efecto para las sociedades anónimas en su normativa aplicable. Así consta en la Disposición final primera RCC haciendo una clara alusión a la normativa aplicable a las sociedades anónimas cuyo literal es: "los acuerdos de la asamblea general de las cooperativas de crédito serán revisables judicialmente con arreglo a las normas sobre impugnación de acuerdos sociales establecidas en el Texto refundido de la Ley de Sociedades Anónimas, que se aplicarán sustituyendo las alusiones a la junta general y a los accionistas por las referencias a la asamblea general y a los socios cooperadores, y teniendo en cuenta lo dispuesto en el párrafo siguiente. (...)". Lógicamente, a fecha de hoy, la alusión a la LSA debe entenderse realizada a la vigente LSC y, en particular, a los artículos 204 a 208 LSC.

Sobre ello deben hacerse varias consideraciones. Por un lado, remarcar que la norma estatal de cooperativas general y las normas autonómicas prevén un régimen especial para la impugnación de acuerdos. En el supuesto de aplicación de la norma estatal, procede el análisis del artículo 31 LC, cuyo apartado 1 y 2 determinan que podrán ser impugnados los acuerdos de la Asamblea General que sean contrarios a la Ley (los cuales serán nulos), que se opongan a los estatutos o lesionen, en beneficio de uno o varios socios o terceros, los intereses de la cooperativa (los cuales serán anulables). La principal diferencia entre ellos radica en los plazos[158] para ejercer la acción de impugnación: de conformidad con el apartado 3, la acción de impugnación de los acuerdos nulos caducará, en el plazo

---

158 Los plazos de caducidad previstos se computarán desde la fecha de adopción del acuerdo o, en caso de estar el mismo sujeto a inscripción en el Registro de Sociedades Cooperativas, desde la fecha en la que se haya inscrito.

de un año, con excepción de los acuerdos que, por su causa o contenido, resulten contrarios al orden público (que no habrá plazo determinado) y, por lo que respecta a la acción de impugnación de los acuerdos anulables, ésta caducará a los cuarenta días. La legitimación para impugnar se encuentra en el el apartado 4, diferenciando también entre nulos y anulables: (i) para los nulos estará legitimado cualquier socio; los miembros del consejo rector; los interventores; el comité de recursos y los terceros que acrediten interés legítimo y, (ii) para impugnar los acuerdos anulables estarán legitimados los socios asistentes a la asamblea que hubieran hecho constar, en acta o mediante documento fehaciente entregado dentro de las 48 horas siguientes, su oposición al acuerdo, aunque la votación hubiera sido secreta (aspecto que, por otro lado, merecería también un estudio pormenorizado de colisión entre dos derechos: el del voto secreto y el de impugnación); los ilegítimamente privados del derecho de voto y los ausentes, así como los miembros del consejo rector y los interventores. Asimismo, refiere a que están obligados a impugnar los acuerdos contrarios a la Ley (nulos) o los estatutos (anulables), el consejo rector, los interventores y los liquidadores y, en su caso, el comité de recursos. En especial debe destacar el apartado 5 que también estipula como norma supletoria a la LSA respecto a las acciones de impugnación señalando: "5. Las acciones de impugnación se acomodarán a las normas establecidas en los artículos 118 a 121 del texto refundido de la Ley de Sociedades Anónimas *en cuanto no resulten contrarias a esta Ley*, con la salvedad de que para solicitar en el escrito de demanda la suspensión del acuerdo impugnado, se exigirá que los demandantes sean o los interventores o socios que representen, al menos, un veinte por ciento del total de votos sociales"[159]. Por último, respecto al régimen general de impugnación, el artículo 31.6

---

[159] La cursiva es nuestra.

LC estipula los efectos de la sentencia estimatoria de la acción de impugnación frente a todos los socios, con algunas especificidades[160]. Como vemos, la LC distingue los acuerdos que pueden ser impugnados entre nulos y anulables, a diferencia de la actual redacción de los artículos de la LSC, en la que ya no existe tal diferenciación[161]. Así, a pesar de la normativa en sede de sociedades cooperativas en general en esta materia en particular difiere de la de sociedades de capital fijando un régimen propio y estipulando la LSC como norma supletoria, el régimen que rige a las sociedades cooperativas de crédito es directamente el de la LSC por remisión expresa *ex* Disposición final primera RCC y, en consecuencia, no habría diferencias en el régimen de impugnación de acuerdos entre sociedades cooperativas de crédito y bancos sociedades anónimas.

Téngase también presente que en la asamblea general reside el poder constituyente de la sociedad, siendo el único órgano capaz de modificar los estatutos sociales. Además, puede **voluntariamente autoimponerse un régimen interno de organización y funcionamiento**, de modo similar al exigible reglamento de la junta general previsto en la LSC (artículos 512, 513 LSC).

---

160 En particular, el literal indica: "6. La sentencia estimatoria de la acción de impugnación producirá efectos frente a todos los socios, pero no afectará a los derechos adquiridos por terceros de buena fe a consecuencia del acuerdo impugnado. En el caso de que el acuerdo impugnado estuviese inscrito, la sentencia determinará, además, la cancelación de su inscripción, así como la de los asientos posteriores que resulten contradictorios con ella".

161 En el ámbito de la LSC, recordemos que su régimen de impugnación fue modificado a la luz de la reforma de la LSC introducida por la Ley 31/2014 que ya no diferencia entre acuerdos anulables y nulos. Tal como consta en su preámbulo, "se unifican todos los casos de impugnación bajo un régimen general de anulación para el que se prevé un plazo de caducidad de un año. La única excepción son los acuerdos contrarios al orden público, que se reputan imprescriptibles. En el caso de las sociedades cotizadas, el plazo de caducidad se reduce a tres meses para que la eficacia y agilidad especialmente requeridas en la gestión de estas sociedades no se vean afectadas".

La base legal para ello sería el **reglamento de régimen interno** que permite desarrollar los estatutos de cada entidad (artículo 11.4 LC) y la alusión que se hace en el artículo 18 RCC en sede de asamblea general: "En todo caso, los estados financieros de cada ejercicio y los demás documentos sobre los que deba decidir la asamblea, estarán a disposición exclusivamente de los socios en el domicilio social y en las principales oficinas operativas, *según el Reglamento interno*, durante el plazo señalado en el párrafo anterior, de todo lo cual informará el escrito convocador"[162].

Ni los estatutos ni el reglamento de régimen interno pueden alterar la distribución competencial legal, aunque sí que se posibilita incrementar sus funciones sin llegar a desnaturalizar el resto de los órganos sociales[163]. A propósito de lo anterior, a diferencia de las competencias atribuidas expresamente a la asamblea (que son todas ellas en exclusiva), el resto de los órganos societarios tendrán competencias exclusivas y competencias concurrentes con la asamblea general[164]. Por ejemplo, según la norma estatal, las funciones no distribuidas a cualquier órgano corresponderán al consejo rector (artículo 32 LC[165]).

---

162 La cursiva es nuestra.

163 Así se considera en SÁNCHEZ RUIZ, M. (2001): "Asamblea General" *La Sociedad Cooperativa en la Ley 27/1999, de 16 de julio de Cooperativas* (coord. ALONSO ESPINOSA, F.J.), Comares, Granada, pp. 197-228.

164 Mientras que la competencia exclusiva de la asamblea impide toda actuación del consejo rector, sí es posible que la asamblea realice indicaciones al consejo rector sobre sus competencias exclusivas, en virtud del segundo párrafo del artículo 21.1 LC.: "No obstante lo anterior, y salvo disposición contraria de los estatutos, la asamblea general podrá impartir instrucciones al consejo rector o someter a autorización la adopción por dicho órgano de decisiones o acuerdos sobre determinados asuntos".

165 Es habitual en las leyes de cooperativas la atribución residual de competencias al órgano de administración, a excepción de las regulaciones aragonesa, catalana (LCCAT), valenciana y navarra.

Por su parte, la junta general de accionistas de la sociedad anónima cotizada constituida con el quórum del artículo 193 LSC[166] o con el superior previsto a este propósito en los estatutos, debe de aprobar un **reglamento específico para este órgano** en el cual podrán contemplarse todas aquellas materias que atañen a la junta general, respetando lo establecido en la Ley y los estatutos[167]. Este reglamento de la junta general será objeto de comunicación previa a la CNMV, inscripción en el Registro Mercantil y posterior publicación por la CNMV[168]. Desde un punto de vista sustantivo, la única exigencia jurídica que se impone a las sociedades cotizadas consiste en la obligación formal de aprobar el reglamento, toda vez que la concreta determinación de su contenido queda remitida en su integridad (siempre respetando la Ley y los estatutos) a la libre autonomía de la sociedad[169].

---

166 Artículo 193 LSC: "1. En las sociedades anónimas la junta general de accionistas quedará válidamente constituida en primera convocatoria cuando los accionistas presentes o representados posean, al menos, el veinticinco por ciento del capital suscrito con derecho de voto. Los estatutos podrán fijar un quórum superior. 2. En segunda convocatoria, será válida la constitución de la junta cualquiera que sea el capital concurrente a la misma, salvo que los estatutos fijen un quórum determinado, el cual, necesariamente, habrá de ser inferior al que aquellos hayan establecido o exija la ley para la primera convocatoria."

167 Artículo 512 LSC.

168 Artículo 513 LSC.

169 GARCÍA DE ENTERRÍA, J. (2005): "El reglamento de la Junta General", *Revista Ius et Veritas*, núm. 30, pp. 85-97, p. 85. Fíjese que el autor realiza el análisis de este instrumento en el año 2005, no habiendo la LSC en vigor y tratándose de una recomendación inserta en el vigente código de buen gobierno en ese momento (Informe Aldama).

II.II. EL CONSEJO RECTOR

Desde un punto de vista subjetivo, el gobierno de toda entidad de crédito está integrado por el órgano societario de carácter colegiado que desempeña las funciones de dirección, vigilancia y control de la gestión de la entidad[170], los miembros que integran la alta dirección de la empresa (directores generales o asimilados) y los responsables de las funciones de control interno y otros puestos clave para el desarrollo diario de la actividad financiera de la entidad de crédito. Con carácter previo conviene advertir que la LOSSEC se refiere al órgano de administración de las entidades de crédito con la denominación habitual del mismo en las sociedades de capital, ésta es, el consejo de administración. Teniendo en cuenta que no todas las entidades de crédito adoptan la forma jurídica de sociedad anónima, el apartado 7 del artículo 6 LOSSEC precisa que, a los efectos previstos en dicha norma, "se equiparará el consejo de administración al consejo rector de las cooperativas de crédito y a cualquier órgano de administración equivalente de las entidades de crédito".

---

170 Como se ocupaba de recordar el Considerando (55) de la Directiva CRD IV, las estructuras de gobierno corporativo varían según los Estados miembros, pudiendo adoptar una estructura monista o un sistema dual. En el primer caso, el órgano de administración asume las competencias de administración y control de la sociedad. Este sistema es el que ha seguido la legislación española. En cambio, en el sistema dual proveniente del derecho germano, la administración se confía a dos órganos: el consejo de dirección y el consejo de vigilancia. El primero se encarga de la gestión y representación de la sociedad bajo su responsabilidad. El consejo de vigilancia, por su parte, vigila y controla la gestión de la sociedad. Esta función de control la realiza mediante la aprobación de determinadas operaciones del consejo de dirección, la exigencia de informes anuales, trimestrales y extraordinarios elaborados por dicho órgano, entre otras facultades que le concede la norma correspondiente.

Antes de adentrarnos en su estructura y funcionamiento, debemos destacar que el gobierno en las cooperativas de crédito adquiere una dimensión temporal superior al resto de organizaciones, puesto que **se conjugan los intereses presentes y futuros**. Es decir, no se centra solamente en los socios actuales, sino que hay que tener en mente el bienestar de los socios futuros. Ello convierte a la entidad en depositaria de un legado que puede utilizar en el presente pero que debe transmitir a las futuras generaciones de socios, el cual está basado en la acumulación perpetua de capital[171] dado que el capital cooperativo no tiene derechos económicos asimilables al de los socios de las entidades capitalistas, reputándose como capital de uso y no de propiedad. En consecuencia, el control y seguimiento de las decisiones y actuaciones del consejo rector no reporta un beneficio individual al socio actual (recordemos que el socio no obtiene ni un incremento de dividendos ni un incremento del precio al que vender su aportación) sino que se traduce en un beneficio conjunto para la cooperativa, tanto actualmente como en visión de futuro. Por estos motivos, el interés social de la cooperativa en su conjunto se prioriza al de sus socios actuales, protegiéndose como bien jurídico la estabilidad y continuidad de la entidad.

En las cooperativas de crédito el órgano de administración que gestiona y dirige la entidad es el **consejo rector**, cuyos miembros son designados por la asamblea general de acuerdo con el principio democrático, siendo el director general la persona responsable de la gestión cotidiana de la entidad. Se trata del órgano societario equivalente al consejo de administración

---

[171] Esto es, los socios, cuando abandonen la cooperativa o si se produce la liquidación de esta únicamente tienen derecho a percibir el valor nominal de su aportación y ciertos dividendos acumulados. Sin embargo, no ostentan derecho de reclamación del valor neto de la cooperativa puesto que los fondos restantes han de transferirse a otra cooperativa o ser destinados a fines sociales.

de las sociedades de capital[172] y, a pesar de las diferencias que identificaremos, es una de las materias que pueden valorarse más acordes con el moderno Derecho de Sociedades[173]. Así, en ambas sociedades, el órgano de administración es el responsable de la organización y dirección, tanto en su funcionamiento interno (gestión) como respecto a sus relaciones externas con terceros (representación). Estas funciones no pueden ser asumidas por la junta general si bien ésta, al fiscalizar la gestión social, puede aprobar o no la actuación de los administradores[174].

Como hemos visto, si el órgano de administración de cualquier sociedad es el responsable de su gestión y representación, en las entidades de crédito ocupa una posición sumamente relevante en la adopción de decisiones clave como la determinación de la estrategia de la entidad de crédito, la supervisión del control interno de las compañías, así como todas las que se prevean en las normas de gobierno financiero. En este sentido, la normativa financiera incide en la búsqueda de herramientas eficaces para asegurar la profesionalización de

---

172 Debemos subrayar que la norma financiera alude siempre en su articulado al consejo de administración, si bien en el artículo 6.7 LOSSEC señala que se equiparará el consejo de administración al consejo rector de las cooperativas de crédito y a cualquier órgano de administración equivalente de las entidades de crédito. En sede de sociedades de capital, la LSC dedica el Titulo VI (artículos 209 a 251 LSC) al régimen jurídico aplicable al órgano de administración de las sociedades de capital, así como unas reglas especiales para el consejo de administración de las sociedades cotizadas en el Capítulo VII del Título XIV (artículos 528 a 529 *novodecies* LSC).

173 Así ya lo reseñaba PASTOR SEMPERE, C. (2002): "Consejo rector (administradores) y dirección" *REVESCO. Revista de Estudios Cooperativos*, segundo cuatrimestre, número 077, pp. 123-174, p. 124.

174 Sobre este aspecto, véase DGRN, Resolución, 31-10-1989 que indica que cuando el consejo de administración está vacante, la junta general no asume su representación; la función de gestión social atribuida a los administradores es incompatible por su propia naturaleza con las especiales características de un órgano colegiado como es la junta general.

los administradores puesto que se trata de una pieza fundamental para garantizar el buen gobierno corporativo en todas las entidades en general y también en las cooperativas de crédito en particular.

II.II.1. NOMBRAMIENTO, DURACIÓN Y CESE

El **nombramiento** de los miembros del consejo rector es competencia de la asamblea general. De conformidad con el artículo 23.1 RCC, en las elecciones para acceder al consejo rector será válida la presentación de candidaturas, en la forma y plazo estatutarios, por el sistema de listas cerradas. La proposición de candidaturas para elegir o renovar el consejo rector corresponde al propio consejo, a los restantes órganos sociales y/o socios que alcancen un número al menos igual a la mitad de alguna de las minorías legitimadas para instar la convocatoria de asambleas generales, o al triplo del cociente resultante de dividir la cifra de la capital social expresada en millones, según el último balance auditado, por el número total de consejeros titulares, según sus estatutos sociales. Asimismo, si el consejo rector, por previsión legal o estatutaria, hubiese de incluir entre sus miembros un consejero o vocal laboral (representante de los trabajadores) éste tendrá prohibido asumir simultáneamente la condición de empleado en activo de cualquier otra empresa (artículo 23.2 RCC) [175].

A propósito de ello, el reglamento de régimen interno o los estatutos regularán los derechos, obligaciones y situaciones de

---

[175] El artículo 33 tercer párrafo de la LC prevé que: "Cuando la cooperativa tenga más de cincuenta trabajadores con contrato por tiempo indefinido y esté constituido el Comité de Empresa, uno de ellos formará parte del consejo rector como miembro vocal, que será elegido y revocado por dicho Comité; en el caso de que existan varios comités de empresa, será elegido por los trabajadores fijos".

conflicto de intereses de dicho consejero laboral y de los demás consejeros. Y, para el caso que en la entidad hubiese un único comité de empresa será éste el órgano encargado de efectuar la elección entre los trabajadores fijos y en los demás casos el consejero laboral será elegido por una asamblea especial de trabajadores fijos. En esta materia, ni la LCC ni el RCC regulan el funcionamiento y el papel del comité de nombramientos que es exigible a todas las entidades de crédito por lo que, no parece haber incompatibilidad entre ambas regulaciones. Así, *ex* artículo 38.1.a) ROSSEC, el comité de nombramientos tendrá la función de identificar y recomendar, con vistas a su aprobación por el consejo rector o por la asamblea general, candidatos para proveer los puestos vacantes del consejo.

En las sociedades de capital, también es la junta general quien tiene otorgada la competencia para nombrar y separar a los administradores, configurándose como órgano jerárquicamente superior por esta facultad[176], sin prejuicio que en las sociedades anónimas, el propio consejo de administración desempeña un papel primordial en este proceso debido, entre otros factores, a la facultad para cubrir provisionalmente las vacantes por el sistema de cooptación[177] y de someter a los accionistas las correspondientes propuestas de nombramiento.

---

176 Ello se desprende del artículo 160.b) LSC: "Es competencia de la junta general deliberar y acordar sobre los siguientes asuntos: (...) b) El nombramiento y separación de los administradores, de los liquidadores y, en su caso, de los auditores de cuentas, así como el ejercicio de la acción social de responsabilidad contra cualquiera de ellos (...)". Relacionado con el artículo 214.1 LSC: "La competencia para el nombramiento de los administradores corresponde a la junta de socios sin más excepciones que las establecidas en la ley". Sobre este aspecto debemos también señalar que los artículos 243 y 244 LSC regulan, para las sociedades anónimas, las reglas sobre el nombramiento de miembros del Consejo de administración mediante el sistema de representación proporcional y la cooptación.

177 Párrafos 1 y 2 del artículo 529 *decies* LSC.

Para ser nombrado administrador deben cumplirse unos requisitos subjetivos que se detallan en el artículo 212 LSC, pudiendo ser nombrados administradores personas físicas o jurídicas[178] que no incurran en prohibiciones que constan en el artículo 213 LSC[179].y, salvo disposición contraria en estatutos, no será necesario tener la condición de socio. Esta es una de las diferencias respecto de las sociedades cooperativas en tanto que, en estas últimas, el cargo de administrador necesariamente debe recaer en un socio, salvo excepciones.

El nombramiento de los administradores surte efecto desde su aceptación como tales y deberá inscribirse en el Registro Mercantil en el plazo legalmente previsto de diez días[180].

---

178 En cuyo caso, se aplicará el régimen previsto en el artículo 212 *bis* LSC: "1. En caso de ser nombrado administrador una persona jurídica, será necesario que ésta designe a una sola persona natural para el ejercicio permanente de las funciones propias del cargo. 2. La revocación de su representante por la persona jurídica administradora no producirá efecto en tanto no designe a la persona que le sustituya. Esta designación se inscribirá en el Registro Mercantil en los términos previstos en el artículo 215".

179 En virtud del Artículo 213 LSC: 1. No pueden ser administradores los menores de edad no emancipados, los judicialmente incapacitados, las personas inhabilitadas conforme a la Ley Concursal mientras no haya concluido el período de inhabilitación fijado en la sentencia de calificación del concurso y los condenados por delitos contra la libertad, contra el patrimonio o contra el orden socioeconómico, contra la seguridad colectiva, contra la Administración de Justicia o por cualquier clase de falsedad, así como aquéllos que por razón de su cargo no puedan ejercer el comercio. 2. Tampoco podrán ser administradores los funcionarios al servicio de la Administración pública con funciones a su cargo que se relacionen con las actividades propias de las sociedades de que se trate, los jueces o magistrados y las demás personas afectadas por una incompatibilidad legal.

180 Respecto al cese o dimisión, la LSC no lo prevé expresamente, aunque también es obligatoria su inscripción en virtud de lo dispuesto en los artículos 22.1 C.de Com. y 147.1-148 Reglamento del Registro Mercantil (RRM).

Por lo que respecta a la **duración** del cargo de administrador de una sociedad de capital, ésta difiere en función de si se trata de una sociedad de responsabilidad limitada, una sociedad anónima y una sociedad anónima cotizada. En el primer caso, el cargo se ejerce por tiempo indefinido salvo disposición contraria en estatutos; en el segundo caso, los administradores de la sociedad anónima ejercerán el cargo durante el plazo estipulado estatutariamente que no podrá exceder de seis años, debiendo ser igual para todos ellos y, en sede de sociedades cotizadas, el artículo 529 *undecies* limita a cuatro años[181] como máximo el mandato de los consejeros. En los tres casos podrán ser reelegidos, una o varias veces, por períodos de igual duración máxima. En las sociedades cooperativas, el art. 35 LC estipula que los consejeros serán elegidos por un período, cuya duración fijarán los Estatutos, de entre tres y seis años, pudiendo ser reelegidos.

Sobre las causas de **separación, cese y dimisión** de consejeros, la normativa sectorial no estipula un régimen especial para las sociedades cooperativas. Tampoco la norma bancaria prevé una regulación sobre estos aspectos y, por tanto, debemos someter a análisis la normativa societaria supletoria. En virtud del artículo 35.3 LC el cargo de administrador de la cooperativa está informado por el principio de "libre destitución" puesto que, tratándose de un cargo basado en la confianza, la separación de los administradores podrá ser acordada en cualquier momento por la asamblea general *ad nutum.* Adicionalmente, la incursión en alguna de las causas legales de incompatibilidad del artículo 41 LC es motivo de separación inmediata a instancia de cualquier socio, así como ejercer por cuenta propia o ajena actividad competitiva o complementaria a la de la cooperativa, puesto que supone una vulneración del deber de lealtad. Sumado a lo anterior, no hay que obviar la

---

181 Se añade por la Ley 31/2014.

capacidad de autorregulación de cada entidad, en cuyos estatutos y/o reglamentos de régimen interno pueden fijarse las causas de separación o cese de los miembros del órgano de administración. Las habituales causas de cese de la condición de administrador son: la renuncia, la incapacidad o incompatibilidad sobrevenida, la revocación y el término del mandato por el transcurso del período para el cual fueron elegidos. Finalmente, teniendo en cuenta el carácter especial de los administradores de las entidades de crédito, el artículo 25.3 LOSSEC prevé el cese definitivo de los cargos del órgano de administración en el caso de incumplimiento de los requisitos de idoneidad. Asimismo, los artículos 100 y 101 LOSSEC contemplan como sanción el cese en el cargo en los supuestos de infracciones muy graves y graves, respectivamente.

II.II.2. COMPOSICIÓN DEL CONSEJO RECTOR

En las sociedades de capital, la forma del órgano de administración de la sociedad debe constar en estatutos sociales siendo voluntad contractual de los fundadores y, posteriormente, de la junta general, decidir respecto a su estructura y composición. Con carácter general, en la LSC se admiten varias formas para gestionar y representar la sociedad capitalista, pudiéndose confiar la administración a un administrador único, a varios administradores que actúen de forma solidaria o conjunta o bien a un consejo de administración, como órgano colegiado[182]. Las sociedades anónimas cotizadas, no obstante, obligatoriamente deberán ser administradas por un consejo de administración que estará compuesto exclusivamente por personas físicas[183]. En las sociedades cooperativas de crédito se

---

182 Artículo 210.1 LSC.

183 Así consta en el artículo 529 *bis* LSC. Asimismo, tal como apunta ZUNZUNEGUI, F. (2020): "Sociedad cotizada en bolsa", *GPS Derecho de Sociedades,*

exige que el órgano de administración recaiga sobre el denominado consejo rector.

Desde un enfoque de Derecho comparado, la estructura interna y funcionamiento del órgano colegiado de administración puede variar, existiendo dos sistemas de organización[184]: el sistema **monista** y el sistema **dual**. El sistema monista es el propio de nuestro ordenamiento jurídico y el sistema dualista se sigue en otros ordenamientos como por ejemplo el alemán o el austríaco[185], si bien la LSC también regula este sistema, aunque únicamente para la sociedad anónima europea[186], dejando en este caso la competencia a la propia sociedad mediante estatutos sobre la elección de un sistema de administración monista o dual (artículos 476 y ss. LSC). Básicamente, en los

---

coord. por BENITO OSMA, F., CANDELARIO MACÍAS, I. (dir.), pp. 469-507, las sociedades cotizadas deben ser administradas por un consejo de administración. Dicho consejo debe velar por que los procedimientos de selección de sus miembros favorezcan la diversidad de género, de experiencias y de conocimientos y no adolezcan de sesgos implícitos que puedan implicar discriminación alguna y, en particular, que faciliten la selección de consejeras. Rige el «principio de los cuatro ojos» que excluye que materias de interés general se dejen a la decisión de una persona. La aplicación de este principio a las sociedades cotizadas excluye que puedan ser administradas por un administrador único.

184 También existen otros sistemas como por ejemplo el nórdico, si bien aquí nos centraremos en la clasificación monista/dualista y sus diferencias destacables.

185 En particular, el sistema dual proviene del derecho alemán. En este sistema, la administración se confía a dos órganos: el Consejo de dirección o *Vorstand* (VR) y el Consejo de Vigilancia o *Aufsichtsrat* (AF). El VR se encarga de la gestión y representación de la sociedad bajo su responsabilidad. Como señalan MORILLAS, M.J. y GRECHENIG, K. (2002): "La administración de la Sociedad Anónima Europea en el Reglamento (CE) de 8 de octubre de 2001. El sistema dualista austriaco y alemán, y la adaptación del derecho español", *Revista de Derecho de los Negocios*, núm. 145, octubre, pp. 9-14.

186 En el caso español, la Ley 19/2005 introduce el sistema dual de administración para las sociedades anónimas europeas domiciliadas en España.

sistemas monistas, coinciden en un mismo órgano las funciones ejecutivas y supervisoras que competen al órgano de administración[187]. Dada la coexistencia en los mismos sujetos de ambas funciones de gestión y supervisión pueden surgir conflictos de interés en el seno del propio órgano, para los que la norma prevé medidas como por ejemplo la creación de comisiones dentro del propio consejo integradas por no ejecutivos o bien el instrumento de la separación de cargos. Por su parte, los sistemas dualistas confían la función ejecutiva y de supervisión a dos órganos distintos, por un lado, el denominado "consejo de vigilancia o de supervisión", conformado por sujetos independientes que se encargará de las funciones de vigilancia, elección y destitución de los altos directivos, entre otros, y el "consejo de gestión" compuesto por los consejeros que asumirán las funciones ejecutivas[188]. Consiguientemente, en los Estados

---

187 Resulta interesante la lectura de ALONSO UREBA, A. (2006): "Diferenciación de funciones (supervisión y dirección) y tipología de consejeros (ejecutivos y no ejecutivos) en la perspectiva de los artículos 133.3 y 141.1 del TRLSA", *Derecho de Sociedades anónimas cotizadas*, II, Cizur Menor, Aranzadi, pp. 769 y ss. ESTEBAN VELASCO, G. (2006): "La separación entre dirección y control: el sistema monista español frente a la opción entre distintos sistemas que ofrece el Derecho comparado", *Derecho de Sociedades anónimas cotizadas*, II, Cizur Menor, Aranzadi, pp. 727-768. También resulta interesante el artículo de SANTOS JAÉN, J.M. y TORNEL MARTIN, M.T. (2020): "La gestión dual en las Sociedades Anónimas alemanas (Aktiengesellschaft), a través del Consejo de Vigilancia (Aufsichtsrat)". *La razón histórica. Revista hispanoamericanta de Historia de las Ideas*, núm. 45, pp. 89-97, p. 95. Se indica que fruto de la armonización legislativa, el ordenamiento jurídico español y el alemán en materia de sociedades de capital es muy parecido, especialmente en lo que a Sociedades Anónimas se refiere. Sin embargo, entre las principales diferencias entre la Sociedad Anónima Españolas y la alemana se encuentra la existencia en Alemania de un tercer órgano de gobierno, como es el Consejo de Supervisión.

188 SEBASTIÁN QUETGLAS, R. (2015): "El Órgano de Administración de las Sociedades de Capital", *Fundamentos de Derecho Empresarial* (coord. BELTRÁN, J., IBÁÑEZ JIMÉNEZ, J., SÁNCHEZ GRAELLS, A.), Tomo II, Aranzadi,

miembros donde los órganos de dirección tienen una estructura monista, el consejo de administración único ejerce todas las funciones de gestión (es decir, tanto las funciones ejecutivas como supervisoras). Por su parte, en los Estados miembros con sistema dualista, la función supervisora se ejerce por el órgano de vigilancia sin funciones ejecutivas, mientras que la función ejecutiva recae en un órgano de dirección que se ocupa de la gestión cotidiana de la empresa de la que es responsable y debe rendir cuentas.

Dejando por ahora a un lado este enfoque, en las siguientes líneas analizaremos la **composición del consejo rector de las sociedades cooperativas de crédito** teniendo en cuenta que contar con un consejo rector cuyos miembros reúnan los requisitos legales es una exigencia para obtener y conservar la autorización como entidad de crédito (artículo 2.1.f) RCC).

Navarra, pp. 179-201, p. 174-175. Como señalan los autores, en los sistemas monistas, las funciones de vigilancia y de gestión son desempeñadas por el mismo órgano, normalmente el consejo de administración. No se realiza una diferenciación entre ambas funciones. El problema deviene cuando el directivo principal desempeña también la presidencia del Consejo de administración. A esta figura se le denomina "presidente ejecutivo". Es en estos casos cuando el consejo asumirá simultáneamente la vigilancia y valoración de los actos realizados por los directivos. Este problema aumentará su relevancia cuantos más directivos formen parte del consejo. Se podría afirmar que aquí el órgano de administración deviene tanto juez como parte. El sistema dualista, encomienda la función de gobierno a un órgano diferenciado y especial que los alemanes denominan *Aufsichtsrat*. Este órgano, el consejo de vigilancia, está formado única y exclusivamente por personas independientes, no puede integrarlo ningún directivo de la sociedad. Estas personas independientes serán designadas por los accionistas y, en determinadas sociedades de gran tamaño, también por los trabajadores. Este órgano será el encargado de las funciones de gobierno, así como de la elección y destitución de los altos directivos. En segundo lugar, los directivos conformarán el *Vorstand*, lo que se entiende como consejo de gestión. En este órgano diferenciado sólo pueden participar personas con funciones directivas. La presidencia la ocupa el primer ejecutivo, dotado de plenos poderes para representar y gestionar la sociedad.

Se trata de un aspecto esencial, puesto que su incumplimiento podría llegar a expulsarles de la actividad bancaria. Las exigencias legales en cuanto a composición del órgano de administración y régimen de idoneidad van dirigidas a garantizar una adecuada profesionalización del órgano de administración, sin embargo, nos surgen dudas sobre si se ha ponderado suficientemente el impacto de estas exigencias para las cooperativas de crédito y si su observancia se puede alinear con la identidad cooperativa.

• CONDICIÓN DE SOCIOS Y NÚMERO INTEGRANTES

Como punto de partida, a diferencia de las sociedades capitalistas, los consejos rectores de las cooperativas están integrados principalmente por sus **socios**, coincidiendo en la misma persona el rol de socio y administrador. Es por ello que la denominada Teoría de Agencia identificada principalmente con la sociedad anónima cotizada, puede no encajar en el contexto de las sociedades cooperativas puesto que, al menos teóricamente, no hay intereses contrapuestos entre principal y agente dado que concurren ambas figuras en los mismos sujetos, siendo los agentes (miembros del consejo rector) también principales (socios). Ello no obsta para que en la relación de los socios-directivos y administradores-directivos se presenten conflictos ya que no habría coincidencia de roles en los mismos sujetos. No obstante, la diferencia está en que el órgano de control (consejo rector) está en mejores condiciones de alinearse con los intereses de los propietarios[189] para actuar frente a oportunismos del agente. Consideramos que esta teoría debería ser revisada en el ámbito de las cooperativas de crédito, en base a su naturaleza social y fundacional ya que, además, el concepto de propiedad queda diluido por un concepto

---

189 PUYALTO FRANCO, M.J. (2017): "Los retos en materia de gobernanza de las entidades aseguradoras de la Economía Social", *ob.cit.*, p. 27.

mucho más social de la dimensión de la entidad[190] existiendo intereses de distintos sujetos.

Respecto al **número de integrantes** del consejo rector, en las cooperativas de crédito, el RCC prevé un número mínimo de cinco miembros, por encima del mínimo previsto en la LC que implementa un umbral mínimo de tres, debiendo existir un presidente, vicepresidente y secretario (artículo 33 LC). Además, de los cinco miembros como mínimo, dos de ellos podrán ser no socios y todos deberán reunir requisitos de idoneidad que desarrollaremos más adelante. En particular, el artículo 2.1.f) RCC fija como requisito necesario para obtener y conservar la autorización como cooperativa de crédito: "f) Contar con un Consejo Rector formado, al menos, por cinco miembros, dos de los cuales podrán ser no socios. Todos ellos serán personas de reconocida honorabilidad comercial y profesional, debiendo poseer, al menos dos de ellos, conocimientos y experiencia adecuados para ejercer sus funciones. Tales condiciones de honorabilidad, conocimientos y experiencia deberán concurrir también en los Directores generales o asimilados de la entidad".

Ello va en consonancia con la norma financiera en la que el artículo 4.f) ROSSEC cifra en **cinco** el número mínimo de miembros que deben integran este órgano. Se trata de un requisito necesario para obtener la autorización de acceso al ejercicio de la actividad y, en la correspondiente solicitud, la entidad debe facilitar una relación de las personas que formaran parte del primer consejo de administración[191].

Como primera apreciación, respecto a la facultad de nombrar **terceros no socios** como miembros del consejo rector de

---

190 CORTÉS GARCÍA, F. (2007): "Buen gobierno y las cooperativas de crédito", *ob.cit.*, p.18.

191 Artículo 5.c) ROSSEC.

las cooperativas de crédito, esta posibilidad también se estipula en la norma general estatal ya que el artículo 34.2 LC apunta la opción que los estatutos admitan el nombramiento como consejeros de "personas cualificadas y expertas" que no ostenten la condición de socios[192], si bien con ciertas limitaciones: (i) que en número, no exceda de un tercio del total (aunque existen normativas autonómicas que mantienen todavía hoy en día la obligación de que todos los miembros del consejo rector sean socios[193]) y (ii) que en ningún caso pueden ser nombrados presidente ni vicepresidente de la cooperativa. Recapitulando, del análisis de las anteriores disposiciones se extrae que, mientras el RCC prevé la posibilidad de contar con dos sujetos no socios en un consejo rector formado por cinco miembros, en la LC se estipula que el número de consejeros no socios puede ser de hasta una tercera parte. Estas limitaciones no se mantienen en la "Propuesta de la Ponencia para la elaboración de un texto articulado de revisión del régimen jurídico de las cooperativas" de la Comisión General de Codificación (sección Segunda, de

192 La posibilidad de que "no socios" puedan ocupar un cargo en los órganos sociales es una de las novedades que podemos observar dentro de la LC vigente del año 1999, que introdujo en su momento con respecto a la legislación anterior Ley General de Cooperativas 3/1987, de 2 de abril.

193 Como destaca PUY, numerosas leyes autonómicas exigen que el consejo rector esté únicamente integrado por socios, considerando el elemento mutual que caracteriza a estas sociedades. No obstante, las transformaciones que han experimentado las cooperativas, consecuencia del crecimiento económico y del aumento de su base social, unido a la ampliación de las operaciones con terceros no socios que permite a la entidad realizar las actividades propias del negocio bancario con personas que no reúnen tal condición, han provocado la desmutualización del tipo social. Esta circunstancia, por sí sola, ya justificaría plenamente la presencia de un número suficiente de consejeros independientes, no socios, que no hubieran tenido en el presente o en el pasado reciente relaciones ni vínculos de ningún tipo con la entidad o su dirección. PUY FERNÁNDEZ, G. (2021): "La importancia del gobierno corporativo en la gestión de las cooperativas de crédito" *ob.cit.*, p. 262.

Derecho Mercantil)[194] (artículo 4.3-5) por lo, en el supuesto de aprobarse, los estatutos podrían permitir el nombramiento de personas que no tengan la condición de socios como administradores sin limitación cuantitativa alguna como ocurre en la actualidad.

El consejo de administración de una sociedad cotizada debe de estar formado por un número de miembros que se fijará estatutariamente (o bien un máximo o mínimo, correspondiendo a la junta la determinación del número concreto). El artículo 529 *duodecies* define las distintas categorías de consejeros[195] y constituye la **única disposición legal** que ha incorporado una definición de las distintas tipologías de miembros del consejo de administración, clasificándolos en: **consejeros ejecutivos y consejeros no ejecutivos** (que englobaría a los consejeros dominicales, los consejeros independientes y a otros externos). En primer lugar, la calificación de consejeros ejecutivos corresponde a aquellos que desempeñen funciones de dirección en la sociedad o grupo, cualquiera que sea el vínculo jurídico que mantengan con ella. No obstante, los consejeros que sean altos directivos o consejeros de sociedades pertenecientes al grupo de la entidad dominante de la sociedad tendrán, en ésta, la consideración de dominicales. Asimismo, en el supuesto que un consejero desempeñe funciones de dirección y, al mismo tiempo, sea o represente a un accionista significativo o que esté representado en el consejo de administración, se considerará como ejecutivo. En segundo lugar, se consideran consejeros

---

194 "Propuesta de la Ponencia para la elaboración de un texto articulado de revisión del régimen jurídico de las cooperativas", disponible en: https://www.mjusticia.gob.es/es/AreaTematica/ActividadLegislativa/Documents/1292428955296-Propuesta_de_la_Ponencia_para_la_elaboracion_de_un_texto_articulado_de_revision_del_Regimen_juridic.PDF (fecha última consulta: 22/3/2022),

195 Las categorías provienen de los tipos identificados en el artículo 8 de la Orden ECC/461/2013, de 20 de marzo, en línea también con lo dispuesto en el Anteproyecto de Código Mercantil en sus artículos 283-28 a 238-31.

dominicales aquellos que posean una participación accionarial igual o superior a la que se considere legalmente como significativa o que hubieran sido designados por su condición de accionistas – aunque su participación accionarial no alcance dicha cuantía – así como quienes representen a accionistas de los anteriormente señalados. En tercer lugar, la LSC define a los consejeros independientes como aquellos que, designados en atención a sus condiciones personales y profesionales, puedan desempeñar sus funciones sin verse condicionados por relaciones con la sociedad o su grupo, sus accionistas significativos o sus directivos. Se trata de la categoría que ha provocado un mayor interés y atención en materia de gobierno corporativo y, como advertiremos durante el presente trabajo, resulta de difícil acomodo para las sociedades cooperativas.

• **CONSEJEROS INDEPENDIENTES**

La figura de los **consejeros independientes** surgió en el ámbito de las cotizadas como mecanismo de protección y de buen gobierno tras los escándalos que mostraron una falta de protección de los inversores externos respecto al posible oportunismo de los *insiders* de la compañía (principalmente, administradores y socios de control). Su fundamento último es proteger a los accionistas minoritarios y terceros, siendo su labor principal impedir la comisión de conductas oportunistas por parte de los *insiders* en perjuicio de quienes no cuentan con la información sobre las particularidades internas de la sociedad[196]. Por último, deben considerarse consejeros externos

---

196 Sobre este particular véase el estudio OBSERVATORIO DE RESPONSABILIDAD SOCIAL CORPORATIVA (2019): "La responsabilidad social corporativa en las empresas del IBEX 35. Gobierno corporativo. Análisis ejercicio 2019", p. 6, disponible en: https://observatoriorsc.org/la-responsabilidad-social-corporativa-en-las-memorias-anuales-de-las-empresas-del-ibex-35/ (fecha última consulta: 2/5/2022).

aquellos que siendo no ejecutivos no pueden considerarse ni dominicales ni independientes.

Relacionado con ello, uno de los ámbitos que ha sido tradicionalmente objeto de análisis en materia de gobierno corporativo es el **régimen de la separación de cargos y funciones** de presidente y ejecutivo. En particular, el artículo 529 *septies* LSC estipula que, salvo disposición estatutaria en contra, el cargo de presidente del consejo de administración podrá recaer en un consejero ejecutivo. En este supuesto, la designación del presidente requerirá el voto favorable de los dos tercios de los miembros del consejo de administración. Asimismo, en virtud de su apartado 2, en caso de que el presidente tenga la condición de consejero ejecutivo, el consejo de administración, con la abstención de los consejeros ejecutivos, deberá nombrar necesariamente a un "consejero coordinador" entre los consejeros independientes, que estará especialmente facultado para solicitar la convocatoria del consejo de administración o la inclusión de nuevos puntos en el orden del día de un consejo ya convocado, coordinar y reunir a los consejeros no ejecutivos y dirigir, en su caso, la evaluación periódica del presidente del consejo de administración. La concreción de sus funciones ha venido determinada por normas *soft law*. Se fija también la obligatoria periodicidad mínima trimestral de las sesiones[197], aunque en las SA cotizadas se recomienda en normas *soft law* un número superior. En este tipo de sociedades, se exige expresamente la asistencia personal de los consejeros a las reuniones que se celebren, sin perjuicio que pueden delegar también su representación[198]. Todo ello con la voluntad que los consejeros

---

197 Hasta la fecha no existía una disposición semejante. El artículo 245.3 LSC dispone que el consejo de administración deberá reunirse, al menos, una vez por trimestre.

198 Artículo 529 *quáter* LSC: "1. Los consejeros deben asistir personalmente a las sesiones que se celebren. 2. No obstante lo anterior, los consejeros podrán

de las sociedades anónimas estén efectivamente involucrados en las tareas de gestión y supervisión, garantizándose además que reciban la información necesaria para la adecuada deliberación y adopción de acuerdos[199].

• **REQUISITOS DE INDEPENDENCIA**

En la norma financiera, tanto la LOSSEC como su reglamento insisten en la necesidad de garantizar la **independencia del consejo** y su capacidad para formular un juicio objetivo e imparcial sobre los asuntos de su competencia. Es por ello que se exige que todos los miembros del Consejo tengan "**independencia de ideas**" y, además, una parte de ellos, "**independencia formal**".

Se trata de una de las cuestiones más relevantes en el contexto del buen gobierno de las entidades de crédito: garantizar la independencia del consejo de administración y su capacidad para formular un juicio objetivo e imparcial sobre los asuntos de su competencia. En este punto resultan especialmente relevantes las directrices insertas en la Guía EBA/GL/2021/06, que distinguen entre el criterio de "independencia de ideas", aplicable a todos los miembros del órgano de administración de una entidad y el requisito de "ser formalmente independiente", aplicable a ciertos miembros del órgano de administración de una entidad relevante en su función de supervi-

---

delegar su representación en otro consejero. Los consejeros no ejecutivos solo podrán hacerlo en otro no ejecutivo".

199 Sobre este aspecto, véase el Artículo 529 *quinquies*: "1. Salvo que el consejo de administración se hubiera constituido o hubiera sido excepcionalmente convocado por razones de urgencia, los consejeros deberán contar previamente y con suficiente antelación con la información necesaria para la deliberación y la adopción de acuerdos sobre los asuntos a tratar. 2. El presidente del consejo de administración, con la colaboración del secretario, deberá velar por el cumplimiento de esta disposición".

sión[200]. Las directrices consideran que concurre en el miembro del consejo de administración en su función de supervisión, es decir, sin funciones ejecutivas, que no tiene ni ha tenido relaciones, ni vínculos de ningún tipo, con la entidad relevante o su dirección que puedan influir en su criterio objetivo y equilibrado y reducir su capacidad para tomar decisiones con independencia[201]. Seguidamente, dedican el apartado 9.3 a desarrollar una serie de criterios para valorar la existencia de la independencia formal. Sobre este particular, el propio Banco de España advierte que la normativa española en materia de independencia formal que resulta de aplicación a las entidades de crédito, en tanto que "entidades de interés público", establece un régimen más estricto que lo dispuesto en el apartado 9.3 de la Guía EBA/GL/2021/06.

• **REQUISITO DE DIVERSIDAD**

En cuanto a la composición del consejo, otro de los aspectos relevantes es la cuestión de la **diversidad**. Siguiendo el argumento del Considerando (60) de la Directiva CRD IV la exigencia de diversidad se presume eficaz para evitar el pensamiento grupal (*groupthink*) o pensamiento gregario, de modo que contar con sujetos con distintas características puede favorecer la independencia de ideas y, en consecuencia, el buen gobierno en las entidades. En la misma línea, el apartado 2 del artículo 38 ROSSEC indica que, en el desempeño de su cometido, "el comité de nombramientos tendrá en cuenta, en la medida de lo posible y de forma continuada, la necesidad de velar por que la toma de decisiones del consejo de administración no se vea dominada por un individuo o un grupo reducido de indi-

---

200 Apartado 78 de la Guía EBA/GL/2021/06.

201 Apartado 80 de la Guía EBA/GL/2021/06.

viduos de manera que se vean perjudicados los intereses de la entidad en su conjunto"[202].

En todo caso, el concepto de diversidad que habrá de tenerse en cuenta en la selección de los miembros del consejo de administración o consejo rector de las entidades de crédito es el que formulan las directrices emitidas por la Autoridad Bancaria Europea o EBA[203]. En efecto, primero la Guía EBA/GL/2017/12 y posteriormente la Guía EBA/GL/2021/06 coinciden en definir la diversidad como la "situación en la que las características de los miembros del órgano de administración, incluida su edad, género[204], procedencia geográfica, perfil académico y profesional son diferentes de forma que concurren diversas opiniones dentro del órgano de administración". Se aprecia, por tanto, que la diversidad no hace referencia exclusiva al género de las personas sino también a otros aspectos

---

202 Como señala ALONSO se parte de la base de que la existencia de *groupthink* tiene un impacto negativo sobre los resultados de las entidades, provoca que no haya ideas innovadoras en materia de liderazgo y origina un deterioro de la supervisión de los ejecutivos por el consejo. En definitiva, se pretende evitar que haya un seguimiento servil de lo que sugiera el *Chief Executive Officer* (CEO), o un pequeño grupo afín al mismo, con la consiguiente falta de debate en el seno del consejo y la adopción de decisiones que, más que una decisión colegiada, realmente sea la decisión de una única persona. Vid. ALONSO LEDESMA, C. (2017): "Precisiones de la EBA en relación con determinados aspectos del Gobierno Corporativo de las entidades de crédito" *Revista de Estabilidad financiera, núm. 33,* pp. 11-33, p. 18.

203 Véase artículo 91.12.e) de la Directiva CRD IV.

204 Destacamos aquí la utilización de los términos «sexo» y «género» como sinónimos cuando la realidad que abarcan no es la misma: mientras que el sexo tiene un componente biológico, determinado por la naturaleza, el género hace referencia a los estereotipos, roles sociales, condición y posición adquirida, comportamientos, actividades y atributos apropiados que cada sociedad en particular construye y asigna a varones y mujeres. Véase documento recuperado en: http://www.who.int/topics/gender/en/index.html. (fecha última consulta: 10/5/2022).

como la edad o la procedencia geográfica en línea, por otra parte, con las previsiones de la Directiva 2014/95/UE.

El abordaje de la cuestión del género en el contexto de la diversidad es coherente con los argumentos de BARBERÁ en el sentido que "la estrategia de la diversidad ofrece a las organizaciones la posibilidad de atraer y mantener talentos diversos representativos de ambos sexos"[205]. De este modo, "el foco de atención no se dirige a reivindicar los derechos fundamentales que poseen las mujeres ni tampoco a analizar los obstáculos que se interponen en su desarrollo profesional" sino que "se apela a las ventajas del «criterio de diversidad» y a los beneficios que la «diversidad de género» puede aportar a las organizaciones y al progreso social general"[206]. De hecho, esta última ratio es la que más recorrido ha tenido a nivel europeo[207] y la que, sin duda, acoge la regulación bancaria.

---

205 BARBERÁ HEREDIA, E. (2004): "Diversidad de género, igualdad de oportunidades y entornos laborales (La diversidad de género como estrategia favorecedora de la igualdad de oportunidades en los entornos laborales)", *Ciriec-España*, núm. 50, pp. 37-53, p. 40.

206 BARBERÁ HEREDIA, E., RAMOS, A, SARRIÓ, M., CANDELA, C. (2002): "Más allá del «techo de cristal» Diversidad de género", *Revista del Ministerio de Trabajo e Inmigración*, núm. 40, pp. 55-68, p. 62.

207 A título de ejemplo, en 2005 la Comisión publicó los resultados del proyecto *The business case for diversity Good practices in the workplace* cuyo objetivo era examinar y comprender mejor el business case para la diversidad con el fin de evaluar qué otras políticas, acciones y recomendaciones se necesitaban a nivel de la Unión Europea, nacional, local y empresarial. En este contexto, el proyecto tenía como objetivo identificar y analizar una selección de ejemplos exitosos e innovadores de buenas prácticas en la gestión de la diversidad implementados por empleadores y empresas en toda la Unión Europea. Con base en dicho Informe, los principales beneficios que las empresas estaban logrando (o esperaban obtener) de sus políticas de diversidad, eran: 1°) Resolver la escasez de mano de obra y reclutar y retener personal de alta calidad; 2°) Mejorar la reputación de imagen de una empresa y su posición en las comunidades locales; 3°) Potenciar la innovación, que conduce al

Frente a este enfoque, FIGUERUELO advierte acerca de la necesidad de distinguir claramente el principio de igualdad de género del de diversidad "pues las mujeres no son ni un grupo ni una minoría, sino una de las dos formas de manifestarse los seres humanos y constituyen más de la mitad de la población mundial y el 45% de la mano de obra europea"[208], por consiguiente, "la participación equilibrada de mujeres y hombres en los órganos de decisión de las empresas no es sólo una cuestión de diversidad, sino un requisito básico de los principios fundamentales de la democracia y los derechos humanos, tal y como queda reconocido en los Tratados de la UE y en la Carta de los Derechos Fundamentales de la UE del 2000, cuyo valor jurídico vinculante se reconoce en el Tratado de Lisboa vigente desde 2009"[209].

Con independencia de estas consideraciones, es claro que el logro de la diversidad requiere de diversos instrumentos que, de forma resumida aluden al: comité de nombramientos, la política de diversidad y los procedimientos para favorecerla. En cuanto al primero, la existencia de un comité de nombramientos que adquiere un papel central en el procedimiento de

---

diseño de nuevos productos y servicios y a la apertura de nuevos mercados potenciales. Disponible en: https://op.europa.eu/en/publication-detail/-/publication/57e667e2-d349-433b-b21d-1c67fd10ebb1. (fecha última consulta: 8/5/2022).

208 FIGUERUELO BURRIEZA, A. (2014): "Igualdad de género en la toma de decisiones; sobre la composición equilibrada de los consejos de administración de las grandes empresas", *Igualdad y democracia: el género como categoría de análisis jurídico: estudios en homenaje a la profesora Julia Sevilla*, pp. 241-252, p. 244.

209 Ídem. Y debiéramos añadir que también es un principio jurídico de nuestro ordenamiento jurídico. Véase MATEU DE ROS, R. (2019): "El principio jurídico de la igualdad de género", *Gobierno corporativo e Igualdad de Género. Realidades y tendencias regulatorias actuales,* Tirant Lo Blanch, Valencia, pp. 83-95.

selección de las personas candidatas al consejo de administración de la entidad de crédito.

En segundo lugar, es necesario contar con una política de diversidad que la Directiva CRD IV exige en el artículo 91, apartado 10 y que la Guía EBA/GL/2021/06 desarrolla de forma pormenorizada. En este sentido, la política de diversidad podría entenderse como una suerte de plan general de acción que sirve de guía orientadora para la aplicación de las prácticas concretas en materia de diversidad[210]. Por ello es imprescindible que la misma garantice la ausencia de discriminación por razón de género, raza, color de piel, origen étnico o social, características genéticas, religión o convicciones, pertenencia a una minoría nacional, patrimonio, nacimiento, discapacidad, edad u orientación sexual[211].

En cuanto al contenido, dicha política ha de referirse, como mínimo, a aspectos relativos al perfil académico y profesional, género, edad y, en particular, para entidades que tienen actividad internacional, procedencia geográfica, a menos que la inclusión de este aspecto sea contraria a la legislación del Estado miembro[212]. Adicionalmente, las entidades de crédito significativas[213] deben incluir un objetivo cuantitativo relativo a la representación del género menos representado en el órgano

---

210 QUIRÓS TOMÁS, F.J (2015): *Análisis de las tendencias en gestión de los recursos humanos desde una perspectiva académica y empresarial* (Tesis Doctoral), Universidad de Sevilla.

211 Apartado 108 de la Guía EBA/GL/2021/06.

212 Apartado 103 de la la Guía EBA/GL/2021/06.

213 Recordemos que estas entidades son aquellas a las que se refiere el artículo 131 de la Directiva CRD IV (entidades de importancia sistémica mundial o «EISM» y otras entidades de importancia sistémica u «OEIS») y, en su caso, otras entidades determinadas por la autoridad competente o la legislación nacional, sobre la base del análisis de su tamaño y su organización interna, y la naturaleza, escala y complejidad de sus actividades y, a efectos del artículo 91 de la Directiva CRD IV, sociedades financieras de cartera y sociedades

de administración especificando un marco de tiempo apropiado dentro del cual se debe alcanzar el objetivo y la forma de cumplirlo. Para el resto de las entidades – en particular aquellas cuyo órgano de administración cuente con menos de cinco miembros – el objetivo puede expresarse en términos cualitativos[214]. Precisamente con el fin de facilitar la existencia de un colectivo adecuadamente diverso de candidatos a puestos en el órgano de administración o cargos directivos, la política también puede contener aspectos relacionados con la planificación de carreras y medidas que garanticen la igualdad de trato y oportunidades para el personal de diferentes géneros[215].

No podemos dejar de señalar que resulta paradójico que la citada Guía, al tiempo que ofrece instrumentos para favorecer la diversidad, contenga una advertencia dirigida a las entidades de crédito, en el sentido que cuando recluten a los miembros del consejo no lo hagan con el solo propósito de incrementar la diversidad en detrimento del funcionamiento e idoneidad del consejo en su conjunto, o a expensas de la idoneidad individual de sus miembros[216]. Desde nuestro punto de vista, y sin perjuicio del necesario análisis de los motivos que no permiten cumplir con el objetivo del "estado de diversidad", esa previsión únicamente puede interpretarse como una coartada relativamente fácil para exonerarse de la consecución de dicho objetivo.

Finalmente, la Guía EBA/GL/2021/06 puntualiza que en el establecimiento de los objetivos de diversidad las entidades deberán tener en cuenta los resultados de los ejercicios de comparación de la diversidad publicados por las autoridades

---

financieras mixtas de cartera que cumplan una de las condiciones mencionadas.

214 Apartado 103 de la Guía EBA/GL/2021/06.

215 Apartado 107 de la Guía EBA/GL/2021/06.

216 Apartado 131 de la Guía EBA/GL/2021/06.

competentes, la ABE u otros organismos u organizaciones internacionales pertinentes[217].

En este contexto debe señalarse que la LOSSEC no obliga directamente a que las entidades de crédito cuenten con una política de diversidad, aunque sí lo hace indirectamente el artículo 540 LSC, exigiendo a las sociedades anónimas cotizadas que en el Informe Anual de Gobierno Corporativo (IAGC) hagan constar "una descripción de la política de diversidad aplicada en relación con el consejo de administración, de dirección y de las comisiones especializadas que se constituyan

[217] Apartado 104 de la Guía EBA/GL/2021/06. Destacamos asimismo que la Autoridad Bancaria Europea publicó un "Informe sobre las prácticas de diversidad existentes en los países de la UE", de 8 de julio de 2016, que presenta el análisis de los datos de diversidad comunicados por las autoridades competentes a la Autoridad Bancaria Europea (ABE) de conformidad con el artículo 91.11 de la Directiva CRD IV. La ABE y las autoridades competentes deben comparar las prácticas de diversidad dentro de los órganos de gestión de las instituciones. Los datos analizados se refieren a una muestra de limitada, pero representativa de entidades de crédito (de diferentes categorías de tamaño) y empresas de inversión seleccionadas por la autoridad competente de cada país, sobre la base de criterios comunes establecidos por la ABE. Entre otras conclusiones, el informe señala que la distinta procedencia geográfica de los miembros del consejo puede ser relevante en el caso de entidades con actividad en otro u otros países, porque permite conocer mejor los valores culturales y las especificidades legales y de mercado existentes en esos países. No obstante, también es cierto que esos conocimientos pueden adquirirse por otras vías y que el nombramiento de personas del país donde la entidad desarrolle sus actividades puede obedecer más a un interés político o económico que a los beneficios que para un buen Gobierno Corporativo pueda reportar la presencia de esos sujetos. Por otro lado, en cuanto a la variedad de edades, no puede afirmarse que tener miembros de distintas edades implique necesariamente contar con criterios dispares ni a la toma de decisiones óptimas. Disponible: https://www.eba.europa.eu/sites/default/documents/files/documents/10180/1360107/334ed368-7e40-460e-a2d0-bbdc4fd1d4c1/EBA-Op-2016-10%20%28Report%20on%20the%20benchmarking%20of%20diversity%20practices%29.pdf?retry=1 (fecha última consulta: 8/3/2022).

en su seno, por lo que respecta a cuestiones como la edad, el género, la discapacidad o la formación y experiencia profesional de sus miembros; incluyendo sus objetivos, las medidas adoptadas, la forma en la que se han aplicado, en particular, los procedimientos para procurar incluir en el consejo de administración un número de mujeres que permita alcanzar una presencia equilibrada de mujeres y hombres y los resultados en el período de presentación de informes, así como las medidas que, en su caso, hubiera acordado respecto de estas cuestiones la comisión de nombramientos"[218] y, para el caso que no apliquen una política de este tipo, la entidad debe ofrecer una explicación clara y motivada al respecto. El resto de las entidades pequeñas y medianas únicamente están obligadas a proporcionar información sobre las medidas que, en su caso, se hubiesen adoptado en materia de género.

El tercer elemento imprescindible para alcanzar la "situación de diversidad" es el establecimiento de unos procedimientos de selección de los miembros del consejo que la favorezcan. A este elemento se refiere el artículo 24.1 LOSSEC exigiendo que la entidad de crédito, en todo caso, "deberá velar porque los procedimientos de selección de sus miembros favorezcan la diversidad de experiencias y de conocimientos, faciliten la selección de consejeras y, en general, no adolezcan de sesgos implícitos que puedan implicar discriminación alguna" [219]. Este precepto – prácticamente idéntico al artículo 529 *bis* del LSC en sede de sociedades anónimas cotizadas – plantea una serie de cuestiones que acertadamente fueron señaladas por PUYALTO[220]. En efecto, advierte la autora que, si bien tanto el LSC como el CBG coinciden en atribuir la gestión de dicho

---

[218] Artículo 540.3. 8°) LSC.

[219] La cursiva es nuestra.

[220] PUYALTO FRANCO, M.J. (2021): "La infrarrepresentación femenina en el gobierno corporativo de las sociedades cotizadas españolas: una aproxima-

procedimiento a la comisión de nombramientos, en ningún caso queda claro es a quien le corresponde el diseño de dicho procedimiento. En principio, no parece que sea el propio consejo ya que del tenor del artículo 529 *bis* LSC parece deducirse que sus funciones se limitan a supervisar que el mismo carezca de sesgos implícitos que le impidan lograr los objetivos de diversidad y presencia equilibrada. Puesto que el diseño del procedimiento de selección es un tema crítico hasta el punto que se alude a la falta de transparencia de los criterios de cualificación y de los procedimientos de selección para puestos en los consejos como uno de los parámetros que contribuyen a perpetuar la selección de miembros con características similares y, por tanto, a la falta de diversidad de éste órgano[221], PUYALTO postula la necesidad de: 1°) Dilucidar el responsable de su diseño; 2°) Que el procedimiento explique de manera detallada el ámbito de aplicación, los actores que intervienen, el desarrollo de la secuencia de actividades y cómo se concreta la participación de los grupos de interés. Asimismo, es esencial que contemple los objetivos, el seguimiento y la evaluación de los resultados, y la toma de decisiones de mejora a partir de la evaluación; 3°) Que el procedimiento se formalice en un documento de acceso público (por ejemplo, en la web corporativa de la sociedad).

A todo ello, debe relacionarse que, respecto a la estructura de la administración de la sociedad, en sede de cotizadas, es preceptivo el **Informe Anual de Gobierno Corporativo (IAGC)**, que debe informar acerca de, entre otros aspectos, la composi-

---

ción holística", *Revista CEF Legal, revista práctica de derecho. Comentarios y casos prácticos, núm. 244.* p.29.

221 De la Propuesta de Directiva del Parlamento Europeo y del Consejo destinada a mejorar el equilibrio de género entre los administradores no ejecutivos de las empresas cotizadas y por la que se establecen medidas afines. COM (2012) 614 final.

ción, reglas de organización y funcionamiento del consejo de administración y de sus comisiones así como de la identidad y remuneración de sus miembros, funciones y cargos dentro de la sociedad, sus relaciones con accionistas con participaciones significativas, indicando la existencia de consejeros cruzados o vinculados y los procedimientos de selección, remoción o reelección.

II.II.3. COMPETENCIAS

Sin perjuicio de las materias que deben desarrollarse vía estatutos y/o reglamentos, la LSC prevé unas normas de básico cumplimiento sobre las que los estatutos no pueden disponer. En primer lugar, es competencia de los administradores la gestión y la representación de la sociedad en los términos establecidos en la Ley (artículo 209 LSC). Tratándose de un órgano colegiado, el poder de representación corresponde al propio consejo, que actuará colegiadamente. No obstante, los estatutos podrán atribuir el poder de representación a uno o varios miembros a título individual o conjunto[222], y el ámbito del poder representación se extiende a todos los actos comprendidos

[222] El artículo 233 LSC fija las reglas de atribución del poder de representación como sigue: (a) en el caso de administrador único, corresponderá necesariamente a éste; (b) en caso de varios administradores solidarios, el poder de representación corresponde a cada administrador, sin perjuicio de las disposiciones estatutarias o de los acuerdos de la junta sobre distribución de facultades, que tendrán un alcance meramente interno; (c) la sociedad de responsabilidad limitada, si hubiera más de dos administradores conjuntos, el poder de representación se ejercerá mancomunadamente al menos por dos de ellos en la forma determinada en los estatutos. Si la sociedad fuera anónima, el poder de representación se ejercerá mancomunadamente. Por último, (d) en el caso de consejo de administración, el poder de representación corresponde al propio consejo, que actuará colegiadamente. No obstante, los estatutos podrán atribuir el poder de representación a uno o varios miembros del consejo a título individual o conjunto. Cuando el consejo,

en el objeto social delimitado en los estatutos[223]. Relacionado con este tema, en cuanto a la delegación de facultades[224] y las facultades indelegables[225], la Ley vela por conservar el papel y función del consejo como órgano colegiado y supervisor de la actuación de los consejeros ejecutivos. Por consiguiente, si bien se permite que el consejo de administración designe entre sus miembros a uno o varios consejeros delegados o comisiones ejecutivas, se delimitan en el artículo 249 *bis* LSC algunas materias sobre las cuales la delegación no es posible[226].

---

mediante el acuerdo de delegación, nombre una comisión ejecutiva o uno o varios consejeros delegados, se indicará el régimen de su actuación.

223 Artículo 234.1 LSC: "1. La representación se extenderá a todos los actos comprendidos en el objeto social delimitado en los estatutos. Cualquier limitación de las facultades representativas de los administradores, aunque se halle inscrita en el Registro Mercantil, será ineficaz frente a terceros".

224 Régimen previsto en el artículo 249 LSC.

225 Se recoge en el artículo 249 *bis* LSC. Sobre esta materia, véase PEÑAS MOYANO, M.J. (2018): "La función de las comisiones internas del Consejo sobre el control societario" *Actores, actuaciones y controles del buen gobierno societario y financiero* (dirs. FERNÁNDEZ-ALBOR BALTAR, A., PÉREZ CARRILLO, E.), (coord. RORRES CARLOS, M.), Marcial Pons, pp. 351-365, p.356. Es importante señalar el significativo aumento de las competencias indelegables correspondientes al Consejo de administración de las sociedades de capital en virtud de la redacción del artículo 249 *bis* LSC por la aprobación de la Ley 31/2014. Este aumento se ha contemplado como un refuerzo del modelo monista supervisor, puesto que una de las principales características de dicho modelo es el mantenimiento en el pleno del órgano y, en concreto, en sus consejeros no ejecutivos, de las competencias mínimas necesarias para el correcto desempeño de la función de supervisión preventiva.

226 Tales como: que siguen a continuación: a) La supervisión del efectivo funcionamiento de las comisiones que hubiera constituido y de la actuación de los órganos delegados y de los directivos que hubiera designado; b) La determinación de las políticas y estrategias generales de la sociedad; c) La autorización o dispensa de las obligaciones derivadas del deber de lealtad conforme a lo dispuesto en el artículo 230; d) Su propia organización y funcionamiento; e) La formulación de las cuentas anuales y su presentación a la junta general; f) La formulación de cualquier clase de informe exigido por la ley al órgano

En las sociedades cotizadas la línea es similar, añadiéndose al anterior listado otras materias indelegables *ex* artículo 529 ter LSC[227]. Pese al carácter indelegable de estas materias, tam-

---

de administración siempre y cuando la operación a que se refiere el informe no pueda ser delegada; g) El nombramiento y destitución de los consejeros delegados de la sociedad, así como el establecimiento de las condiciones de su contrato; h) El nombramiento y destitución de los directivos que tuvieran dependencia directa del consejo o de alguno de sus miembros, así como el establecimiento de las condiciones básicas de sus contratos, incluyendo su retribución; i) Las decisiones relativas a la remuneración de los consejeros, dentro del marco estatutario y, en su caso, de la política de remuneraciones aprobada por la junta general; j) La convocatoria de la junta general de accionistas y la elaboración del orden del día y la propuesta de acuerdos; k) La política relativa a las acciones o participaciones propias; l) Las facultades que la junta general hubiera delegado en el consejo de administración, salvo que hubiera sido expresamente autorizado por ella para subdelegarlas.

227 Esto es: a) La aprobación del plan estratégico o de negocio, los objetivos de gestión y presupuesto anuales, la política de inversiones y de financiación, la política de responsabilidad social corporativa y la política de dividendos; b) La determinación de la política de control y gestión de riesgos, incluidos los fiscales, y la supervisión de los sistemas internos de información y control; c) La determinación de la política de gobierno corporativo de la sociedad y del grupo del que sea entidad dominante; su organización y funcionamiento y, en particular, la aprobación y modificación de su propio reglamento; d) La aprobación de la información financiera que, por su condición de cotizada, deba hacer pública la sociedad periódicamente; e) La definición de la estructura del grupo de sociedades del que la sociedad sea entidad dominante; f) La aprobación de las inversiones u operaciones de todo tipo que por su elevada cuantía o especiales características, tengan carácter estratégico o especial riesgo fiscal, salvo que su aprobación corresponda a la junta general; g) La aprobación de la creación o adquisición de participaciones en entidades de propósito especial o domiciliadas en países o territorios que tengan la consideración de paraísos fiscales, así como cualesquiera otras transacciones u operaciones de naturaleza análoga que, por su complejidad, pudieran menoscabar la transparencia de la sociedad y su grupo; h) La aprobación de las operaciones vinculadas, en los supuestos y términos previstos en el Capítulo VII *bis* del Título XIV; i) La determinación de la estrategia fiscal de la sociedad; j) La supervisión del proceso de elaboración y presentación

bién se prevé que cuando concurran circunstancias de urgencia, debidamente justificadas, se podrán adoptar las decisiones correspondientes a los asuntos anteriores por los órganos o personas delegadas, que deberán ser ratificadas en el primer consejo de administración que se celebre tras la adopción de la decisión[228].

Junto a las habituales funciones asignadas por la norma societaria de referencia, la LOSSEC atribuye al consejo de administración la máxima responsabilidad en la definición de un sistema de gobierno corporativo que garantice una gestión sana y prudente de la entidad, y que incluya el adecuado reparto de funciones en la organización y la prevención de conflictos de intereses[229]. En particular, el apartado 3 del artículo 29 LOSSEC enuncia una serie de competencias indelegables: (a) La vigilancia, control y evaluación periódica de la eficacia del sistema de gobierno corporativo, así como la adopción de las medidas adecuadas para solventar, en su caso, sus deficiencias; (b) Asumir la responsabilidad de la administración y gestión de la entidad, la aprobación y vigilancia de la aplicación de sus objetivos estratégicos, su estrategia de riesgo y su gobierno interno; (c) Garantizar la integridad de los sistemas de información contable y financiera, incluidos el control financiero y operativo y el cumplimiento de la legislación aplicable; (d) Supervisar el proceso de divulgación de información y las comunicaciones relativas a la entidad de crédito; y (e) Garantizar una supervisión efectiva de la alta dirección.

---

de la información financiera y del informe de gestión, que incluirá, cuando proceda, la información no financiera preceptiva, y presentar recomendaciones o propuestas al órgano de administración, dirigidas a salvaguardar su integridad.

228 Artículo 529.2 LSC.

229 Artículo 29.2 LOSSEC.

En línea con las competencias y deberes del consejo, conviene incidir en la ineludible responsabilidad en la vigilancia de un marco sólido de gobierno del riesgo. En este sentido, y tal como destacaban los Principios de Gobierno Corporativo para Bancos, el consejo debe "marcar la pauta desde arriba" y vigilar el papel de la gerencia en alentar y mantener una cultura corporativa y del riesgo sólida. Así lo indica expresamente el artículo 37 LOSSEC cuando proclama dicha responsabilidad y define ciertos deberes específicos vinculados a la misma como: a) Dedicar tiempo suficiente a la consideración de las cuestiones relacionadas con los riesgos. En particular, participar activamente en la gestión de todos los riesgos sustanciales contemplados en la normativa de solvencia, velando por que se asignen recursos adecuados para la gestión de riesgos, e interviniendo, en particular, en la valoración de los activos, el uso de calificaciones crediticias externas y los modelos internos relativos a estos riesgos. b) Aprobar y revisar periódicamente las estrategias y políticas de asunción, gestión, supervisión y reducción de los riesgos a los que la entidad esté o pueda estar expuesta, incluidos los que presente la coyuntura macroeconómica en que opera en relación con la fase del ciclo económico[230].

Como órgano colegiado, las decisiones del consejo deben adoptarse en sesiones en que se reúnan el conjunto de sus miembros. En las sociedades de capital, el consejo de administración delibera y adopta sus acuerdos en reuniones que son convocadas previamente por la presidencia, estando también legitimados los administradores que constituyan al menos un tercio de los miembros del consejo en el caso que el presidente no hubiera hecho la convocatoria sin causa justificada[231]. En la sociedad anónima, la reunión queda constituida cuando con-

---

[230] Artículo 37.2 LOSSEC.

[231] Artículo 246 LSC.

curran presentes o representados la mayoría de los vocales[232] y los acuerdos se adoptarán por mayoría absoluta de los consejeros concurrentes a la sesión[233]. En las sociedades cooperativas, los estatutos o, en su defecto, la asamblea general, regularán su funcionamiento y periodicidad. Salvo previsión estatutaria distinta, la convocatoria de la reunión corresponde a su presidente, a iniciativa propia o a solicitud de, al menos, dos consejeros o de un director general (artículo Noveno.5 LCC)[234]. Las deliberaciones y los acuerdos del consejo rector tienen carácter secreto, salvo previsión legal o estatutaria en contra (artículo 24.2 RCC). Ello se configura como cautela para proteger los intereses de la cooperativa y de sus socios, debiéndose adoptar necesariamente mediante votación secreta los acuerdos sobre operaciones o servicios cooperativizados en favor de miembros del consejo rector, de comisiones ejecutivas, de otros órganos, de la dirección general, o de los parientes de cualesquiera de ellos, previa inclusión del asunto en el orden del día con la

---

232 Artículo 247 LSC: "1. En la sociedad de responsabilidad limitada, el Consejo de administración quedará válidamente constituido cuando concurran, presentes o representados, el número de consejeros previsto en los estatutos, siempre que alcancen, como mínimo, la mayoría de los vocales. En la sociedad anónima, quedará válidamente constituido cuando concurran a la reunión, presentes o representados, la mayoría de los vocales. 2. En la sociedad anónima, el consejo de administración quedará válidamente constituido cuando concurran a la reunión, presentes o representados, la mayoría de los vocales".

233 Artículo 248.1 LSC.

234 Se trata de un precepto estatal no básico y ello justificaría la posibilidad de un régimen de autogobierno por previsión estatutaria. No obstante, no ha sido objeto de regulación por las distintas normativas autonómicas. A modo de excepción, el artículo 52.2 y 3 LCCEX establece en principio un sistema de convocatoria similar al estatal, salvo que mientras han de ser dos los consejeros solicitantes en la ley estatal, en la extremeña se exige que lo sea un tercio de los miembros del consejo rector.

debida claridad, y por mayoría no inferior a los dos tercios del total de consejeros (es decir, por mayoría cualificada).

Como ocurre en cualquier sociedad mercantil, si el beneficiario de las operaciones o servicios fuese un consejero, o un pariente suyo de los anteriormente indicados, aquél se considerará estar en situación de conflicto de intereses y no podrá participar en la votación. Asimismo, una vez celebrada la votación secreta, y proclamado el resultado, será válido hacer constar en acta las reservas o discrepancias correspondientes respecto al acuerdo adoptado[235] (artículo 24 RCC). Adviértase que, en las sociedades de capital, la LSC no regula que la adopción de acuerdos del consejo de administración pueda ser secreta.

En cuanto a la **frecuencia de las reuniones** del consejo rector[236], la LC no determina cada cuanto deberán reunirse (a diferencia del artículo 245.3 LSC que fija que sea, al menos, trimestralmente si bien el CBG recomienda una frecuencia mayor). En cualquier caso, los miembros del consejo rector deberán reunirse siempre que sea necesario para tomar decisiones que le competen o bien para representar a la sociedad.

---

235 Este régimen también se aplicará cuando se trate de constituir, suspender, modificar, novar o extinguir obligaciones o derechos de la cooperativa con entidades en las que aquellos cargos o sus mencionados familiares sean patronos, consejeros, administradores, altos directivos, asesores o miembros de base con una participación en el capital igual o superior al 5%.

236 MORILLAS, M.J. y FELIU, M.I. (2018): Curso de cooperativas, *ob.cit.*, p. 400. Suelen ser los estatutos sociales o el reglamento de régimen interno los que detallan este aspecto. Se dice pues, por lo que hace al funcionamiento del consejo rector *strictu sensu*, que la regulación de la LC es reflejo de los principios de "autorregulación, colegialidad, asistencia física y democracia". De hecho, la consecuencia de la autorregulación es la exigencia de un mayor cuidado y detalle en la redacción de los estatutos y, tal vez más especialmente, del reglamento de régimen interno, que adquiere gran relevancia.

Recordamos que el consejo rector es el órgano colegiado de gobierno[237] al que corresponde, al menos, la alta gestión, la supervisión de los directivos y la representación de toda sociedad cooperativa[238] con sujeción a la ley, a los estatutos y a la política general fijada por la asamblea general (artículo 32

---

237 TATO PLAZA, A. (2019): "Capítulo VI. Órganos sociales" *Tratado de Derecho de Sociedades Cooperativas* (dir. PEINADO GRACÍA, J.), (coord. VÁZQUEZ RUANO, T.), Tomo 1, pp. 387-651, p. 589. Deben distinguirse entre «competencia necesaria» y «competencia residual». En relación con la primera, la práctica totalidad de las leyes cooperativas coinciden en definir al consejo rector como órgano de gobierno, gestión y representación de la sociedad cooperativa. El gobierno debe entenderse como la facultad legal de hacer cumplir las disposiciones legales y estatutarias que tengan como destinataria a la cooperativa. La gestión implica un conjunto de facultades de administración del patrimonio de la cooperativa organizado como empresa. Por último, la representación supone la facultad de traducir las decisiones particulares de gestión empresarial en declaraciones de voluntad con trascendencia jurídica.

238 CHAVES, R., SOLER, F. (2004): "El gobierno de las cooperativas de crédito en España" *ob.cit.*, p. 72. Tal como destacan los autores, desde la perspectiva del gobierno, las funciones que desempeñan los consejos son varias: 1. Representar los múltiples intereses de los socios, elaborar las políticas de la empresa y controlar el aparato ejecutivo; 2. Articular y conciliar los diversos intereses de los socios al objeto de elaborar políticas, buscando el interés general de los mismos; 3. Controlar a los directivos y proteger los intereses de los socios; 4. Generar valor añadido en el proceso de elaboración de las decisiones estratégicas, en colaboración con los directivos; 5. Dar legitimidad, ratificando decisiones ya elaboradas por los directivos; 6. Agregar nuevos recursos y valor añadido a la empresa merced a su mejor conexión con recursos estratégicos del entorno. Continúan señalando que el consejo rector tendrá como funciones básicas: aprobar las estrategias generales, nombrar y destituir a los directivos, así como fijar su retribución y otro tipo de incentivos, controlar la gestión de los directivos, revisando sus decisiones y actuaciones para asegurar a los intereses que representan, identificar los riesgos y realizar un control interno, determinar las políticas de información tanto internas como externas, ejercicio directo del control en los períodos de crisis, hasta el nombramiento de un nuevo equipo de dirección, representar a la entidad, establecer contactos y acuerdos con otras organizaciones y velar por su reputación. En definitiva, preservar la viabilidad a largo plazo de la empresa.

LC). Por lo que respecta a esta facultad de representación de la cooperativa, nos preguntamos si el régimen aplicable a la sociedad cooperativa de crédito tiene alguna peculiaridad respecto al de las sociedades de capital. Como es sabido, en las sociedades de capital, si la administración se asigna a un consejo de administración, el poder de representación corresponde al propio consejo, que actuará colegiadamente, sin perjuicio que los estatutos puedan atribuir el poder de representación a uno o varios miembros del consejo a título individual o en conjunto (artículo 233.2.d) LSC). Por su parte, en virtud del artículo 32.1 LC corresponden al consejo rector las facultades de representación de la cooperativa. Se continúa afirmando que la representación legal la ostenta el presidente del consejo rector, que lo será también la cooperativa y, además, dicha representación podrá recaer en su caso, en el vicepresidente. Es decir, de una interpretación literal podría entenderse que tanto la figura del presidente como el propio consejo rector tienen competencias propias. Sin embargo, tal interpretación implicaría un sistema inadmisible de representación bicéfala[239] por el que la LC atribuiría simultáneamente a consejo rector y su presidente, como órgano unipersonal, la representación legal de la cooperativa. De hecho, a pesar de que se consagra un régimen presidencialista en el ámbito cooperativo – que probablemente coincide con la práctica cotidiana – de la lectura atenta del artículo 32 LC debe interpretarse que al presidente se le atribuye la ejecución de las facultades de representación y, por tanto, tal facultad deberá ejercerse de conformidad con los acuerdos previos del consejo rector, pudiendo incurrir en responsabilidad en el caso de contradecir o ignorarlos[240]. Como

---

239 MORILLAS, M.J., FELIU, M.I. (2018): Curso de cooperativas, *ob.cit.*, p. 410.

240 TATO PLAZA, A. (2019): "Capítulo VI. Órganos sociales" *ob.cit.*, p. 591. Así consta en diversas legislaciones autonómicas. Tal como señala el autor, la mayor parte de la legislación cooperativa española se sitúa en punto intermedio por el que ni exige el concurso de todos los administradores para la

es sabido, el ámbito del poder de representación del consejo rector se halla legalmente delimitado *ad extra* por la cláusula estatutaria delimitadora del objeto social en virtud del artículo 32.1.2 2º párrafo LC (que no debe confundirse con la actividad cooperativizada con los socios). Es decir, tal como ocurre con el consejo de administración de las sociedades de capital, las facultades representativas del consejo rector se extienden a todos los actos relacionados con las actividades que integren el objeto social de la cooperativa, sin que surtan efectos frente a terceros las limitaciones que pudieran contener los estatutos.

Entre otras, la LCC fija como competencia del consejo rector la designación, contratación y destitución del director general (artículo Noveno.4 LCC). En la LC[241], hemos visto como corresponden al consejo rector cuantas facultades no estén reservadas por Ley o por los estatutos a otros órganos sociales y, en su caso, acordar la modificación de los estatutos cuando consista en el cambio de domicilio social dentro del mismo término municipal. Por último, el consejo rector podrá conferir apoderamientos, así como proceder a su revocación, a cualquier persona, cuyas facultades representativas de gestión o dirección se establecerán en la escritura de poder, y en especial nombrar y revocar al gerente, director general o cargo equivalente, como apoderado principal de la cooperativa. Dado el peligro que se deleguen demasiadas funciones en el ejecutivo y pierda el control en algunas materias que son estrictamente de su competencia, la LOSSEC enumera en el artículo 29.3 algunas funciones indelegables para el órgano de administración de toda entidad de crédito.

---

ejecución del poder de representación ni concede al presidente facultades ilimitadas que le permitan comprometer irremediablemente a la cooperativa sin asumir responsabilidad.

241 Véase Artículo 32 LC.

Además de las enumeradas con carácter legal, teniendo en cuenta el artículo 36.1 LC que prevé la posibilidad de regulación de este órgano vía estatutos o por la asamblea general pueden preverse otras materias que se consideren nucleares para el consejo rector[242]. Ello debe relacionarse con la posibilidad de establecer normas vía reglamentos de régimen interno *ex* artículo 11.4 LC creando un "reglamento de consejo rector", que entendemos incluiría parecidos términos que el reglamento de consejo de administración exigible en sede de anónimas cotizadas. Se hace expresa alusión al concepto de "reglamento interno" en el artículo 23.2 RCC fine cuando indica: "El *Reglamento interno* o los Estatutos regularán los derechos, obligaciones y situaciones de conflicto de intereses de dicho consejero laboral y de los demás consejeros. (…)"[243]. Sin embargo, ni de la norma sectorial ni la general se desprende quién ostenta la competencia para su regulación. Sobre este aspecto destacamos, como apunta VAÑO[244], que el legislador cooperativo ha

---

242 ÁLVAREZ-VIJANDE, J. (2012): "El consejo rector de las cooperativas de crédito: principios de actuación y responsabilidades" *40 UNACC: El Sistema financiero y el gobierno corporativo*, Madrid, pp. 61-66, p. 64 Entre otras, el autor señala: (1) liderar la cooperativa de crédito al máximo nivel, salvo lo que está reservado a la asamblea; (2) aprobar la estrategia de la cooperativa; (3) servir y responder ante los cooperativistas y terceros; (4) supervisar la gestión de la cooperativa (cumplimiento de planes, rentabilidad, viabilidad, desarrollo, evaluar permanentemente los riesgos y disponer de los medios y procesos de control y auditoria apropiados); (5) supervisar al primer ejecutivo/director general (seleccionar y designarlo, aprobar sus objetivos, evaluar el desempeño y definir los esquemas concretos de su retribución. Así como, aprobar las propuestas de nombramientos y cese de los altos directivos incluidos los que dependen directamente del director general; (6) así como la retribución y evaluación de dichos altos directivos.

243 La cursiva es nuestra.

244 VAÑO, M.J. (2004): "Transparencia y nuevas tecnologías en las cooperativas de crédito", *CIRIEC-España, Revista de Economía Pública, Social y Cooperativa*, núm. 49, agosto, pp. 117-141, p. 127, disponible en: http://ciriec-revistaeconomia.es/wp-content/uploads/05_Vano_49.pdf, p. 123.

olvidado el principio de autorregulación propio del consejo rector que sí está previsto para las sociedades anónimas (que no para las limitadas) en el artículo 245 LSC. Desde nuestro punto de vista, este derecho de autorregulación debería considerarse consustancial a todo órgano colegiado, y por tanto también al consejo rector[245].

II.II.4. DELEGACIÓN DE FUNCIONES

El poder de representación de la cooperativa reside en el consejo rector. Sin embargo, por razones de funcionalidad, este órgano suele delegar algunas de sus facultades en sus propios miembros. De hecho, la amplitud de las funciones que la ley y los estatutos encomienda al consejo rector de las cooperativas aconseja que éste delegue algunas de ellas, especialmente las de carácter ejecutivo[246]. Así, el consejo rector puede realizar delegaciones esporádicas y delegaciones permanentes a favor de una o varias comisiones (delegaciones pluripersonales) o a uno o varios consejeros (delegaciones unipersonales), con mandato de actuación conjunta, indistinta, solidaria o colegiada tal como recoge el artículo 36.1 LC.

Las primeras se denominan "**comisiones ejecutivas o delegadas**", formadas por grupos de consejeros que deben actuar colegialmente, y las segundas se referirían a los consejeros que actuarían como administradores delegados a título individual[247]. Los integrantes de las comisiones y los propios con-

---

245 Así lo entiende el profesor VICENT CHULIÁ, F. (1999): *Ley General de cooperativas*, XX-2°, p. 731.

246 VARGAS VASSEROT, C. (2009): "La estructura orgánica de la sociedad cooperativa y el reto de la modernidad corporativa", *CIRIEC-España. Revista jurídica de Economía Social y cooperativa*, núm.20, pp. 1-23, p. 14.

247 Los estatutos sociales de cada cooperativa deberán fijar las mayorías necesarias para adoptar estos acuerdos. Sin embargo, es menester indicar que,

sejeros delegados son miembros del consejo rector a los que se les encomienda la realización separada de todas o algunas de las facultades delegables del consejo rector. Por el contrario, el consejo rector no podrá delegar (ni de forma temporal) el conjunto de sus facultades ni aquellas que resulten indelegables. En cualquier caso, la delimitación del contenido y las condiciones de ejercicio de las facultades objeto de delegación es competencia de la asamblea general y pueden ser aspectos regulados en los estatutos sociales y, a falta de regulación estatutaria o de acuerdo asambleario, el consejo rector podría delegar todas sus facultades a excepción de la obligación de formulación de las cuentas anuales y el informe de gestión (artículo 61 LC).

En las sociedades cooperativas de crédito en particular, también se prevé la delegación de algunas de sus facultades (siempre que sean delegables), en una o varias comisiones ejecutivas, integradas por un mínimo de dos consejeros. Sin embargo, la delegación en la figura de los consejeros delegados en las sociedades cooperativas de crédito no es posible salvo que los estatutos sociales lo reconozcan así de forma expresa (artículo 25 RCC). La figura del **consejero delegado** es típica de las sociedades de capital, aunque que cada vez va ganando mayor calado en las sociedades cooperativas[248] prueba más del fenómeno

---

si bien la LC no lo prevé, la distinta normativa autonómica sí prevé que la delegación de facultades y la elección de la persona del consejero delegado o de los miembros de la comisión ejecutiva exigen el voto favorable de dos tercios de los componentes del consejo. Así se halla en el artículo 40 LSCA, artículo 40 LCAR, artículo 46 LCPV, artículo 41 LCG, artículo 42 LCCM, artículo 48 LCCV. Se exceptúa la LCIB, cuyo artículo 53 exige solamente mayoría absoluta de los componentes del consejo.

248 "Propuesta de la Ponencia para la elaboración de un texto articulado de revisión del régimen jurídico de las cooperativas". En el apartado 4.3-14 sobre «delegación de funciones», se permite la delegación de forma permanente a título de consejero delegado. Además, en el apartado 3 se inserta con carácter

de la mercantilización o societarización que ha provocado isomorfismo en el sistema, al que hemos ido aludiendo[249]. El consejero delegado es considerado como un "director efectivo", cuyo concepto merece ser analizado en profundidad[250]. En el

---

imperativo la obligatoriedad de designar un gestor de dedicación permanente con carácter de consejero delegado o director, lo cual será obligatorio para las cooperativas con sección de crédito.

249 BUENDÍA MARTÍNEZ, I. (2000): "La participación democrática: ¿un valor en extinción en las sociedades cooperativas?" *CIRIEC-España*, núm. 34, pp. 7-21, p. 18. La continua presión legal e institucional para asemejar a la sociedad cooperativa con otras formas empresariales de naturaleza capitalista está derivando en una pérdida paulatina de su base democrática. Los problemas organizativos y financieros esgrimidos para defender la dilución de su especificidad resultan ser las excusas para no admitir formas alternativas a la organización económica dominante.

250 En este sentido, traemos a colación lo considerado por el Tribunal General de la UE sobre el concepto de «directivo efectivo» relacionado con la incompatibilidad entre las funciones funciones de presidente del consejo de administración y, al mismo tiempo, de consejero delegado en una entidad de crédito en la Sentencia del Tribunal General de la UE, en los asuntos acumulados T-133/16 a T-136/16 Caisses régionales de crédit agricole mutuel Alpes Provence, Nord MidiPyrénées, Charente-Maritime y Brie Picardie/ Banco Central Europeo. Resolución disponible en el siguiente enlace: https://eur-lex.europa.eu/legal-content/ES/TXT/PDF/?uri=CELEX:62016TJ0133&from=NL (fecha última consulta: 20/3/2022). Esta resolución vino motivada por cuatro entidades financieras (cajas regionales de *Credit Agricole*) de Francia, dentro del grupo bancario *Crédit Agricole* que, como tal, es objeto de supervisión por parte del Banco Central Europeo (BCE). Las cajas regionales pretendían nombrar como «directivo efectivo» y «Presidente» a la misma persona en cada una de ellas. El BCE aprobó la designación como presidentes del consejo de administración, oponiéndose sin embargo a que simultáneamente desempeñasen la función de "directivo efectivo". El BCE fundamentó su oposición señalando, entre otros aspectos, que el ordenamiento europeo exige la separación entre las funciones ejecutivas y las de presidencia–no ejecutivas–en el seno del órgano de dirección. Las cajas regionales del grupo *Crédit Agricole* interpusieron un recurso de nulidad ante el Tribunal General solicitando la anulación de las decisiones del BCE, sobre el argumento principal de que el BCE no había interpretado correc-

caso que los estatutos de la cooperativa de crédito sí previeran esta figura, entraría en juego el artículo 29.4 LOSSEC, el cual prohíbe que el presidente del consejo rector ejerza simultáneamente el cargo de consejero delegado, salvo que la entidad lo justifique y el Banco de España lo autorice excepcionalmente. Ello al amparo del artículo 88.1 de la Directiva CRD IV[251] en re-

---

tamente el concepto de «directivo efectivo», al restringirlo a los consejeros con funciones ejecutivas. Sin embargo, el Tribunal General desestimó los recursos. El Tribunal General analiza el concepto de «directivo efectivo» de una entidad de crédito, al amparo de artículo 13 Directiva CRD IV *«Artículo 13 (dirección efectiva de la actividad ...l) 1. Las autoridades competentes solo concederán la autorización para iniciar las actividades de entidades de crédito cuando la entidad de crédito solicitante cuente con al menos dos personas en la dirección efectiva de la actividad. Denegarán la autorización si los miembros del órgano de dirección no cumplen los requisitos a que se refiere el artículo 91, apartado 1»* En contra de lo sustentado por las demandantes, el Tribunal concluyó que el concepto de «directivo efectivo» se refiere a los miembros del órgano de dirección que forman parte de la alta dirección de la entidad de crédito. Subrayó que el objetivo de buen gobierno de entidades de crédito exige una supervisión efectiva de la alta dirección por los miembros no ejecutivos del consejo de administración, que quedaría sin duda menoscabada si el Presidente se encargara simultáneamente de la dirección efectiva de la actividad de la entidad de crédito. Se habla en particular del "equilibrio de poderes" en sede del consejo de administración. De conformidad con estos antecedentes, el Tribunal General afirma además que el BCE aplicó correctamente lo dispuesto en el artículo 88 de la Directiva CRD IV (y en el Código Monetario y Financiero francés que la transpone CMF) que somete a autorización el ejercicio simultáneo de presidencia y consejero delegado de una entidad de crédito. Entre otros aspectos argumentados por las demandantes, alegan que, en virtud de su condición de cooperativas, les será de aplicación la norma cooperativa que no contemplaba un reparto entre las diferentes funciones en el seno del consejo de administración. Sin embargo, el Tribunal consideró que sí debía haber una diferenciación entre las funciones de supervisión y las funciones ejecutivas dentro del consejo de administración con el fin de garantizar el cumplimiento de lo preceptuado en el artículo 511-58 del CMF.

251 Artículo 88.1.e) Directiva CRD IV: "El presidente del órgano de dirección en su función de supervisión de una entidad no debe poder ejercer simul-

lación con su Considerando (57)[252] y traspuesto en nuestro ordenamiento jurídico en el citado artículo 29.4 LOSSEC. La no concurrencia en la misma persona de los dos cargos se arrastra desde los primeros códigos de buen gobierno de las sociedades cotizadas y documentos iniciales de *soft law*.

En el supuesto que los estatutos previeran la creación de **comisiones ejecutivas**, según la normativa sectorial de las cooperativas de crédito (artículo 25 RCC), de éstas formarán parte al menos dos consejeros que reúnan los requisitos de idoneidad del artículo 2.2 y 2.3 RCC. Sobre ello pueden extraerse varias interpretaciones: en primer lugar, que las comisiones deban estar constituidas por, al menos, dos consejeros con los requisitos del artículo 2.2 y 2.3 (es decir, que el número mínimo de miembros de la comisión ejecutiva[253] sea de dos consejeros); en segundo lugar, que en las comisiones ejecutivas que se constituyan por más de dos miembros del consejo rector al menos dos de ellos cumplan los requisitos del artículo 2.2 y 2.3 RCC; y, en tercer lugar, también cabría la interpretación que

---

táneamente las funciones de consejero delegado de la misma entidad, salvo que la entidad lo justifique y las autoridades competentes lo autoricen".

252 Considerando (57) Directiva CRD IV: "Entre los cometidos de los miembros no ejecutivos del órgano de dirección de una entidad deben figurar un cuestionamiento constructivo de la estrategia de la entidad y contribuir de este modo a su desarrollo, controlar la ejecución de la gestión en lo que se refiere a la consecución de objetivos fijados, asegurarse de que la información financiera es exacta y de que los controles financieros y los sistemas de gestión de riesgos son sólidos y defendibles, examinar la definición y la ejecución de la política de remuneración de las entidades y proporcionar puntos de vista objetivos en materia de recursos, nombramientos y normas de conducta".

253 Cabe la posibilidad que existan comisiones ejecutivas del consejo rector, comités de recursos o cualquier otro órgano previsto estatutariamente por la cooperativa de crédito. Por lo que el Comité de Recursos respeta, su composición y funciones serán señaladas en los estatutos sociales, cuyos acuerdos serán inmediatamente ejecutivos y definitivos, pudiendo ser impugnados conforme lo establecido en la LC. (Artículo 44.3 LC).

las comisiones ejecutivas pueden estar formadas por miembros del consejo rector (al menos 2) y otros no consejeros, en cuyo caso, solamente los dos miembros del consejo rector deberán necesariamente cumplir con los requisitos del artículo 2.2. y 2.3 RCC. Entendemos que, de una interpretación teleológica, la voluntad de la norma es la primera opción dado que tanto la segunda como la tercera opción carecerían de fundamento por lo que explicaremos a continuación. Por un lado, en el caso de apostar por la segunda opción, habría una clara contradicción en la norma sectorial puesto que el artículo 2.f) RCC exige, como requisito para obtener y conservar la autorización que todos los miembros del consejo rector reúnan los requisitos de idoneidad (cualidades de honorabilidad, conocimientos y experiencia). Esta segunda interpretación implicaría afirmar que hay una dispensa al resto de los miembros del consejo rector de cumplir con los requisitos de honorabilidad, experiencia y conocimientos previstos tanto en la normativa financiera como también en la sectorial de las cooperativas de crédito. Entendemos que ello no es posible: la norma es clara y su incumplimiento puede llevar, repetimos, a la pérdida de la autorización para llevar a cabo su actividad. Por otro lado, no hay lugar para la tercera interpretación puesto que las comisiones ejecutivas son órganos integrados dentro del consejo rector conformado por sus propios integrantes y, por tanto, no es posible que se configuren por terceras personas no consejeros. En cualquier caso, concluimos que la referencia expresa a los requisitos que deben cumplir los miembros de las comisiones ejecutivas resulta redundante y más que aclarar, puede crear dudas en su interpretación como hemos expuesto.

II.II.5. TIPOLOGÍA DE CONSEJEROS

Los criterios de clasificación de consejeros en la norma financiera y societaria no coinciden. Por un lado, la distinción entre "**socios–no socios**" utilizada para clasificar a los consejeros no es un criterio seguido por la norma financiera que, recordemos, clasifica los consejeros entre ejecutivos y no ejecutivos, dentro de los cuales están los dominicales, independientes y otros externos, tomando como referencia a la LSC y el CBG. Por otro lado, la vigente normativa cooperativa (ni la general para todas las cooperativas ni la sectorial de las cooperativas de crédito) no prevé entre sus disposiciones el concepto de "**consejero independiente**" como tal. La distinción que éstas realizan es, como hemos apuntado, entre "socios–no socios" y, por el contrario, la LOSSEC no cuenta con disposiciones que aludan al necesario equilibrio entre socios y no socios en el órgano de administración de las entidades de crédito.

Considerando esta falta de homogeneidad entre los textos normativos, debemos identificar en las cooperativas de crédito a cada una de las tipologías enunciadas en la norma bancaria. Entendemos deben equipararse los consejeros ejecutivos a aquellos miembros del consejo rector que desempeñaran funciones de dirección en la sociedad o grupo. Sobre ello debemos realizar dos observaciones. Por una parte, recordemos que, salvo previsión estatutaria, no se prevé la figura del "consejero delegado" en estas sociedades y la dirección es llevada habitualmente por la dirección general por lo que, en la práctica, las cooperativas de crédito son organizaciones en cuyo consejo rector hay muy pocos ejecutivos[254]. Por otra parte, a pesar de que esta clasificación no es habitual en el ámbito cooperativo, algunos reglamentos internos de sociedades cooperativas de crédito la toman como propia a pesar de que esta clasificación

---

[254] ÁLVAREZ-VIJANDE, J.: (2012): "El consejo rector de las cooperativas de crédito: principios de actuación y responsabilidades" *ob.cit.,* p.62. El director general, primer ejecutivo de una cooperativa no es miembro del consejo rector, aunque asista como invitado a las reuniones del consejo rector, y los demás miembros suelen ser cooperativistas. No existen, en general, consejeros profesionales externos que, según el autor: "ayuden a completar o balancear la visión endogámica cooperativista".

está pensada e ideada para las sociedades anónimas cotizadas[255], si bien tratando de adaptarlas a sus propias características y necesidades[256] .

---

255 Otro ejemplo de cómo la normativa bancaria toma como prototipo a la sociedad anónima es la Norma 60 de la Circular 2/2026, relacionada con la información sobre gobierno corporativo y política de remuneraciones en la página web de las entidades de crédito, la cual deberá ofrecer, entre otros aspectos, la siguiente información: "f) La composición del consejo de administración y la identificación de los consejeros ejecutivos, no ejecutivos e independientes". Y, por tanto, las sociedades cooperativas de crédito deberán también proveer esta información públicamente a pesar de que, como hemos dicho, no encajan estas figuras con su naturaleza.

256 Por ejemplo, el Reglamento para la actuación del consejo rector de Caja Rural de Gijón establece lo siguiente: partiendo de que todos los consejeros serán socios (a excepción del vocal nombrado en representación de los trabajadores), se considerarán consejeros dominicales: (1) los que mantengan una participación significativa, entendiéndose como tal en personas físicas el 0,5 % del capital y en personas jurídicas el 1 % del capital (veamos que, en este punto, los porcentajes distan considerablemente de previstos en el artículo 16 LOSSEC, que los fija en el 10%); (2) sean consejeros, altos directivos o empleados, de un socio que reúna los requisitos señalados en 1) aunque, ellos, personalmente no alcancen esos porcentajes; (3) sean cónyuge, persona ligada con análoga relación de afectividad, o pariente hasta segundo grado de un socio que reúna los requisitos señalados en 1) aunque ellos personalmente no alcancen esos porcentajes. Asimismo, se consideran consejeros ejecutivos aquellos que desempeñen funciones de alta dirección o son empleados de caja rural en activo. Desde nuestro punto de vista, la asunción de esta clasificación por parte de las sociedades cooperativas podría considerarse una prueba más de la desnaturalización de su régimen, muestra más de la ya reiterada "bancarización", "societarización" e "isomorfismo" en que las entidades de crédito están inmersas tratando de tomar como suyas características propias de otras sociedades como son las sociedades anónimas, lo que puede socavar la especificidad del modelo social de las cooperativas de crédito. Reglamento interno del consejo rector Ruralvia: Disponible en: https://www.ruralvia.com/cms/estatico/rvia/gijon/ruralvia/es/particulares/informacion_institucional/docs/BORRAR-Reglamento_actuacixn_Consejo_Rector.pdf (fecha última consulta: 16/3/2022).

Entendemos que la incorporación de "**consejeros externos profesionales**" en los consejos rectores de las cooperativas podría ayudar a modular, actualizar y actuar como catalizador de la modernización en las prácticas de gobierno y en el negocio[257]. Al igual que en el resto de las sociedades, la existencia de consejeros externos puede constituir una mejora del gobierno corporativo puesto que favorece una gestión más plural, independiente y profesionalizada[258]. Sin embargo, las cooperativas suelen ser reacias a esta incorporación en tanto que puede ir en contra de su propia estructura societaria cooperativa[259] por lo que en esta reflexión debería de participar también el regulador facilitando herramientas para cumplir con los estándares de profesionalidad sin renunciar a su identidad.

---

257 Así se cita en UNACC (2012): *El sistema financiero y el gobierno corporativo*, p. 62.

258 En este sentido respecto a sociedades de capital, es interesante el trabajo de FERRARINI, G. (2015): "CRD IV and the Mandatory Structure of Bankers' Pay", *ECGI Law working paper*, núm. 289/2015, p. 11. El autor señala que, aunque los independientes son utilizados para el buen control del consejo, ese control depende de las cualidades profesionales y niveles de implicación en las actividades del consejo que no son necesariamente inherentes a la actual definición de independiente.

259 CO-OPERATIVES UK (2016): *The governance of large co-operative businesses. A research study by Professor Johnston Birchall*, p.102, disponible en: https://www.ica.coop/sites/default/files/2021-11/governance-report_2017_Coops%20UK_final_web.pdf (fecha última consulta: 10/5/2022). La CHS Inc., la cooperativa agrícola gigante americana ha explicado recientemente que no necesita independientes porque los miembros del consejo son agricultores con mucha experiencia. Otras cooperativas, como Land o 'Lakes, han designado a algunos independientes. Otro ejemplo es la presión para traer altos ejecutivos, haciéndolos más responsables de la gobernanza también como gerencia. Esto ha sido evitado por muchas cooperativas por considerarlo en contra de sus principios, ya que los consejeros deben ser elegidos obligatoriamente entre los miembros.

En tercer lugar, la figura del **consejero independiente** suele ostentar un papel trascendental en el objetivo de conseguir un buen gobierno. Es por ello que deberemos delimitar cuáles serían considerados consejeros independientes en las sociedades cooperativas de crédito. Avanzamos que nos surgen dudas al respecto como, por ejemplo, si un socio que es a su vez miembro del consejo rector podría ser considerado como consejero independiente. Para arrojar algo de luz debemos traer a colación lo dispuesto en la Guía EBA/GL/2021/06, que señala la interacción entre la "independencia de ideas" y el requisito de ser "formalmente independiente", como hemos analizado anteriormente. Recordemos que el primer requisito de independencia de ideas es exigible a todos los miembros del órgano de administración.

En las sociedades cooperativas, los socios realizan una actividad cooperativizada con la sociedad[260]. Por ello, podría resultar complicado *a priori* conciliar el requisito de "independencia de ideas" con la condición de socio puesto que, en mayor o menor interés, éstos se ven condicionados por su relación con la sociedad. No obstante, desde nuestro punto de vista, la independencia de ideas que exige el regulador es un elemento que se favorece en el modelo cooperativo. El principio democrático es una garantía de ésta puesto que no existen miembros individuales que puedan ejercer una significante influencia en los demás sujetos como sucede en sede de sociedades de capital (recordemos los límites en el capital y en el poder de decisión). Así, la independencia de criterio o juicio está ahí para garantizar que se preserve el interés general, así como el

---

260 VARGAS VASSEROT, C. (2009): "La estructura orgánica de la sociedad cooperativa y el reto de la modernidad corporativa", *ob.cit.* p.69. Hay que tener en cuenta que el requisito de ser socio en muchas clases de cooperativas es un "mero trámite" como, por ejemplo, con abrir una cuenta en una cooperativa de crédito.

desarrollo continuo de la cooperativa y para evitar que actúe solamente en beneficio de unos pocos sujetos. El inconveniente de la exigencia de consejeros independientes en las cooperativas de crédito es recogido por GUIDER[261] en el caso de una entidad cooperativa local, en la que los miembros del consejo rector son a menudo interlocutores locales (es decir, autónomos, directores de pymes, profesionales liberales o socios de la entidad) y, por lo tanto, no son independientes como exigen las autoridades de supervisión.

Por su parte, en cuanto a la "**independencia formal**", recordemos que se trata de un requisito exigible solo a una parte de los miembros del órgano de administración. En la sociedad cooperativa de crédito, esta figura la conformarían los consejeros expertos no socios que prevé el artículo 34.2 de la LC, al cual ya hemos hecho referencia[262]. Desde nuestro punto de vista, no acertamos a concretar a qué intereses estaría respondiendo el consejero independiente en una sociedad cooperativa, máxime cuando los demás integrantes del órgano de ad-

---

[261] GUIDER, H. (2017): "La banca cooperativa en Europa ¿A qué desafíos se enfrenta después de la crisis financiera?" *Mediterráneo Económico,* núm. 29, pp. 361-379, p. 374 y ss. La profesionalización del consejo rector es deseable, pero los medios para ello no están adaptados a las especificidades de las cooperativas de crédito. Esto constituye un gran desafío para estas entidades porque la estructura de organización de los grupos cooperativos induce a designar consejeros elegidos previamente a escala local y regional. Si los perfiles no se ajustan a las normas establecidas por el supervisor, no podrán formar parte del consejo de la entidad u órgano central. Este fenómeno se observa ya en algunos grupos cooperativos y lleva a designar a consejeros independientes, no vinculados con la base, lo que distorsiona por completo la gobernanza de la banca cooperativa.

[262] VARGAS VASSEROT, C. (2009): "La estructura orgánica de la sociedad cooperativa y el reto de la modernidad corporativa", *ob.cit.*, p.72.

ministración son los propios socios, a cuyo interés también se debe la sociedad[263].

En cualquier caso, tal como señala LAMARQUE[264] y en lo que estamos del todo de acuerdo, lo relevante es la independencia de criterio y espíritu (es decir, "independencia de ideas"), más que la independencia puramente formal puesto que ésta última no resulta necesariamente suficiente para garantizar la otra. Según el citado autor, en las entidades cooperativas de crédito, el requisito de contar con consejeros formalmente independientes debería ser directamente rechazado. En este sentido, numerosos artículos científicos han puesto de manifiesto los límites del criterio de independencia y no existe una relación evidente entre el porcentaje de miembros formalmente independientes en un consejo y el nivel de productividad de la empresa. A esto se agrega a menudo el argumento de la "genuina independencia" de los miembros a través de su elección democrática, lo que naturalmente les conferiría este estatus.

---

263 PASTOR SEMPERE, C. (2002): "Consejo rector (administradores) y dirección" *ob.cit.*, p. 133. En referencia a las sociedades de capital, esta terminología de «consejero independiente» trata de subrayar la libertad de criterio y actuación con que esta categoría de consejeros actúa al servicio de los intereses de los pequeños inversores no representados en el consejo de administración. Al margen de que sean o no accionistas, éstos pasan a formar parte del consejo de administración en razón a su alta cualificación profesional y como representantes de los intereses de los accionistas ordinarios. Obviamente, en las sociedades cooperativas, este tipo de consejero deberá defender otros intereses, que no acertamos a concretar máxime si se tiene en cuenta que los miembros del consejo rector son siempre socios de la sociedad. Tal vez en el supuesto de la sociedad cooperativa lo que se ha perseguido con esta posibilidad es, junto a otras como la remuneración y la responsabilidad, profesionalizar el órgano de administración de la sociedad cooperativa.

264 LAMARQUE, E. (2018): "The Governance of Cooperative Banks: Main features and New challenges" *New Cooperative Banking in Europe: Strategies for Adapting the Business Model Post Crisis* (ed. MIGLIORELLI, M.), pp. 139-155, p. 151 ss.

Relacionado con esta exigencia, la (Asociación Española de Bancos Europeos) solicitó ya en 2016 que a los grupos de banca cooperativa en su conjunto y en las cooperativas de crédito individualmente, no se les negara su independencia a los siguientes sujetos: (1) a los miembros del consejo rector que fueran también clientes y socios de la cooperativa y (2) a los miembros del consejo rector de cualquier otra cooperativa del grupo o red cooperativa, que fueran miembros el consejo rector, directores, u cualquier otro puesto clave en otras cooperativas del grupo. Sobre este asunto, la aprobación de la Guía EBA/ESMA/GL/2017/12 supuso un avance en esta dirección que se ha consolidado en la Guía EBA/GL/2021/06. Así, el apartado (89) de la misma enumera ciertas situaciones en las que se presume que no concurre en el miembro del órgano de administración el requisito de ser "formalmente independiente". Sin embargo, tal como se extrae del apartado (90), el mero hecho de que concurran una o más de las situaciones contempladas en el apartado (89) no significa que haya que considerar automáticamente a un miembro como no independiente. Cuando en un miembro concurra una o más de las situaciones contempladas en el apartado (89), la entidad puede demostrar a la autoridad competente que debe considerarse que el miembro es, no obstante, independiente. Con esta finalidad, las entidades deberán poder justificar ante la autoridad competente la capacidad del miembro para emitir un juicio objetivo y equilibrado y para tomar decisiones de forma independiente. De lo anterior extraemos la conclusión que ser socio de la cooperativa de crédito no implica necesariamente, ni tan siquiera, que deba considerarse que no es formalmente independiente. Es decir, los consejeros con condición de socios de las sociedades cooperativas de crédito podrían ser, además de independientes en cuanto a ideas, también considerarse independientes formalmente a pesar de su condición como tales, siempre que ello se justificara adecuadamente a la autoridad competente.

Esta es una muestra más del necesario traslado al regulador y supervisor del funcionamiento del sujeto de nuestro estudio.

Para finalizar este apartado, la Guía EBA/GL/2021/06 no determina la proporción de consejeros independientes que debe existir en el órgano de administración de una entidad de crédito. simplemente se refiere en su apartado (88) a "un número suficiente" en las entidades de crédito y servicios de inversión significativas y en las cotizadas, en el esto, será suficiente la existencia de al menos un consejero independiente, si bien con algunas excepciones. Así, teóricamente, la mayoría de las cooperativas de crédito cumplirían con la norma si cuentan con un único miembro independiente entre los integrantes del consejo rector. Sin embargo, esto no encajaría con la obligatoriedad de contar en las comisiones obligatorias con un tercio de sus miembros como independientes, por lo que el número final variaría en función del número total de integrantes de cada comisión.

II.II.6. DEBERES Y RESPONSABILIDADES

En las siguientes líneas revisaremos los deberes y el régimen de responsabilidad de los administradores de una sociedad cooperativa de crédito. Se trata de un ejemplo más de la acusada societarización de la cooperativa y prueba de ello es la recurrente remisión al régimen societario capitalista en la normativa cooperativa[265] y es por ello que consideramos necesario exponer en primer lugar el régimen mercantil capitalista.

---

265 La LC, igual que sus normas predecesoras, adopta la norma aplicable a las sociedades anónimas como molde en materia de responsabilidad. Sin embargo, como señala SEMPERE, resultan desafortunadas no tanto el simple hecho de la remisión efectuada, cuanto los términos en los que se lleva a cabo puesto que se trata de una remisión excesivamente genérica y ambigua. PASTOR SEMPERE, C. (2002): "Consejo rector (administradores) y dirección", *ob.cit.*, p. 151. Asimismo, véase a MORILLAS, M.J., FELIU, M.I. (2018): *Curso*

Los administradores de las sociedades de capital deben desempeñar su cargo con la **diligencia de un ordenado empresario** y como un representante **leal**, respondiendo en caso contrario de los daños que hayan podido causar. La LSC regula en su Capítulo III la concreción de estos deberes, el cual tiene una relación directa con el régimen de responsabilidad desglosado en el Capítulo V de la LSC. Por su parte, la legislación cooperativa estatal[266] no determina los deberes de los administradores, si bien el artículo 43 LC relativo a la responsabilidad de los consejeros hace una remisión genérica a las sociedades anónimas, aunque éstas carezcan de un régimen exclusivo o peculiar en esta materia, pues lo comparten en la LSC con los restantes tipos de sociedades de capital.

---

de cooperativas, ob.cit., p.418. La LC al igual que la anterior LGC y la Ley de 1974 adopta el régimen de la Ley de Sociedades Anónimas -hoy derogada- y todavía mantiene la referencia a su artículo 133. Aparece aquí una remisión expresa al Derecho de Sociedades, citado tantas veces en la Exposición de Motivos de la LC. Esto resulta desafortunado, no tanto el hecho de la remisión efectuada, cuanto los términos en los que se lleva a cabo. Se trata de una remisión excesivamente genérica y ambigua. Ello plantea algunas cuestiones importantes: en primer lugar, si la remisión normativa tiene lugar para la denominada "responsabilidad social" (artículos 236 y ss. LSC) como para la "responsabilidad individual" (artículo 241 LSC); y, en todo caso, la cuestión pasa por saber si es de aplicación el estándar de diligencia contemplado en el artículo 227 y concordantes LSC. Asimismo, habrá que analizar si resultan aplicables otros supuestos de responsabilidad no contemplados en los citados artículos LSC, como por ejemplo el del artículo 367 LSC. La autora se decanta por una remisión a la sola "acción social de responsabilidad" puesto que todo apunta a que "los daños causados" expresados en el artículo 43 LC se refieren a daños sociales (a la sociedad cooperativa), con ocasión del ejercicio o desempeño de las funciones propias de un miembro del consejo rector.

266 Otras legislaciones autonómicas sí aluden de alguna forma a estos deberes. Por ejemplo, haciendo referencia a la diligencia de un ordenado empresario y de un representante leal (artículo 47 LCPV y artículo 51 LCCyL). Otros textos legales aluden a la exigencia de un "ordenado gestor y un representante leal" (artículo 42 LCAR o artículo 42 LSCEX).

En primer término, el **deber de diligencia** exige que los administradores desempeñen el cargo con la diligencia de un ordenado empresario, teniendo en cuenta la naturaleza del cargo y las funciones atribuidas; y subordinen, en todo caso, su interés particular al interés de la empresa[267]. Cabe destacar que esta última exigencia fue introducida por la Ley 5/2021 y materializa en una norma societaria el concepto de "interés de la empresa" que no estaba previsto en la anterior redacción. Asimismo, la dedicación de los administradores debe ser adecuada, añadiendo que éstos adoptarán las medidas precisas para la buena dirección y control de la sociedad. En el desempeño de sus funciones, el administrador tiene el deber de exigir y el derecho de recabar la información adecuada y necesaria de la sociedad que le sirva para el cumplimiento de sus obligaciones. Por su parte, el artículo 226 LSC recoge la regla del *business judgment rule*, procedente del *Common Law* anglosajón[268], la cual limita el control judicial de las decisiones empresariales en virtud de la cual, en el ámbito de las decisiones estratégicas y de negocio sujetas a la discrecionalidad empresarial, se entiende que el estándar de diligencia de un ordenado empresario se cumple cuando adopta tales decisiones conforme a los siguientes parámetros: con arreglo a un proceso de decisión adecuado, con información suficiente, sin interés personal en el asunto y de buena fe. Quedan excluidas de la discrecionalidad empresarial las decisiones que afecten personalmente a otros administradores o personas vinculadas y, en particular, respecto al régimen de imperatividad del artículo 230 LSC.

En segundo lugar, la LSC tipifica al **deber de lealtad** y ordena las conductas consideradas como desleales, concretando las sanciones y los cauces para exigir responsabilidades.

---

[267] Artículo 225 LSC.

[268] La Ley 31/2014 introduce por primera vez en el ordenamiento español la denominada regla de la «protección de la discrecionalidad empresarial».

En esencia, el deber de lealtad consiste en la obligación del administrador de anteponer el interés de la sociedad al suyo propio[269]. El artículo 227 LSC en particular regula el régimen general indicando que la conducta de los administradores ha de corresponder con la de un fiel representante, que obre de buena fe y en el mejor interés de la sociedad[270]. La inclusión de interés de la sociedad en sede del deber de lealtad o del interés de la empresa en el ámbito de la diligencia, debe de interpretarse como una alusión a la existencia de otros intereses más allá del de los propios accionistas o socios, identificados con el tradicional concepto de interés social. Es por ello que, desde nuestro punto de vista, podría interpretarse como la tipificación de la perspectiva *stakeholder* de gobierno corporativo en una disposición legal. Dejando a un lado esta apreciación, la infracción del deber de lealtad comporta la obligación de indemnizar del daño causado y el deber de devolución, en su caso, del enriquecimiento injusto obtenido por el administra-

---

[269] Sobre el deber de lealtad, véase GARCÍA COMPANYS, A. (2019): "El deber de lealtad de los administradores: una aproximación desde el análisis económico del derecho" *Derecho de sociedades: cuestiones sobre órganos sociales* (dirs. GONZÁLEZ FERNÁNDEZ, M.B., COHEN BENCHETRIT, A.), (coords. OLMEDO PERALTA, E., F. GALACHO ABOLAFIO, A.), Tirant lo Blanch, pp. 771-788.

[270] En virtud del artículo 228.e) LSC, el deber de lealtad obliga al administrador a adoptar las medidas necesarias para evitar incurrir en situaciones en las que sus intereses, sean por cuenta propia o ajena, puedan entrar en conflicto con el interés social y con sus deberes para con la sociedad. Relacionado con ello, cabe destacar la reciente Sentencia del Tribunal Supremo 21/12/2021 que aclara los efectos de la responsabilidad de los administradores derivada del incumplimiento del deber de lealtad por el reparto de fondos de la sociedad en base a una serie de acuerdos entre los socios. En cuanto a una posible infracción del deber de lealtad de los administradores -que les obliga a actuar en interés de la sociedad, el TS considera que lo relevante es que los administradores se abstengan de anteponer su interés personal al de la sociedad, que en principio viene configurado por el interés del conjunto de los socios siempre que no perjudique legítimos derechos de terceros.

dor desleal. Este deber se traduce en unas obligaciones básicas (no ejercitar facultades con fines distintos a los que le fueron concedidos, guardar secreto, abstenerse en caso de conflicto de interés, desempeñar el cargo de forma responsable y evitar incurrir en situaciones de conflicto de interés[271]). Sobre este último aspecto, el artículo 229 LSC insta a que el administrador (o persona vinculada a él) se abstenga de: realizar transacciones con la sociedad, del uso de activos sociales, del aprovechamiento de oportunidades de negocio, de la obtención de una ventaja o remuneración de un tercero o de desarrollar actividades competitivas.

El régimen del deber de lealtad y la responsabilidad por su infracción es imperativo[272]. No obstante, el artículo 230 LSC

---

271 Artículo 228 LSC: "En particular, el deber de lealtad obliga al administrador a: a) No ejercitar sus facultades con fines distintos de aquéllos para los que le han sido concedidas. b) Guardar secreto sobre las informaciones, datos, informes o antecedentes a los que haya tenido acceso en el desempeño de su cargo, incluso cuando haya cesado en él, salvo en los casos en que la ley lo permita o requiera. c) Abstenerse de participar en la deliberación y votación de acuerdos o decisiones en las que él o una persona vinculada tenga un conflicto de intereses, directo o indirecto. Se excluirán de la anterior obligación de abstención los acuerdos o decisiones que le afecten en su condición de administrador, tales como su designación o revocación para cargos en el órgano de administración u otros de análogo significado. d) Desempeñar sus funciones bajo el principio de responsabilidad personal con libertad de criterio o juicio e independencia respecto de instrucciones y vinculaciones de terceros. e) Adoptar las medidas necesarias para evitar incurrir en situaciones en las que sus intereses, sean por cuenta propia o ajena, puedan entrar en conflicto con el interés social y con sus deberes para con la sociedad".

272 Hasta la reforma de la Ley 31/2014, la doctrina de manera muy mayoritaria venía defendiendo la imperatividad del régimen de la responsabilidad civil, de los administradores en las sociedades de capital. Con la reforma introducida y la omisión de referencia al deber de diligencia, ha llevado a muchos autores a expresar el carácter dispositivo del deber de diligencia. Sobre este aspecto, resulta interesante la recapitulación realizada en la entrada de MUÑOZ GARCÍA, A. (2018): "¿Puede liberarse a los administradores de

sistematiza el régimen de imperatividad y dispensa (únicamente respecto al deber de lealtad), aplicándose en casos los supuestos tipificados mediante la autorización expresa por la junta general o por el órgano de administración, en función de la materia. Por último, también se regula el régimen sancionador y las acciones derivadas de su infracción. En cuanto a personas vinculadas, el artículo 231 LSC identifica a los sujetos que tendrán tal consideración respecto a los administradores personas físicas (apartado 1) y a los administradores personas jurídicas (apartado 2).

Considerando lo expuesto hasta el momento, e intrínsecamente vinculado a la definición y alcance de los deberes de diligencia y lealtad, en las siguientes líneas abordaremos el **régimen de responsabilidad** de los administradores de las sociedades de capital que, como veremos, se ha tomado como modelo para las sociedades cooperativas. En esencia, el régimen de responsabilidad trata de evitar una situación de impunidad en la actuación de los administradores, con la finalidad

---

responsabilidad por negligencia?" Entrada en *Blog de Almacén de Derecho del profesor Alfaro*. Disponible en: https://derechomercantilespana.blogspot.com/2018/02/puede-liberarse-los-administradores-por.html (fecha última consulta: 5/5/2022). Recapitulando, mientras el régimen de responsabilidad por infracción del deber de lealtad tiene carácter imperativo o de orden público, lo que implica su indisponibilidad, por lo que carecen de validez las cláusulas estatutarias de limitación de las causas o supuestos de responsabilidad (artículo 230.1 LSC). Por el contrario, la norma no hace alusión al régimen de responsabilidad por infracción del deber de diligencia (responsabilidad por culpa o negligencia) por lo que se podría considerar disponible para las partes en base al principio general de autonomía de la voluntad (artículo 28 LSC y artículo 1255 CC) y los socios podrían pactar en los estatutos que los administradores no respondan en caso de infracción de tal deber de diligencia, sino solo por daños dolosos causados a la sociedad en el ejercicio de su cargo o, lo que resulta equivalente, porque infrinjan el deber de lealtad. Como se ha dicho, la doctrina no ha sido unánime en esta interpretación.

de mantener un equilibrio adecuado entre el poder que ostentan y la responsabilidad que asumen. Constituye un elemento básico del gobierno corporativo y tiene distintos alcances o esferas como la societaria o civil-mercantil, la administrativa, la tributaria y la penal.

A grandes rasgos existen dos tipos de responsabilidad en la norma societaria: la responsabilidad por daños y la responsabilidad por deudas sociales. En primer término, el vigente régimen de responsabilidad por daños se halla en los artículos 236–241 *bis* LSC[273], los cuales establecen una responsabilidad de los administradores frente a la sociedad, socios y frente a los acreedores sociales del daño que causen, caracterizándose por ser una responsabilidad solidaria en virtud del artículo 237 LSC. Está sujeta a requisitos específicos (existencia de un acto culposo ilícito, daño y relación de causalidad) y se puede exigir por dos cauces, bien sea por la acción social en el caso que el daño se haya causado directamente a la sociedad o bien por la vía de la acción individual, en el supuesto que el daño se haya causado a un tercero que no es la sociedad. En segundo lugar, de acuerdo con el artículo 367 LSC, los administradores de la sociedad responden de las deudas sociales posteriores al acaecimiento de la causa legal de disolución si, estando la sociedad incursa en causa de disolución obligatoria legal[274] o estatutaria,

---

[273] Este régimen también se origina en las reformas introducidas por la Ley 31/2014. Por ejemplo, la versión actual del artículo 236 ha sido redactada por el apartado veinte del artículo único de la Ley 31/2014.

[274] Las causas de disolución se encuentran en el artículo 363 LSC en su apartado 1: "a) Por el cese en el ejercicio de la actividad o actividades que constituyan el objeto social. En particular, se entenderá que se ha producido el cese tras un período de inactividad superior a un año. b) Por la conclusión de la empresa que constituya su objeto. c) Por la imposibilidad manifiesta de conseguir el fin social. d) Por la paralización de los órganos sociales de modo que resulte imposible su funcionamiento. e) Por pérdidas que dejen reducido el patrimonio neto a una cantidad inferior a la mitad del capital social, a no

no convocan la junta general en el plazo de dos meses para que ésta pueda acordar la disolución o bien, convocada la junta no acordase la disolución y no la instaran judicialmente, así como tampoco promovieran el concurso de acreedores dada una situación de insolvencia[275]. Esta responsabilidad por deudas sociales, de carácter solidario, se limita a las deudas acaecidas posteriormente a la causa de disolución y, en consecuencia, si la deuda que se pretende reclamar al administrador es anterior a la eventual causa de disolución, necesariamente debería ejercitarse la acción de responsabilidad por daños.

A propósito de lo expuesto, para hacer efectiva la responsabilidad de los administradores existen dos clases de acciones: la acción individual de responsabilidad[276] y la acción social de responsabilidad[277]. La primera de ellas es la que pueden entablar los socios y los terceros para exigir que los administradores les indemnicen por los daños que directamente les hayan causado a ellos. La segunda (la acción social de responsabilidad) es la que puede emprender la sociedad, mediante acuerdo aprobado en junta general, para exigir que los administradores indemnicen los daños causados a la propia sociedad como consecuencia del acto u omisión de éstos. En este sentido, la doctrina es unánime en señalar que uno de los presupuestos del ejercicio de la acción social de responsabilidad consiste en

---

ser que éste se aumente o se reduzca en la medida suficiente, y siempre que no sea procedente solicitar la declaración de concurso. f) Por reducción del capital social por debajo del mínimo legal, que no sea consecuencia del cumplimiento de una ley. g) Porque el valor nominal de las participaciones sociales sin voto o de las acciones sin voto excediera de la mitad del capital social desembolsado y no se restableciera la proporción en el plazo de dos años. h) Por cualquier otra causa establecida en los estatutos".

275 La norma de aplicación será el Real Decreto Legislativo 1/2020, de 5 de mayo, por el que se aprueba el texto refundido de la Ley Concursal.

276 Se regula en el artículo 241 LSC.

277 Se regula en los artículos 238 a 240 LSC.

la infracción de los deberes de los administradores. Respecto al plazo, el artículo 241 *bis* LSC señala que la acción de responsabilidad contra los administradores (sea social o individual) prescribirá a los cuatro años a contar desde el día en que hubiera podido ejercitarse. De esta manera, mediante la fijación del inicio del cómputo del plazo "desde el día en que hubiera podido ejercitarse" se deroga tácitamente el artículo 949 del C.de Com. el cual consideraba como *dies a quo* el momento del cese del administrador[278].

Considerando que el régimen de responsabilidad es el mismo, los deberes de los miembros del consejo rector en una cooperativa **pueden equipararse también a los de las sociedades capitalistas**. Sin embargo, el alcance de estos deberes de diligencia y lealtad se verá modificado por el tipo de sociedad sobre la que se proyectan. A saber, respecto al deber de diligen-

---

278 Sobre este aspecto, es interesante el artículo de GARCÍA-VILLARUBIA, M. (2015): "La prescripción de las acciones de responsabilidad de los administradores. El supuesto de la responsabilidad por deudas sociales y la responsabilidad de los liquidadores", *Blog Uría Menéndez, El Derecho,* Revista de Derecho Mercantil, núm. 31. Disponible en: https://www.uria.com/es/publicaciones/4638-la-prescripcion-de-las-acciones-de-responsabilidad-de-administradores-el-supues#:~:text=Frente%20a%20ello%20est%C3%A1%20el,el%20ejercicio%20de%20la%20administraci%C3%B3n%E2%80%9D (fecha última consulta: 17/2/2022). Debemos destacar también la existencia de sentencias que consideran que el artículo 241 *bis* se aplica tanto a la responsabilidad por daños -donde se inserta el precepto- como a la responsabilidad por deudas, lo que implica que, en ambos casos, el inicio del cómputo del plazo es el día que la acción pudo ejercitarse, dada la ausencia de una norma específica en el régimen de responsabilidad por deudas y por tratarse de una acción de responsabilidad contra los administradores por el incumplimiento de sus obligaciones, en concreto de las obligaciones legalmente impuestas a los administradores de promover la disolución de la sociedad existiendo causa para la misma. Véanse, entre otras, SAP Barcelona de 15 junio de 2017 (EDJ 2017/129844); SAP Barcelona de 27 septiembre de 2017 (EDJ 2017/209977); SAP Barcelona de 20 febrero de 2018 (EDJ 2018/28217) o SAP Barcelona de 18 septiembre de 2020 (EDJ 2020/688358).

cia, si bien existe una tendencia a la asimilación entre la diligencia exigible a los administradores de las sociedades cooperativas con los de las sociedades de capital, ésta ha sido también criticada por un autorizado sector doctrinal que sostiene que no se atiende a las particularidades propias de la gestión de la sociedad cooperativa, que debe verse inspirada por principios distintos a los de las sociedades de capital. Se reclama un módulo de exigencia más próximo y específico a los principios y particularidades de la sociedad cooperativa, tesis por otro lado asumida por algunas leyes autonómicas[279]. En cuanto al deber de lealtad, este deberá adaptarse a la sociedad cooperativa e incluye un amplio abanico de materias como la prohibición de utilizar el nombre de la cooperativa ni invocar la condición de administrador para realizar operaciones por cuenta propia, aprovecharse de oportunidades de negocio, comunicación de conflictos de interés, no competencia, deber de guardar secreto, etc. En cualquier caso, recordemos que toda entidad de crédito debe contar con un órgano de administración válido, honesto y transparente dada la peculiaridad de este tipo de sociedades y la intervención administrativa que se infiere de la normativa de ordenación y supervisión[280].

En las cooperativas de crédito en particular, el régimen de responsabilidad de los miembros del consejo rector se configura de forma distinta en función de si el cargo es o no retribuido según estatutos *ex* artículo Noveno.6 LCC. De conformidad con el artículo 23.3 RCC, si el desempeño de los cargos en el

---

[279] TATO PLAZA, A. (2019): "Capítulo VI. Órganos sociales" *ob.cit.*, p. 571. En este sentido algunos textos legales hacen referencia a la "diligencia exigible a un ordenado gestor de cooperativas y a un representante leal" (artículo 63 LCIB y artículo 47 LCCV).

[280] SANJUÁN MUÑOZ, E. (2016): "Capítulo 9. El consejo de administración y sus comisiones (nombramientos, retribuciones, riesgos, auditoría). El presidente, el consejero delegado, el secretario del consejo", *El gobierno corporativo de las entidades bancarias* (dir. LÓPEZ JIMÉNEZ, J.M.), Aranzadi, p. 361.

consejo rector fuese retribuido, se aplicará a los consejeros el mismo régimen de responsabilidad resultante del artículo 133 de la Ley de Sociedades anónimas (hoy artículos 236 LSC y 237 de la vigente LSC). Siempre que el cargo fuera gratuito, el RCC indica que se estará a lo previsto a la normativa cooperativa vigente en el momento de su redacción, remisión que debe entenderse actualmente realizada el artículo 43 LC o al precepto de la legislación autonómica[281] correspondiente. Esta dualidad resulta cuanto menos paradójica puesto que el artículo 43 LC es una redacción compendiada de los artículos 236 y ss. LSC y que, además, este artículo remite directamente a la normativa aplicable a las sociedades anónimas. Su literal sigue a continuación: "La responsabilidad de los consejeros e interventores *por daños causados*, se regirá por lo *dispuesto para los administradores*

---

[281] Como analiza MORILLAS, la dispar regulación de las cooperativas en España se proyecta de forma especial en materia de deberes y responsabilidades de sus administradores, de gran importancia teórica y práctica, que se acrecienta en situaciones de crisis empresarial como la que padecemos desde hace ya varios años. Las remisiones, lagunas y oscuridades de las normas reguladoras de esta sociedad, clave del sector de la Economía Social, son, además, objeto de análisis e interpretación por una Jurisprudencia muy rica y no siempre unívoca ni exenta de contradicciones. De esta forma, dependiendo de la ley aplicable, las propias sociedades, sus socios y los terceros que con ellas se relacionan tendrán más o menos derechos u obligaciones, facilidades o dificultades para exigir o sufrir las consecuencias de la responsabilidad, lo que afecta de forma decisiva a la unidad del mercado. Vid. MORILLAS, M.J. (2016): "La responsabilidad de los administradores de las sociedades cooperativas: mosaico legal e interpretación judicial", *CIRIEC-España. Revista Jurídica*, núm.28, p. 1-58. Por su parte, TATO PLAZA, A. (2019): "Capítulo VI. Órganos sociales" *ob.cit.*, p. 574, en la actualidad, son varias las leyes autonómicas en las que la responsabilidad de los administradores se vincula a una actuación de éstos contraria a la ley, a los estatutos o a la diligencia con la que deben desempeñar el cargo. Otros textos autonómicos, en cambio, hacen depender la responsabilidad de los administradores, con carácter general, de actuaciones culposas o dolosas. Más en cualquiera de los dos casos se hace responsables a los administradores, tanto en la hipótesis de negligencia grave como de culpa simple.

de las sociedades anónimas, si bien, los interventores no tendrán responsabilidad solidaria. El acuerdo de la Asamblea General que decida sobre el ejercicio de la acción de responsabilidad requerirá mayoría ordinaria y podrá ser adoptado, aunque no figure en el orden del día. En cualquier momento la Asamblea General podrá transigir o renunciar al ejercicio de la acción siempre que no se opusieren a ello socios que ostenten el cinco por ciento de los votos sociales de la cooperativa"[282].

En consecuencia, podemos concluir que hoy en día la responsabilidad de los miembros del consejo rector de las cooperativas de crédito es prácticamente idéntica sea el cargo retribuido o gratuito, y acaban teniendo las mismas responsabilidades que los administradores de las sociedades de capital.

Otro de los aspectos que conciernen al régimen de responsabilidad de los administradores es en el supuesto de aun existiendo causa legal, la no disolución de la sociedad cooperativa. Al respecto, el artículo Octavo.2 LCC relacionado con el artículo 13 RCC señala que las pérdidas de la cooperativa serán cubiertas con cargo a los recursos propios y, en caso de ser éstos insuficientes o de disminuir el capital social mínimo establecido durante un período superior a un año, deberá disolverse la cooperativa, a menos que dicho capital o recursos se reintegren en la medida suficiente dentro del plazo y en las condiciones que establezca el Banco de España. Ello dejaría sin aplicación la previsión del apartado 3 del artículo Octavo LCC, ya que los beneficios de cada ejercicio no podrían llegar a cubrir pérdidas de ejercicios anteriores que no se hubiesen podido cubrir con cargo a los recursos propios, si la insuficiencia de estos determinase la disolución de la cooperativa de crédito. Pese a esta contradicción, la solución se localiza en el artículo 12.3 RCC, el cual estipula que las pérdidas se cubran bien con cargo a

[282] La cursiva es nuestra.

los recursos propios de la cooperativa en la forma que determinen los estatutos, bien con los beneficios de los tres ejercicios siguientes a su aparición, retardando así la concurrencia de la causa de disolución[283]. A todo ello debe resaltarse que a pesar de que la adopción del acuerdo de disolución es competencia de la asamblea general, es el consejo rector el órgano competente para convocarla. Además, en el supuesto de que no se lograse alcanzar el acuerdo de disolución, nuestra legislación cooperativa, por regla general, impone a los administradores el deber de instar la disolución judicial de la sociedad. Entendemos por tanto también aplicable el régimen de solidaridad previsto para las sociedades de capital en el artículo 367.1 LSC que, recordemos, recoge la responsabilidad solidaria sobre las obligaciones sociales posteriores al acaecimiento de la causa de disolución a los administradores que incumplan la obligación de convocar, en el plazo de dos meses, la junta general (en este caso, asamblea general) para que adopte el acuerdo de disolución, así como los administradores que no soliciten la disolución judicial o el concurso si procediere.

II.III. LA ALTA DIRECCIÓN, LOS RESPONSABLES DE FUNCIONES DE CONTROL INTERNO Y OTROS PUESTOS CLAVE

Junto a los miembros del consejo de administración / consejo rector, la estructura del gobierno interno de toda entidad

---

283 Se subraya así en VALENZUELA GARACH, F. y VALENZUELA GARACH, F.J. (2019): "Cooperativas de crédito" *ob.cit.*, p. 1442. Esta causa de disolución también se encuentra para las cooperativas en general. El artículo 70.1.d) LC fija que la sociedad cooperativa deberá disolverse "d) Por la reducción del número de socios por debajo de los mínimos establecidos en la presente Ley o del capital social por debajo del mínimo establecido estatutariamente, sin que se restablezcan en el plazo de un año".

de crédito se completa con otros sujetos como los directores generales o asimilados y los responsables de las funciones de control interno y otros puestos clave para el desarrollo diario de la actividad de la entidad de crédito.

En primer término, la LOSSEC se refiere a los directores generales o asimilados, entendiendo que son "asimilados"[284]: a) Aquellas personas que desarrollen en la entidad de crédito funciones de alta dirección bajo la dependencia directa de su órgano de administración o de comisiones ejecutivas o consejeros delegados del mismo, y las personas que dirijan las sucursales de entidades de crédito extranjeras en España. b) Aquellas personas que, reuniendo los requisitos de dependencia anteriores, limiten sus funciones de alta dirección a un área de actividad específica, siempre que se integren en una estructura organizativa de dirección que asuma al máximo nivel la gestión diaria de la entidad. c) Aquellas personas que tuvieran un contrato de trabajo de alta dirección sujeto al Real Decreto 1382/1985, de 1 de agosto, por el que se regula la relación laboral de carácter especial del personal de alta dirección. Es decir, trabajadores que ejercitan poderes inherentes a la titularidad jurídica de la Empresa, y relativos a los objetivos generales de la misma, con autonomía y plena responsabilidad sólo limitadas por los criterios e instrucciones directas emanadas de la persona o de los órganos superiores de gobierno y administración de la Entidad que respectivamente ocupe aquella titularidad.

Desde el punto de vista estrictamente mercantil se trataría de **colaboradores dependientes** del empresario que pueden tener la condición de apoderados generales (factores)[285] autorizados para administrar y dirigir la empresa con más o menos facultades, como es el caso del primer ejecutivo (CEO) que es la persona responsable de la gestión y dirección global de la

---

284 Artículo 6.6. LOSSEC.

285 Articulo 283 y ss del C.de Com.

actividad general de una entidad, o los denominados apoderados singulares que dirigen un área o departamento concreto de la empresa.

Pero con independencia de los altos directivos con perfiles y funciones similares a las que podrían ostentar en empresas no financieras, la LOSSEC contempla una serie de figuras singulares de las entidades de crédito, concretamente nos referimos a las **personas responsables de las funciones de control interno**, estas son: la función de riesgos, la función de cumplimiento normativo y la función de auditoría interna. Sin perjuicio de analizar más adelante con mayor detalle en qué consisten dichas funciones, en esta sede podemos adelantar que sus responsables deben situarse en un nivel jerárquico tal que les proporcione la autoridad y el rango adecuados para cumplir su misión y, además, ser independientes de las líneas de negocio o de las unidades que controlan[286]. Como indican las Directrices sobre gobierno interno de la Guía EBA/GL/2021/05, la independencia de los responsables de las funciones de control debe interpretarse no solo en el sentido que éstos no realicen ninguna tarea operativa incluida en el ámbito de las actividades de cuyo seguimiento y control se ocupen, exigencia que es aplicable a todo el personal de la función, sino también que, desde el punto de vista jerárquico, no deben depender de una persona que tenga la responsabilidad de gestionar las actividades que la función de control interno supervisa y controla, ni su remuneración estar vinculada a los resultados de dichas actividades, ni a otras circunstancias que puedan comprometer su objetividad[287]. De hecho, los responsables de las funciones de control únicamente deberían informar y rendir cuentas directamente ante el consejo de administración[288].

---

286 Apartado 172 de la Guía EBA/GL/2021/05.

287 Apartado 175 de la Guía EBA/GL/2021/05.

288 Apartado 173 de la Guía EBA/GL/2021/05.

Adicionalmente, las Directrices EBA/GL/2021/05 señalan que las entidades deberían tener establecidos procesos documentados para nombrar y cesar a los responsables de una función de control interno. Teniendo en cuenta, en todo caso, que estos responsables no deberían ser destituidos sin la aprobación previa consejo de administración, particularmente el responsable de la función de gestión de riesgos. En el caso de entidades significativas, las autoridades competentes deberían ser informadas con prontitud de esta aprobación y de las principales razones para la destitución del responsable de una función de control interno[289].

En esta línea, el artículo 38.1 LOSSEC hace referencia al director de la unidad de gestión de riesgos que se califica como "un alto directivo independiente, que no desempeñará funciones operativas (...) y no podrá ser revocado de su cargo sin la aprobación previa del consejo de administración"[290]. En los supuestos en que la naturaleza, escala y complejidad de las actividades de la entidad no justifiquen que se nombre específicamente a una persona como responsable de la función de riesgos, esta función puede ser desempeñada por otro alto directivo de la entidad siempre que no exista conflicto de intereses[291]. Sobre este particular, debe advertirse que, puesto que la función de auditoría interna no puede combinarse con ninguna otra función de control interno, el responsable de dicha función en ningún caso debería ocuparse de la función de gestión de riesgos[292].

Finalmente, al objeto de completar este catálogo de sujetos que integran el gobierno interno de la entidad de crédito, es conveniente atender a las disposiciones del Reglamento Dele-

---

289 Apartado 174 de la Guía EBA/GL/2021/05.

290 Articulo 41.1 ROSSEC.

291 Articulo 41.2 ROSSEC.

292 Apartado 176 de la Guía EBA/GL/2021/05.

gado (UE) nº 604/2014 de la Comisión de 4 de marzo de 2014 por el que se complementa la Directiva 2013/36/UE del Parlamento Europeo y del Consejo en lo que respecta a las normas técnicas de regulación en relación con los criterios cualitativos y los criterios cuantitativos adecuados para determinar las categorías de personal cuyas actividades profesionales tienen una incidencia importante en el perfil de riesgo de una entidad[293] (Reglamento Delegado UE nº604/2014). Desde un punto de vista cualitativo, dejando al margen a los miembros del consejo de administración, la alta dirección y los titulares de las funciones de control, el citado Reglamento se refiere, entre otros, a personas que dirigen una unidad de negocio importante, las que tienen responsabilidad directiva en una de las funciones de control o en una unidad de negocio importante, las que dirigen una función responsable de los asuntos jurídicos, las finanzas, incluida la fiscalidad y la presupuestaria, los recursos humanos, la política de remuneración, la tecnología de la información o los análisis económicos[294].

II.IV. IDONEIDAD, INCOMPATIBILIDADES Y REGISTRO DE ALTOS CARGOS

La regulación del buen gobierno societario ha ido acompañada de un cambio en el perfil de los miembros de los órganos de administración y de los altos cargos en las entidades de

---

293 Puesto que se trata de una norma de obligado cumplimiento por todos los Estados miembros, se garantiza un planteamiento armonizado en toda la Unión y que abarque un conjunto común de los principales riesgos. Texto disponible en: https://eur-lex.europa.eu/legal-content/ES/TXT/PDF/?uri=CELEX:32014R0604&from=CS (fecha última consulta: 8/5/2022).

294 Véase artículo 3 del Reglamento Delegado UE nº604/2014 que indica que se considerará que el personal tiene una incidencia importante en el perfil de riesgo de una entidad cuando se cumpla alguno de los criterios cualitativos que se detallan en este artículo.

crédito. En particular, el interés por la idoneidad de los sujetos que supervisan y dirigen la actividad de las entidades de crédito ha sido una constante en la regulación y supervisión del sector financiero y bancario[295] como condición necesaria para garantizar la gestión sana y prudente de las entidades. Es por ello que la norma financiera impone el cumplimiento de los denominados **requisitos de idoneidad** (honorabilidad, conocimientos, experiencia, disposición de ejercer un buen gobierno y diversidad en el conjunto del consejo) que son exigibles no solo a los miembros del Consejo de Administración o Consejo

---

295 Como antecedente principal a nivel comunitario debemos referirnos a la Directiva 2006/48/CE del Parlamento Europeo y del Consejo, de 14 de junio de 2006, relativa al acceso a la actividad de las entidades de crédito y a su ejercicio. Esta directiva dispuso en su artículo 11.1 que las autoridades competentes solo concedieran la autorización cuando se contase con la presencia de, al menos, dos personas para determinar efectivamente la orientación de la actividad de la entidad de crédito, y no se otorgara la autorización cuando esas personas no poseyeran la honorabilidad necesaria y experiencia adecuada para ejercer estas funciones. Asimismo, esta Directiva encomendó a la Autoridad Bancaria Europea la elaboración de unas directrices para la evaluación de la idoneidad de las personas que efectivamente dirigen la actividad de la entidad de crédito. Fue en cumplimiento de esta previsión que la ABE dictó la citada Guía EBA (GL/2012/06). Por su parte, como antecedentes a la actual normativa estatal, debemos señalar la Ley 26/1988, de 29 de julio sobre disciplina e intervención de las entidades de crédito, que preveía que la autorización para la creación de la entidad se denegaría cuando sus administradores y directivos no tuvieran la honorabilidad comercial y profesional requerida. Asimismo, el Real Decreto 1144/1988, de 30 de septiembre dispuso que eran requisitos necesarios para obtener y conservar la autorización para la actividad bancaria contar con un consejo de administración formado por no menos de 5 miembros, todos ellos personas de reconocida honorabilidad comercial y profesional debiendo poseer, al menos, la mayoría, los conocimientos y experiencia adecuados para el ejercicio de sus funciones estos requisitos también debían concurrir en los directores generales o asimilados de la entidad. Debe destacarse que un punto de inflexión en esta materia fue la aprobación del Real Decreto 256/2013, de 12 de abril por el que se incorpora a la normativa de las entidades de crédito los criterios de la Guía EBA GL/2012/06.

Rector, sino también a los directores generales o asimilados y a los responsables de funciones de control interno y puestos clave.

El régimen de Idoneidad, Incompatibilidades y Registro de altos cargos se regula en el Capítulo IV del Título I de la LOSSEC que incluye cuatro artículos referentes a los requisitos de idoneidad (artículo 24 LOSSEC), su supervisión (artículo 25 LOSSEC), las incompatibilidades y limitaciones (artículo 26 LOSSEC) y el Registro de altos cargos (artículo 27 LOSSEC). Esta materia se completa reglamentariamente en el ROSSEC (artículos 29 a 35), la Circular 2/2016 (normas 30 a 35) así como por la Guía EBA/GL/2021/06. Teniendo en cuenta la multiplicidad y dispersión normativa, hemos optado por analizar este régimen distinguiendo, en primer término, el **ámbito subjetivo** referido a la identificación de las personas sujetas al cumplimiento de los requisitos de idoneidad y a los responsables de su evaluación y supervisión. En segundo lugar, el **ámbito objetivo**, relativo al examinaremos concepto de idoneidad y los elementos o aspectos que lo integran.

II.IV.1. ÁMBITO SUBJETIVO

Debemos partir de que los requisitos a se justifican por su legítimo fin de incrementar la capacidad técnica y la profesionalización de los que ostenten la dirección efectiva de la entidad[296] y garantizar de este modo la calidad del gobierno corporativo de las entidades. Sobre esta materia, con la aprobación del Real Decreto 256/2013 se incorporaron modificaciones de gran calado al articulado del RCC, por lo que los requisitos subjetivos exigibles en las cooperativas de crédito son normas

[296] VERCHER MOLL, J. (2017): "Los requisitos subjetivos de los que ostentan la dirección efectiva en las sociedades del mercado financiero", *Revista de Derecho Bancario y Bursátil*, núm. 146, Madrid, pp. 113-141, p. 114.

propias del gobierno financiero que se han trasladado a la norma societaria.

Los artículos 24.2 LOSSEC y 29 ROSSEC delimitan los **sujetos** que deben cumplir los requisitos de idoneidad de toda entidad de crédito, siendo éstos los miembros del consejo de administración[297], las personas físicas que representen en el órgano de administración a las personas jurídicas que sean consejeros, los directores generales y asimilados y, finalmente, los responsables de las funciones de control interno y otros puestos clave para el desarrollo diario de la actividad financiera de la entidad que han sido descritos en el anterior epígrafe. Por su parte, de conformidad con el vigente artículo 2.1.f) RCC, los requisitos de idoneidad exigibles en las cooperativas de crédito deberán concurrir en los siguientes **sujetos**: los miembros del consejo rector; los directores generales o asimilados; los responsables de las funciones de control interno; los otros puestos clave para el desarrollo diario de la actividad financiera de la entidad (son puestos clave los responsables de las distintas áreas que se hayan delimitado en el seno de la entidad, el responsable de la gestión de riesgos, el comité de nombramientos, el comité de remuneraciones, el comité de riesgos, así como, los responsables de las distintas áreas comerciales de la entidad); las personas físicas que representen en el consejo rector a las personas jurídicas que sean consejeros; así como

---

297 La normativa no especifica en los casos de secretario y vicesecretario no consejeros, si deben estos reunir el requisito de idoneidad. En este sentido, como apunta LÓPEZ EXPÓSITO, A.J. (2016): "La idoneidad para el desempeño de los administradores y de determinados puestos clave" *El gobierno corporativo de las entidades bancarias* (dir. LÓPEZ JIMÉNEZ, J.M.), Aranzadi, pp. 409-436, p. 416, parece recomendable que así sea por el artículo 529 *octies* de la LSC que atribuye al secretario del consejo la función de velar por que las actuaciones se ajusten a la normativa aplicable y se recomienda que el secretario vele de forma especial por la actuación del consejo en materia de gobierno corporativo en la Recomendación núm. 35 del CBG.

las personas que determinen de modo efectivo la orientación de las sucursales de entidades de crédito no autorizadas en un Estado miembro de la UE.

Una vez fijado el catálogo de sujetos que deben cumplir los requisitos en materia de idoneidad, conviene advertir que éstos **no alcanzan a todos por igual** puesto que por la propia existencia de una estructura jerárquica, no parece razonable que las exigencias se apliquen a todos ellos de modo uniforme. Además, este listado no es un *numerus clausus*, en el sentido que cualquier persona que tenga relevancia en el sistema de gobierno de la entidad o cuyas funciones incidan en el perfil de riesgo de esta estará sometido a los requisitos de idoneidad.

La responsabilidad y competencia para valorar el cumplimiento de los requisitos de idoneidad corresponde, en primer término, a la **propia entidad de crédito** con ocasión de la solicitud de autorización para el ejercicio de la actividad, cuando se proceda a nuevos nombramientos, y siempre que se produzcan circunstancias que aconsejen volver a valorar la idoneidad de las personas señaladas por la norma[298]. Es por ello que las entidades deben contar con unidades y procedimientos internos adecuados para llevar a cabo la selección y evaluación continua de las personas indicadas[299]. Estos procedimientos han de determinar los órganos que intervienen en la elaboración y aprobación de los informes de idoneidad y los métodos de selección de los candidatos, e identificar los puestos que van a estar sujetos a evaluación, detallando sus funciones y características. En el contexto descrito, debe destacarse la función del comité de nombramientos. Sin perjuicio de lo anterior, la autoridad competente para supervisar su cumplimiento es, en virtud del artículo Noveno.9 LCC, el **Banco de España**, que será el responsable de llevar el Registro de Altos Cargos de las

---

298 Artículo 29.2.a ROSSEC.

299 Artículo 33.1 ROSSEC.

cooperativas de crédito en el que deberán inscribirse, antes de tomar posesión de sus cargos, las personas elegidas o designadas para ocupar puestos de Consejero o de director general en estas entidades (y, en su caso, los miembros de comisiones ejecutivas o mixtas y a los liquidadores). El Banco de España denegará la inscripción cuando, con arreglo a la legislación aplicable, resulte alguna incompatibilidad, siendo en tal caso nula la elección o designación correspondiente. Para ello, las cooperativas de crédito deberán comunicar al Banco de España debidamente certificados los datos correspondientes dentro de los quince días hábiles siguientes a la aceptación del cargo, así como la aceptación de los afectados, que tendrá carácter provisional e incluirá la declaración de que reúnen los requisitos de idoneidad que se refiere el artículo 2 del RCC, y que no se encuentran incursos en ninguna limitación o incompatibilidad legal o estatutaria (artículo 28.1 RCC). Los sujetos tomarán posesión de sus cargos tan pronto como se reciba la oportuna notificación del Banco de España[300] en la que se indique que se ha practicado la inscripción por no apreciarse causa alguna de incapacidad o de incompatibilidad, o bien una vez que haya transcurrido un mes desde la presentación en dicho organismo de la documentación completa prevista, sin haber recibido objeción alguna (silencio positivo). Producida la toma de posesión, la entidad cooperativa procurará la inscripción de los cargos correspondientes en los Registros Mercantil y de Cooperativas[301], estatal o autonómico, dentro de los plazos es-

---

300 Tal como indica el artículo 27.2 LOSSEC, con carácter previo a la inscripción en el Registro de altos cargos, el Banco de España verificará el cumplimiento por parte de los interesados de los requisitos previstos en la susodicha ley.

301 En el artículo 27.1 LOSSEC, para todas las entidades de crédito, se hace referencia a que el momento de la inscripción de los cargos en el Registro Mercantil es previo. El literal del apartado expresa lo siguiente: "Sin perjuicio de su *previa* inscripción en el Registro Mercantil, el ejercicio de las funciones de miembro del consejo de administración o director general o asimilado de

tablecidos por la normativa aplicable, los cuales se computarán desde la toma de posesión. Asimismo, el control externo de los requisitos de idoneidad se realiza por el Banco de España con ocasión de la autorización de la creación de una entidad de crédito, en el supuesto de adquisición participaciones significativas de la que se deriven nuevos nombramientos[302], tras la

---

una entidad de crédito o de las sucursales de entidades de crédito extranjeras requerirá su previa inscripción en el Registro de altos cargos del Banco de España". La cursiva es nuestra.

302 En este apartado debemos citar los artículos 16 y ss. LOSSEC que aluden al control público de las «participaciones significativas» en el capital de las entidades de crédito, al objeto de conocer la identidad de sus socios relevantes. Este interés se sostiene por cuanto la composición del accionariado y la identidad de sus socios significativos puede determinar la gestión de una entidad, en la medida que éstos tienen poderes de intervención en la misma como apunta TAPIA HERMIDA, A. (2018): "Sociedades mercantiles de intermediación financiera y buen gobierno empresarial", *ob.cit.*, p. 181. Es por ello que se planteó el alcance de su responsabilidad en la crisis de 2007 si bien la realidad es que los socios/accionistas acaban teniendo una limitada capacidad de control *a posteriori* sobre la gestión desarrollada en el ejercicio precedente y, en algunos casos contados, se les reconoce una muy restringida capacidad de orientación. Véase SÁNCHEZ CALERO, J. (2009): "El papel de los accionistas y administradores en la crisis de las entidades de crédito", *ob.cit.* Como señala el autor, no es menos cierto que en no pocos casos, la gestión imprudente en la asunción de riesgos y en la contabilización de resultados ha contado con el beneplácito de los accionistas, que requerían una retribución vía dividendos y la creación de valor que también han terminado afectando severamente la solvencia de las entidades. Paralelamente a la LOSSEC, el régimen jurídico aplicable a las participaciones significativas se completa en el Capítulo II del Título II (artículos 23 a 28) del ROSSEC, el cual deberá también coordinarse con el de las sociedades cotizadas (establecido en los artículos 125 a 137 TRLMV, en el Real Decreto 1066/2007 así como en lo previsto en el artículo 497 LSC respecto a las sociedades cotizadas). Dentro de este marco, se define como «participación significativa» en una entidad de crédito española aquella que alcance (directa o indirectamente) al menos un 10% del capital o de los derechos de voto de la entidad o la que, sin llegar a dicho porcentaje, permita ejercer una influencia notable en la entidad.

notificación de la propuesta de nuevos nombramientos y cuando, en presencia de indicios fundados, resulte necesario validar si se mantiene o no la idoneidad[303]. A tales efectos, la Norma 33 de la Circular 2/2016 especifica que el BE realizará todas las comunicaciones y notificaciones que se deriven de procedi-

---

Las entidades de crédito deberán notificar la adquisición, incremento y reducción de las participaciones significativas al Banco de España, que será la autoridad competente para evaluar la adquisición propuesta (si bien podrá contar con la colaboración de otras entidades supervisoras en el caso que afecte a una entidad que esté autorizada en otro Estado miembro de la Unión Europea). Se prevén también, en el artículo 20 LOSSEC, los efectos en caso de incumplimiento de las obligaciones y en el artículo 23 LOSSEC las medidas para asegurar la gestión sana y prudente de la entidad. Este artículo recoge que cuando existan razones fundadas y acreditadas para considerar que la influencia ejercida por las personas que posean una participación significativa en una entidad de crédito pueda resultar en detrimento de la gestión sana y prudente de la misma, que dañe gravemente su situación financiera, el Banco de España podrá adoptar como medias la suspensión de derechos de voto por el plazo máximo de tres años o incluso la revocación de la autorización a la entidad. Por último, el ROSSEC ha desarrollado tanto las reglas para el cómputo de participaciones significativas, así como las presunciones del ejercicio de influencia notable en cada tipo de entidad.

303 Artículo.29.2.c ROSSEC). Véase asimismo a BANCO DE ESPAÑA (2020): "Memoria de la supervisión bancaria 2020. Supervisión microprudencial", p. 83 y ss. Disponible en: https://www.bde.es/f/webbde/Secciones/Publicaciones/PublicacionesAnuales/MemoriaSupervisionBancaria/20/MemoriaSupervision2020_Cap2.pdf (fecha última consulta: 10/3/2022). El Banco de España y el Banco Central Europeo, en el ámbito de sus respectivas competencias, supervisan el cumplimiento del régimen de idoneidad de los altos cargos de las entidades de crédito en todo momento durante el ejercicio de su cargo. El Banco de España ha participado en 195 procedimientos de evaluación de idoneidad de altos cargos de entidades, ya sean supervisadas directamente por el Banco Central Europeo o por el Banco de España. Se aprecia en el informe presentado una mejora significativa en las solicitudes presentadas por las entidades, cada vez más completas en cuanto a la documentación necesaria, así como en el detalle del análisis realizado por la entidad al candidato. Aun así, sigue habiendo requisitos de idoneidad cuyo cumplimiento preocupa al supervisor y a los que las entidades deberán prestar mayor atención en el futuro.

mientos de evaluación de idoneidad a la entidad y trasladará al candidato propuesto las comunicaciones que se refieran a él. Asimismo, y con el fin de valorar la idoneidad del candidato, el BE tomará en consideración toda la información de que disponga y, además, puede: a) consultar a otros supervisores españoles o extranjeros; b) entrevistar al evaluado; c) requerir más información o documentación; y, finalmente, d) utilizar cualquier otro medio que considere conveniente para comprobar que el candidato reúne los requisitos de idoneidad y que la información aportada es veraz. Si el BE considera que la persona evaluada no reúne los requisitos necesarios, o si durante el proceso de evaluación se aporta información falsa o engañosa, o bien se omite información relevante o no se subsanan las deficiencias identificadas durante el proceso tras el oportuno requerimiento, emitirá una evaluación negativa debidamente motivada. En estos casos, y con carácter previo a la adopción de la resolución, el BE lo comunicará a la entidad de crédito concediendo un plazo de quince días hábiles para la formulación de alegaciones. Por el contrario, si el resultado de la evaluación es positivo, el BE también lo comunicará a la entidad para que, una vez que el candidato haya sido nombrado y en el plazo máximo de quince días hábiles desde su aceptación, proceda a solicitar su inscripción en el Registro de Altos Cargos al que se hará referencia más adelante.

Por otro lado, aunque la LOSSEC no exige expresamente contar con una **política de idoneidad**, las Directrices insertas en la Guía EBA/GL/2021/06 se refieren a ella ordenando que sea clara, esté bien documentada y sea transparente para todo el personal[304]. La responsabilidad sobre la elaboración, revisión y aplicación de esta política recae en el órgano de administración, sin perjuicio de las aportaciones de otros comités internos, en particular el comité de nombramientos y de otras

304 Apartado 112 de la Guía EBA/GL/2021/06.

funciones internas, como las funciones de servicios jurídicos, recursos humanos o control[305]. En cuanto a su contenido, las citadas Directrices disponen que debe incluir principios y disposiciones sobre los siguientes aspectos: a) el proceso de selección, nombramiento, reelección y planificación de la sucesión de los miembros del órgano de administración y el procedimiento interno aplicable para la evaluación de la idoneidad de un miembro, incluida la función interna responsable de proporcionar apoyo en la evaluación (por ejemplo, recursos humanos). Adicionalmente, las entidades significativas pueden incorporar los procesos para la selección y el nombramiento de titulares de funciones clave[306]; b) los criterios que se utilizarán en la evaluación, que deben incluir los criterios de idoneidad; c) cómo han de tenerse en cuenta, en el marco del proceso de selección, la política de diversidad de los miembros del órgano de administración de las entidades significativas y el objetivo fijado en relación con el género menos representado en el órgano de administración; y, d) el canal de comunicación con las autoridades competentes; y e) cómo debe documentarse la evaluación[307].

Al margen de estos instrumentos, las entidades están obligadas a mantener una **relación actualizada de las personas sujetas al cumplimiento de los requisitos de idoneidad**, la valoración de la idoneidad y la documentación que acredite la misma. En el caso que del citado control interno se desprenda una valoración negativa, la entidad debe de abstenerse de nombrar o dar posesión en el cargo a dicha persona o, en caso de tratarse de una circunstancia sobrevenida, adoptará las medidas oportunas para subsanar las deficiencias identificadas[308]. En

---

305 Ídem.

306 Apartado 115 de la Guía EBA/GL/2021/06.

307 Apartado 114 de la Guía EBA/GL/2021/06.

308 Artículos 29.2. a) y b) ROSSEC.

todo caso, la norma obliga a la entidad a comunicar al Banco de España cualquier incumplimiento de los requisitos de idoneidad en el plazo máximo de quince días hábiles desde que se tenga conocimiento de éste[309].

II.IV.2. ÁMBITO OBJETIVO

La idoneidad se entiende como la cualidad de idóneo, adecuado o apropiado para algo o también como la cualidad personal necesaria para la prestación de un servicio concreto o la asunción de un cargo. En el contexto de las normas de ordenación y supervisión bancarias, las Directrices de la Guía EBA/GL/2021/06 acotan este concepto como: "el grado en que se considera que una persona posee honorabilidad y tiene, de manera individual y conjunta con otras personas, los conocimientos, las competencias y la experiencia adecuados para desempeñar sus funciones. La idoneidad también incluye la honestidad, la integridad y la independencia de ideas de cada persona y su capacidad para dedicar el tiempo suficiente al desempeño de sus funciones". Se deduce de la definición anterior que la idoneidad que exigen las normas sectoriales abarca aspectos tanto de tipo ético (honorabilidad comercial y profesional) como de tipo técnico, (conocimientos y experiencia adecuados para ejercer sus funciones correctamente)[310].

En la actualidad, tanto la norma bancaria como la LCC y el RCC prevén unos requisitos a nivel individual y otros en su conjunto. En virtud del artículo 2.1.f) RCC el consejo rector debe estar formado por personas que "**individualmente**" reú-

---

309 Articulo 29.3 ROSSEC

310 ESPIN GUTIERREZ, C. (2018): "La idoneidad de los altos cargos de las entidades de crédito" *Cuestiones controvertidas de la regulación bancaria. Gobierno, supervisión, resolución de entidades de crédito,* (dirs. GONZÁLEZ VÁZQUEZ, J.C. y COLINO MEDIAVILLA, J.L.), La Ley, pp. 207-242, p. 220.

nan los requisitos de idoneidad necesarios para el ejercicio de su cargo y, por aplicación del artículo 2.3 RCC se exige que, en su "**conjunto**", el consejo rector deberá contar con miembros que, considerados en su conjunto, reúnan la suficiente experiencia profesional en el gobierno de entidades de crédito para asegurar la capacidad efectiva del consejo rector de tomar decisiones de forma independiente y autónoma en beneficio de la entidad. Es decir, junto a la valoración individual de cada candidato, debe valorarse la idoneidad del conjunto, de modo que órgano colegiado cuente con miembros que reúnan suficiente experiencia profesional en el gobierno de entidades de crédito para asegurar la capacidad efectiva de tomar decisiones de forma independiente y autónoma en beneficio de la entidad. No solo son relevantes los conocimientos y experiencia de sus miembros, aisladamente considerados, sino la diversidad y complementariedad de estos[311]. Aunque la norma únicamente parece hacer alusión al requisito de la experiencia, a nuestro parecer debe de entenderse incluido también el de los conocimientos y competencias a tenor de lo establecido en el artículo 91.7 Directiva CRD IV "el órgano de dirección poseerá colectivamente los conocimientos, competencias y experiencia oportunos para poder entender las actividades de la entidad, incluidos los principales riesgos"[312]. Asimismo, la Guía EBA/GL/2021/06 reitera, en el punto (29) que "las entidades se asegurarán, en cumplimiento de la obligación establecida en el artículo 91, apartado 7, de la Directiva CRD IV, de que el órgano de administración en su conjunto posea, en todo momento, los conocimientos, las competencias y la experiencia adecuados para poder comprender las actividades de la entidad, incluidos los riesgos principales".

---

311 Artículo 31.1 ROSSEC.

312 La cursiva es nuestra.

En la medida que los requisitos para el conjunto del consejo rector en cuanto a conocimientos, competencias, diversidad de experiencias y conocimientos, política de selección de consejeras y no discriminación no constan expresamente en la norma propia de las sociedades cooperativas de crédito (LCC, RCC), cabría interpretar que no serían exigibles a las sociedades cooperativas de crédito. Sin embargo, la norma tampoco aclara que tales requisitos (exigibles, recordemos, a todas las entidades de crédito en virtud de la LOSSEC y ROSSEC) sean explícitamente dispensados o exonerados para las cooperativas de crédito, por lo que asumimos que **las exigencias tanto a nivel individual como grupal son exigibles a estas sociedades**.

a) HONORABILIDAD COMERCIAL Y PROFESIONAL

El primer atributo que deben acreditar todos y cada uno de los sujetos sometidos al régimen de idoneidad[313] es la **honorabilidad comercial y profesional**[314] que concurre en quienes hayan venido mostrando una conducta personal, comercial y profesional que no arroje dudas sobre su capacidad para desempeñar una gestión sana y prudente de la entidad. Para que

---

313 Por tanto, nos referimos tanto a los miembros del órgano de administración como a los directores generales o asimilados, así como los responsables de las funciones de control interno y otros puestos clave para el desarrollo diario de la actividad financiera de la entidad de crédito.

314 Artículo 24.1 LOSSEC. Además, según la RAE, el «honor» es la cualidad moral que lleva al cumplimiento de los propios deberes respecto del prójimo y de uno mismo. De esta definición se desprende el carácter puramente interno del honor. El problema surge en el momento que nos planteamos su alcance desde una perspectiva externa, puesto que no existe consenso sobre de qué debe entenderse por honor desde una visión de la colectividad. Así se señala en: https://www.universidadviu.com/las-exigencias-honorabilidad-cualificacion-experiencia-profesional-mercado-financiero/ (fecha última consulta: 10/3/2022).

la persona candidata ostente dicha cualidad, debe considerarse toda la información disponible de acuerdo con los siguientes parámetros determinados por el articulo 30 ROSSEC: a) La trayectoria del cargo en cuestión en su relación con las autoridades de regulación y supervisión; las razones por las que hubiera sido despedido o cesado en puestos o cargos anteriores; su historial de solvencia personal y de cumplimiento de sus obligaciones; su actuación profesional, si hubiese ocupado cargos de responsabilidad en entidades de crédito que hayan estado sometidas a un proceso de actuación temprana o resolución; o si hubiera estado inhabilitado conforme a la Ley 22/2003, de 9 de julio, Concursal (entiéndase a la normativa concursal vigente), mientras no haya concluido el período de inhabilitación fijado en la sentencia de calificación del concurso y los quebrados y concursados no rehabilitados en procedimientos concursales anteriores a la entrada en vigor de la referida ley; b) La condena por la comisión de delitos o faltas y la sanción por la comisión de infracciones administrativas teniendo en cuenta una serie de aspectos[315]. Téngase en cuenta

---

[315] Estos aspectos se refieren: 1°) al carácter doloso o imprudente del delito, falta o infracción administrativa; 2°) si la condena o sanción es o no firme; 3°) la gravedad de la condena o sanción impuestas; 4°) la tipificación de los hechos que motivaron la condena o sanción especialmente si se tratase de delitos contra el patrimonio, blanqueo de capitales, contra el orden socioeconómico y contra la Hacienda Pública y la Seguridad Social, o supusiesen infracción de las normas reguladoras del ejercicio de la actividad bancaria, de seguros o del mercado de valores, o de protección de los consumidores; 5°) si los hechos que motivaron la condena o sanción se realizaron en provecho propio o en perjuicio de los intereses de terceros cuya administración o gestión de negocios le hubiese sido confiada, y en su caso, la relevancia de los hechos por los que se produjo la condena o sanción en relación con las funciones que tenga asignadas o vayan a asignarse al cargo en cuestión en la entidad de crédito; 6.°) La prescripción de los hechos ilícitos de naturaleza penal o administrativa o la posible extinción de la responsabilidad penal; 7.°) La existencia de circunstancias atenuantes y la conducta posterior desde la

que, para valorar este último aspecto, el ROSSEC exige que la entidad remita al Banco de España un certificado de antecedentes penales de la persona objeto de valoración y ello con independencia que consulte las bases de datos de las distintas Autoridades Españolas de Supervisión (AES) sobre sanciones administrativas e incluso pueda establecer un comité de expertos independientes con el objeto de informar los expedientes de valoración en los que concurra condena por delitos o faltas; c) La existencia de investigaciones relevantes y fundadas, tanto en el ámbito penal como administrativo, sobre hechos que pudieran ser constitutivos de delitos de delitos contra el patrimonio, blanqueo de capitales, contra el orden socioeconómico y contra la Hacienda Pública y la Seguridad Social, o supusiesen infracción de las normas reguladoras del ejercicio de la actividad bancaria, de seguros o del mercado de valores, o de protección de los consumidores.Sobre éste último parámetro, la norma reglamentaria precisa que no se considera que hay falta de honorabilidad sobrevenida por la mera circunstancia de que, estando en el ejercicio de su cargo, un consejero, director general o asimilado, u otro empleado responsable del control interno o que ocupe un puesto clave en el desarrollo de la actividad general de la entidad sea objeto de dichas investigaciones[316].

En las sociedades cooperativas de crédito, el artículo 2.2 RCC señala que concurre honorabilidad comercial y profesional, en quienes hayan venido mostrando una conducta personal, comercial y profesional que no arroje dudas sobre su capacidad para desempeñar una gestión sana y prudente de

---

comisión del delito o infracción; 8.º) La reiteración de condenas o sanciones por delitos, faltas o infracciones.

[316] Artículo 30.2.c) ROSSEC.

la entidad[317]. Sin perjuicio de lo establecido en la LCC, para valorar la concurrencia de honorabilidad deberá considerarse toda la información disponible, teniendo en cuenta que carecen de honorabilidad los sujetos que tengan antecedentes penales (por delitos o faltas de carácter básicamente económico[318]) o en los que concurran casusas de prohibición o incompatibilidad según LCC (artículo Noveno LCC). Si durante el ejercicio de su actividad concurriese en la persona evaluada alguna circunstancia que resultase relevante para la evaluación de su honorabilidad, la cooperativa de crédito lo comunicará al Banco de España en el plazo máximo de quince días hábiles. Concluimos que el régimen en la norma sectorial es, por tanto, el mismo que en la norma financiera.

b) CONOCIMIENTOS Y EXPERIENCIA

También conforman el concepto de idoneidad **los conocimientos y la experiencia**, justificados por la complejidad intrínseca del negocio bancario que requiere que las personas responsables de su gestión y supervisión posean la aptitud necesaria. Si bien los requisitos de conocimientos y experiencia no son equivalentes, tanto la LOSSEC como el ROSSEC se refieren a ambos de forma conjunta, lo que provoca que se plan-

---

317 El anterior literal del artículo 2.2. RCC simplificaba estos requisitos del siguiente modo: "Concurre honorabilidad comercial y profesional en quienes hayan venido observando una trayectoria personal de respeto a las leyes mercantiles u otras que regulan la actividad económica y la vida de los negocios, así como a las buenas prácticas comerciales, financieras y bancarias".

318 En particular, refiere a antecedentes penales por delitos de falsedad, contra la Hacienda Pública, blanqueo de dinero, de infidelidad en la custodia de documentos, de violación de secretos, de malversación de caudales públicos, de descubrimiento y revelación de secretos o contra la propiedad, los inhabilitados para ejercer cargos públicos o de administración o dirección en entidades financieras, y los quebrados y concursados no rehabilitados

teen dudas razonables sobre si determinadas disposiciones se refieren a los "conocimientos" a la "experiencia" o a ambos. En esta línea, el artículo 24.3.b) LOSSEC prescribe que poseen conocimientos y experiencia quienes cuentan con formación del nivel y perfil adecuados, en particular en las áreas de banca y servicios financieros, y experiencia práctica derivada de sus anteriores ocupaciones durante periodos de tiempo suficiente. El ROSSEC precisa ambos requisitos señalando que, a efectos de valoración de los conocimientos, se tendrán en cuenta tanto los adquiridos en un entorno académico, como los que deriven de la experiencia en el desarrollo profesional de funciones similares a las que van a desarrollarse en otras entidades o empresas[319]. En cuanto a la experiencia, debe considerarse la naturaleza y complejidad de los puestos desempeñados, las competencias y poderes de decisión y responsabilidades asumidas, así como el número de personas a su cargo, el conocimiento técnico alcanzado sobre el sector financiero y los riesgos que deben gestionar[320]. Adicionalmente, la norma señala que el análisis de estos requisitos ha de estar referenciado a la naturaleza, escala y complejidad de la actividad de cada entidad y las concretas funciones y responsabilidades del puesto asignado a la persona evaluada. Es decir, los conocimientos y la experiencia deben valorarse no de una forma abstracta sino en función del cargo, de las funciones y competencias que va a desarrollar en la entidad.

Las Directrices insertas en la Guía EBA/GL/2021/06 se manifiestan en la misma línea que lo indicado anteriormente, ofreciendo la posibilidad de usar una lista no exhaustiva de competencias relevantes que figura en el Anexo II de dichas Directrices y, además, enunciando algunas materias sobre las que debería versar el conocimiento teórico y práctico de los

---

319 Artículo 31.1. ROSSEC.

320 Artículo 31.2. ROSSEC.

candidatos. Estas materias son: a) banca y mercados financieros; b) requerimientos legales y marco regulatorio; c) planificación estratégica, comprensión de la estrategia o plan de negocio de una entidad y su cumplimiento; d) gestión de riesgos (identificación, evaluación, seguimiento, control y mitigación de los principales tipos de riesgo de una entidad, incluidos los riesgos y factores de riesgo ambientales, sociales y de gobernanza); e) contabilidad y auditoría; f) evaluación de la eficacia de los procedimientos de una entidad, garantizando un gobierno, supervisión y controles efectivos; g) interpretación de la información financiera de una entidad, identificación de las cuestiones clave basándose en esta información y adopción de controles y medidas adecuados[321].

En las cooperativas de crédito en particular, estos requisitos son esenciales en tanto que un modelo de banca social y territorial sostenible, eficiente y bien gobernada, con consejeros y directivos bien formados, conscientes de sus funciones, responsabilidades y con una adecuada gestión de riesgos es la mejor garantía del éxito[322]. El vigente artículo 2.3 RCC [323] replica el contenido de la normativa bancaria (artículo 31 ROSSEC) e

---

321 Apartado 63 de la Guía EBA/GL/2021/06.

322 ÁLVAREZ-VIJANDE, J. (2012): "El consejo rector de las cooperativas de crédito: principios de actuación y responsabilidades" *ob.cit.*, p.65.

323 El anterior redactado del 2.3. RCC fijaba un plazo de tiempo de 3 años para demostrar la posesión de conocimientos y experiencia adecuados: "Poseen conocimientos y experiencia adecuados para ejercer sus funciones de consejeros, directores generales o asimilados, en las cooperativas de crédito quienes hayan desempeñado, durante un plazo *no inferior a tres años*, funciones de alta administración, dirección, control o asesoramiento en entidades financieras o funciones de similar responsabilidad en otras entidades de crédito públicas o privadas de dimensión análoga a la de la cooperativa que se pretenda crear". La cursiva es nuestra. Recordemos que la nueva redacción del artículo vino dada por la aprobación del Real Decreto 256/2013. Hoy en día, se han publicado otras guías relativas al régimen de idoneidad.

indica que los miembros del consejo rector, directores generales o asimilados y otros empleados que sean responsables de las funciones de control interno u ocupen puestos claves para el desarrollo diario de la actividad de la entidad deberán poseer los conocimientos y experiencia adecuados. De hecho, para las sociedades cooperativas de crédito es de suma importancia tener siempre en cuenta el conocimiento colectivo del consejo al evaluar la idoneidad de los miembros individuales del órgano de administración. Relacionado con ello, como reclama la EACB, los criterios de experiencia y conocimientos deberían examinarse en función de las concretas circunstancias y necesidades, en vez de simplemente basarse en reglas estándar[324]. Es decir, resulta necesario contar con administradores con conocimientos financieros, si bien éstos no son suficientes para asegurar el buen gobierno de la cooperativa de crédito. Otros elementos como el conocimiento de los negocios locales, recursos humanos, compras y marketing, nuevas tecnologías, legislación, etc., así como otros aspectos no tan técnicos como ética y valores, deberían también tomarse en consideración y más en el sujeto de nuestro estudio. Asimismo, debido al enfoque local o regional de estas entidades, los miembros del consejo rector deben tener una sólida formación regional que les permita tomar decisiones que se adapten a las demandas de la cooperativa y de sus miembros al mismo tiempo.

---

[324] EACB (2016): *Corporate governance in co-operative banks. Key feature, ob.cit.* Por poner otro ejemplo se puede también plantear si es argumento suficiente la falta de estudios superiores en un candidato para considerarlo carente de idoneidad, así como en el supuesto que ese individuo lleve desempeñando desde hace varios años el puesto de director general de una empresa de similar tamaño y volumen que la cooperativa de crédito. O al revés, el supuesto en que un investigador en el campo teórico de la economía y las finanzas que carece de cualquier experiencia práctica en gestión, ¿es no idóneo para el consejo rector de una entidad financiera, incluida una cooperativa de crédito? Véase a este respecto UNACC (2013): "Banca Cooperativa: Nueva ficha en gobierno corporativo", *Revista de la UNACC*, núm.56, verano, pp.8-12, p.12.

En resumidas cuentas, los miembros del consejo rector y altos directivos deben ser capaces de **conciliar las exigencias que supone la actividad financiera con los valores que presiden toda actuación cooperativa.** Estas exigencias encajan también con el principio cooperativo de educación, formación e información[325], formando parte de la identidad cooperativa. Recordemos que este, principio implica que las cooperativas proporcionan educación y formación a sus socios, a los representantes elegidos, a los directivos y a los empleados para que puedan contribuir de forma eficaz al desarrollo de sus cooperativas. De hecho, el movimiento cooperativo tiene desde sus orígenes un compromiso claro con la educación y formación, siendo ambos esenciales a todos los niveles (socios, miembros de los órganos de representación y directivos, así como al público en general).

---

325 Por ejemplo, en Alemania, para el sector de las cooperativas de crédito resulta clave la formación y la capacitación de todos colaboradores y no solo de sus gestores. La planificación de las carreras de los empleados es primordial dentro de la estrategia de capacitación y desarrollo del personal y, por esta razón, las federaciones alemanas mantienen institutos regionales de formación. El instituto nacional de capacitación de las cooperativas es la denominada *Akademie Deutscher Genossenschaften* (ADG) (Academia de Cooperativas Alemanas) en Montabaur. Se exige que, por lo menos, dos directivos tengan una preparación profesional "suficiente", entendiéndose como tal suficiente formación teórica y experiencia práctica. Se reconocen, en este contexto, los cursos de la ADG como suficientes para demostrar la preparación teórica para el cargo de gerente de una entidad de crédito. Como señala CANALEJO, se debe realizar especial hincapié a esta actividad, descuidada en las últimas épocas por muchas cooperativas, que tiene una gran importancia para su desarrollo futuro ya que "no se puede apreciar, apoyar ni defender lo que no comprende". Vid. CANALEJO PAZ, N. (1995): "Principios cooperativos y prácticas societarias de la cooperación" *ob.cit.*, p. 23 identifica así su vertiente interna y externa.

c) BUEN GOBIERNO

La tercera cualidad que integra el concepto de idoneidad es la **capacidad para ejercer un buen gobierno**. A tenor de lo establecido en el artículo 24.3.c) LOSSEC la valoración de esta capacidad exige tener en cuenta la existencia de potenciales **conflictos de interés**[326] y la disponibilidad para dedicar el **tiem-**

---

326 Un «conflicto de interés» se define como una situación generada por la colisión entre las competencias de decisión que tiene un individuo y sus intereses privados. Esta colisión, en muchas ocasiones, puede afectar a la objetividad de la decisión adoptada. Vid. https://economipedia.com/definiciones/conflicto-de-interes.html (fecha última consulta: 10/3/2022). Al objeto de este trabajo, nos referimos a los conflictos de interés que pueden incurrir los consejeros y/o altos cargos en el ejercicio de su cargo, puesto que los conflictos de interés entre entidad y clientes son objeto de otra normativa que no corresponde al estudio del gobierno corporativo. Debe señalarse además que, en las entidades de crédito, los conflictos de interés difieren de los de las sociedades no financieras. Así, dentro de las sociedades no financieras podemos diferenciar entre las de capital disperso y las de capital concentrado. Mientras que, en las primeras, los principales conflictos se dan entre accionistas y administradores y directivos como consecuencia de la separación entre propiedad y control, en las segundas (sociedades de capital concentrado o con socios de control) los conflictos son entre mayorías y minorías. Además, dependiendo de la forma jurídica autorizada para el ejercicio de la actividad crediticia, también existirán diferencias relevantes. En las entidades de crédito en general, pensando principalmente en los bancos, las mayores divergencias de criterio surgen entre accionistas y acreedores ya que, mientras los primeros están interesados en que se adopte una estrategia de negocio más arriesgada que les produzca unos beneficios y rendimientos más elevados, los acreedores en general tienen más aversión al riesgo que los accionistas, dado que ellos únicamente están interesados en recibir el importe de sus créditos por lo cual preferirán que la sociedad elija la estrategia de menor riesgo. Además, el conflicto de interés relevante en materia de gobierno corporativo es el que surge entre administradores y directivos con los accionistas, dada la relación de agencia que los vincula y que, como ya hemos comentado, es lo que ha impulsado tradicionalmente todas las políticas y normativas de gobierno corporativo. Relacionado con ello, el apartado 7 del artículo 29 LOSSEC prevé el procedimiento a seguir

po suficiente para llevar a cabo las correspondientes funciones[327]. La capacidad para ejercer un buen gobierno está íntimamente relacionada con la "independencia de ideas" a la que nos referíamos en otro epígrafe. Las Directrices interpretan que "actuar con independencia de ideas" es un patrón de comportamiento que se demuestra durante los debates y la toma de decisiones en el seno del órgano de administración, y se

---

en el supuesto de conflictos de interés en cuanto a préstamos otorgados a miembros del consejo de administración y a sus partes vinculadas, definiendo también qué se entiende por parte vinculada. Llegados a este punto, la Directiva 2004/39/CE relativa a los Mercados de Instrumentos Financieros, y sus dos normas de desarrollo (esto es, la Directiva 2006/73/CE y el Reglamento (CE) 1287/2006) requirieron que las entidades financieras elaboraran un manual que recoja la "Política de Conflictos de Interés" con el fin de poner en conocimiento de sus clientes las posibles situaciones susceptibles de crear conflictos de interés que puedan perjudicarles (actualmente derogada por la Directiva 2014/65/UE del Parlamento Europeo y del Consejo, de 15 de mayo de 2014, relativa a los mercados de instrumentos financieros y por la que se modifican la Directiva 2002/92/CE y la Directiva 2011/61/UE Texto pertinente a efectos del EEE). En la actualidad, en el Considerando (56) de la vigente Directiva 2014/65/UE, se señala que "la creciente gama de actividades que muchas empresas de servicios de inversión realizan simultáneamente *ha incrementado la posibilidad de que surjan conflictos de intereses entre estas diversas actividades y los intereses de sus clientes.* Es, pues, necesario establecer normas que garanticen que estos conflictos no perjudiquen los intereses de sus clientes. Las empresas tienen la *obligación de tomar medidas efectivas para detectar y prevenir o gestionar los conflictos de intereses y mitigar en la medida de lo posible las repercusiones potenciales de esos riesgos.* Si aun así subsistiera algún riesgo residual que pueda perjudicar al cliente, debe comunicársele claramente, antes de actuar por su cuenta, la naturaleza general y/o el origen de los conflictos de intereses, así como las medidas adoptadas para mitigar esos riesgos". La cursiva es nuestra.

327 La norma se refiere a la «capacidad» para dedicar tiempo suficiente al ejercicio de sus funciones si bien entendemos que no es una cuestión de capacidad en el sentido de competencia o aptitud sino más bien de disponibilidad, es decir, que la persona en cuestión está libre de impedimentos para prestar determinados servicios.

exige a cada miembro de dicho órgano, al margen de si esta persona es considerado formalmente independiente[328]. Dicho de otro modo, el hecho de que se considere que un miembro sea independiente desde un punto de vista formal, no significa que deba entenderse automáticamente que actúa con "independencia de ideas", ya que esta persona puede carecer de las habilidades y condiciones para ello. La conexión entre la capacidad de ejercer un buen gobierno y la "independencia de ideas" también se realiza en la normativa interna, concretamente la Norma 32 de la Circular 2/2016 que exige a las entidades de crédito que, en el caso de los miembros del consejo de administración, se aseguren de que éstos actúan con honestidad, integridad e independencia de ideas, de manera que estén en disposición de ejercer un buen gobierno.

Sin embargo, las normas españolas difieren – al menos parcialmente – respecto a las Directrices en cuanto a los elementos para valorar la "independencia de ideas". Si bien las Directrices señalan como primer criterio[329] el hecho de poseer una serie de habilidades de comportamiento que incluyen aspectos como el valor, la convicción y la fortaleza para evaluar y cuestionar de manera efectiva las decisiones propuestas por otros miembros del órgano de administración; la disposición para formular preguntas a los miembros del órgano de administración en su función de dirección, o lo que es lo mismo, la suficiencia para interpelar a un consejero delegado o ejecutivo; y, finalmente, la aptitud para resistirse al "pensamiento gregario"[330], virtud esta que resulta especialmente valiosa en

---

[328] Apartado 79 de la Guía EBA/GL/2021/06.

[329] Apartado 81 de la Guía EBA/GL/2021/06.

[330] El término «pensamiento gregario o grupal» fue acuñado por el psicólogo social Irving Janis. Dicho pensamiento se caracteriza por el autoengaño, el conformismo, la aversión a la autocrítica y el linchamiento del disidente. JANIS, I.L. (1987): "Pensamiento grupal", *Revista de Psicología Social,* vol. II, pp.125-179.

situaciones de crisis[331]. Este criterio, en los términos descritos, no se acoge expresamente a nivel interno, sin embargo, sí se incorpora el relativo a la existencia de conflictos de intereses que pudieran comprometer la capacidad del miembro del consejo para desempeñar sus funciones de manera independiente y objetiva. Sobre este particular, ha de tenerse en cuenta que la Guía EBA/GL/2021/06 indica que "no deberá considerarse el mero hecho de ser accionista, propietario o miembro de una entidad, miembro de entidades vinculadas, tener cuentas privadas, préstamos o utilizar otros servicios de la entidad o de cualquier entidad incluida en el ámbito de consolidación afecta a la independencia de ideas de un miembro del órgano de administración"[332].

Respecto a las circunstancias que pueden considerarse aptas para generar un conflicto de interés, las Directrices son más exhaustivas que el ROSSEC. Mientras que las primeras apuntan a intereses económicos, relaciones personales o profesionales con los titulares de participaciones significativas en la entidad; relaciones personales o profesionales con personal de la entidad o de entidades incluidas en el ámbito de consolidación prudencial; otros empleos y empleos en los últimos cinco años; relaciones personales o profesionales con terceros relevantes

---

331 JANIS señala que justo en este tipo de situaciones es cuando las presiones conformistas empiezan a dominar y el pensamiento grupal y la toma de decisiones se deterioran. JANIS, I.L (1978): "Pensamiento grupal", *ob.cit.* p. 140.

332 Apartado 86 de la Guía EBA/GL/2021/06. Asimismo, debe relacionarse con el apartado 114 de la Guía EBA/GL/2021/05 que indica que: "La política debería diferenciar entre los conflictos de interés que persisten y necesitan ser gestionados de modo permanente y los que se producen inesperadamente debido a un solo evento (p. ej., una transacción, la selección del proveedor de servicios, etc.) y que, por lo general, se pueden gestionar con una medida puntual. En todas las circunstancias, el interés de la entidad debería ser primordial en la toma de decisiones".

con intereses en la entidad; pertenencia a un órgano o titular de un órgano o entidad con intereses en conflicto; y, finalmente, influencia política o relaciones políticas[333], el articulo 32.2 ROSSEC identifica las siguientes situaciones: 1.º Los cargos desempeñados en el pasado o en el presente en la misma entidad o en otras organizaciones privadas o públicas, 2.º Una relación personal, profesional o económica con otros miembros del consejo de administración de la entidad, de su matriz o de sus filiales, 3.º Una relación personal, profesional o económica con los accionistas que ostenten el control de la entidad, de su matriz o de sus filiales. En consecuencia con lo expuesto, las normas españolas no consideran que "los intereses económicos" de los miembros del consejo de administración (como a título de ejemplo pueden considerarse la titularidad de acciones y otros derechos de propiedad y afiliaciones, participaciones y otros intereses económicos en clientes comerciales, derechos de propiedad intelectual, e incluso préstamos otorgados por la entidad a una empresa de la que son titulares miembros del órgano de administración) sean supuestos o situaciones generadoras de conflictos de interés, lo que sí se prevé en el apartado 83 de la Guía EBA/GL/2021/06.

Pese a lo anterior, en nuestra norma interna existe un severo control sobre la concesión de financiación a los miembros del consejo de administración e incluso a los directores generales y asimilados como parte del marco de control interno al que nos referiremos en otro epígrafe. En primer término, el artículo 29.7 LOSSEC dispone que, como parte de los procedimientos de gobierno y estructura organizativa, las entidades de crédito deben documentar de manera adecuada y poner a disposición y, en su caso, remitir al Banco de España la infor-

---

333 Apartado 83 de la Guía EBA/GL/2021/06.

mación relativa a los préstamos[334] otorgados a miembros del consejo de administración y a sus partes vinculadas[335]. Por su parte, el artículo 35 ROSSEC obliga a las entidades a solicitar al Banco de España autorización para la concesión de créditos, avales y garantías[336] a los miembros de su consejo de administración y a los altos cargos, de forma que la autoridad competente pueda valorar, entre otros aspectos, los efectos que dicha financiación pudiera tener sobre la gestión sana y prudente de la entidad y su correcto cumplimiento de la normativa de ordenación y disciplina, además de sobre el adecuado reparto de las responsabilidades dentro de la organización y la prevención de conflictos de interés.

En todo caso, ante la constatación de un conflicto de interés que pudiera alterar la capacidad de un miembro del consejo de administración para ejercer un buen gobierno de la

---

334 El detalle sobre los procedimientos y requisitos relativos a estos deberes se prevé en las Normas 35 a 35 *quater* de la Circular 2/2016.

335 En este sentido, se entiende por «partes vinculadas» a un miembro del consejo: (a) Su cónyuge, pareja de hecho y descendiente y ascendiente en primer grado por consanguinidad o adopción; (b) Toda entidad mercantil en la que dicho miembro o una de las personas anteriormente enunciadas, tenga una participación significativa superior o igual al 10 por ciento en su capital o en sus derechos de voto, o en la cual puedan ejercer una influencia notable, o en la cual ocupen puestos de alta dirección o sean miembros del consejo de administración.

336 La norma contempla algunas excepciones como que dicha financiación en sentido amplio: (a) Esté amparada en los convenios colectivos concertados entre la entidad de crédito y el conjunto de sus empleados; (b) Se realice en virtud de contratos cuyas condiciones estén estandarizadas y se apliquen en masa y de manera habitual a un elevado número de clientes, siempre que el importe concedido a una misma persona, a sus familiares de hasta segundo grado o a las sociedades en las que estas personas ostenten una participación de control igual o superior al 15 por ciento, o de cuyo consejo formen parte, no exceda de 200.000 euros. Pero incluso en estos casos, la entidad una vez concedida dicha financiación debe comunicarla al Banco de España.

entidad, ésta debe comunicarlo al Banco de España en el plazo máximo de quince días hábiles desde su conocimiento[337]. Sin perjuicio de lo anterior, las Directrices sugieren también que el órgano de administración debata, documente y gestione dicho conflicto adoptando las medidas necesarias para mitigarlo[338].

Respecto a la exigencia de **dedicación suficiente** de los miembros del consejo de administración, es coincidente con la prescrita por el articulo 225.2 LSC y la Recomendación núm. 25 del CBG. Sin embargo, tal como argumenta el propio CBG, resulta difícil, cuando no imposible, delimitar unos estándares de dedicación de los consejeros recomendables con carácter general. Por otra parte, si interpretamos este requisito como la circunstancia que el consejero en cuestión esté libre de impedimentos para prestar determinados servicios, debe necesariamente relacionarse con el régimen de prohibiciones e incompatibilidades y la limitación del número de cargos a ocupar en otra sociedad previstos en las normas de ordenación y supervisión[339].

---

337 Artículo 32.2. ROSSEC.

338 Apartados 84 y 85 Guía EBA/GL/2021/06.

339 Con anterioridad a la LOSSEC, la legislación sobre incompatibilidades de órganos de gobierno de las entidades de crédito no se recogía de forma conjunta, sino que se encontraba dispersa en la normativa propia societaria de cada tipología de entidad. En este sentido, el régimen de incompatibilidades y limitaciones de los altos cargos se dotaba de un cierto margen de flexibilidad y adaptación a las circunstancias de cada entidad. Así lo señala TAPIA HERMIDA, A. (2018): "Sociedades mercantiles de intermediación financiera y buen gobierno empresarial", *ob.cit.,* p. 181,182. Sobre este aspecto, cabe resaltar también que hoy en día, a pesar de que la LOSSEC establece un régimen común para todas las entidades de crédito, se mantienen ciertas peculiaridades en las distintas normas regulatorias de cada tipo de entidad (esto es, la LSC para los bancos sociedades anónimas, la LCC para las cooperativas de crédito y la Ley 26/2013, de 27 de diciembre, de cajas de ahorros

Respecto al requisito de **buen gobierno** inserto en la norma sectorial, el art 2.4 RCC es una réplica casi literal[340] de la norma financiera y los miembros del consejo rector deberán estar en disposición de ejercer un buen gobierno de la entidad teniéndose en cuenta: (a) La presencia de potenciales conflictos de interés que generen influencias indebidas de terceros derivados de: 1.º los cargos desempeñados en el pasado o en el presente en la misma entidad o en otras organizaciones privadas o públicas o; 2.º una relación personal, profesional o económica con otros miembros del consejo rector de la entidad y, (b) La capacidad de dedicar el tiempo suficiente para llevar a cabo las funciones correspondientes. Se trata de una obligación estable que se perpetua en el tiempo puesto que en el caso que durante el ejercicio de su actividad concurriese en algún consejero alguna circunstancia que pudiera alterar su capacidad para ejercer un buen gobierno, la entidad de crédito lo comunicará al Banco de España en el plazo máximo de quince días hábiles.

d) RÉGIMEN DE INCOMPATIBILIDADES Y LIMITACIONES

Relacionado con el buen gobierno, el artículo 26 LOSSEC concreta el **régimen de incompatibilidades y limitaciones**, aplicable a todas las entidades de crédito, otorgando al Banco de España la competencia para determinar el número máximo de cargos[341] que un miembro del consejo de administración o un

---

y fundaciones bancarias, si bien se aplicará residualmente a las dos únicas cajas de ahorro existentes).

340 Observamos que el único apartado distinto es el dispuesto en el artículo 32.1.a) 3º relativo a que se tendrá en cuenta "una relación personal, profesional o económica con los accionistas que ostenten el control de la entidad, en su matriz o de sus filiales" que, por supuesto, no cabría en sede de cooperativas de crédito por no existir socios de control.

341 Asimismo, el Banco de España podrá autorizar a los miembros del consejo de administración y directores generales o asimilados a ocupar un cargo no

director general o asimilado puede ocupar simultáneamente. Para ello, se tendrán en cuenta las circunstancias particulares de la entidad de crédito y la naturaleza, dimensión y complejidad de sus actividades y se estipula que, salvo en el caso de los designados en una medida de sustitución, los miembros del consejo de administración y los directores generales y asimilados de entidades de crédito mayores, más complejas o de naturaleza más singular no podrán ocupar al mismo tiempo más cargos que los previstos en una de las siguientes combinaciones: (a) un cargo ejecutivo junto con dos cargos no ejecutivos; o (b) cuatro cargos no ejecutivos. Al margen de lo anterior, el Banco de España podría autorizar expresamente a los sujetos en cuestión a ocupar un cargo no ejecutivo adicional si considera que ello no impide el correcto desempeño de sus actividades en la entidad de crédito, debiendo comunicarse a la ABE[342].

La LOSSEC y la Circular 2/2016 delimitan los criterios para el cómputo de los cargos en el artículo 26.2 y en la Norma 34.2, respectivamente. Concretan así que contarán como uno solo los cargos ejecutivos o no ejecutivos ocupados dentro de un mismo grupo y los cargos ejecutivos o no ejecutivos ocupados dentro de entidades que formen parte del mismo sistema institucional de protección (SIP)[343] o sociedades mercantiles en las que la entidad posea una participación significativa. Asimismo, para la determinación del número máximo de cargos, no se computarán los cargos ostentados en organizaciones o entida-

---

ejecutivo adicional si considera que ello no impide el correcto desempeño de sus actividades en la entidad de crédito. Dicha autorización será comunicada a la Autoridad Bancaria Europea.

342 Artículo 26.4 LOSSEC.

343 La estructura de los sistemas institucionales de protección caracteriza el sector bancario cooperativo en nuestro país.

des sin ánimo de lucro o que no persigan fines comerciales[344]. Por último, de conformidad con los puntos (39) a (46) de la Guía EBA/GL/2021/06, las entidades deberán evaluar si un miembro del órgano de administración puede o no dedicar tiempo suficiente al desempeño de sus funciones y responsabilidades, incluida la de comprender el negocio de la entidad, sus principales riesgos y las implicaciones del modelo de negocio y de la estrategia de riesgos.

La justificación del régimen de incompatibilidades reside en la voluntad que las funciones de supervisión y gestión que competen al consejo de administración no coincidan en los mismos sujetos. Con esta misma finalidad, el artículo 88.1.e) Directiva CRD IV incluye como uno de los cinco principios a los que debe atenerse el sistema de gobierno corporativo, que el presidente del órgano de dirección en su función de supervisión de una entidad no debe poder ejercer simultáneamente las funciones de consejero delegado de la misma entidad, salvo que la entidad lo justifique y las autoridades competentes lo autoricen. La LOSSEC ha traspuesto este precepto en el apartado 4 del artículo 29 LOSSEC replicando que: "el presidente del consejo de administración no podrá ejercer simultáneamente el cargo de consejero delegado, salvo que la entidad lo justifique y el Banco de España lo autorice". A este efecto, resaltamos que esta regulación difiere de lo estipulado en la norma societaria (ex artículo 529 *septies* LSC y Principio 16 del CBG– Recomendaciones núm. 33 y 34 del CBG) en que sí se permite el concurso de ambas figuras en el mismo sujeto, sin perjuicio que se recomiende la separación de cargos y se prevean medidas correctoras (como por ejemplo contar con un consejero coordinador) en el caso de que no haya tal separación. Tal

---

344 Ello va en línea con lo señalado en el Expositivo (58) y en el artículo 91 de la Directiva CRD IV.

como observa GUERRA[345], la regulación bancaria da un paso más respecto del posicionamiento que con carácter general se ha seguido por las normativas societarias en la mayoría de los países y por los propios códigos de buen gobierno que, si bien han incorporado como recomendación la separación de cargos, ante la falta de estudios empíricos concluyentes, lo han hecho con carácter voluntario como meras recomendaciones.

En la norma sectorial debemos hacer referencia al artículo Noveno.8 LCC y al artículo 41 LC, como norma supletoria de ámbito estatal[346] y el citado artículo 26 LOSSEC. El artículo Noveno.8 LCC estipula que no podrán formar parte del consejo rector los consejeros, o administradores, o altos directivos de otras entidades de crédito, salvo aquellos que participen en el capital social, así como quienes pertenezcan al consejo de administración de más de cuatro entidades de crédito. Las cautelas previstas en el artículo Noveno.8 LCC pretenden limitar al máximo los conflictos de interés que pudieran darse por la especial posición de poder de los miembros del consejo rector y del equipo de dirección[347], en un intento de evitar la presencia de elementos que puedan distorsionar la situación patrimonial cooperativa. Por su parte, a los bancos privados se les aplicará como norma societaria el artículo 213 LSC, que establece las prohibiciones para ser miembro del órgano de administración en estas sociedades. Como aspecto reseñable, recordemos que el artículo 29.4. LOSSEC considera incompa-

---

[345] GUERRA MARTIN, G. (2018): "El gobierno corporativo de las entidades de crédito" *Actores, actuaciones y controles del buen gobierno societario y financiero* (dirs. FERNÁNDEZ-ALBOR, A., PÉREZ CARRILLO, E.), Marcial Pons, pp. 160-176, p. 168.

[346] Téngase en cuenta que no es norma básica y que las legislaciones de cada CCAA prevén sus propios regímenes que, sin embargo, no difieren en esencia de la norma estatal.

[347] CHAVES, R., SOLER, F. (2004): "El gobierno de las cooperativas de crédito en España" *ob.cit.*, p. 76.

tible que el presidente del consejo de administración pueda ejercer simultáneamente el cargo de consejero delegado, salvo que la entidad lo justifique y el Banco de España lo autorice. Se trata de un régimen propio distinto a la norma mercantil de referencia y resulta de difícil aplicación en las sociedades cooperativas de crédito en las que no se prevé de forma habitual la figura del consejero delegado.

Por lo que se refiere a los **conflictos de interés** en las sociedades cooperativas en general, éstos derivan, por una parte, de las relaciones entre los socios miembros del consejo rector y el resto de los socios y, por otra parte, entre los miembros del consejo rector y los gestores profesionales o directivos. Los problemas en las cooperativas se ven agravados por la existencia de información asimétrica a favor, sobre todo, de los directivos. Como señalan CHAVES y SAJARDO[348], el poder de estos directivos que les otorga la capacidad para determinar la política de la empresa reside en el control y gestión de la información, que al filtrarla e interpretarla les permite orientar la trayectoria de la empresa. De lo expuesto se deduce la importancia de contar con mecanismos eficaces de control para mitigar los posibles problemas de agencia entre directivos-administradores o bien directamente directivos-socios. Entre otros, el derecho de acceso a información y la participación en la asamblea general pueden considerarse mecanismos apropiados para ello. Debe además resaltarse que, la distinción entre prestatarios, socios y depositantes en las cooperativas no es tan clara como en los bancos y, por lo tanto, los conflictos suelen ser distintos a los planteados en estas sociedades. En primer lugar, los depositantes y los socios suelen ser los mismos sujetos dado que las cooperativas cuentan con algunos límites en su actividad puesto que

---

348 CHAVES, R., SAJARDO, A. (2004): "Economía política de los directivos de las empresas de Economía Social" *CIRIEC-España, Revista de Economía Pública, Social y Cooperativa*, núm. 48, abril, pp. 31-52.

una parte sustancial de sus operaciones activas debe realizarse obligatoriamente con sus miembros. El hecho de que la misma persona desempeñe diferentes roles en la entidad sugiere que algunos conflictos de intereses podrían verse reducidos. Sin embargo, debe considerarse que uno de los roles es generalmente prevalente y es aquí donde resurgirían tales conflictos. Por ejemplo, un miembro que es un prestatario neto (es decir, que toma prestado más de sus depósitos) está ciertamente más interesado en su préstamo que en su depósito, pero al mismo tiempo el hecho de ser socio lo hace más sensible a los intereses de la cooperativa que un prestatario no socio.

Siguiendo la tesis de PUYALTO[349]que desarrolla para el sector asegurador, las exigencias señaladas, comunes por otra parte a los administradores y directivos de entidades financieras supervisadas por el Banco de España o el MUS, pueden plantear algunas dificultades adicionales en las cooperativas de crédito como entidades la Economía Social. La primera es la identificación de socios que reúnan los requisitos de honorabilidad y aptitud exigidos por las normas de supervisión y que estén dispuestos a implicarse en la gestión. Por otro lado, además de acreditar las competencias y habilidades técnicas necesarias para desarrollar de forma eficaz su actividad, se debería exigir a los directivos y consejeros que tengan un concepto claro de la función de las entidades de la Economía Social en el ámbito económico y empresarial y un convencimiento profundo de los principios que deben inspirar la actuación de estas en-

---

349 PUYALTO FRANCO, M. (2013): "Las entidades aseguradoras de la Economía Social en el Proyecto de Ley de Supervisión de los Seguros Privados" *Supervisión en seguros privados: Hacia solvencia II. Actas del Congreso de Ordenación y Supervisión en Seguros Privados.* Valencia, 15 y 16 de septiembre de 2011. (coord. BENITO OSMA, F., OLAVARRÍA IGLESIA, M.T., VERCHER MOLL, F., CUÑAT EDO, V.), (dir. BATALLER GRAU, J., BENITO OSMA F., OLAVARRÍA IGLESIA, M.T., VERCHER MOLL, F., CUÑAT EDO, V.), pp. 539-576, p. 563.

tidades[350]. En este sentido existe también un claro riesgo de isomorfismo normativo y formativo causado por la experiencia previa (y la formación) de estos profesionales que los lleva a actuar de forma "homogénea" de acuerdo con las normas y valores de la cultura empresarial dominante. Este fenómeno podría ser contrarrestado por una formación específica en los valores y principios de la Economía Social como finalidad del Fondo de Educación y Promoción Cooperativa.

e) DIVERSIDAD

Dentro del marco de la idoneidad, la exigencia de **diversidad** prevista en la norma financiera para el conjunto de miembros del órgano de administración se requiere en base a varios criterios (edad, sexo/género, procedencia geográfica, formación y experiencia profesional). Por su parte, la LC no cuenta con exigencia alguna sobre diversidad en la composición de los consejos rectores. Ello es lógico por cuanto las cooperativas están formadas por miembros con similares características que quieren satisfacer una necesidad común, por lo que según los criterios de diversidad que se impongan serán difícilmente ejecutados. Desde sus orígenes, las sociedades cooperativas son creadas por y para sus miembros, con el objetivo de cubrir necesidades comunes y que, por ello, suelen conformarse por tipologías (más o menos) homogéneas de individuos. Resulta por tanto lógico que, siendo sus administradores escogidos

---

[350] COQUE MARTÍNEZ, J. (2008): "Puntos fuertes y débiles de las cooperativas desde un concepto amplio de gobierno empresarial", *REVESCO*, núm. 95, pp. 65-93, p. 82. El autor señalaba que las cooperativas deben profesionalizar y modernizar el liderazgo que se ejerce en su seno. El líder ha sido siempre una figura importante en las cooperativas, pero ese liderazgo se ha limitado demasiado al ámbito cultural. Es necesario un liderazgo integrador de los valores culturales del cooperativismo con los económicos y empresariales, creando una dimensión estratégica dirigida al mercado de los socios.

entre los propios miembros, es decir, entre esta masa relativamente homogénea, su representatividad carezca también de diversidad. Exigir los antecitados requisitos de diversidad parece contravenir *a priori* la función del propio cooperativismo en general. A ello sin embargo deben hacerse varias consideraciones.

El primero de los criterios de diversidad que impacta con el espíritu del sujeto de nuestro estudio es la "**procedencia geográfica**". El característico arraigo al territorio que presentan las sociedades cooperativas de crédito dificulta contar con miembros del consejo rector de distinta procedencia, a pesar de que podría considerarse una limitación a la profesionalidad e innovación[351]. Sin embargo, la norma financiera delimita este requisito para entidades que tienen actividad internacional y, exceptuando que la inclusión de este aspecto sea contraria a la legislación del Estado miembro, por lo que la mayor parte de cooperativas de crédito estarían dispensadas de su cumplimiento.

Otro de los criterios que creemos que deben resaltarse en especial es la diversidad de género y/o sexo, diferenciándola necesariamente con la igualdad como derecho constitucional. La igualdad de género, además de ser una obligación legal fundamental, es parte integrante de los valores y principios cooperativos, así como parte del interés social (o intereses sociales)

---

351 Si bien el arraigo territorial y la atención a los intereses de los cooperativistas explican el hecho de que las cooperativas de crédito hayan obtenido buenos resultados durante la crisis financiera, una excesiva visión endógena desde el punto de vista geográfico y/o profesional de los miembros de los consejos rectores podría ralentizar la necesaria adaptación de la innovación como principio de administración de las cooperativas de crédito. Véase ONTIVEROS BAEZA, E. (2012): "Gobierno corporativo y cooperativas de crédito: un modelo singular" En *40 UNACC: El Sistema financiero y el gobierno corporativo*, Madrid, pp. 55-59, p. 58.

de la cooperativa, que habrá necesariamente de respetarse[352]. Por su parte, en cuanto a la diversidad, la norma estatal cooperativa prevé en su artículo 33 LC requisitos cuantitativos sobre la composición del consejo rector, sin reflejar un apartado especial sobre la política de selección de consejeros ni la necesidad de que ésta promueva la diversidad. Tampoco se reflejan normas que estimulen a la diversidad de género ni en la LCC ni el RCC, por lo que resultaría de aplicación la LOSSEC y demás norma financiera de igual forma que para el conjunto de entidades de crédito.

---

352 Recordemos que la LES, en cuyo artículo el artículo 4 c) incluye como principio orientador de las entidades de Economía Social la "Promoción de la solidaridad interna y con la sociedad que favorezca el compromiso con el desarrollo local, la igualdad de oportunidades entre hombres y mujeres, la cohesión social, la inserción de personas en riesgo de exclusión social, la generación de empleo estable y de calidad, la conciliación de la vida personal, familiar y laboral y la sostenibilidad". Por tanto, se establece la igualdad de oportunidades como principio clave para estas entidades. Ello debe relacionarse también tanto con el principio de adhesión voluntaria y abierta a cualquier persona sin discriminación por ningún motivo (incluido sexo). Como señala VILLAFÁÑEZ PÉREZ, I. (2017): "Principios y valores cooperativos, igualdad de género e interés social en las cooperativas" *ob.cit.*, p. 19 y ss. el interés social de las cooperativas queda vinculado de forma principal a la finalidad mutualista de éstas. Se defiende que los valores y principios cooperativos, así como la igualdad de género como parte integrante de éstos, también serían parte integrante de aquél. Se analizan las posibles consecuencias jurídicas de tal conclusión, señalando asimismo la problemática de su aplicación, y apuntando posibles vías de solución. Entre la legislación cooperativa es particularmente destacable la legislación andaluza, que, entre otros aspectos, incluye expresamente entre los principios cooperativos "la igualdad de género, con carácter transversal al resto de principios" (artículo 4.i). Por su parte, el artículo 10 de la Ley 12/2015 de Cooperativas de Cataluña, sobre Medidas de igualdad, indica que "Las cooperativas deben garantizar la igualdad de trato y de oportunidades entre las mujeres y los hombres que forman parte de ellas, y tender a representar a los dos sexos de forma proporcional a su presencia en los cargos de la cooperativa".

Tal como resalta a PALOMO ZURDO et al.[353] en su trabajo, si bien el talento directivo no es (o no debería ser) una cuestión vinculada al género es notoria la menor representación que tienen las mujeres en los máximos órganos de gobierno de las compañías. Se han llevado a cabo estudios sobre si la presencia femenina en los órganos de administración de las cooperativas de crédito españolas conduce a una mejora de su rentabilidad económica. Los resultados obtenidos muestran no siempre son concluyentes. En algunos se sugiere la correlación del género para explicar la rentabilidad de estas entidades, aunque esta influencia que estaría también condicionada a otros aspectos

353 Recopilamos a continuación algunos de los trabajos que analizan el efecto que sobre el resultado tiene la diversidad de género en los consejos rectores y que predicen un efecto positivo en el resultado económico-financiero cuando las mujeres están representadas más equilibradamente que debemos destacar especialmente son los siguientes: PALOMO ZURDO, R.J., GUTIÉRREZ FERNÁNDEZ, M. Y FERNÁNDEZ TORRES, Y. (2017): "La cuestión del género en los órganos de gobierno de la banca cooperativa", *CIRIEC-España, Revista de Economía Pública, Social y Cooperativa*, núm. 89, pp. 137-166; HERNÁNDEZ NICOLÁS, C., MARTÍN UGEDO, J.F. Y MÍNGUEZ VERA, A. (2016): "La influencia del género en la dirección de las sociedades cooperativas españolas sobre la rentabilidad y el endeudamiento: un análisis empírico", *REVESCO. Revista de Estudios Coo*perativos, *Tercer Cuatrimestre*, núm. 122, pp. 135-164; ESTEBAN, M. L. (2013): "¿Son las cooperativas más favorables a la presencia de mujeres en los consejos que otras entidades?", *REVESCO. Revista de Estudios Cooperativos, Primer Cuatrimestre*, núm. 110, pp. 96-128; ESTEBAN, M. L, GARGALLO, A. Y PÉREZ, F. J. (2010): "Composición del consejo rector y género en las cooperativas turolenses", *REVESCO. Revista de Estudios Cooperativos, Primer Cuatrimestre*, núm. 101, pp. 7-27; MATEOS, R., ITURRIOZ, J. Y GIMENO, R. (2009): "La participación financiera y el papel de la mujer en la toma de decisiones de las sociedades cooperativas: los consejos de administración", *Revista Europea de dirección y Economía de la Empresa*, vol. 18, núm. 3, pp. 65-82.

por lo que los resultados en cuanto a rentabilidad no son concluyentes[354].

Desde nuestro punto de vista, creemos que la presencia de diversidad de sexo y género en los consejos rectores de las cooperativas de crédito debería promoverse teniendo en cuenta que son entidades de la Economía Social[355], y más cuando se

---

354 Además de los referidos en la nota anterior, destacamos también el trabajo de HERNÁNDEZ ORTIZ, M. J., GARCÍA MARTÍ, E., MARTÍNEZ JIMÉNEZ, R., PEDROSA ORTEGA, C., & RUIZ JIMÉNEZ, C. (2020): "El efecto de la diversidad de género sobre el rendimiento de las sociedades cooperativas agroalimentarias españolas", *REVESCO. Revista De Estudios Cooperativos*, núm. *133*, pp. 51-60, según apuntan, la diversidad de género en los órganos de administración tiene el potencial de agregar valor a las organizaciones que la promueven. Los propios autores señalan que los resultados de trabajos realizados hasta el momento "no son concluyentes" porque se han encontrado relaciones positivas, negativas y no significativas entre ambas variables, si bien advierten que, como se recoge en la literatura, el estilo de trabajo de la mujer se adapta mejor a la cultura cooperativa y, además, la presencia femenina en los órganos directivos de las sociedades cooperativas agroalimentarias es una oportunidad para la mejora económica de los entornos rurales más desfavorecidos y mejorar la sostenibilidad de los mismos.

355 BOLDÓ RODA, C. (2013): "Incidencia de la Ley de Igualdad en las empresas de economía social", (dirs./coords. FUENSANTA GOMEZ, M., MAGNOLIA PARDO, M.) *Economía Social y Derecho. Problemas jurídicos actuales de las empresas de la Economía Social*, ed. Comares, pp.3-18, p.13. Como apunta la autora, parece que las entidades de la economía social serían el "campo de cultivo" perfecto para que en todos sus ámbitos prevaleciera la igualdad de género mostrándose especialmente relevante en lo relativo a la toma de decisiones, debido a que este tipo de sociedades funcionan bajo los principios de democracia, igualdad, equidad, solidaridad y, por tanto, son contrarias a toda clase de discriminación. Pero en realidad, como demuestran algunos estudios, estas organizaciones no son ajenas a los efectos de la segregación vertical. Véase al respecto MARTÍNEZ LEÓN, I., ARCAS LARIO, N., GARCÍA HERNÁNDEZ, M. (2011) "La influencia del género sobre la responsabilidad social empresarial en las entidades de economía social", *La economía social y la igualdad de género*, REVESCO, núm. 105, monográfico, pp. 143-172.

trata de entidades que actualmente no se caracterizan por la homogeneidad de su base social ni de su estructura (p.ej. empleados) que hemos apuntado que suele caracterizar al resto de cooperativas. Sobre la premisa que los miembros del consejo rector deben ser un reflejo fiel de su base social, llevando a cabo un análisis empírico[356] de los datos de la UNACC, queda claro que hay mucho camino por recorrer y las mujeres deberían incrementar notablemente su presencia en ellos. En el año 2019 había 485 consejeros de las cooperativas de crédito asociadas, de los cuales 395 hombres y 90 mujeres, es decir, las mujeres solo representaban 18,56% del total. En cuanto a directores generales, las cifras no eran mejores puesto que de 42 directores generales, 36 eran hombres y 6 mujeres. Todo ello debe ponerse en correlación con el número de personas empleadas y la proporción de género. De un total de 12.094 personas empleadas en las cooperativas asociadas a la UNACC,

---

356 Por otro lado, en el ámbito comunitario, la EBA publicó en febrero de 2020 un informe comparativo sobre la diversidad de género existente en los órganos de dirección de las entidades de crédito y empresas de servicios de inversión en el que se aprecia un ligero incremento de consejeras ejecutivas (15,13 por 100) en 2018 frente a los datos de 2015 (13,63 por 100). Tras analizar los datos de 834 entidades financieras hace un llamamiento a las instituciones de la UE y a sus Estados miembros para que establezcan medidas que permitan alcanzar una representación equilibrada de mujeres y hombres en los consejos de administración y la desaparición de la brecha salarial existente. También reclama de las autoridades supervisoras la efectividad en el ejercicio de sus competencias para tratar de asegurar el cumplimiento por las entidades financieras de la adopción de políticas de diversidad. Véase EBA Report on the Benchmarking of diversity practices at European Union level under article 91(11) of Directive 2013/36/EU (2018 data) EBA/REP/2020/05). Disponible en: https://www.eba.europa.eu/sites/default/documents/files/document_library/News%20and%20Press/Press%20Room/Press%20Releases/2020/EBA%20calls%20for%20measures%20to%20ensure%20a%20more%20balanced%20composition%20of%20management%20bodies%20in%20institutions/EBA%20report%20on%20the%20benchmarking%20of%20diversity%20practices.pdf (fecha última consulta: 10/5/2022).

el 47,06% eran mujeres, llegado casi a la paridad.[357] De hecho, ya en el estudio de CHAVES[358] se destacó la tan ínfima representación femenina en los consejos rectores, muy por debajo de la proporción de trabajadoras de la plantilla. Vinculado con todo lo expuesto, en palabras de la profesora SENENT[359], no puede calificarse de correcta la gobernanza de las entidades cooperativas si no es coherente con los principios cooperativos, y éstos no se aplican correctamente si no incorporan la transversalidad de género.

f) REGISTRO DE ALTOS CARGOS

La última cuestión por considerar en este epígrafe es que el ejercicio de las funciones de miembro del consejo de administración o director general o asimilado de una entidad de crédito o de las sucursales de entidades de crédito extranjeras, requerirá su previa inscripción en el **Registro de altos cargos del Banco de España**, sin perjuicio de su inscripción también en el Registro Mercantil (artículo 27 LOSSEC). Para ello, el Banco de España verificará el cumplimiento de los requisitos legales. Asimismo, las entidades tienen el deber de comunicar a la autoridad competente cualquier circunstancia relevante que, durante el ejercicio de la actividad de una persona ya inscrita en el Registro de altos cargos, afecte a su honorabilidad o a su capacidad para ejercer un buen gobierno.

---

357 Información disponible en: https://www.unacc.com/sector-de-cooperativas-de-credito/panel-de-datos/#test-popup55 (fecha última consulta: 20/3/2022).

358 CHAVES, R., SOLER, F. (2004): “El gobierno de las cooperativas de crédito en España” *ob.cit.* p.152 ss.

359 SENENT VIDAL, M.J. (2011): “Principios cooperativos, género y RSE”, *Cuadernos mujer y cooperativismo,* núm. 13, pp. 5-32.

II.V. COMITÉS OBLIGATORIOS

Respecto a la organización interna del órgano colegiado de administración, la LOSSEC se refiere a una serie de **comités**, creados en el seno del propio consejo, con competencias, funciones y objetivos concretos cada uno de ellos, en la misma línea que las previsiones de la norma societaria capitalista y el CBG. De hecho, tanto el LSC como el CBG contemplan que el consejo de administración de las sociedades anónimas cotizadas constituya una serie de comisiones especializadas siendo legalmente obligatorias la comisión de nombramientos y retribuciones (única o separada) y una comisión de auditoría.

En particular, se exige a todas las entidades la constitución de un comité de nombramientos; un comité de remuneraciones; un comité de riesgos (para aquellas entidades con mayor volumen total de activos); y un comité de auditoría o comisión mixta de auditoría en el caso que no sea preceptivo el de riesgos. De hecho, ésta última comisión es imperativa para todas las entidades de crédito, con independencia de su forma jurídica[360], por su condición de entidades de interés público (EIP), en virtud de lo establecido por la Disposición adicional tercera de la Ley 22/2015, de 20 de julio, de Auditoría de Cuentas. Estos comités deben ser integrados por consejeros no ejecutivos (siguiendo la clasificación prevista para sociedades

---

360 Recuérdese que esta comisión es obligatoria para todas las sociedades anónimas cotizadas en virtud de lo establecido en el artículo 529 *quaterdecies* del LSC. El CBG refuerza la norma legal ampliando las funciones de la comisión de auditoría y estableciendo determinados criterios adicionales sobre su composición que refuercen su especialización e independencia. Entre las funciones que el CBG asignan a la comisión de auditoría se incluye la supervisión de los sistemas de control y gestión de los riesgos financieros y no financieros. De modo que el propio Principio 20 explica que esta función es compatible con la que se atribuya a una comisión especializada como parte del modelo de control y gestión de riesgos prevista en la normativa sectorial.

anónimas cotizadas) en un número mínimo de tres y, al menos un tercio de estos miembros, y en todo caso el presidente, deben ser independientes.

En la misma línea que las normas estrictamente societarias, los artículos 31, 36 y 38 de la LOSSEC exigen al órgano de administración de toda entidad de crédito la constitución de un comité de nombramientos, un comité de remuneraciones y un comité de riesgos cuyo objetivo es dotar a las entidades de una estructura óptima para desarrollar su actividad[361]. El papel de los comités es fundamental para que los consejeros individualmente – y el órgano en su conjunto – tengan suficiente conocimiento de los asuntos sobre los que decidir, reciban la información con la antelación precisa y preparen adecuadamente sus sesiones. Sobre este particular, téngase en cuenta que la Directiva CRD IV exige la creación de un comité de nombramientos[362] y un comité de riesgos[363] a las entidades de crédito que sean importantes por su tamaño, su organización interna y por la naturaleza, dimensión y complejidad de sus actividades.

En cuanto a los dos primeros comités señalados por la LOSSEC, la Norma 26, apartado primero de la Circular 2/2016 permite que las entidades de crédito constituyan un comité conjunto cuando el volumen total de sus activos a nivel individual sea inferior a 10.000 millones de euros a la fecha de

---

361 Tal como señala HERRERO, debe considerarse como un sustancial avance que se haya introducido la obligatoriedad de la existencia de tres comisiones o comités especiales en temas tan sensibles y relevantes como son los que afectan a los comités de nombramientos, remuneraciones y riesgos. HERRERO, J. (2015): "La reciente evolución del Gobierno Corporativo de las entidades de crédito", *Revista de Estabilidad Financiera*, núm. 28, pp. 51-73, p. 64.

362 Artículo 88.2 de la Directiva CRD IV.

363 Artículo 76.3 de la Directiva CRD IV.

cierre de los dos ejercicios inmediatamente anteriores[364]. Esta posibilidad se prevé sin perjuicio de la facultad de la autoridad competente para exigir la separación de ambos comités cuando lo considere necesario a la luz de la organización interna, la naturaleza, el alcance y la complejidad de las actividades de la entidad de crédito[365]. Como se observa, esta norma identifica como requisito para constituir un comité conjunto, un elemento puramente cuantitativo relativo al volumen total de activos, sin advertir otros aspectos referentes a la regla o principio de proporcionalidad fijados en el artículo 31.1. LOSSEC como son su organización interna, la naturaleza, el alcance o la escasa complejidad de sus actividades.

El **comité de nombramientos** es un órgano interno creado en el seno del consejo de administración, de carácter informativo y consultivo. Por tanto, sus facultades no son ejecutivas, sino de información, asesoramiento y propuesta dentro de su ámbito de actuación, rigiéndose por lo previsto legalmente, en los estatutos de la entidad en cuestión y las normas contenidas en los reglamentos que se aprueben. Por lo que respecta a su composición, la Directiva CRD IV exige que esté integrado por miembros del órgano de administración que no desempeñen funciones ejecutivas en la entidad[366] , por consiguiente, los artículos 31.1 LOSSEC y 38 ROSSEC reproducen esta exigencia

---

364 La Norma 26 de la Circular 2/2016 precisa que, en el caso de entidades de crédito para las que, por ser entidades de nueva creación, no se disponga de datos sobre el volumen total de activos de dos ejercicios, se considerarán los datos de cierre de un ejercicio, y en caso de no existir, los datos de cierre del último trimestre.

365 Sobre este particular, la Circular articula lo previsto en el artículo 31.1 LOSSEC en el sentido que el Banco de España podrá determinar que algunas entidades, en razón a su tamaño, su organización interna, la naturaleza, el alcance o la escasa complejidad de sus actividades, puedan constituir el comité de nombramientos de manera conjunta con el comité de remuneraciones.

366 Artículo 88.2 *fine* Directiva CRD IV.

y añaden que al menos un tercio de estos miembros y, en todo caso el presidente, sean consejeros independientes. Asimismo, el apartado 3 de la Norma 26 de la Circular 2/2016 precisa que tanto el comité de nombramientos como el comité de remuneraciones deben estar compuestos por consejeros no ejecutivos en un número mínimo de tres y, al menos un tercio de estos miembros, y en todo caso el presidente, deben ser independientes. Por último, visto que los miembros del comité de nombramientos son miembros del órgano de administración colegiado, deberán también cumplir con los requisitos de idoneidad previstos en la normativa.

La misión principal de esta comisión delegada del consejo de administración es contribuir a la captación y retención de talento, lo que implica procurar que la entidad de crédito cuente con los mejores profesionales en sus órganos de gobierno y alta dirección. Partiendo de lo anterior, el articulo 38 ROSSEC lista una serie de funciones concretas con carácter no exhaustivo tales como: a) Identificar y recomendar, con vistas a su aprobación por el consejo de administración o por la junta general, candidatos para proveer los puestos vacantes del consejo de administración. b) Evaluar el equilibrio de conocimientos, capacidad, diversidad y experiencia del consejo de administración y elaborar una descripción de las funciones y aptitudes necesarias para un nombramiento concreto, valorando la dedicación de tiempo prevista para el desempeño del puesto. c) Evaluar periódicamente, y al menos una vez al año, la estructura, el tamaño, la composición y la actuación del consejo de administración, haciendo recomendaciones al mismo, con respecto a posibles cambios. d) Evaluar periódicamente, y al menos una vez al año la idoneidad de los diversos miembros del consejo de administración y de este en su conjunto, e informar al consejo de administración en consecuencia. e) Revisar periódicamente la política del consejo de administración en materia de selección y nombramiento de los miembros de la alta dirección y formularle recomendaciones. f) Establecer, de conformidad con el artículo 31.3 LOSSEC, un objetivo de representación para el sexo menos representado en el consejo de administración y elaborar orientaciones sobre cómo aumentar el número de personas del sexo menos representado con miras a alcanzar dicho objetivo[367]. El apartado 3 del artículo 38 ROSSEC añade que el comité podrá utilizar los recursos que considere apropiados para el desarrollo de sus funciones, incluido el asesoramiento externo, y recibirá los fondos adecuados para ello.

Respecto al **comité de remuneraciones**, su régimen jurídico[368] se encuentra en los artículos 36 LOSSEC y 39 ROSSEC, la norma 26 de la Circular 2/2016 y la Guía EBA/GL/2015/22 relativa a las Directrices sobre políticas de remuneración adecuadas en virtud de los artículos 74, apartado 3, y 75, apartado 2, de la Directiva 2013/36/UE y la divulgación de información en virtud del artículo 450 del Reglamento (UE) n.º 575/2013

---

367 El precepto añade que el objetivo, las orientaciones y la aplicación de las mismas se publicarán junto con la información prevista en el artículo 435.2.c) del Reglamento (UE) n.º 575/2013, de 26 de julio (RRC).

368 El régimen jurídico correspondiente al comité de remuneraciones parte del artículo 95 de la Directiva CRD IV de conformidad al cual "las autoridades competentes velarán por que las entidades de crédito que sean significativas debido a su tamaño, su organización interna o la naturaleza, el alcance o la complejidad de sus actividades, establezcan un comité de remuneraciones. El comité de remuneraciones tendrá una composición que le permita formar un juicio competente e independiente sobre las políticas y prácticas de remuneración y sobre los incentivos creados para gestionar el riesgo, el capital y la liquidez". Asimismo, en el apartado segundo continúa indicando que "(...) el presidente y los miembros del comité de remuneraciones serán miembros del órgano de dirección que no desempeñen funciones ejecutivas en la entidad de que se trate. Si la normativa nacional contempla la representación del personal en el órgano de dirección, el comité de remuneraciones incluirá uno o más representantes del personal (...)".

(en adelante, Guía EBA/GL/2015/22) que el Banco de España adoptó como propias[369].

En cuanto a su composición, al igual que en el comité de nombramientos, debe de estar integrado por miembros del órgano de administración que no desempeñen funciones ejecutivas en la entidad en un número mínimo de tres[370] y, al menos un tercio de estos miembros, y en todo caso el presidente, deben ser consejeros independientes[371]. Adicionalmente, en los supuestos que la normativa específica prevea la representación del personal en el consejo de administración, el comité de remuneraciones también incluirá uno o más representantes de dicho personal[372].

Las funciones del comité de remuneraciones se listan en el artículo 39 del ROSSEC. En primer término, se encarga de la preparación de las decisiones relativas a las remuneraciones, incluidas las que tengan repercusiones para el riesgo y la

---

369 La Directiva CRD IV (artículos 74.3 y 75.2) encarga a la ABE elaborar directrices sobre políticas y prácticas de remuneración que promuevan una gestión adecuada y eficaz de los riesgos, y que versen especialmente sobre los elementos variables de la retribución. Con estas Directrices se cumple dicho encargo, además de establecer cómo ha de publicarse la información sobre remuneraciones prescrita en el artículo 450 del Reglamento RCC. Disponible en: https://www.bde.es/f/webbde/INF/MenuHorizontal/Normativa/guias/eba-gl-2015-22-es.pdf (fecha última consulta: 8/5/2022).

370 Norma 26.3 Circular 2/2016.

371 El apartado 49 de las Guía EBA/GL/2015/22 señala que "el Comité de Remuneraciones estará compuesto por miembros de la función supervisora que no desempeñen funciones ejecutivas. El presidente y la mayoría de los miembros del Comité de Remuneraciones deberán reunir las condiciones para ser considerados independientes". Es decir, en las citadas Directrices se exige que la mayoría de ellos sean independientes, a diferencia del citado artículo 36 LOSSEC que prevé la obligatoriedad de contar con al menos un tercio de los miembros.

372 Articulo 39.2 ROSSEC y Norma 26.1 Circular 2/2016.

gestión de riesgos de la entidad de que se trate. En segundo lugar, debe informar la política general de retribuciones de los miembros del consejo de administración, directores generales o asimilados, así como la retribución individual y las demás condiciones contractuales de los consejeros que desempeñen funciones ejecutivas y, además, velar por su observancia[373]. Para

---

373 En virtud del apartado 2 del artículo 95 Directiva CRD IV, éste se encargará de la preparación de las decisiones relativas a las remuneraciones, incluidas las que tengan repercusiones para el riesgo y la gestión de riesgos de la entidad de que se trate y que deberá adoptar el órgano de dirección. Entre otros aspectos, supervisará directamente la remuneración de los altos directivos en las funciones de gestión de riesgos y cumplimiento (en el caso de no haberse creado dicho comité, estas funciones se asumirán por el órgano de dirección en su función supervisora). Por otro lado, las citadas Directrices insertas en la Guía EBA/GL/2015/22 también prevén en el apartado 2.4.2 las funciones del comité de remuneraciones, concretado que: (a) será responsable de preparar las decisiones sobre remuneración que deba tomar la función supervisora, en particular con respecto a la remuneración de los miembros del órgano de dirección en su función de dirección, así como de otro personal identificado; (b) prestará apoyo y asesorará a la función supervisora sobre la definición de la política de remuneración de la entidad; (c) apoyará a la función supervisora en el control de las políticas, prácticas y procesos de remuneración y del cumplimiento de la política de remuneración; (d) comprobará si la política de remuneración vigente está actualizada y propondrá cualquier cambio necesario; (e) revisará el nombramiento de consultores externos en materia de remuneraciones que la función supervisora pueda decidir contratar para recibir asesoramiento o apoyo; (f) garantizará la idoneidad de la información proporcionada a los accionistas sobre las políticas y prácticas de remuneración, en particular, la propuesta de un nivel máximo más alto de la ratio entre la remuneración fija y variable; (g) evaluará los mecanismos y sistemas adoptados para garantizar que el sistema de remuneración tenga debidamente en cuenta todos los tipos de riesgos, los niveles de liquidez y de capital, y que la política general de remuneración promueva y sea coherente con una gestión de riesgos adecuada y eficaz, y esté en línea con la estrategia del negocio, los objetivos, la cultura y los valores corporativos y los intereses a largo plazo de la entidad; h. evaluará el logro de los objetivos de resultados y la necesidad de ajustes *ex* post al riesgo, incluyendo la aplicación de cláusulas de reducción de la remuneración y de

ello, al preparar sus decisiones, el comité de remuneraciones tendrá en cuenta los intereses a largo plazo de los accionistas, los inversores y otras partes interesadas en la entidad, así como el interés público. En opinión de GUERRA[374], esta última mención al "interés público" es un ejemplo del concepto amplio de gobierno corporativo que subyace en legislación sectorial, añadiendo a los objetivos tradicionales de maximización de beneficios otras metas como el control de riesgos y el control interno.

Finalmente, el tercer comité del consejo de administración previsto en la LOSSEC es el denominado **comité de riesgos**[375]. A diferencia de lo previsto para el comité de remuneraciones y el comité de nombramientos – cuya creación recordemos es obligatoria para todas las entidades de crédito existiendo la posibilidad de una única comisión conjunta – la constitución

---

recuperación de remuneraciones ya satisfechas; i. revisará diversos escenarios posibles para analizar cómo reaccionan las políticas y las prácticas de remuneración ante eventos internos y externos, y hará pruebas retrospectivas de los criterios utilizados para determinar la concesión y el ajuste ex ante al riesgo en base a los resultados de riesgo reales. Además, cuando la entidad haya creado un comité de remuneraciones, la remuneración de los altos directivos en funciones de control independiente, incluidas las funciones de cumplimiento y de gestión de riesgos, estará supervisada directamente por este comité. El comité de remuneraciones realizará recomendaciones a la función supervisora sobre la definición del paquete de remuneración y las cuantías de remuneración que deberán satisfacerse a los altos directivos con funciones de control.

374 GUERRA MARTIN, G. (2018) "El Gobierno Corporativo de las entidades de crédito", *ob.cit*, pp. 160-176.

375 El apartado 3 del artículo 76 de la Directiva CRD IV prevé que los Estados miembros velarán por que las entidades que sean importantes por su tamaño, su organización interna y por la naturaleza, la dimensión y la complejidad de sus actividades dispongan de un comité de riesgos integrado por miembros del órgano de dirección que no desempeñen funciones ejecutivas en la entidad de que se trate.

del comité de riesgos únicamente es preceptiva para aquellas entidades cuyo volumen total de activos a nivel individual sea mayor o igual a 10.000 millones de euros a la fecha de cierre de alguno de los dos ejercicios inmediatamente anteriores[376]. En todos los demás casos, las entidades deben constituir una comisión mixta de auditoría que asumirá las funciones correspondientes del comité de riesgos[377].

El comité de riesgos debe de estar integrado por miembros del consejo de administración que no desempeñen funciones ejecutivas y que posean los oportunos conocimientos, capacidad y experiencia para entender plenamente y controlar la estrategia de riesgo y la propensión al riesgo de la entidad. Además, al menos un tercio de estos miembros, y en todo caso el presidente, deberán ser consejeros independientes[378].

En cuanto a sus funciones, estas se encuentran enunciadas en el artículo 43 ROSSEC de modo que corresponde al comité de riesgos: a) Asesorar al consejo de administración sobre la propensión global al riesgo, actual y futura, de la entidad y su estrategia en este ámbito, y asistirle en la vigilancia de la aplicación de esa estrategia, sin perjuicio de la máxima responsabilidad del propio consejo sobre los riesgos que asuma la entidad. b) Vigilar que la política de precios de los activos y los pasivos ofrecidos a los clientes tenga plenamente en cuenta el modelo empresarial y la estrategia de riesgo de la entidad. En

---

376 Norma 27. 2 de la Circular 2/2016, en cumplimiento de lo establecido en el artículo 38.3 LOSSEC. Tal como hemos señalado para el caso de constitución conjunta del comité de nombramientos y retribuciones en el caso de entidades de crédito para las que, por ser entidades de nueva creación, no se disponga de datos sobre el volumen total de activos de dos ejercicios, se considerarán los datos de cierre de un ejercicio, y en caso de no existir, los datos de cierre del último trimestre.

377 Norma 27.3 de la Circular 2/2016.

378 Articulo 38.2 LOSSEC.

caso contrario, el comité de riesgos presentará al consejo de administración un plan para subsanarla. c) Determinar, junto con el consejo de administración, la naturaleza, la cantidad, el formato y la frecuencia de la información sobre riesgos que deba recibir el propio comité y el consejo de administración. d) Colaborar para el establecimiento de políticas y prácticas de remuneración racionales. A tales efectos, el comité de riesgos examinará, sin perjuicio de las funciones del comité de remuneraciones, si la política de incentivos prevista en el sistema de remuneración tiene en consideración el riesgo, el capital, la liquidez y la probabilidad y la oportunidad de los beneficios. Para el adecuado ejercicio de las funciones descritas, las entidades han de garantizar que este comité tenga acceso sin dificultades a la información sobre la situación de riesgo de la entidad y, si fuese necesario, a la unidad de gestión de riesgos y a asesoramiento externo especializado[379].

El consejo rector manteniendo formalmente el **sistema monista** de organización atribuye parte de sus competencias en distintos comités, formados parcialmente por independientes, lo cual se exige por la norma financiera y se justifica en aras de lograr una mayor especialización y dedicación en las materias asignadas al órgano de administración. Con su configuración, la función de supervisión y control del consejo rector que, formalmente corresponde a los socios, se ha visto trasladada en parte al propio órgano de administración[380].

---

379 Artículo 42.2. ROSSEC.

380 SÁNCHEZ CALERO, F. (2006): "El declinar de la Junta y el buen gobierno corporativo", *Revista Derecho bancario y bursátil*, núm. 104, pp. 9-36, p. 12-13. En materia de sociedades capitalistas, si bien trasladable al ámbito de nuestro estudio, ello ha supuesto que la junta general haya perdido de hecho (no de derecho) una parte de sus competencias en favor del órgano de administración.

Estos comités obligatorios no deben confundirse con las anteriormente explicadas comisiones ejecutivas, principalmente por el hecho que los comités de riesgos, retribuciones, nombramientos y auditoría tienen carácter no ejecutivo.

Sin embargo, ni la LCC ni el RCC regulan directamente a los comités obligatorios, por cuanto serán de aplicación directa las normas financieras que hemos descrito anteriormente. Desde nuestro punto de vista, ello habría supuesto una oportunidad para acomodar o encajar la obligatoriedad de contar con estos comités con la estructura organizativa de las cooperativas de crédito. Sin embargo, no debe pasarse por alto que la LOSSEC prevé la posibilidad de reducir su número a través de comisiones conjuntas, concretamente se podrá crear una comisión única de nombramientos y retribuciones, y en determinados casos una comisión mixta de auditoría que también asuma las funciones correspondientes al comité de riesgos, hecho que puede encajar en el sujeto de nuestro estudio.

Sentado lo anterior y reconocida la funcionalidad de estos comités, el aspecto que más nos interesa resaltar respecto a todos ellos es su **composición**. Estos comités estarán integrados en un tercio por consejeros independientes y presididos obligatoriamente por un miembro que ostente tal consideración. Como hemos ya advertido, la exigencia de consejeros independientes en sede de cooperativas de crédito puede ir en contra de la propia naturaleza cooperativa por la que los miembros del consejo rector son también socios.

II.VI. LA INTERVENCIÓN

Los interventores son el órgano de fiscalización de las cooperativas, teniendo como función primordial, conforme al artículo 38 LC, la verificación de las cuentas anuales. Se trata de un órgano societario obligatorio de todas las sociedades cooperativas de carácter estatal (pero no en todas las normas autonómicas se recoge esta obligación). En las cooperativas de crédito, teniendo en cuenta la obligatoriedad de contar con un comité de auditoría, así como auditores externos, no sería necesario contar con este órgano puesto que las funciones se asumirían por otros órganos. De hecho, el artículo Undécimo LCC estipula: "Las Cooperativas de Crédito llevarán la contabilidad de acuerdo con la normativa establecida para las entidades de crédito. Los balances y cuenta de resultados anuales deberán ser *auditados* por personas y con los requisitos establecidos en la Ley 19/1988, de 12 de julio, de Auditoría de Cuentas"[381]. Sin embargo, ello no obsta para que puedan contar con un órgano de intervención. Así, de conformidad con el Artículo 26.1 RCC: "1. Sin perjuicio de la obligación legal de someter a auditoría sus cuentas anuales, *las cooperativas de crédito podrán prever en sus Estatutos la existencia de interventores*, a los que habrán de encomendar otras funciones distintas de la tarea revisora de cuentas. Cuando asuman otras competencias técnico-económicas, la mayoría de dichos cargos habrán de reunir los requisitos de conocimientos y experiencia a que se refiere el apartado 3 del artículo 2 y todos ellos cumplirán el requisito de honorabilidad del apartado 2 de dicho precepto"[382]. A tal efecto, el órgano de intervención no tiene carácter necesario para las cooperativas de crédito y puede no existir tal como se desprende del examen de algunas leyes autonómicas[383], que tienden a suprimir dicho órgano o lo dejan sin funciones, atribuyendo las mismas a profesionales de la auditoría de cuentas[384].

---

381 La cursiva es nuestra.

382 La cursiva es nuestra.

383 Por ejemplo, artículo 65.1 LCCAT prevé el carácter potestativo de este órgano.

384 Véase a CORDONES RAMÍREZ, M. (2019): "Órganos sociales" *Tratado de Derecho de Sociedades Cooperativas*, Tomo I, pp. 387-651, p. 598

II.VII. LA DIRECCIÓN GENERAL

Los directores generales de las cooperativas de crédito serán escogidos por el consejo rector entre personas que reúnan las condiciones de capacidad, preparación técnica, y experiencia suficiente para desarrollar las funciones propias de ese cargo (artículo 27.1 RCC). Pese a no reconocérsele la condición de órgano social, el artículo Noveno.7 LCC estipula que la dirección de la cooperativa de crédito se desempeñará por una dirección general, constituida por uno o varios directores generales. En este segundo supuesto, los estatutos determinarán si deben de actuar de forma individual, conjunta o con colegiada.

Las competencias que se asignen a la dirección general deberán determinarse también en los estatutos sociales e incluirán, entre otras atribuciones, la solicitud de la convocatoria del consejo rector y, salvo que se encomiende de modo expreso a este órgano, decidir la realización de operaciones con terceros, dentro de los límites establecidos en el artículo Cuarto.2 de la LCC (el conjunto de operaciones activas con terceros de una cooperativa de crédito no podrá alcanzar el 50% de los recursos totales de la entidad) (artículo 27.2 RCC). Por último, los titulares de la dirección general deberán ser inscritos en el Registro del Banco de España y quedan sometidos a las incompatibilidades y prohibiciones fijadas en la LCC[385] y, con carácter complementario, en la normativa sobre cooperativas que resulte de aplicación (artículo 27.3 RCC)[386].

---

[385] Por ejemplo, entre otros, los directores generales no podrán ocupar en otra entidad de crédito, cooperativa o sociedad mercantil el mismo cargo u otro equivalente, ni el de consejero, salvo que lo sea en representación de la Cooperativa de Crédito.

[386] Desde nuestro punto de vista, hubiera sido conveniente también la alusión a la normativa bancaria que les es de aplicación como así se prevé en otros apartados como el artículo 27.4 RCC que señala que los directores cesarán,

II.VIII. MECANISMOS DE GOBIERNO INTERNO EN LAS COOPERATIVAS DE CRÉDITO Y FUNCIONES DE CONTROL

Los mecanismos de gobierno interno hacen referencia al conjunto de estrategias, políticas, procedimientos, procesos y estructuras organizativas internas que permiten a la entidad de crédito operar con eficacia y eficiencia y lograr los objetivos estratégicos y operativos definidos por el órgano de administración. Estos aspectos son sobre los que inciden con especial intensidad las normas de regulación prudencial. Su objetivo último es la adecuada gestión de los riesgos de las entidades de crédito. Se trata de un tema consustancial por su propia actividad y se impone al órgano de administración un planteamiento holístico en el ámbito de la gestión de los riesgos, que involucre a toda la organización, siguiendo lo que se conoce como "las tres líneas de defensa" [387], que actuarían como "barreras" para afrontar los riesgos de la entidad. La primera línea de defensa está representada por las unidades de negocio que asumen riesgos y son responsables de su gestión continua. En particular, se encargan de identificar, evaluar y notificar dichas exposiciones, teniendo en cuenta el apetito por el riesgo del banco, sus políticas, procedimientos y controles. Por ello es muy importante que el consejo promueva una fuerte cultura de observancia de los límites y de la gestión de la exposición al riesgo. La segunda línea de defensa incluye una función de gestión del riesgo independiente que complementa las acti-

---

entre otras causas justificadas por cumplimiento de la edad que señalen los estatutos, y podrán ser destituidos por el consejo rector, así como suspendidos o separados de sus cargos en virtud de expediente disciplinario, instruido y resuelto por las autoridades de control que resulten competentes según la LOSSEC (artículo 27.4 RCC).

387 Véase el documento Principios de Gobierno Corporativo de Bancos, p. 11. Disponible en: https://www.bis.org/bcbs/publ/d328_es.pdf (fecha ultima consulta: 10/3/2022).

vidades de riesgo de las líneas de negocio mediante sus responsabilidades de seguimiento y notificación. En particular, es responsable de vigilar las actividades que implican asunción de riesgos en el banco y evaluar los riesgos y problemas independientemente de la línea de negocio. Adicionalmente, la segunda línea incorpora una función de cumplimiento independiente y eficaz, que deberá, entre otros, realizar el seguimiento rutinario del cumplimiento de la legislación, normas de gobierno corporativo, regulaciones, códigos y políticas a las que esté sujeto el banco. Finalmente, la tercera línea de defensa abarca una función de auditoría interna independiente y eficaz que debe proporcionar una revisión independiente sobre la calidad y eficacia del sistema de control interno del banco, la primera y segunda líneas de defensa y el marco de gobierno del riesgo, incluidos los vínculos a la cultura organizativa, así como la planificación estratégica y empresarial, retribución y procesos de toma de decisiones.

Los mecanismos de control interno deben ser adecuados a la naturaleza, escala y complejidad de los riesgos inherentes al modelo empresarial y las actividades de la entidad[388]. En este sentido, las Directrices sobre gobierno interno de la Guía EBA/GL/2021/05 precisan que este marco de control interno – que debería abarcar toda la organización, las actividades externalizadas y los canales de distribución[389] – debe garantizar una operativa eficaz y eficiente, una gestión prudente del negocio, una identificación, medición y mitigación adecuadas de los riesgos, la fiabilidad de la información financiera y no financiera publicada interna y externamente, unos procedimientos administrativos y contables sólidos y, finalmente, el cumplimiento de las leyes, normativas, requisitos en materia

388 Artículo 29.1.c) LOSSEC.

389 Apartado 144 de la Guía EBA/GL/2021/05.

de supervisión y políticas, procesos, normas y decisiones internos de la entidad[390].

Alguno de los estándares que tiene que cumplir este marco de control interno son los siguientes: en primer término, el consejo de administración debe establecer, mantener y actualizar periódicamente por escrito políticas, mecanismos y procedimientos de control interno que debe comunicar al personal y siempre que se realicen cambios relevantes[391]. En segundo lugar, la entidad debe contar con un proceso de toma de decisiones claro, transparente y documentado, y una asignación clara de responsabilidades y competencias, incluidas sus líneas de negocio, unidades internas y funciones de control interno[392]. En tercer lugar, las entidades deben establecer una segregación de funciones adecuada, por ejemplo, encomendando a personas diferentes la realización de actividades conflictivas en los procesos relacionados con transacciones o en la prestación de servicios, o confiando a personas distintas responsabilidades de supervisión e información relacionadas con actividades conflictivas, y establecer barreras a la información, llegando incluso a la separación física de determinados departamentos[393].

Esta necesidad de control puede relacionarse con el **Informe Anual de Gobierno Corporativo (en adelante, IAGC),** introducido en la LSC por la Ley 31/2014, integrada por los artículos 540 y 541 que posteriormente han sido modificados por la Ley 5/2021, de 12 de abril. En primer lugar, el artículo 540 LSC, obliga a las sociedades cotizadas[394] a elaborar y hacer público un **Informe Anual de Gobierno Corporativo (en**

---

390 Apartado 145 de la Guía EBA/GL/2021/05.

391 Apartado 146 de la Guía EBA/GL/2021/05.

392 Apartado 147 de la Guía EBA/GL/2021/05.

393 Articulo 149 EBA/GL/2021/05.

394 Recuérdese que la Disposición adicional séptima del Real Decreto Legislativo 4/2015, de 23 de octubre, por el que se aprueba el texto refundido de la Ley

adelante, IAGC) que deberá comunicar a la CNMV. En cuanto al contenido y estructura del IAGC, el párrafo cuarto del artículo 540 dispone que será el determinado por el Ministro de Economía y Competitividad o, con su habilitación expresa, por la CNMV[395], sin embargo, la propia LSC establece que dicho Informe debe de ofrecer una explicación detallada de la estructura del sistema de gobierno de la sociedad y de su funcionamiento en la práctica, enunciando los aspectos que, en todo caso, han de integrar su contenido mínimo. En particular: a) La estructura de propiedad de la sociedad; b) Cualquier restricción a la transmisibilidad de valores y cualquier restricción al derecho de voto; c) Estructura de la administración de la sociedad; d) Operaciones vinculadas de la sociedad con sus accionistas y sus administradores y cargos directivos y operacio-

---

del Mercado de Valores, extiende la obligación a otros emisores de valores cotizados.

395 En ejecución de las habilitaciones contenidas en la Orden ECC/461/2013, de 20 de marzo, por la que se determinan el contenido y la estructura del Informe anual de Gobierno corporativo, del Informe anual sobre remuneraciones y de otros instrumentos de información de las sociedades anónimas cotizadas, de las cajas de ahorros y otras entidades que emitan valores admitidos a negociación en mercados oficiales de valores, se dictó la Circular 5/2013, de 12 de junio, de la Comisión Nacional del Mercado de Valores, que establece los modelos de informe anual de gobierno corporativo de las sociedades anónimas cotizadas, de las cajas de ahorros y de otras entidades que emitan valores admitidos a negociación en mercados oficiales de valores. Esta circular fue modificada por la Circular 1/2020, de 6 de octubre, de la Comisión Nacional del Mercado de Valores y, tras la publicación de la Ley 5/2021, de 12 de abril, se dictó una nueva Circular 3/2021, de 28 de septiembre, de la Comisión Nacional del Mercado de Valores. Esta Circular no solo modificó la de 2013 sino que también cambio su nombre en virtud de lo establecido en su norma la norma segunda.1 pasándose a denominar "Circular 5/2013, de 12 de junio, de la Comisión Nacional del Mercado de Valores, que establece los modelos de informe anual de gobierno corporativo de las sociedades anónimas cotizadas y de las cajas de ahorro que emitan valores admitidos a negociación en mercados regulado".

nes intragrupo; e) Sistemas de control del riesgo, incluido el fiscal; f) Funcionamiento de la junta general, con información relativa al desarrollo de las reuniones que celebre; g) Grado de seguimiento de las recomendaciones de gobierno corporativo, o, en su caso, la explicación de la falta de seguimiento de dichas recomendaciones; y h) Una descripción de las principales características de los sistemas internos de control y gestión de riesgos en relación con el proceso de emisión de la información financiera.

La misión principal de las **funciones de control interno** consiste en verificar que las políticas, mecanismos y procedimientos se apliquen correctamente en sus respectivas áreas de competencia. Por ello, estas funciones deben presentar periódicamente al consejo de administración, informes por escrito sobre las principales deficiencias identificadas, los riesgos relevantes asociados, una evaluación del impacto, y las recomendaciones y medidas correctivas que se vayan a tomar. Asimismo, es recomendable establecer un procedimiento que permita realizar un seguimiento de las conclusiones y medidas formuladas por los responsables de las funciones de control al objeto de comprobar su correcta aplicación[396].

Si la gestión de los riesgos es uno de los elementos clave del gobierno corporativo de una sociedad mercantil sea cual sea su ámbito de actuación específico[397] para las entidades de crédito en particular, la gestión de los riesgos es un tema consustancial a su propia actividad. De hecho, el propio Libro Verde: El gobierno corporativo en las entidades financieras y las políticas

---

396 Articulo 150 y 151 EBA/GL/2021/05.

397 No en vano, la propia LSC enuncia como una de las competencias indelegables del consejo de administración de las sociedades cotizadas, la determinación de la política de control y gestión de riesgos, incluidos los fiscales, y la supervisión de los sistemas internos de información y control. Articulo 529 ter.1.b) LSC.

de remuneración[398] y el Informe Larosière coincidieron en señalar que los fallos en la gestión de riesgos han desempeñado un papel clave en la gestación de la crisis financiera que estalló en 2007. Estas deficiencias consistieron en: (i) La mala comprensión de los riesgos por los actores de la cadena de gestión de los riesgos falta de formación de los empleados encargados de distribuir productos de riesgo; (ii) La falta de autoridad de la función de gestión de riesgos; (iii) La falta de experiencia o experiencia insuficientemente diversificada en materia de gestión de los riesgos; (iv) La falta de información en tiempo real sobre los riesgos para que los actores afectados puedan tener un margen mínimo de reacción.

Sobre la base de lo expuesto, resulta razonable que el control de riesgos de las entidades de crédito sea uno de los aspectos principales sobre los que el supervisor centra su atención tal y como el BCE ha advertido[399]. Es por ello que las normas de regulación y supervisión bancaria imponen al órgano de administración el deber de realizar un planteamiento holístico en el ámbito de la gestión de los riesgos que involucre a toda la organización como parte del marco de control interno general siguiendo a la recomendación de los "Principios de Gobierno Corporativo para Bancos" del Comité de Basilea que el consejo debe "marcar la pauta desde arriba", a lo que hemos aludido con anterioridad.

---

398 COM (2010) 284, p. 8. En este punto coincide con las observaciones del Informe *Larosière.*

399 El propio Banco Central Europeo ha manifestado que las funciones de control de riesgos no han sido suficientemente proactivas para adaptarse al entorno de crisis e identificar, vigilar y gestionar los riesgos, incidiendo en que los órganos de dirección de las entidades de crédito han aplicado una vigilancia insuficiente de las decisiones operativas y de gestión. Vid. https://www.bankingsupervision.europa.eu/ecb/pub/ra/html/ssm.ra2021~edbbea1f8f.es.html#teoc5 (fecha ultima consulta: 10/3/2022).

En definitiva, como parte de un sistema efectivo de gestión de riesgos y de control internos, las entidades de crédito deben contar con funciones de control, que incluyen **gestión de riesgos**, **cumplimiento**, y **auditoría interna**[400]. Con carácter general, estas funciones deben disponer de recursos suficientes para llevar a cabo su cometido, ello implica contar con un número adecuado de empleados cualificados los cuales deben recibir la formación necesaria para desempeñar adecuadamente sus tareas. Adicionalmente, las funciones deben tener a su disposición sistemas de TI[401] y de apoyo apropiados, con acceso a la información interna y externa necesaria para cumplir sus responsabilidades, en particular, la información necesaria relativa a todas las líneas de negocio y a las filiales relevantes en la asunción riesgos, especialmente aquellas que potencialmente pueden generar riesgos importantes para las entidades[402].

Que la entidad de crédito esté obligada a contar con estas funciones de control no impide que éstas puedan **delegarse** en terceras personas. Sobre este particular, la Norma 43 de la Circular 2/2016 determina los requisitos mínimos que habrán de cumplir las entidades para la delegación de la prestación de servicios o del ejercicio de funciones, relacionado con el artículo 22 ROSSEC, que prevé el marco general. Se permite, por tanto, que las entidades de crédito puedan delegar en un tercero la prestación de servicios o el ejercicio de funciones siempre que la actividad de la entidad no se vacíe de contenido y la delegación no disminuya las capacidades de control interno de la propia entidad y de supervisión del BE y del BCE[403].

---

400 Norma 28 de la Circular 2/2016 en relación con el artículo 29 de la LOSSEC y en el artículo 43 del ROSSEC y Apartado 169 de la Guía EBA/GL/2021/05.

401 Refiriéndose a nuevas tecnologías.

402 Apartados 177 y 178 de la Guía EBA/GL/2021/05.

403 Artículo 22.1 ROSSEC. Señala que las actividades reservadas a las entidades de crédito no podrán ser objeto de delegación, sin perjuicio de lo dispuesto

En este sentido, la delegación de servicios o de funciones por parte de las entidades de crédito en terceros no disminuirá su responsabilidad respecto al cumplimiento íntegro de las obligaciones que establece el ordenamiento jurídico para su autorización y funcionamiento[404]. Teniendo en cuenta que la autoridad competente puede establecer otras limitaciones[405],

---

en relación con los agentes de las entidades de crédito en el artículo 21 ROSSEC. Debe también destacarse que, en virtud del artículo 22.6 *fine*, el Banco de España o, en su caso, el Banco Central Europeo se encargará de la supervisión de lo previsto en este artículo y a estos efectos, las entidades de crédito deberán tener disponible, cuando aquel lo solicite, toda la información oportuna. Relacionado con estas facultades de supervisión, la Norma 34.6 señala que la delegación de la prestación de servicios o del ejercicio de funciones esenciales no puede resultar en la obstaculización de las facultades de supervisión de la autoridad competente ni en la dependencia excesiva de la entidad respecto al proveedor de los servicios. A tal efecto, los contratos de las entidades españolas que regulen la actividad deberán (a) Incluir una cláusula que contemple el acceso directo y sin restricciones de la autoridad competente a la información de la entidad de crédito en poder de los proveedores, así como la posibilidad de verificar, en los propios locales de estos, la idoneidad de los sistemas, herramientas o aplicaciones utilizados en la prestación de los servicios o funciones delegados; (b) Permitir el desistimiento y prever que los costes para la entidad de dicho desistimiento sean razonables; (c) Permitir que la entidad limite la subcontratación de servicios por parte del proveedor de servicios o extienda los principios de su política de delegación a estos casos; (d) Incluir la exigencia de que el proveedor de los servicios disponga de un plan de contingencias que permita mantener su actividad y limitar las pérdidas de la entidad en caso de incidencias graves. Adicionalmente, si el proveedor estuviera radicado en el extranjero, deberá incluirse una cláusula que especifique la jurisdicción del país a la que estará sujeto el contrato, de forma que la entidad conozca los potenciales riesgos legales en que pudiera incurrir en caso de conflicto.

404 Artículo 22.2 ROSSEC.

405 Norma 43.8 Circular 2/2016, en función de la naturaleza o criticidad de algunas funciones o servicios, o de sus efectos en el régimen de gobierno interno de la entidad, la autoridad competente podrá establecer limitaciones a la delegación, a cuyo efecto tendrá en consideración, entre otros aspectos,

la delegación de servicios o funciones esenciales[406] por parte de las entidades de crédito deberá cumplir con los siguientes requisitos: a) La delegación no supondrá en ningún caso el traslado de responsabilidad por parte de la alta dirección. Concretamente, la delegación no podrá reducir las exigencias sobre mecanismos de control interno previstas en el artículo 43; b) La delegación no podrá alterar las relaciones y obligaciones de la entidad de crédito con su clientela ni con la autoridad competente para su supervisión; c) Las condiciones que debe cumplir la entidad de crédito para recibir y conservar la autorización no podrán eliminarse o modificarse por la existencia de un acuerdo de delegación; d) El acuerdo de delegación entre la entidad de crédito y el tercero deberá plasmarse en un contrato escrito en el que se concretarán los derechos y obligaciones de las partes.

Para dar cumplimiento a todo lo expuesto, las entidades de crédito deben elaborar y ejecutar una política objetiva e integral para la gestión adecuada de sus delegaciones de servicios o funciones esenciales. Esta "**política de delegación**" deberá ser aprobada por su consejo de administración, sujeta a actualizaciones periódicas como mínimo cada dos años[407]. En el desarrollo de esta política, la entidad debe evaluar el potencial impacto de cualquier riesgo en que incurra (riesgo de

---

la política de delegación que tenga establecida la entidad, su estructura organizativa, su entorno de control interno y las implicaciones de la delegación en relación con el ejercicio de la función supervisora de la autoridad competente.

406 Artículo 22.5 ROSSEC: "Se entenderá que una función o servicio es esencial para el ejercicio de la actividad de una entidad de crédito si una deficiencia o anomalía en su ejecución puede, bien afectar de modo considerable a la capacidad de la entidad de crédito para cumplir permanentemente las condiciones y obligaciones que se derivan de su autorización y del régimen establecido en la Ley 10/2014, de 26 de junio, bien afectar a sus rendimientos financieros, a su solvencia o a la continuidad de su actividad".

407 Artículo 22.4 ROSSEC relacionado con Norma 43.2 Circular 2/2016.

incumplimiento, riesgo de concentración, riesgo inherente al país, riesgo reputacional, riesgo operacional[408]), la gestión que aplicará a estos y la unidad de control responsable de su seguimiento. Relacionado con ello, las entidades vigilarán que sus propios planes de contingencias incluyan y contemplen adecuadamente los servicios o funciones que hayan sido objeto de delegación, en particular los que tengan carácter esencial, y establecerán alternativas a la delegación contratada[409]. Por último, la Norma 43.9 de la Circular exige que las entidades deben comunicar formalmente a la autoridad competente (con un mes de antelación mínima), sus planes de delegación de funciones o servicios esenciales[410].

II.VIII.1. LA FUNCIÓN DE GESTIÓN DE RIESGOS

A la función de gestión de riesgos se refiere el artículo 41 ROSSEC indicando que sus competencias son: a) Determinar, cuantificar y notificar adecuadamente todos los riesgos importantes; b) Participar activamente en la elaboración de la estrategia de riesgo de la entidad y en todas las decisiones importantes de gestión de riesgos; c) Presentar una imagen completa de toda la gama de riesgos a los que se encuentre expuesta la entidad; d) Informar directamente al órgano de administración de las evoluciones específicas del riesgo que afecten o puedan afectar a la entidad.

Es la responsable de garantizar que exista un marco de gestión de riesgos adecuado y de que todos los riesgos sean identificados, evaluados, medidos, controlados, gestionados y comu-

---

408 Véase Norma 43.3 Circular 2/2016.

409 Norma 43.7 Circular 2/2016.

410 Dicha comunicación deberá estar acompañada del correspondiente análisis de riesgos y de las medidas mitigadoras que, en su caso, procedan, especialmente cuando la delegación implique el uso de nuevas tecnologías.

nicados adecuadamente por todas las unidades relevantes de la entidad[411].

Sin embargo, las cooperativas de crédito asumieron menores riesgos y sufrieron menores pérdidas durante la crisis de 2007[412]. Los estudios muestran como los bancos cooperativos generalmente tienen menores incentivos para adoptar activi-

---

411 Apartado 191 de la Guía EBA/GL/2021/05.

412 Se las califica como entidades que, en general, pudieron evitar muchos de los errores que fueron cometidos por otras entidades y que cubren, a día de hoy, de manera fiable y segura las necesidades de muchos hogares y empresas. Vid. UNACC (2013): Banca Cooperativa: Nueva ficha en gobierno corporativo", *Revista de la UNACC*, núm.56, verano, p.22. Por su parte, es interesante el trabajo de HENSELMANN, K.; DITTER, D.; LUPP, P. (2016): "The Effects of the Financial Crisis on Cooperative Banks in Europe. A Critical Comparison", *Working Papers in Accounting Valuation Auditing*, núm. 2016-1. En este trabajo se compara el desarrollo de varias variables entre bancos comerciales, cooperativas y cajas de ahorros desde 2005 hasta 2013, con el fin de averiguar si los bancos más pequeños (como los bancos cooperativos o las cajas de ahorros) tendieron a ser más resistente a la crisis financiera. Según el mismo, los bancos cooperativos son también el grupo de bancos que mostraron los efectos «menos procíclicos». Los resultados sugieren que los bancos cooperativos fueron el grupo de bancos que se mantuvo más estable durante los años que rodearon la crisis financiera de 2007/2008. Otros, por ejemplo, MCKILLOP, D., FRENCH, D., QUINN, B., SOLECH, A., WILSON, J. (2020): "Cooperative financial institutions: a review of the literature", *International Review of Financial Analysis*, vol. 71, pp.1-11, p. 1. Como indican los autores, las cooperativas financieras actúan como "refugio de depósitos" y son importantes fuentes de crédito para los hogares y las pequeñas y medianas empresas. Tratándose de organizaciones cuyo enfoque ha sido dar respuesta a las necesidades de sus miembros ha asegurado la durabilidad, popularidad y sostenibilidad de las cooperativas financieras. Esto es particularmente evidente dado que las crisis cuando las cooperativas financieras continuaron otorgando crédito a sus miembros mientras que los bancos restringieron el crédito a hogares y empresas.

dades de riesgo y eso los hace a ellos y al propio sistema financieramente más estables[413].

Sin perjuicio de lo anterior, los riesgos a los que se exponen las entidades de crédito son de un alcance distinto y superior al del resto de sociedades, repercutiendo asimismo al conjunto de la economía. Por esta razón, el artículo 37 LOSSEC relativo a la responsabilidad en la gestión de riesgos identifica al órgano de administración como responsable de los riesgos que asuma una entidad de crédito. A estos efectos, las entidades de crédito deberán establecer canales eficaces de información sobre las políticas de gestión de riesgos de la entidad y todos los riesgos importantes a los que esta se enfrenta.

Se exige así que, en el ejercicio de su responsabilidad sobre gestión de riesgos, el consejo rector dedique tiempo suficiente a la consideración de las cuestiones relacionadas con los riesgos y aprobar y revisar periódicamente las estrategias y políticas de asunción, gestión, supervisión y reducción de los éstos. Teniendo en cuenta tales exigencias, a las cooperativas de crédito y a sus consejos rectores no les queda otra elección que ser competitivas en su gestión y eficaces en el control.

Como señala GUIDER[414], el medio más seguro para propiciar una adecuada gestión de riesgos para estas entidades pasaría por la obtención de un nivel suficiente de beneficios, que se

---

413 De conformidad con el Informe Liikanen del Grupo de expertos de alto nivel sobre la reforma de la estructura del sector bancario en UE de 2012, disponible en: https://ec.europa.eu/info/sites/default/files/liikanen-report-02102012_en.pdf (fecha última consulta: 22/3/2022), la literatura sugiere que los bancos cooperativos tienen activos menos riesgosos en sus balances, lo que podría ser impulsado por ventajas informativas hacia sus clientes o un enfoque más adverso al riesgo de la banca en general.

414 GUIDER, H. (2014): "Impacto de la regulación sobre la banca cooperativa" *ob.cit.*, p. 63

destinarían a las reservas para consolidar los fondos propios[415]. De esta forma, su régimen económico de distribución de beneficios, como uno de los elementos característicos de estas entidades pensadas para satisfacer las necesidades de individuos y no como entidades capitalistas, resulta la forma idónea para evitar caer en la asunción de riesgos desmesurados. En particular, la generación de beneficios y su obligada distribución a fondos obligatorios en un porcentaje mínimo marcado legalmente, limita la aversión al riesgo en estas entidades puesto que la maximización de beneficios para su distribución entre los socios no es en ningún caso la prioridad de la entidad. En otras palabras, como la distribución de beneficios está limitada, es poco probable que esta estructura de propiedad conduzca a comportamientos tendentes a la maximización de beneficios.

Por todo lo expuesto, consideramos que la proporción entre beneficio y riesgo es contraria a los ideales cooperativos, según los cuales el beneficio es un medio y no un objetivo, por lo que política de riesgos es a menudo muy conservadora en estas entidades. A ello debe sumarse como apunta PUY que, desde la década de los ochenta del pasado siglo, la actividad tradicional de las cooperativas de crédito ha experimentado un profundo

---

415 GUIDER, H. (2017): "La banca cooperativa en Europa ¿A qué desafíos se enfrenta después de la crisis financiera?" *ob.cit.*, p. 363 y ss. La estabilidad del modelo es un fuerte elemento diferenciador de la banca cooperativa. Esa solidez se basa en las entidades cooperativas locales y regionales, que disponen de un alto nivel de fondos propios vinculado tanto al capital social y al compromiso de los socios titulares de participaciones, como de sus reservas. El establecimiento de un límite máximo a la hora de distribuir los resultados favorece la creación de un colchón de capital que actúa como amortiguador para hacer frente a la incertidumbre económica y proporciona la capacidad necesaria para financiar a la economía local en el marco de los requisitos regulatorios.

cambio[416]. Estas entidades se han visto en la necesidad de ampliar su negocio y competir con la banca puramente comercial tanto en el segmento de empresas y servicios destinados a particulares como en otros de mayor riesgo como es el de la banca de inversión, promovidos por la fuerza de los mercados y el afán por competir con otros operadores, contribuyeron a que la cooperativa de crédito diversificara sus servicios, ofreciera éstos a no socios, superar su vinculación territorial y profesionalizada sus cuadros directivos, todo ello a imagen y semejanza de las restantes entidades de crédito[417]. Es por ello que debería recuperarse el modelo de negocio bancario tradicional de las cooperativas, centrándose en la intermediación del crédito para sus socios, como clientes y depositantes. Se presume así

416 Nótese que el motivo originario de las cooperativas de crédito es atender las necesidades financieras de sus socios y clientes en el ya remoto contexto de su origen, caracterizado por la ausencia de vías alternativas de financiación. En la actualidad, debe interpretarse como la prestación de un servicio financiero específicamente adaptado al socio e integrado en un servicio integral de intermediación y asesoramiento. Vid. PALOMO ZURDO, R.J. (2000): *Pasado, presente y futuro de la banca cooperativa en España, ob.cit.*, p.87. Como resalta BOTANA, han sido particularmente los pequeños empresarios (artesanos, comerciantes individuales, agricultores, etc.) los que impulsaron las entidades de crédito mutuo asentadas sobre principios cooperativos (solidaridad, autoayuda, corresponsabilidad, gestión democrática). Y si bien en una primera etapa los beneficiarios de los servicios que prestaban las cooperativas de crédito (básicamente servicios de depósito y de préstamo) eran exclusivamente los socios cooperativistas, poco a poco se ha derivado en una ampliación y apertura tanto en lo concerniente a la gama de servicios ofrecidos como a los potenciales beneficiarios de los mismos (terceros no socios), produciéndose así una progresiva aproximación de configuración jurídico-económica entre las banca típica mercantil y la banca cooperativa. Vid. BOTANA AGRA, M. (2020): "Acomodación de la cooperativa de crédito al marco de gobierno corporativo de las entidades de crédito", *ob.cit.*, p. 99.

417 BOTANA AGRA, M. (2020): "Acomodación de la cooperativa de crédito al marco de gobierno corporativo de las entidades de crédito", *ob.cit.*, p. 110

que una banca de calidad en que no se asumen excesivamente riesgos pasa por recuperar la esencia del negocio tradicional[418].

Además del régimen de distribución de beneficios, deben destacarse las diferencias entre el socio de un banco y el de una cooperativa. En resumidas cuentas, mientras el primero persigue obtener una rentabilidad a su inversión, el segundo busca dar solución a las necesidades comunes del sector financiero. Se infiere pues, como señala PUY[419], que la cooperativa presenta una ventaja frente a otras entidades de crédito desde el punto de vista de la estimación del riesgo: en la medida en que la actividad fundamental de la cooperativa sea la financiación de la actividad económica de sus socios, con los que mantiene una relación de proximidad geográfica y cuya actividad conoce bien (agricultores, ganaderos, profesionales, etc.), se encuentra en mejores condiciones para apreciar las necesidades de financiación y los potenciales riesgos. Con ello se reduce el riesgo de un potencial incumplimiento dado que la cooperativa sabe a quién presta y por qué deben prestar. De este modo, el hecho de que las ganancias no sean consideradas como el objetivo prioritario para las cooperativas financieras[420]

---

418 GARCÍA ROMERA, P. (2014): "Las cooperativas de crédito, ¿un modelo con esencia o la esencia del modelo?" *40 UNACC. Conectando con el cambio de modelo de negocio,* Madrid, p.69. El presidente de la UNACC se planteó dónde está la esencia para hacer una banca de calidad y sin excesos. Alude a Paul KRUGMAN, profesor de Economía de Princeton y premio Nobel de Economía en 2008, que postulaba "para que el negocio bancario sea un éxito tiene que ser aburrido". Y es a ese "aburrimiento" a lo que tenderá el sector en los próximos años. El secreto de hacer una banca aburrida reside en volver al origen de lo que es una entidad de crédito: dar crédito y captar depósitos.

419 PUY FERNÁNDEZ, G. (2021): "La importancia del gobierno corporativo en la gestión de las cooperativas de crédito" *ob.cit.*, p. 253.

420 Remarcamos la diferencia entre las distintas cooperativas financieras. Tal como señala COELHO, R., MAZZILLO, J.A., SYORONOS, J., YU, T. (2019): *FSI Insights on policy implementation, No 15 Regulation and supervision of finan-*

en general y en las cooperativas de crédito en particular, amortiguó considerablemente el incentivo para aumentar la toma de riesgos oportunista en sus actividades (por ejemplo, en los préstamos). La regulación prudencial podría considerarse, en este aspecto, menos necesaria para este tipo de intermediarios o, si más no, menos restrictiva.

---

cial cooperatives, Bank for international settlements, january, p.7. Disponible en: https://www.bis.org/fsi/publ/insights15.pdf (fecha última consulta: 10/5/2022). Si bien ambos tipos de cooperativas financieras son propiedad de sus miembros, los bancos cooperativos también pueden ofrecer servicios financieros a clientes que no son miembros. Por el contrario, las "*credit unions*" generalmente ofrecen sus servicios solo a los miembros/propietarios, y estos generalmente comparten algún tipo de vínculo común, como una profesión, actividad, empleador o ubicación geográfica específicos. Téngase también en cuenta que, como señalan CUEVAS y FISCHER, las instituciones financieras cooperativas comprenden una variedad de intermediarios financieros propiedad de sus miembros, a los que se hace referencia de forma diversa "*credit unions*", "*caisse populares*", cooperativas de ahorro y crédito, bancos cooperativos y *bancos Shinkin.* Las credit unions y caisse populaires tienen una fuerte presencia en América del Norte, mientras que las cooperativas de crédito son la forma organizativa dominante en muchos países europeos. La estructura institucional, el estatus legal y regulatorio, la oferta de productos y los modelos de negocio varían entre países, y especialmente entre países avanzados y emergentes. Por ejemplo, las *credit unions* y *caisse populaires* son entidades sin fines de lucro que brindan servicios únicamente a sus miembros. Los bancos Shinkin también son sin fines de lucro, pero restringen los préstamos a los miembros mientras aceptan depósitos de los no miembros. Por último, las cooperativas de crédito son organizaciones con fines de lucro que brindan servicios tanto a miembros como a no miembros. Sin embargo, a diferencia de los bancos comerciales shareholders, los bancos cooperativos no buscan maximizar las ganancias, sino generar ganancias para reforzar el capital y financiar el crecimiento a largo plazo CUEVAS C.E., FISCHER K.P. (2006): "Cooperative financial institutions: Issues in governance, regulation, and supervision", *World Bank,* Working Paper núm. 82.

II.VIII.2. LA FUNCIÓN DE CUMPLIMIENTO NORMATIVO

El artículo 43.1.c) ROSSEC exige contar con una unidad que desempeñe la función de cumplimiento normativo con carácter integral, comprendiendo, entre otras, las obligaciones que al respecto resulten de la prestación de servicios de inversión, así como las establecidas por la normativa de prevención del blanqueo de capitales[421]. Debe relacionarse esta función con el denominado sistema de gobierno penal, que se integra por los modelos de organización y gestión que persiguen la prevención de la comisión de delitos por parte de ciertos sujetos, en aplicación del artículo 31.*bis* del Código Penal, como condiciones de atenuación o exención de la responsabilidad penal de la persona jurídica (rutinariamente, *compliance penal*). En definitiva, la misión principal de esta función, que forma parte de la "segunda línea de defensa" junto a la función de gestión de riesgos, es la de gestionar el riesgo de cumplimiento normativo, asesorando al consejo de administración sobre las medidas que se vayan a tomar para garantizar el cumplimiento de las leyes, normas, regulación y estándares aplicables, y evaluar el posible impacto de cualquier cambio en el entorno jurídico o regulatorio sobre las actividades de la entidad y el marco de cumplimiento[422].

Los estándares que las Directrices insertas en la Guía EBA/GL/2021/05[423] enuncian para esta función se listan a conti-

---

[421] Ley 10/2010, de 28 de abril, de prevención del blanqueo de capitales y de la financiación del terrorismo.

[422] Apartados 204 y 209 de la Guía EBA/GL/2021/05.

[423] El Banco de Pagos Internacionales (BIS), a través del Comité de supervisión Bancaria de Basilea, publicó en octubre de 2003 un documento consultivo denominado "La función de cumplimiento en los bancos", con la pretensión de facilitar un manual con las mejores prácticas. En este documento, se for-

nuación. En primer término, debe asegurarse de que la supervisión del cumplimiento se lleva a cabo mediante un programa de supervisión del cumplimiento estructurado, bien definido y que se respete la política de cumplimiento aprobada por el consejo de administración[424]. En segundo término, la función debe mantener una estrecha colaboración con la función de gestión de riesgos y con el departamento jurídico de la entidad sobre el riesgo de cumplimiento de la entidad y su gestión, especialmente, con el fin de asegurarse que los nuevos productos y procedimientos cumplan con el marco jurídico vigente[425]. Finalmente, la función debe asegurarse que la entidad adopta las medidas adecuadas frente a conductas internas o externas que puedan facilitar o permitir el fraude, el blanqueo de capitales, la financiación del terrorismo u otros delitos económicos y frente a infracciones disciplinarias como, por ejemplo, el incumplimiento de procedimientos internos o de límites[426].

II.VIII.3. LA FUNCIÓN DE AUDITORÍA INTERNA

Utilizando un enfoque basado en el riesgo tal y como ha sido descrito en otro epígrafe, podemos afirmar que la función de auditoría interna encarna la "tercera línea de defensa", de

---

mulaban once principios de carácter general, asignando responsabilidades al consejo de administración, en la aprobación y supervisión de políticas que aseguren una adecuada gestión de riesgo de cumplimiento, a la alta dirección gestionando el riesgo, implantando los principios básicos para un marco coherente y, finalmente, la función de cumplimiento como encargada de asesorar, medir los riesgos e informar de los resultados obtenidos. Ya en el año 2015, el BIS aprobaba los "Principios de Gobierno Corporativo para bancos" en cuyo Principio 9 señalaba que el consejo de administración del banco es responsable de vigilar la gestión del riesgo de cumplimiento del banco.

424 Apartado 210 de la Guía EBA/GL/2021/05.

425 Apartados 210 y 211 de la Guía EBA/GL/2021/05.

426 Apartado 212 de la Guía EBA/GL/2021/05.

tal modo que su misión principal consiste en verificar de forma independiente y proporcionar una certeza objetiva de que todas las actividades y unidades de una entidad – incluidas las actividades externalizadas – cumplen con las políticas y los procedimientos de la entidad y con los requisitos regulatorios[427]. Dicho de otro modo, la función de auditoría interna debe velar por el buen funcionamiento de los sistemas de información y control interno[428]. Precisamente por la relevancia de su cometido, y con el fin de preservar su absoluta independencia, es necesario que dicha función no se involucre en el diseño, selección, establecimiento y aplicación de políticas, mecanismos y procedimientos específicos de control interno y límites de riesgo[429].

Más en concreto, las Directrices de la Guía EBA/GL/2021/05 señalan las siguientes materias objeto de evaluación por la función de auditoría interna: a. la adecuación del marco de gobierno de la entidad; b. si las políticas y procedimientos existentes siguen siendo apropiados y se adecúan a los requisitos legales y regulatorios, y a la estrategia de riesgo y el apetito de riesgo de la entidad; c. la adecuación de los procedimientos a las leyes y normativas aplicables y a las decisiones del órgano de dirección; d. si los procedimientos se aplican de manera correcta y eficaz (p. ej., conformidad de las operaciones, el nivel de riesgo efectivamente incurrido, etc.), y en la adecuación, calidad y efectividad de los controles realizados y de la información presentada por la por las unidades de negocio y por las funciones de gestión de riesgos y de cumplimiento[430]. Especialmente, esta función debe verificar la integridad de los procesos que garantizan la fiabilidad de los métodos y técnicas

---

427 Apartado 216 de la Guía EBA/GL/2021/05.

428 Artículo 43.1.b) ROSSEC.

429 Apartado 217 Guía EBA/GL/2021/05.

430 Apartado 218 de la Guía EBA/GL/2021/05.

de la entidad, así como los supuestos y las fuentes de información utilizados en sus modelos internos y, además, la calidad y la utilización de herramientas cualitativas de identificación y evaluación de los riesgos y las medidas de mitigación de riesgos adoptadas[431].

Los trabajos de auditoría interna deben llevarse a cabo con arreglo a un "plan de auditoría interno", aprobado por el consejo de administración, redactado con carácter anual teniendo en cuenta los objetivos anuales de control de dicha función, así como en programas de auditoría detallados siguiendo un enfoque basado en el riesgo[432]. Por último, es evidente que, para desarrollar su cometido, resulta indispensable que la función tenga acceso sin restricciones a todos los registros, documentos, información y edificios de la entidad, incluido el acceso a los sistemas de información de gestión y a las actas de todos los comités y los órganos de decisión[433].

Una vez resaltadas las características de cada función, resulta muy complicado para las cooperativas de crédito equilibrar entre el principio de separación funcional con la creación de múltiples comisiones distintas que exige la actual norma financiera y los riesgos de contar con demasiados **departamentos independientes** en las cooperativas[434]. Al respecto, se han demostrado las dificultades a las que se enfrentan las pequeñas

---

431 Apartado 219 de la Guía EBA/GL/2021/05.

432 Apartado 222 y 223 de la Guía EBA/GL/2021/05.

433 Apartado 220 de la Guía EBA/GL/2021/05.

434 EBA BANKING STAKEHOLDER GROUP (2016): "Proportionality in Bank Regulation. A Report by the EBA Banking Stakeholder Group" Texto disponible en: https://www.eba.europa.eu/sites/default/documents/files/documents/10180/807776/de9b6372-c2c6-4be4-ac1f-49f4e80f9a66/European%20Banking%20Authority%20Banking%20Stakeholder%20Group-%20Position%20paper%20on%20proportionality.pdf?retry=1, p. 39 (fecha última consulta: 5/4/2022).

instituciones al llevar a cabo la separación y fragmentación de funciones entre su personal, los problemas por la falta de traspaso de información entre departamentos sin perder de vista que un departamento de una gran entidad podría ser incluso mayor que toda una entidad de menor tamaño.

La normativa debe por tanto evitar los peligros de una excesiva separación funcional por varios motivos. En primer término, puesto que esta dispersión perjudica que los directivos y consejeros sean capaces de ver la posición general de la entidad, teniendo que dejar a un lado su principal función de gestión y control de la actividad principal de la entidad que es la intermediación del crédito. En segundo lugar, para muchas de las entidades objeto de nuestro estudio, puede resultar desproporcionalmente complicado encontrar candidatos que cuenten con los requisitos de idoneidad (conocimientos, honorabilidad, experiencia, etc.) que la normativa exige. Tales exigencias pueden incluso inducir la reestructuración de sus órganos de gobierno o instar a la introducción de mecanismos adicionales capaces de lidiar entre sus características propias y las exigencias de constituir un órgano de administración que junte las habilidades necesarias para ser considerado eficiente en su conjunto[435]. Por último, los costes regulatorios asociados a la creación de estas estructuras regulatorias pueden ser extremadamente desproporcionales por algunas entidades.

II.XI. LAS POLÍTICAS Y PRÁCTICAS DE REMUNERACIÓN

La remuneración constituye un elemento clave del gobierno corporativo de las sociedades mercantiles en la medida que contribuye de forma notable a aliviar los problemas de agencia entre

---

435 MIGLIORELLI, M. (2018): "Cooperative Banks and Banking regulation in the EU: Key elements" *New cooperative banking in Europe. Strategies for adapting the business model post crisis*, pp. 93-106, p. 95.

los propietarios (accionistas) y los directivos, así como puede llegar a incentivar o desincentivar comportamientos oportunistas.

En las entidades de crédito esta cuestión alcanza una relevancia notable y, de hecho, ha sido identificado como uno de los fallos de la gobernanza corporativa tal y como señaladamente recoge el Informe Larosière: "Los planes de remuneración e incentivos que se aplicaban en las instituciones financieras contribuyeron a una excesiva asunción de riesgos, al recompensar la expansión a corto plazo del volumen de transacciones (arriesgadas) en lugar de la rentabilidad de las inversiones a largo plazo (…)"[436]. Teniendo en cuenta lo anterior, no sorprende que la mayor parte de medidas reactivas tuvieran que ver precisamente con esta materia de modo que tanto la normativa internacional[437]

---

436 Del Informe *Larosière*, p. 12.

437 A nivel mundial, el Consejo de Estabilidad Financiera (*Financial Stability Forum*) se percató ya en 2009 de las deficiencias de las políticas y sistemas retributivos y su relación clave con la crisis iniciada en 2007, tal como consta en su informe denominado los "*Principios del FSB para unas buenas prácticas en materia de remuneración. Estándares de aplicación*", texto disponible en: https://www.fsb.org/wp-content/uploads/r_0904b.pdf (fecha última consulta: 10/3/2022). En marzo 2010, en su informe "*Tematic Review on Compensation – Peer Review report*" disponible en: https://www.fsb.org/wp-content/uploads/r_100330a.pdf (fecha última consulta: 10/3/2022) detectaba también la existencia de prácticas muy distintas en materia de transparencia de las remuneraciones, lo que le llevó a realizar una serie de recomendaciones centradas en la necesidad de avanzar hacia requerimientos homogéneos en esta materia. A raíz de estos informes, el BCBS analizó la materia y se incorporaron a las entonces vigentes disposiciones sobre Pilar II contenidas en los Acuerdos de Basilea II algunas de las reglas establecidas por el Consejo de Estabilidad Financiera en 2009. Posteriormente, el BCBS formuló el documento "*Pillar 3 Disclosure requirements for remuneration*" de julio de 2011 (con efectos a partir de enero 2012) en el que se incluyeron, entre los requerimientos de transparencia obligatorios para los bancos, la información relativa a políticas retributivas. La principal idea era someter el control de esas remuneraciones a la "disciplina del mercado", de modo que se dieran a conocer tanto aspectos cualitativos como cuantitativos de las políticas de remuneración y las remuneraciones propiamente dichas

como la comunitaria[438] han perseguido el fomento de políticas de remuneración compatibles con los intereses a largo plazo de la entidad, evitando los incentivos a corto plazo (amén de limitar la remuneración en las entidades que han recibido apoyo público[439]). Como no podía ser de otra manera, nuestra normativa interna de control, junto a las previsiones de las normas societarias de referencia, procura también el desarrollo de una política de remuneraciones alineada con los riesgos de la entidad y señala, con este objetivo, sus ejes esenciales[440].

---

de las entidades de crédito. Véase DEPRÉS, M., VILLEGAS, R., AYORA, J., *Manual de regulación bancaria en España, ob.cit.*, pp. 150 y ss.

438 Por lo que respecta al ámbito comunitario, también se incrementó la atención a las cuestiones sobre políticas retributivas de las entidades de crédito. Como hemos apuntado, el regulador persigue alinear las políticas y sistemas retributivo con los objetivos perseguidos en materia de control y gestión de riesgos, al objeto de alcanzar una gestión prudente y, en última instancia, la sostenibilidad de la entidad de crédito.

439 Las remuneraciones de los directivos no estaban alineadas con la consecución de objetivos a largo plazo por la entidad, sino con objetivos a corto plazo, por lo que al tratar de conseguir esos objetivos para percibir la retribución correspondiente se incurrió en riesgos excesivos que fueron una de las causas de la crisis. En este sentido también lo desarrolla SÁNCHEZ CALERO, J. (2009): "El papel de los accionistas y los administradores en la crisis de las entidades de crédito", *ob.cit.*, p. 132.

440 El preámbulo de la LOSSEC expresa que la norma realiza un avance sustantivo en materia de gobierno corporativo. Estas reformas surgen ante la evidencia de que la regulación prudencial de las entidades debe promover las prácticas de gestión más eficientes y óptimas para el desarrollo de una actividad compleja y arriesgada como es la financiera. Fundamentalmente, son dos las áreas afectadas: el establecimiento de sistemas de gobierno corporativo eficientes y el desarrollo de una política de remuneraciones mejor alineada con los riesgos en el medio plazo de la entidad. Tal como señala TAPIA HERMIDA, A. (2018): "Sociedades mercantiles de intermediación financiera y buen gobierno empresarial", *ob.cit*, p. 183, es una política global tanto desde el punto de vista objetivo respecto a los conceptos remuneratorios y desde el punto de vista subjetivo respecto de los gestores en sentido amplio

Para empezar, debemos comentar que el régimen de retribución del administrador de las sociedades limitadas y anónimas se contiene en los artículos del 217 al 219 LSC y, para las sociedades cotizadas se prevé una regulación particular en los artículos 529 *sexdecies* y siguientes. El criterio general aplicable a las sociedades de responsabilidad limitada y anónimas no cotizadas es la presunción de gratuidad del cargo, salvo que exista una previsión estatutaria al efecto si se desea que el cargo de administrador sea remunerado que, como veremos, deberá incluir la determinación del concreto sistema/s de retribución[441]. En esta materia incide también la denominada "teoría del vínculo", en el supuesto de ejercicio simultáneo del cargo de administrador y de alto directivo, que implica, sumariamente, que la relación mercantil absorbe a la laboral[442]. Así, para la determinación de la **remuneración del administrador** intervienen en la sociedad tres niveles de decisión distintos: el estatutario, el de la junta general y el de la administración. En primer lugar, los estatutos[443] deberán establecer o bien el carácter gratuito del cargo de administrador (sea por disposi-

---

a quienes se le remunera. De tal modo que no se escape de la noción de remuneración ningún concepto ni sujeto por razones puramente formales.

441 Artículo 217.1 LSC.

442 Cuando un administrador es a su vez alto directivo, la relación orgánica mercantil (administrador) absorbe a la laboral (alto directivo), sobre la base de que son inherentes al cargo de administrador las funciones de deliberación (que incluye las funciones de estrategia y control) y las funciones directivas y ejecutivas (que incluye las funciones de gestión de la sociedad, que son tareas propias, a su vez, de un alto directivo). Como consecuencia, la relación jurídica en su conjunto se rige por la normativa societaria, por lo que, para que el administrador-directivo pueda cobrar de la sociedad por el ejercicio de tal cargo, es necesario que los estatutos establezcan que el cargo de administrador es retribuido, sin que sea posible pactar una retribución del administrador por el ejercicio de funciones ejecutivas mediante pactos al margen de los estatutos.

443 Artículo 23.e) LSC.

ción expresa o bien por falta de previsión al respecto) o bien el carácter retribuido, fijando en este último caso el sistema de remuneración de los consejeros en su condición de tales y que podrá consistir en uno o varios de los previstos en el apartado 2 del artículo 217 LSC (una asignación fija, dietas por asistencia, participación en beneficios, retribución variable, remuneración en acciones, indemnizaciones o sistemas de ahorro). En el segundo nivel, la junta general es la competente para acordar el importe máximo de remuneración anual de los administradores en su condición de tales[444], el cual permanecerá vigente en tanto no se apruebe su modificación. Si así lo estima conveniente, puede adoptar un acuerdo con un contenido más amplio que contenga también una política de remuneraciones[445]. Asimismo, salvo disposición estatutaria en contra, nada obsta para que la junta general pueda impartir instrucciones al órgano de administración o someter a su autorización la adopción de decisiones o acuerdos en materia de retribución de consejeros, entendiéndose como asuntos de gestión[446]. Por último, en el tercer nivel se encuentran los propios administradores a quienes, salvo que la junta general determine otra cosa, les corresponde la distribución de la remuneración entre ellos, mediante acuerdo. En el caso de que la administración recaiga en un consejo de administración, la distribución la decidirá el propio órgano teniendo en cuenta las funciones y responsabilidades atribuidas a cada uno de sus miembros.El objetivo final de esta estructura a tres niveles es garantizar que los socios retengan el control sobre las retribuciones en general, aun correspondiéndole a la propia administración acabar fijando la

---

[444] Artículo 217.3 LSC.

[445] En particular, se desprende de la materia indelegable por el Consejo de administración que refiere el artículo 249.bis.i) LSC: "Las decisiones relativas a la remuneración de los consejeros, dentro del marco estatutario y, en su caso, de la política de remuneraciones aprobada por la junta general".

[446] Artículo 161 LSC.

distribución entre sus miembros. En cualquier caso, la remuneración de los administradores deberá ser proporcionada y razonable con la situación económica de la sociedad y respecto a los estándares de empresas comparables. Además, el sistema deberá orientarse a la promoción de la rentabilidad y sostenibilidad, debiéndose incorporar las cautelas que fueran menester para evitar una asunción excesiva de riesgos y la recompensa de resultados desfavorables[447].

Si el órgano de administración recae en un consejo de administración, se exige la celebración de un **contrato entre el consejero delegado** – o a quien se le atribuyan funciones ejecutivas en función de otro título – y la sociedad, el cual deberá aprobarse por el consejo de administración con el voto favorable de las dos terceras partes de sus miembros. En este contrato se detallarán, entre otros apartados, los conceptos por los que pueda obtener una retribución por el desempeño de las funciones ejecutivas, no pudiendo percibir más cantidades que las previstas contractualmente. En cualquier caso, el contrato deberá ser conforme con la política de retribuciones aprobada por la junta general[448].

Tal como hemos explicado en anteriores líneas, en el ámbito de las sociedades cotizadas el régimen difiere del general de las sociedades de capital. En estas sociedades, el cargo de consejero es retribuido salvo disposición contraria de los estatutos[449], con la finalidad de garantizar la dedicación y profesionalización de quienes desempeñen el cargo. Su regulación en particular se encuentra en los artículos 529 *sexdecies* a 529 *novodecies* LSC e indica, entre otros aspectos, que cualquier remuneración que perciban los consejeros por el ejercicio o terminación de su cargo y por el desempeño de funciones ejecutivas

447 Artículo 217.4 LSC.

448 De conformidad con los apartados 249.3 y 249.4 LSC.

449 Artículo 529 *sexdecies* LSC.

debe ser acorde con la **política de remuneraciones** vigente en cada momento, a excepción de las remuneraciones que expresamente haya aprobado la junta general de accionistas[450].

El apartado 5 del artículo 529 *novodecies* LSC exige que la remuneración de los consejeros, en su condición de tales, se ajuste al sistema de remuneración previsto estatutariamente conforme al artículo 217 LSC y a la **política de remuneraciones aprobada**[451]. En particular, esta política en la cotizada tiene carácter imperativo[452], debe ajustarse al sistema de remuneración estatutariamente previsto y será aprobada, al menos cada tres años por la junta general de accionistas[453] como punto se-

---

450 Artículo 529.5 *novodecies*.5 LSC.

451 Con arreglo todo ello a lo previsto en el artículo 529 *novodecies* LSC.

452 En este sentido, de conformidad con el artículo 529 *quindecies*.5, "Cualquier remuneración que perciban los consejeros por el ejercicio o terminación de su cargo y por el desempeño de funciones ejecutivas será acorde con la política de remuneraciones de los consejeros vigente en cada momento, salvo las remuneraciones que expresamente haya aprobado la junta general de accionistas". Sin embargo, en virtud del artículo 529 *quindecies*.6 "Las sociedades podrán aplicar excepciones temporales a la política de remuneraciones, siempre que en dicha política consten el procedimiento a utilizar y las condiciones en las que se puede recurrir a esas excepciones y se especifiquen los componentes de la política que puedan ser objeto de excepción. Las circunstancias excepcionales mencionadas en este apartado solo cubrirán situaciones en las que la excepción de la política de remuneraciones sea necesaria para servir a los intereses a largo plazo y la sostenibilidad de la sociedad en su conjunto o para asegurar su viabilidad".

453 A propósito de este punto y en virtud del 529 *quindecies*.7 LSC, "Sin perjuicio de lo que establece el apartado 1 de este artículo: a) si la propuesta de una nueva política de remuneraciones es rechazada por la junta general de accionistas, la sociedad continuará remunerando a sus consejeros de conformidad con la política de remuneraciones en vigor en la fecha de celebración de la junta general y deberá someter a aprobación de la siguiente junta general ordinaria de accionistas una nueva propuesta de política de remuneraciones; y b) si el informe anual sobre remuneraciones de los consejeros es rechazado en la votación consultiva de la junta general ordinaria, la sociedad solo po-

parado del orden del día, a propuesta motivada del consejo de administración y previo informe específico de la comisión de nombramientos y retribuciones[454]. La política de remuneraciones debe de determinar, al menos, el importe máximo de la remuneración anual a satisfacer al conjunto de los consejeros en su condición de tales y los criterios para su distribución en atención a las funciones y responsabilidades atribuidas a cada uno de ellos. Asimismo, debe cumplir con los requisitos previstos en el artículo 529 LSC *novodecies*.3[455]. Cabe señalar que,

---

drá seguir aplicando la política de remuneraciones en vigor en la fecha de celebración de la junta general hasta la siguiente junta general ordinaria".

454 Artículo 529 *quindecies*.4 LSC.

455 A saber: a) debe contribuir a la estrategia empresarial y a los intereses y la sostenibilidad a largo plazo de la sociedad y explicar de qué modo lo hace; b) debe ser clara y comprensible y describir los distintos componentes de la remuneración fija y variable, incluidas todas las bonificaciones y otras prestaciones en cualquiera de sus formas, que pueden ser concedidas a los consejeros, indicando su proporción relativa; c) debe exponer de qué forma se han tenido en cuenta las condiciones de retribución y empleo de los trabajadores de la sociedad al fijar la política de remuneraciones; d) cuando una sociedad conceda remuneración variable, la política de remuneraciones debe establecer criterios claros, completos y variados para esa concesión y señalará los criterios de rendimiento financiero y no financiero, incluidos, en su caso, los relativos a la responsabilidad social de las empresas, explicando la forma en que contribuyen a la consecución de los objetivos establecidos en la letra a), y los métodos que deben aplicarse para determinar en qué medida se han cumplido los criterios de rendimiento; e) debe informar sobre cualquier período de diferimiento y sobre la posibilidad que tenga la sociedad de exigir la devolución de la remuneración variable; f) cuando la sociedad conceda remuneración basada en acciones, la política ha de especificar los períodos de devengo, así como, en su caso, la retención de las acciones tras la consolidación, y explicará la forma en que dicha remuneración contribuye a la consecución de los objetivos establecidos en la letra a); g) debe señalar la duración de los contratos o acuerdos con los consejeros, los plazos de preaviso aplicables, las principales características de los sistemas de pensión complementaria o jubilación anticipada, las condiciones de terminación y los pagos vinculados a esta;

de forma similar al resto de las sociedades, el apartado 3 del artículo 529 *septdecies* atribuye al consejo de administración la competencia para la fijación individual de la remuneración de cada consejero en su condición de tal, dentro del marco estatutario y de la política de remuneraciones, previo informe de la comisión de nombramientos y retribuciones. Por último, en cuanto a la remuneración de los consejeros por el desempeño de funciones ejecutivas en las sociedades cotizadas, se indica en el primer apartado del artículo 529 *octodecies* LSC que estas retribuciones deberán ajustarse a los estatutos, a la política de remuneraciones y a los contratos aprobados conforme a lo establecido en el citado artículo 249.3 y 4 LSC[456]. Es por ello

---

h) ha de explicar el proceso de toma de decisiones que se ha seguido para su determinación, revisión y aplicación, incluidas las medidas destinadas a evitar o gestionar los conflictos de intereses y, en su caso, la función de la comisión de nombramientos y retribuciones y de las demás comisiones que hubieran podido intervenir; i) en caso de revisión de la política, deben describirse y explicarse todos los cambios significativos y cómo se han tenido en cuenta las votaciones realizadas y los puntos de vista recibidos de los accionistas sobre la política y los informes anuales de remuneraciones de consejeros desde la fecha de la votación más reciente que haya tenido lugar sobre la política de remuneraciones en la junta general de accionistas.

456 Debe destacarse que en el ámbito de las sociedades no cotizadas, la sentencia STS (Civil) de 26 febrero de 2018 (EDJ 2018/9565) abrió un amplio debate al sostener que la retribución de los consejeros ejecutivos debía constar también en los estatutos sociales, apartándose así del criterio de la DGRN (hoy DGSJFP), según la cual la retribución de los consejeros por sus funciones ejecutivas no tiene por qué estar prevista en los estatutos, sino en el contrato ad hoc que ha de suscribir este tipo de consejero con la sociedad. En el ámbito de las sociedades cotizadas, sin embargo, tanto el TS como la doctrina científica que interpretó la citada sentencia entendían de modo unánime que esta interpretación del artículo 217 LSC no era aplicable a los consejeros ejecutivos, dado que existía una regulación específica en la propia LSC. Al contrario, los estatutos no debían necesariamente regular los aspectos retributivos del consejero delegado o ejecutivo. Sorprende, pues, que pese a que el proyecto de ley de la reforma del artículo 529 *octodecies* LSC establecía que la remuneración de las funciones ejecutivas de los consejeros

que la política de remuneraciones deberá establecer la cuantía mínima de retribución anual, correspondiendo al consejo de administración la determinación de la remuneración de cada consejero por el desempeño de las funciones ejecutivas que tenga atribuidas, dentro del marco de la política de remuneraciones y de conformidad con lo previsto en su contrato, previo informe (también) de la comisión de nombramientos y retribuciones.

Creemos pertinente apuntar que este esquema debe relacionarse con la obligatoriedad de elaborar el **Informe Anual sobre Remuneraciones de los consejeros** (en adelante, IARC) previsto en el artículo 541 LSC[457], para las sociedades cotizadas que tendrán que someterlo a aprobación con carácter consultivo y como punto separado del orden del día a la junta general ordinaria[458] de accionistas[459]. Respecto a su contenido, al margen del desarrollo reglamentario, el IARC deberá incluir información completa, clara y comprensible sobre la política de remuneraciones de los consejeros aplicable al ejercicio en curso, incluyendo las que perciban o deban percibir en su condición de tales y, en su caso, por el desempeño de funciones ejecuti-

---

delegados debía ajustarse "a los estatutos, si estos contuvieran alguna disposición al efecto", la Ley 5/2021 finalmente aprobada asimila la regulación de las sociedades cotizadas a las de las no cotizadas.

457 Este precepto fue modificado por el apartado veintinueve del artículo tercero de la Ley 5/2021. Conviene advertir que la Disposición transitoria primera. 2 de la Ley 5/2021 establece que las modificaciones introducidas en el artículo 541 entrarán en vigor para los informes anuales de remuneraciones de los consejeros correspondientes a los ejercicios cerrados a partir del 1 de diciembre de 2020.

458 Recuérdese que la junta general ordinaria, previamente convocada al efecto, se reunirá necesariamente dentro de los seis primeros meses de cada ejercicio, para, en su caso, aprobar la gestión social, las cuentas del ejercicio anterior y resolver sobre la aplicación del resultado. La junta general ordinaria será válida, aunque haya sido convocada o se celebre fuera de plazo (artículo 164 LSC).

459 Artículo 541.4 LSC.

vas. Adicionalmente, incorporará un resumen global sobre la aplicación de la política de remuneraciones durante el ejercicio cerrado, así como el detalle de las remuneraciones individuales devengadas por todos los conceptos por cada uno de los consejeros en dicho ejercicio[460]. Cuando sea de aplicación, el IARC comprenderá la siguiente información sobre la remuneración de "cada administrador"[461]: a) la remuneración total devengada en el ejercicio desglosada en sus componentes, la proporción relativa de la remuneración fija y variable, una explicación de la forma en que la remuneración total devengada cumple la política de remuneraciones objeto de aplicación y previamente adoptada, en particular cómo contribuye al rendimiento sostenible y a largo plazo de la sociedad, e información sobre la manera en que se han aplicado los criterios de rendimiento; b) el importe total anual devengado y la variación experimentada en el año de las siguientes categorías: la remuneración del consejero, el rendimiento de la sociedad y la remuneración media sobre una base equivalente a tiempo completo de los trabajadores de la sociedad distintos de los administradores durante al menos los cinco ejercicios más recientes, presentadas de manera conjunta de modo que resulte posible establecer comparaciones; c) toda remuneración procedente de cualquier empresa perteneciente al mismo grupo; d) el número de acciones y de opciones sobre acciones o cualquier otro instrumento financiero cuyo valor esté referenciado al valor de las acciones concedidos u ofrecidos y las principales condiciones para el ejercicio de los derechos, incluidos el precio y la fecha de ejercicio, así como cualquier modificación de las mismas; e) información sobre el uso de la posibilidad de exigir la devolución de la remuneración variable; f) información sobre toda desviación del procedimiento para la

---

460 Artículo 541.2 LSC.

461 Artículo 541.5 LSC.

aplicación de la política de remuneraciones[462] y toda excepción que se aplique de conformidad con el artículo 529 *novodecies*.5[463], incluida la explicación del carácter de las circunstancias excepcionales y la indicación de los componentes específicos que son objeto de excepción. De las previsiones anteriores se deduce que el IARC debe identificar *individualmente* a cada una de las personas administradoras con sus datos personales. Tal como explica el legislador, esta exigencia se plantea "con el fin de aumentar la transparencia de las sociedades en lo que respecta a la remuneración de los administradores, con miras a reforzar la rendición de cuentas de estos y la supervisión de los accionistas sobre dicha remuneración"[464]. Huelga decir que el tratamiento de estos datos personales debe ajustarse a lo establecido por la normativa de protección de datos de carácter personal, no pudiéndose a utilizar para finalidades distintas de las previstas en el artículo 541. En particular, el IARC no puede contener categorías especiales de datos personales en el sentido del artículo 9.1 del Reglamento (UE) núm. 2016/679[465], ni datos personales relativos a la situación familiar de los administradores. Asimismo, debe evitarse el desglose de aquellos conceptos retributivos específicos que puedan llevar a conocer estos datos personales dotados de especial protección. Finalmente, y puesto que el IARC se difunde como información relevante por la sociedad de forma simultánea al IAGC y se mantiene accesible en las páginas web de la sociedad y de la CNMV durante un periodo mínimo de

---

462 Artículo 529 *novodecies*.2 LSC.

463 La excepción hace referencia a las remuneraciones que expresamente haya aprobado la junta general de accionistas.

464 Artículo 541.6. LSC.

465 Se refiere a los datos personales que revelen el origen étnico o racial, las opiniones políticas, las convicciones religiosas o filosóficas, o la afiliación sindical, y el tratamiento de datos genéticos, datos biométricos dirigidos a identificar de manera unívoca a una persona física, datos relativos a la salud o datos relativos a la vida sexual o la orientación sexual de una persona física.

diez años, los datos personales relativos a los administradores deben dejar de ser de acceso público una vez transcurrido dicho periodo, incluso aunque un fuera obligatorio mantener el IARC durante más tiempo del señalado[466].

Sin duda alguna, la remuneración de los administradores es uno de los ámbitos que ha sido más profusamente estudiado en el marco de las sociedades capitalistas mercantiles y especialmente las cotizadas. A tal efecto, las peculiaridades de las sociedades cooperativas en cuanto a remuneración de administradores son muchas y no se pueden exportar, sin más, las reflexiones y recomendaciones hechas para otro tipo de sociedades. También es cierto que durante las últimas décadas se ha asistido a un necesario proceso de profesionalización del cargo de administrador de las cooperativas, que se ha visto principalmente en la retribución del cargo y la posibilidad de contar con consejeros expertos no socios[467].

En la norma financiera, el régimen general se encuentra en la LOSSEC (título I, Capítulo V[468]), el ROSSEC (Título I, Capítulo IV) y la Circular 2/2016 del Banco de España (Capítulo 4, Sección 3ª) y se refieren a los principales elementos que inciden en la política de remuneraciones (artículo 32

---

466 Artículo 541.3 LSC.

467 De hecho, una de las debilidades que se adjudicaban a las cooperativas era la de la dificultad para retener a los directivos más capaces y por ello es necesario que la retribución de los directivos sea clara, transparente y adecuada. CHAVES, R., SOLER, F. (2004): "El gobierno de las cooperativas de crédito en España", *ob.cit.*, p. 106.

468 La redacción vigente de la LOSSEC es relativamente reciente puesto que el 28 de abril de 2021 se publicó el Real Decreto-Ley 7/2021, de 27 de abril, por el que se modifican, entre otras normas, los artículos 32 a 34 de la LOSSEC, en los que se recogen los requisitos que resultan de aplicación en materia de remuneraciones.

LOSSEC), los requisitos generales[469] (artículo 33 LOSSEC), la remuneración variable (peso en relación con la remuneración fija, cuantificación y pago) (artículo 34 LOSSEC), el régimen aplicable a las entidades que han recibido ayudas públicas (artículo 35 LOSSEC) y el comité de remuneraciones (artículo 36 LOSSEC).

Con carácter previo, debe precisarse que tanto la **política de remuneraciones** en general como sus medidas concretas no se aplican a todos los empleados de una entidad de crédito, sino únicamente a aquellos que pertenecen al llamado colectivo identificado aludiendo, en sentido amplio, a todos los gestores de la entidad[470]. De conformidad con el artículo 32 LOSSEC, se integran en este colectivo las categorías de personal cuyas actividades profesionales incidan, de manera significativa, en el perfil de riesgo de la entidad, su grupo, sociedad matriz o filiales[471].

---

469 Con anterioridad a 28 de abril de 2021 se denominaban «principios generales» y no «requisitos generales».

470 Se incluyen altos directivos, empleados que asumen riesgos, los que ejercen funciones de control y a todo trabajador que reciba una remuneración global que lo incluya en el mismo baremo de remuneración que el de los altos directivos y empleados que asumen riesgos, cuyas actividades inciden de manera importante en su perfil de riesgo.

471 Véase el Artículo 32.1 LOSSEC. Además, para arrojar luz en esta materia, el Reglamento Delegado (UE) nº604/2014 sobre «colectivo identificado» determina, mediante criterios cualitativos y cuantitativos, las situaciones en las que debe considerarse que una persona pertenece a dicho colectivo identificado. Entre los criterios cualitativos (artículo 3) destacan los siguientes: pertenecer al órgano de dirección o a la alta administración, ser responsable de funciones de control de riesgos, auditoría, cumplimiento, asesoría jurídica o recursos humanos, dirigir una unidad de negocio importante, entre otros. De igual modo, la "Propuesta de Directiva del Parlamento Europeo y del Consejo de 23 de noviembre de 2015", COM(2016) 854 final, puso de manifiesto que, aplicados a entidades pequeñas, algunos de los principios establecidos en dicha Directiva (tales como los requisitos sobre diferimiento

En virtud de lo dispuesto en el artículo 33 LOSSEC, el consejo de administración es el órgano encargado de adoptar, revisar y supervisar la aplicación de los principios generales de la **política de remuneración**. Esta política de remuneración será objeto de una evaluación interna central e independiente, al objeto de comprobar si se cumplen las pautas y los procedimientos adoptados por el consejo de administración en su función de supervisión. A tal efecto, las entidades de crédito presentarán al Banco de España (con carácter anual y siempre que se hayan producidos alteraciones significativas) cuanta información se les requiera para comprobar su cumplimiento y, en particular, una lista con las categorías de empleados cuyas actividades profesionales inciden de manera significativa en el

---

y pago en instrumentos) resultan demasiado gravosos y no guardan proporción con sus ventajas prudenciales y se consideraba, asimismo, que "el coste de aplicar dichos requisitos era superior a sus ventajas prudenciales en el caso del personal con un bajo nivel de remuneración variable, pues tales niveles de remuneración variable conllevan poco o ningún incentivo que mueva a dicho personal a asumir un exceso de riesgo" (considerando 5). Por consiguiente, si bien todas las entidades deben estar obligadas, en general, a aplicar el conjunto de los principios a todos los miembros de su personal cuyas actividades profesionales afecten significativamente al perfil de riesgo de la entidad, es necesario que se exima a las entidades pequeñas y al personal con un bajo nivel de remuneración variable de los principios sobre diferimiento y pago en instrumentos establecidos en la Directiva CRD IV. Por lo que respecta a la norma interna, el reciente Real Decreto-Ley 7/2021, de 27 de abril ha introducido, entre otras, nuevas peticiones para las entidades de crédito en materia de remuneraciones, aplicables al personal al que le corresponde el abono de una parte de su sueldo en salario variable o bonus, siempre que este sea superior a los 50.000 euros al año. Otra de las novedades introducidas es el endurecimiento del requisito relativo al diferimiento de, al menos, un 40% de la retribución variable, cuyo límite mínimo pasaría de tres a cuatro años (con un límite máximo de cinco años), salvo en el caso de miembros del órgano de administración y de la alta dirección de entidades importantes, para los que el periodo de diferimiento no podrá ser inferior a cinco años (artículo 34.1.m LOSSEC).

perfil de riesgo. Por último, la política de remuneración es una materia sometida a la aprobación de la junta de accionistas u órgano equivalente, en los mismos términos que se establezcan para las sociedades cotizadas en la legislación mercantil[472].

En todo caso, considerando que la política de retribuciones de cada entidad debe promover y ser compatible con una gestión adecuada de los riesgos asumidos, sin ofrecer incentivos que rebasen el nivel tolerado por cada entidad, deberá estar alineada con la estrategia empresarial, objetivos, valores e intereses a largo plazo de la entidad e incluirá medidas que eviten los conflictos de intereses, garantizará la independencia del personal con funciones de control y no será discriminatoria en cuanto al género. Por otro lado, se observa que uno de los rasgos clave de la política de remuneraciones es la distinción de los criterios para fijar la remuneración fija y la remuneración variable (artículo 33.1.e) LOSSEC). Así, la remuneración fija reflejará principalmente la experiencia profesional y la responsabilidad en la organización según lo estipulado en la descripción de funciones como parte de las condiciones de trabajo y la remuneración variable[473] deberá asegurar un rendimiento

---

472 Recuérdese que el artículo 511 *bis* de la LSC recoge en su apartado 1.c), que será competencia reservada de la junta general, la política de remuneraciones de los consejeros en los términos establecidos en dicha normativa. De conformidad con el artículo 529 *novodecies* LSC, la política de remuneraciones se ajustará al sistema de remuneración estatutariamente previsto y se aprobará por la Junta general al menos cada tres años, como punto separado del orden del día. La propuesta, sin embargo, es competencia del órgano de administración, la cual, junto con el informe específico del comité de nombramientos y retribuciones, deberá ponerse a disposición de los accionistas en la página web de la sociedad, desde la convocatoria de la Junta general, quienes podrán solicitar además su entrega y envío gratuito.

473 DEPRÉS, M., VILLEGAS, R., AYORA, J. (2020): *Manual de regulación bancaria en España, ob.cit,* p. 153. Como señalan los autores, en la crisis financiera internacional se observó que la remuneración variable podía introducir incentivos perversos en el comportamiento de los gestores de las entidades.

sostenible y adaptado al riesgo. En este sentido, la fijación de los componentes variables de la remuneración del colectivo identificado deberá atenerse a los siguientes principios (artículo 34 LOSSEC), a saber, la evaluación de resultados individuales y colectivos, el cumplimiento de ratios de solvencia, el carácter excepcional de la remuneración variable garantizada

---

Una remuneración variable basada en resultados a corto plazo fomenta la asunción excesiva de riesgos. Estos riesgos generan elevadas rentabilidades para la entidad en el momento inicial, lo que se traduce en un importante bonus para los gestores. Pero esto es a costa de un mayor riesgo de sufrir pérdidas en un futuro. Y cuando eso suceda, el directivo ya habrá devengado y cobrado su remuneración variable, que en definitiva estará premiando una gestión negativa para la entidad en el largo plazo. Para evitar estos incentivos perversos se exige que, cuando la remuneración esté vinculada a los resultados, su importe total se base en una evaluación en la que se combinen los resultados del individuo, de la unidad de negocio afectada y de la entidad. Esta evaluación de resultados deberá ser plurianual y basarse en los resultados a largo plazo. Se efectuará un ajuste para todos los tipos de riesgos actuales y futuros, y se tendrá en cuenta el coste del capital y la liquidez necesarios. El total de la remuneración variable no limitará la capacidad de la entidad para reforzar la solidez de su base de capital. La remuneración variable garantizada no se considera compatible con una gestión sana de los riesgos y no formará parte de posibles planes de remuneración. Se podrá establecer, con carácter excepcional, solamente durante el primer año del personal nuevo y si la entidad posee una base de capital sana y sólida. Por último, respecto a la «remuneración variable», es interesante el comentario respecto a las opciones sobre acciones de ALFARO ÁGUILA-REAL (2013): "Retribución de administradores e incremento del riesgo" *Entrada en Blog Almacén de Derecho*, disponible en: https://derechomercantilespana.blogspot.com/2013/11/retribucion-de-administradores-e.html (fecha última consulta: 10/3/2022), las opciones sobre acciones como forma de remuneración de los administradores – que teóricamente son la forma perfecta de remunerar en cuanto alinean perfectamente los intereses de los accionistas y los de los administradores – tienen su lado oscuro. En función de su diseño, pueden incentivar comportamientos cortoplacistas, sino que pueden reducir los incentivos de los administradores para reducir la exposición al riesgo de la empresa que gestionan una vez que el riesgo se ha materializado.

y el equilibrio entre componentes fijos y variables[474]. Así, en el cómputo global de la remuneración, los componentes fijos y variables deberán estar debidamente equilibrados, por lo que la norma disminuye el peso que tenía la retribución variable, limitándose al 100% de la remuneración fija salvo que la junta de accionistas u órgano equivalente autorice expresamente la elevación del límite al 200% (artículo 34 LOSSEC). Con ello se intenta asegurar que la remuneración variable realmente responda a una gratificación extraordinaria, más allá del mínimo que supone la remuneración fija.

Visto lo anterior, es evidente la similitud de la norma financiera a las exigencias de la sociedad cotizada. En cambio, la diferencia principal con el régimen cooperativo es que, mientras que la norma financiera da por sentada la remuneración al órgano de administración y a los gestores de las entidades de crédito, el régimen de retribución de los miembros del consejo rector en las cooperativas en general se recoge en el artículo 40 de la LC y lo presume gratuito (principio de gratuidad), aunque esa presunción se rompe cuando los estatutos prevean lo contrario (reserva estatutaria), sin perjuicio que prácticamente todas las normativas autonómicas reconocen el derecho de los administradores a ser resarcidos de los gastos que les origina el ejercicio de sus cargos. Este régimen es similar al previsto en el artículo 217 LSC aplicable a las sociedades de capital por el cual el cargo de administrador es gratuito, a menos que los estatutos sociales establezcan lo contrario determinando el sistema de remuneración. Ahora bien, el artículo 529 *sexdecies*, aplicable a las sociedades cotizadas estipula el carácter remunerado del cargo “salvo disposición contraria de los estatutos,

---

474 De esta forma lo clasificaba PEREA ORTEGA, R. (2016): “La remuneración de los consejeros y directivos (I): principales aspectos regulatorios” *El gobierno corporativo de las entidades bancarias* (dir. LÓPEZ JIMÉNEZ, J.M.), Aranzadi, pp. 437-480, p. 439.

el cargo de consejero de sociedad cotizada será retribuido". En las **sociedades cooperativas de crédito** en particular, la remuneración puede configurarse como instrumento válido para lograr la necesaria profesionalización y resulta coherente tanto con el régimen de responsabilidad que se les aplica como la creciente complejidad de tareas que comporta el cargo. En atención a ello, el artículo Noveno.6 LCC dispone que "los miembros del consejo rector podrán ser remunerados cuando así lo dispongan los estatutos". En tal sentido (con la salvedad de la ley extremeña[475]), las demás normativas autonómicas no se han ocupado de la cuestión pese a no tratarse de materia básica y ser un asunto susceptible de tratamiento específico y diferenciado. En cualquier caso, el antecitado artículo Noveno.6 LCC debe analizarse vinculándolo con el artículo 23.3 RCC relativo al régimen de responsabilidad cuyo literal es "si el desempeño de los cargos en el consejo rector fuese retribuido, se aplicará a los consejeros el régimen de responsabilidad resultante del artículo 133 del Texto refundido de la Ley de Sociedades Anónimas. En otro caso se estará a lo previsto en el artículo 64 de la Ley 3/1987, General de Cooperativas, o en el precepto correspondiente de la legislación autonómica"[476]. Siendo las cosas así, resulta conveniente revisar los estatutos de las cooperativas de crédito españolas para observar si incluyen o no la posible retribución del órgano de administración. Según el estudio liderado por CHAVES y SOLER, la forma más habitual de remunerar a los miembros del consejo rector era ya entonces (2004) mediante dietas por asistencia a reuniones, suscripción de seguros de vida, salud y accidente. Los autores

---

475 El artículo 53 LCCEX expresa la posibilidad de que los estatutos prevean una retribución para los miembros del consejo rector, cuya cuantía deberá ser ratificada por la asamblea general, siéndoles además de aplicación a estos consejeros el régimen de responsabilidad de los administradores del artículo 236 LSC.

476 La cursiva es nuestra.

identificaban que una parte importante de las cooperativas de crédito no solía remunerar de ninguna manera al consejo rector, lo que constituye una muestra más del carácter tradicionalmente no profesional y deliberativo del cargo.

En función de lo planteado, del análisis de los textos estatutarios de la mayor parte de las cooperativas de crédito españolas concluimos que hay básicamente dos tipos de cláusulas estatutarias: por un lado, las que fijan el carácter gratuito del cargo[477] y, por otro lado, las que sí prevén la remuneración del cargo. Las cláusulas que estipulan la retribución del cargo son algo más heterogéneas que las que determinan su gratuidad. Algunas de ellas, por ejemplo, optan por fijar la remuneración del cargo remitiéndose su regulación por la asamblea general dándole mayor libertad[478] o bien determinando otros requisitos[479]. Otras diferencian entre retribución fija y dietas por asistencia, cuya aprobación correrá a cargo de la asamblea general e incluyen también el reembolso de los gastos en los que incurrieren los consejeros[480]. En tercer lugar, hay disposiciones estatutarias que determinan el importe concreto a cobrar por dieta, así como el reembolso de los gastos, no previendo más remuneración[481]. También, en ocasiones, se estipula la retribu-

---

477 Entre otros, vid. artículo 47 EESS Caixa Vinarós, artículo 47 EESS Les Coves, artículo 47 EESS Benicarló. Si bien su literalidad varía en ocasiones, el contenido es el mismo para todas ellas: gratuidad del cargo con reembolso de los gastos. Una de las cláusulas más comunes que fija la gratuidad del cargo de la siguiente forma: *"El ejercicio de miembro del consejo rector no dará derecho a retribución alguna. No obstante, la asamblea general establecerá las dietas o la compensación de gastos o perjuicios que comporte el cargo, procediendo asimismo a la fijación de su cuantía"*.

478 Vid. Artículo 46 EESS Caixa Rural Galega.

479 Vid. Artículo 52.6 EESS Caja Almendralejo.

480 Vid. Artículo 42 EESS Caja Rural Asturias, Artículo 46.14 EESS Caja Rural Aragón, Artículo 48.*bis* EESS Globalcaja.

481 Vid. Artículo 47 EESS Caja Rural Zamora.

ción de ciertos miembros del consejo rector, así como el pago de dietas y el reembolso de gastos para todos ellos[482]. Debemos especialmente traer a colación los estatutos sociales de Caixa Guissona que se asemejan, por lo que a retribución refiere, a los que se pueden encontrar en cualquier sociedad capitalista[483] puesto que diferencia entre "consejeros en su condición de tales" y "consejeros con funciones ejecutivas". Esta distinción también la realiza la cooperativa Cajamar, que prevé la retribución del cargo en una larga cláusula[484] a diferencia de todas las demás cooperativas del grupo, cuyos cargos son gratuitos[485]. Nos sorprenden, asimismo, cláusulas como la de Caja Rural Extremadura[486] que, a priori, fija la gratuidad del cargo, pero posibilita la retribución de algunos de los consejeros que realicen gestión directa.

En conclusión, sea el cargo retribuido o gratuito, debemos incidir en que a pesar de que la remuneración de los gestores de las entidades de crédito se consideró uno de los puntos débiles que condujo a la crisis financiera de 2007, estas malas praxis en esta materia se llevaron a cabo, principalmente, en los bancos sociedades anónimas. De hecho, a diferencia de lo que lo sucedido en otras entidades de crédito, las políticas de remuneración de los bancos cooperativos no contenían ningún incentivo para promover a corto plazo la asunción excesiva de riesgos y las cantidades de retribución variable concedida

---

482 Vid. Artículo 60 EESS Eurocaja Rural, Artículo 47 EESS Cajasiete, Artículo 39 EESS Laboral Kutxa.

483 Artículo 47.*bis* EESS Caixa Guissona.

484 Artículo 29.1 EESS Cajamar.

485 De hecho, todas las demás cooperativas de crédito insertas en el grupo Cajamar tienen el cargo gratuito. El literal del artículo estatutario es: Artículo 46 "*El ejercicio de miembro del consejo rector no dará derecho a retribución alguna. No obstante, la asamblea general establecerá las dietas o la compensación de gastos o perjuicios que comporte el cargo, procediendo asimismo a la fijación de su cuantía*".

486 Artículo 49.4 4 EESS Caja Rural Extremadura.

en un banco cooperativo eran bajas en comparación con otros bancos. Sin embargo, la normativa sobre políticas de remuneración prevista en la LOSSEC se aplica a todas las entidades de crédito de la misma forma, sin discriminar por su naturaleza jurídica. Sobre esta materia, es clave insistir en la necesaria aplicación de la regla o principio de proporcionalidad a las sociedades cooperativas de crédito por su forma jurídica y no solamente por cuestiones cuantitativas como por el tamaño que tienen.

TERCERA PARTE:
EL PRINCIPIO DE PROPORCIONALIDAD

I. INTRODUCCIÓN AL PRINCIPIO DE PROPORCIONALIDAD

Teniendo en cuenta lo expuesto hasta el momento, la normativa en general y la financiera en particular debería adaptarse al máximo a las características de sus destinatarios y garantizar, al mismo tiempo, la eficacia del marco prudencial de ordenación y solvencia. Ello no solo supondría un beneficio para el sujeto de nuestro estudio en la medida que se preservarían los rasgos singulares que identifican a las cooperativas de crédito, sino que también favorecería el mantenimiento de la diversidad del sector financiero. Como se expondrá, el presupuesto habilitante que permitiría una aplicación diferenciada de las normas de gobierno financiero a las cooperativas de crédito es el denominado **principio de proporcionalidad**[1], que constituye un elemento central en el acervo comunitario y está previsto expresamente en la regulación financiera en general y en las disposiciones sobre gobierno financiero en particular, tanto comunitarias como nacionales.

Se propone su aplicación en tanto que la regulación prudencial de las entidades de crédito ha incidido en los últimos años en áreas que no estaban sometidas a la intervención pú-

---

1 Entre otros, vid. MCKILLOP, D., FRENCH, D., QUINN, B., SOLECH, A., WILSON, J. (2020): "Cooperative financial institutions: a review of the literatura", *ob.cit.,* p. 5,6. También vid. CUEVAS C.E., BUCHENAU J. (2018): "Financial cooperatives: Issues in regulation, supervision and institutional strengthening" *World Bank,* Washington, DC. Tal como señalan los autores, un concepto clave en regulación y supervisión es la proporcionalidad. En la regulación, esto significa evitar complejidad que conduce a un cumplimiento excesivo de costos, mientras que para la supervisión implica ajustar su intensidad a los perfiles de riesgo, de modo que los costos de supervisión se minimizan. La proporcionalidad se considera útil para nivelar a las entidades relativamente pequeñas ya que los costos de cumplimiento asociado con reglas complejas (destinadas a complejas grandes bancos) sobrecargan indebidamente a las pequeñas entidades.

blica[2] – o, cuando menos, estaban sometidas a una intervención de menor calado – como por ejemplo respecto a nuevas obligaciones en materia de gobierno corporativo. Ello ha convertido a los **poderes públicos en verdaderos protagonistas del negocio bancario** al ostentar una capacidad de dirección indirecta de las entidades de crédito. Tal como hemos apuntado, los escándalos financieros de 2007 pusieron en evidencia las limitaciones y deficiencias en materia de gobierno corporativo, causantes entre otros del desencadenamiento de la crisis, al entender que habrían proporcionado incentivos a las entidades de crédito para asumir riesgos excesivos[3]. En particular, se

---

2 Sobre la intervención pública en el sector financiero, véase la reflexión sobre la actividad aseguradora de QUINTANS EIRAS, R. (2016): "Deterioro financiero y crisis de las entidades aseguradoras" *III Congreso Nacional de Ordenación, Solvencia y Supervisión en Seguros Privados y II Congreso Internacional de Derecho de Seguros* (dirs. BATALLER GRAU, J., PEÑAS MOYANO, M.), Valencia, ed. Psylicom Distribuciones Editoriales, pp. 555-594, p. 555 y ss. La actividad aseguradora, aunque es una actividad privada, se desarrolla bajo un intenso control público, similar al que se ejerce sobre otros sectores del Mercado Financiero. En el sistema financiero y más concretamente en el sector asegurador, este intervencionismo viene justificado tanto por la protección de los consumidores/asegurados, como por la relevancia económica del subsector, con capacidad para influir en la Economía en su conjunto. Ambos son títulos que el legislador considera suficientes para reforzar e incrementar las competencias interventoras de la Administración, velando, en particular, por la solvencia de las entidades que operan en el mercado. La situación del sector asegurador – y en general del Mercado Financiero – en que confluyen intereses económicos y sociales ha llevado a la Administración, no sólo a controlar el nacimiento y la vida de la entidad, sino también su extinción, e incluso a intentar evitar que se llegue a esta situación de crisis a través de la adopción de medidas de saneamiento.

3 Entre otros, el Informe *Walker* (*Walker Review*) de 2009 en relación con el Gobierno Corporativo de los bancos ingleses, recuerda algunas conclusiones establecidas ya en febrero de 2009 por el Grupo de Supervisión Financiera de la Unión Europea. En particular en su p. 112 cito literalmente: "*Failures in risk assessment and risk management were aggravated by the fact that the checks and balances of corporate governance also failed. Many boards and senior managements of*

constató que la composición del consejo de administración, su organización y funcionamiento, su relación con las funciones de gestión del riesgo y control o el modo en que administradores y directivos eran retribuidos, podía alterar el perfil de riesgo de las entidades, incitando a una asunción excesiva de los mismos. Sin embargo, tampoco faltaron voces que defendían que los fallos señalados fueron irrelevantes en la generación de la crisis siendo otros factores los que influyeron de manera decisiva en su causación[4]. Según señala OLIVENCIA, lo que

---

financial firms neither understood the characteristics of the new, highly complex financial products they were dealing with, nor were they aware of the aggregate exposure of their companies, thus seriously underestimating the risks they were running. Many board members did not provide the necessary oversight or control of management. Nor did the owners of these companies – the shareholders. Remuneration and incentive schemes within financial institutions contributed to excessive risktaking by rewarding short term expansion of the volume of (risky) trades rather than the long term profitability of investments. Furthermore, shareholders' pressure on management to deliver higher share prices and dividends for investors meant that exceeding expected quarterly earnings became the benchmark for many companies' performance". Texto disponible en: https://webarchive.nationalarchives.gov.uk/+/http:/www.hm-treasury.gov.uk/d/walker_review_261109.pdf (fecha última consulta: 3/3/2022)

4 Como señala MÜLBERT, P.O. (2010): "Corporate Governance of Banks after the Financial Crisis–Theory, Evidence, Reforms" *ob.cit.*, p. 7, con excepción de la remuneración de los consejeros que siempre ha concitado un especial interés, la mayoría de los informes sobre la crisis financiera publicados en 2008 no hicieron ningún tipo de referencia al gobierno corporativo de los bancos como una de las causas que la motivaron. Así, entre otros, los informes preparados por el FMI (2009): "The Recent financial Turmoil-Initial Assessment, Policy Lessons, and Implications for Fund Surveillance", disponible en http://www.imf.org/external/np/pp/eng/2008/040908.pdf. (fecha última consulta: 10/2/2022) o el del FINANCIAL STABILITY BOARD (2008): "Report of the financial Stability Forum on Enhancing Market and Institutional Resilience", disponible en http://www.financialstabilityboard.org/list/fsb_publications/pag_3.htm (fecha última consulta: 10/2/2022). En este mismo sentido: EUROPEAN COMPANY LAW EXPERTS (2011): "Response to the European Commission's Green Paper The EU Corporate Governance Framework", p. 4 disponible en http://ssrn.com/abstract=1912548 (fecha última consulta:

realmente falló fue el resorte de la supervisión y control de los organismos supervisores (que no quienes dictan las reglas) quizás por excesiva confianza en la autorregulación. En otras palabras, no fue culpa del sistema del gobierno corporativo en sí, sino de los encargados de vigilar su correcto funcionamiento[5]. Sobre esta polémica, nos alineamos con la posición de ALONSO cuando argumenta que "sea como fuere, lo cierto es que, al margen de la existencia de fallos regulatorios y de supervisión de las entidades de crédito y de otros muchos factores que sin duda influyeron decisivamente en la generación de la crisis, *no puede ignorarse que también los defectos o las debilidades en materia de Gobierno Corporativo han sido una pieza más del complejo mosaico de causas que ha conducido a la situación de crisis* y, por tanto, era imprescindible examinar los fallos detectados en este campo para que pudieran ser corregidos evitando que en el futuro se repitieran ya que un buen Gobierno Corporativo si bien no puede conjurar totalmente la posible aparición de

---

12/3/2022). Todos ellos apuntan a que los fallos en el gobierno corporativo de las entidades financieras no fueron la causa principal de la crisis, si bien su impacto es lo suficientemente serio como para requerir reglas específicas. Al respecto vid. también a BELTRATTI, A. y STULZ, R.M. (2009): "Why did some Banks Perform Better during the Credit Crisis? A Cross-Country Study of the Impact of Governance and Regulation", *ECGI Finance Working Paper* núm. 254/2009, p. 2; ADAMS, R. (2009): "Governance and the Financial Crisis", *ECGI, Finance Working Paper* núm. 2487/2009, pp. 1-24.

5 OLIVENCIA RUIZ, M. (2012): "Los códigos de buen gobierno en la crisis o la crisis de los códigos de buen gobierno?" *40 UNACC: El Sistema financiero y el gobierno corporativo*, Madrid, pp. 25-27, p.25. Según señala OLIVENCIA, éstos no ejercieron correctamente las competencias que en el sistema de mercado les estaban encomendadas: los miembros de los órganos de vigilancia y supervisión; los auditores encargados de verificar y censurar las cuentas sociales; las agencias de *rating* a las que compete la calificación de valores y emisores. Son funciones regidas por normas imperativas, existentes y en vigor, pero que se han ignorado, o abiertamente se han incumplido, infringido o defraudado.

nuevas crisis, sí puede ayudar a mitigar algunos de los peores efectos de estas"[6].

En las siguientes líneas expondremos los orígenes y el alcance del denominado **principio de proporcionalidad** explorando su consideración como una herramienta válida para adaptar la normativa de gobierno corporativo a las cooperativas de crédito, de forma que les permita mantener su identidad[7] y, en última instancia, preservar la diversidad del sector a la que acabamos de aludir.

Según la Real Academia Española de la Lengua (RAE), se entiende por proporcionalidad "la conformidad o proporción de unas partes con el todo o de los demás casos relacionados entre sí"[8]. En su nivel más abstracto, la proporcionalidad requiere que la acción emprendida sea conforme al objetivo que se pretenda conseguir para lo cual ésta deberá ser necesaria, adecuada y suponer más beneficios que perjuicios en su aplicación. Partiendo de este concepto, la Unión Europea acuñó el término "principio de proporcionalidad", que fue desarrollado por primera vez por el Tribunal de Justicia Europeo (TJUE) como uno de los principios generales de la legislación de la

---

[6] ALONSO LEDESMA, C. (2016): "La reforma del gobierno corporativo de las entidades de crédito", *Hacia un sistema financiero de nuevo cuño. Reformas andantes y pendientes*, Ed. Tirant lo Blanch, pp. 59-126, p. 61. La cursiva es nuestra.

[7] GARCÍA COMPANYS, A. (2018): "El principio de proporcionalidad en la normativa de gobierno corporativo de las cooperativas de crédito", *Comunicación aceptada y presentada en el XVII Congreso Internacional de Investigadores en Economía Social y Cooperativa*, con el lema "La Economía Social: transformaciones recientes, tendencias y retos de futuro" celebrado los días 4 y 5 de octubre de 2018.

[8] El vocablo «proporcionalidad» proviene del latín «*pro portione*», y alude a la correspondencia de medidas entre dos o más conceptos relacionados. Es decir, se entenderá que una medida es proporcional si es conforme o guarda proporción en relación con el todo o de los demás casos relacionados entre sí.

Unión Europea. Más tarde, fue recogido en el Tratado de la Unión Europea de 7 de febrero de 1992 firmado en Maastricht (TUE)[9]. Su objetivo principal es que el contenido y la forma de acción de la UE **no exceda de lo estrictamente necesario para alcanzar los objetivos de sus Tratados**.

Actualmente, el principio de proporcionalidad constituye un principio central y fundamental en el acervo comunitario tratándose, a su vez, de un concepto relativo y flexible. Por un lado, **relativo**, puesto que su alcance variará en función del caso en concreto y del objetivo que se pretenda conseguir con la medida que se proponga y, por otro, se considera **flexible** dado que se invoca en distintos y variados contextos como instrumento para proteger diversos intereses[10].

Teniendo en cuenta sus múltiples proyecciones, el principio de proporcionalidad se asume y se invoca formalmente como pauta general de actuación por los organismos responsables de la regulación y supervisión bancaria[11]. Al objeto de contextualizar el estudio de este principio, de conformidad con el apartado 1 del artículo 5 TUE, debe tenerse presente que la delimitación de las competencias de la Unión Europea se rige por otro principio comunitario, el **principio de atribución** por el cual, la UE actúa dentro de los límites de las competencias que le atribuyen los Estados miembros en los Tratados para lograr los objetivos que éstos determinan y toda competencia no

---

9 Texto del Tratado de la Unión Europea de 7 de febrero de 1992 firmado en Maastricht (TUE) (92/C 191/01) disponible en: https://www.europarl.europa.eu/about-parliament/es/in-the-past/the-parliament-and-the-treaties/maastricht-treaty (fecha última consulta: 12/4/2022).

10 TRIDIMAS, T. (2006): *The General Principles of EU Law (2nd. Edition)*, Oxford University Press, p. 173.

11 Ello implica, entre otros aspectos, que cualquier carga financiera o administrativa que recaiga sobre la UE, los gobiernos nacionales, las autoridades regionales y locales, y los operadores económicos debe reducirse al mínimo y ser proporcional a los objetivos que pretendan alcanzarse.

atribuida a la Unión en los Tratados corresponde a los Estados miembros. Asimismo, sigue indicando que, en cuanto al ejercicio de las competencias de la Unión, se rige por el principio de subsidiariedad y el principio de proporcionalidad, los cuales se desarrollan en los apartados 3 y 4 del citado artículo 5 TUE, respectivamente.

Por lo que respecta al **principio de subsidiariedad**[12], el apartado 3 destaca que "en los ámbitos que no sean de su competencia exclusiva, la Unión intervendrá sólo en caso de que, y en la medida en que, los objetivos de la acción pretendida no puedan ser alcanzados de manera suficiente por los Estados miembros, ni a nivel central ni a nivel regional y local, sino que puedan alcanzarse mejor, debido a la dimensión o a los efectos de la acción pretendida, a escala de la Unión. Las instituciones de la Unión aplicarán el principio de subsidiariedad de conformidad con el Protocolo sobre la aplicación de los principios de subsidiariedad y proporcionalidad. Los Parlamentos nacionales velarán por el respeto del principio de subsidiariedad con arreglo al procedimiento establecido en el mencionado Protocolo". En resumidas cuentas, su correcta aplicación garantiza que las decisiones se tomen **lo más cerca posible del ciudadano** y que se verifique de manera constante que las acciones que se emprendan a escala comunitaria estén justificadas en relación con las posibilidades disponibles a escala nacional, regional o local.

Por su parte, respecto al **principio de proporcionalidad**, su finalidad no es otra que enmarcar las acciones de las instituciones comunitarias dentro de unos límites determinados, incidiendo en que la acción de las instituciones europeas se

---

12 Concretamente, es un principio según el cual la Unión Europea, salvo en sus ámbitos de competencia exclusiva, solo interviene en la medida en que su acción sea más eficaz que una intervención a escala nacional, regional o local. Disponible: https://eur-lex.europa.eu/summary/glossary/subsidiarity.html (fecha última consulta: 12/4/2022).

circunscriba única y estrictamente a lo necesario para alcanzar los objetivos de los Tratados. En consecuencia, es esencial que el contenido y la forma de la acción debe guardar **proporción con la finalidad** que se persigue[13]. Según el apartado 4 del artículo 5 TUE, "en virtud del principio de proporcionalidad, el contenido y la forma de la acción de la Unión no excederán de lo necesario para alcanzar los objetivos de los Tratados. Las instituciones de la Unión aplicarán el principio de proporcionalidad de conformidad con el Protocolo sobre la aplicación de los principios de subsidiariedad y proporcionalidad".

Además, para conocer los criterios concretos respecto a su aplicación se deberá estar a lo dispuesto en el **Protocolo número 2** sobre la aplicación de los principios de subsidiariedad y proporcionalidad anexo al Tratado de la Unión Europea y al Tratado de Funcionamiento de la Unión Europea que estipula, entre otros aspectos, que los proyectos de actos legislativos se motivarán en relación con sendos principios, mediante una ficha que permita evaluar su cumplimiento la cual, deberá evaluar el impacto financiero. Por último, el Tribunal de Justicia de la UE es el árbitro en última instancia de la proporcionalidad y puede llegar a revocar aquellos actos que, a su parecer, hayan vulnerado tal principio.

Tradicionalmente, se ha venido estudiando este principio de proporcionalidad desde la perspectiva penal, administrati-

---

13 La subsidiariedad y la proporcionalidad son elementos fundamentales del programa "*Legislar mejor*" de la Comisión, que subyace a la manera en que la Comisión elabora sus propuestas políticas y de su programa de adecuación de la normativa. COM (2018) 703 final. Comunicación de la Comisión al Parlamento Europeo, al Consejo Europeo, al Consejo, al Comité Económico y Social y al Comité de las Regiones. *Principios de subsidiariedad y proporcionalidad: reforzar su función en la elaboración de las políticas de la UE*. Texto disponible en: https://ec.europa.eu/info/sites/info/files/communication-principles-subsidiarity-proportionality-strengthening-role-policymaking_es.pdf (fecha última consulta: 12/4/2022).

va, tributaria o bien en relación con los Derechos Fundamentales. Sin embargo, se aplica también en el ámbito financiero y bancario, tanto en la regulación como en la supervisión de las entidades de crédito y ha sido ampliamente adoptado como guía en la implementación de la normativa prudencial y macroprudencial en sentido amplio. La **regulación** bancaria tiene por objeto ordenar el estatuto o régimen jurídico de los intermediarios en el crédito y las correlativas potestades de supervisión, intervención y sanción de los poderes públicos[14]. Por su parte, la **supervisión** se configura como herramienta válida para vigilar el correcto cumplimiento de la regulación y otorga la potestad a ciertas instituciones para que, en su caso, tomen medidas efectivas para subsanar posibles desviaciones[15]. Una de las finalidades centrales tanto de la regulación como de la supervisión es proteger a los clientes y a la sociedad en general de los efectos negativos de los fallos de las instituciones financieras, con el objetivo de reducir la probabilidad de que éstos ocurran internalizando las externalidades y mejorando la solidez y estabilidad de todo el sistema financiero[16]. Sumándo-

---

14 VEGA SERRANO, M. (2011): "La regulación bancaria", *La Ley*, p.15

15 En este punto, el artículo 76.2 del ROSSEC dispone: "El Banco de España establecerá la frecuencia e intensidad de la revisión y evaluación contempladas en el apartado 1, teniendo en cuenta la magnitud, importancia sistémica, naturaleza, dimensión y complejidad de las actividades de la entidad de que se trate, así como el principio de proporcionalidad. La revisión y evaluación se actualizarán, al menos, con periodicidad anual". Así, el mandato de proporcionalidad también recae sobre el supervisor, por lo que deberá de justificar cuando no lo aplica, de manera que trate por igual a todas las entidades con independencia de su naturaleza, escala y complejidad.

16 POZDYSHEV, V. (2018): "Panorama regulador: 10 años desde el estallido de la crisis financiera", *Taller 3, La proporcionalidad y el marco de Basilea.* Disponible en: https://www.bis.org/bcbs/events/icbs20/ws3_es.pdf. (fecha última consulta: 12/4/2022). Según el autor, la proporcionalidad puede definirse de forma general como el establecimiento de normas para los bancos, tanto requerimientos prudenciales como requisitos administrativos asociados (por

le a ello que cualquier aspecto de la actividad económica está directa o indirectamente afecto por el sistema financiero, ésta se convierte en la principal razón de la existencia de una regulación tan estricta y extensa en el sector.

Con carácter general para el sector bancario, el principio de proporcionalidad aludiría a que los requisitos que se impongan a las entidades de crédito se apliquen **de manera compensada a cada entidad en función de criterios o parámetros** que impactan sobre una gran heterogeneidad de actores que forman parte del sector. Esto puede resultar complejo a la par que necesario, tal como ocurre en otros sectores financieros regulados como el de seguros[17].

---

ejemplo, los de divulgación de información) que sean proporcionales a sus perfiles de riesgo. Este enfoque regulatorio "*a medida*" trata de reflejar la distinta naturaleza de los modelos de negocio, la importancia sistémica y la actividad transfronteriza de las entidades y, en términos más generales, de los riesgos a los que están expuestas. Por lo tanto, el objetivo de la proporcionalidad no es reducir la resiliencia de los bancos o del sistema bancario en general, sino reflejar las diferencias en los niveles de riesgo de las distintas entidades.

17 Sobre el sector asegurador, véase CRUZ, E. (2015): "Guía de aplicación del Principio de Proporcionalidad" *Convención de Aseguradores de México.* Tal como señala el autor respecto al sector asegurador, de conformidad con el artículo 41 de la Directiva Solvencia II, las autoridades de supervisión deberían asegurarse de que el órgano de administración, dirección o supervisión de la empresa determine el alcance y la frecuencia de las revisiones internas del sistema de gobernanza, teniendo en cuenta la naturaleza, el volumen y la complejidad de la actividad, tanto a nivel individual como a nivel de grupo, así como la estructura del grupo. En este sentido, debe aludirse al artículo de PUYALTO FRANCO, M.J. (2017): "Los retos en materia de gobernanza de las entidades aseguradoras de la Economía Social", *ob.cit.* En este artículo la autora expone como el gobierno corporativo de las entidades de seguros presenta un perfil singular que deriva de la incidencia de las normas de regulación, supervisión y solvencia. Sin embargo, este sistema de reglas, principios y procedimientos de índole y procedencia diversa que lo conforman, si bien se proyecta sobre todas las entidades que operan en el mercado de seguros, tiene como principal referencia un tipo societario en concreto, la sociedad

Desde el prisma estrictamente **económico**, el principio de proporcionalidad trata de equilibrar los costes y los beneficios derivados de la regulación y supervisión, de modo que, si ésta es desproporcionada en relación con sus objetivos, es probable que el análisis del cálculo "**coste-beneficio**" empeore. Es conveniente resaltar que los **costes regulatorios** se consideran una de las principales razones para defender una adecuada aplicación del principio de proporcionalidad dado que la introducción de cualquier normativa[18] comporta una serie de costes asociados para el propio regulador o supervisor, para la entidad y para los clientes, quienes en última instancia los asumen mediante incrementos de tarifas por sus servicios financieros[19].

---

anónima, que presenta diferencias substanciales con el resto de fórmulas societarias de la Economía Social admitidas para el acceso y ejercicio de la actividad aseguradora.

18 Otro ejemplo lo encontramos en el Informe de la Comisión COM (2016) 510, de 28 de julio de 2016, cuando indica que algunos de los principios, tales como los requisitos sobre diferimiento y pago en instrumentos que establece el artículo 94, apartado 1, letras l) y m), de la Directiva CRD IV, resultan demasiado gravosos y no guardan proporción con sus ventajas prudenciales si se aplican a entidades pequeñas y poco complejas. En él, se consideraba, asimismo, que el coste de aplicar estos requisitos es superior a sus ventajas prudenciales en el caso del personal con un bajo nivel de remuneración variable, pues tales niveles de remuneración variable conllevan poco o ningún incentivo que mueva a dicho personal a asumir un exceso de riesgo. Por consiguiente, si bien todas las entidades deben estar obligadas, en general, a aplicar todos los principios a todo aquel de su personal cuyas actividades profesionales afecten significativamente a su perfil de riesgo, es necesario que la Directiva exima a las entidades pequeñas y poco complejas, y al personal con un bajo nivel de remuneración variable, de los principios sobre diferimiento y pago en instrumentos.

19 EBA BANKING STAKEHOLDER GROUP (2016): "Proportionality in Bank Regulation. A Report by the EBA Banking Stakeholder Group", *ob.cit.* p. 9 se resalta el constante aumento de la regulación de la actividad bancaria que, si bien ha aportado grandes beneficios como hemos comentado, ha supuesto también un incremento de los costes tanto por la propia entidad como por

Existen costes de cumplimiento (p.ej. en cuanto a la formación y capacitación de los administradores y directivos o bien la contratación de consultores y asesores expertos en materias regulatorias, e incluso personal propio que pueda cumplir la normativa y atender el negocio a su vez) o directamente costes económicos (p.ej. por el hecho de tener a personal propio dedicado al cumplimiento y dejando de lado la actividad básica bancaria de intermediación del crédito). Ello implica la introducción de una especie de economías de escala artificiales por el aumento de estos costes, lo que puede llegar a comprometer la posición competitiva de algunas entidades y, en la medida en que esto pueda inducir a más fusiones y concentración en el sector, puede acabar reduciendo la competencia entre actores[20]. De hecho, la regulación tiende a ser particularmente

---

los clientes finales puesto que la incidencia final del coste regulatorio acaba siendo soportada por éstos mediante el incremento de márgenes y tarifas.

20 Sobre este aspecto, LAMARQUE y DEVIELLE pronosticaron que las regulaciones de capital y liquidez tendrían un impacto sobre los principios generales de funcionamiento de las cooperativas, incluidas sus estructuras, puesto que estas regulaciones “parecen empujarlas hacia la centralización y la unificación de las pequeñas estructuras cooperativas”. En la misma línea, FERRI y PESCE plantean que esta situación podría conducir a aumentos desproporcionados en los costos de cumplimiento de la regulación para los bancos cooperativos más pequeños, lo que resultaría en una trampa del tipo “demasiado pequeño para cumplir”. Estos autores encuentran una fuerte correlación negativa entre el costo relativo del cumplimiento regulatorio (medido por la proporción de empleados asignados a tiempo completo a esa tarea) y el tamaño (en términos del número de empleados) del BCC (*Banche di Credito Cooperativo* de Italia). A su vez, estas economías de escala artificiales pueden ser un problema real para muchas cooperativas de crédito de pequeño tamaño puesto que los mayores costos de cumplimiento normativo podrían llevarlos a un crecimiento artificialmente motivado. A su vez, al convertirse en cooperativas de crédito de mayor tamaño, podrían enfrentar problemas de gobierno más severos y arriesgarse a perder su arraigamiento al territorio y su carácter. Estos problemas pueden empeorar si los supervisores actúan sobre la base de medidas como p.ej. rentabilidad, apropiadas para los bancos

grave para las entidades menores, en parte debido a los costos fijos que implican la implantación de sistemas de cumplimiento. Ello tiene sentido puesto que las normas se concibieron pensando en las grandes organizaciones financieras que tienen una mayor capacidad para absorber estos costes. Antes bien, las consecuencias negativas para las pequeñas entidades financieras, como es el caso de la mayoría de las cooperativas de crédito y bancos cooperativos podrían ser muy significativas económicamente llegando incluso a poner en riesgo su viabilidad. De hecho, tal como consta en el informe "*Proportionality in bank regulation and supervision – a survey on current practices*" de marzo 2019[21], la regulación es uno de los mayores retos para los bancos cooperativos en Europa. Por un lado, puesto que ésta representa un aumento de cargas administrativas que implica esfuerzos adicionales en términos de cumplimiento y, por otro lado, dado que contribuye a generar una reflexión sobre aspectos cruciales del modelo de negocio de la banca

---

comerciales que buscan el aumento de valor de sus accionistas, pero no para las cooperativas de crédito (que siguen una perspectiva *stakeholder*), empujando a éstas a comportarse como la primera. Por último, ZERVOUDI en cuanto a los costes, sin ninguna flexibilidad regulatoria, los bancos cooperativos y regionales corren el riesgo de volverse demasiado pequeños para sobrevivir bajo los costos de cumplimiento regulatorio proporcionalmente más altos (en comparación con los grandes bancos). Véanse: LAMARQUE, E. y DEVIELLE, A. (2016): "Diversity of cooperative bank governance models questioning by regulation: an international qualitative research" *15èmeConférence Internationale de Gouvernance*, Montpellier, France, pp.1-27; FERRI G. y PESCE, G. (2012): "Regulation and the viability of co-operative Banks" *The Amazing Power of Co-operatives*, Cumbre Internacional de Cooperativas, Quebec, pp. 325-340, Por último, como apunta ZERVOUDI, E.K. (2019): "Parallel banking system: opportunities and challenges" *Journal of Applied Finance & Banking*, vol. 9, núm. 4, pp. 47-70, p. 58.

21 Texto disponible en: https://www.bis.org/bcbs/publ/d460.htm (fecha última consulta: 20/4/2022).

cooperativa impulsado su modificación[22] puede llevar a adoptar nuevos modelos organizacionales, con el riesgo a nuestro parecer de acabar perdiendo la esencia cooperativa[23].

Considerando lo anterior, tal como consta en el Informe denominado *Proportionality in Bank Regulation* de la Autoridad Bancaria Europea[24], una medida será proporcional si cumple con el llamado "*three Es test*" y es efectiva, eficiente y económica. En primer lugar, una medida será **efectiva** si tiene un impacto significativo al abordar el problema identificado en un supuesto particular y cumple el objetivo por el que se aprobó tal medida; será eficiente siempre que se logre el objetivo perseguido con la mejor asignación de los recursos disponibles, analizando si las alternativas a la medida aprobada podrían alcanzar el mismo objetivo a un coste inferior y se considerará **económica** si comporta unos mayores beneficios en conjunto para la economía general. Además, desde esta perspectiva económica no debe soslayarse el denominado **riesgo de endogeneidad**, puesto que se ha demostrado que existe una relación simbiótica entre los modelos bancarios y la regulación, en tanto que esta última puede obligar a efectuar cambios en los modelos de negocio que no son estrictamente necesarios para el logro de los objetivos que la norma persigue. En este sentido, sin perjuicio que alguna regulación pueda estar diseñada específicamente para cambiar la forma en que las entidades de crédito hacen negocios, se alega también que puede comportar impactos no deseados induciendo a los citados problemas de endoge-

---

22 MIGLIORELLI, M. (2018): "Cooperative Banks Lending During and After the Great Crisis", *New cooperative banking in Europe. Strategies for adapting the business model post crisis*, p.63-92, p. 88.

23 Tómese como ejemplo la reforma del sistema cooperativo italiano y su reforma en el periodo 2015 y 2016 que afectó a *Banche Popolari* y el *Banche di Credito Cooperativo*.

24 EBA BANKING STAKEHOLDER GROUP (2016): "Proportionality in Bank Regulation. A Report by the EBA Banking Stakeholder Group", *ob.cit.* p.18.

neidad[25]. Esta situación debe necesariamente vincularse con los problemas de la "desmutualización" o "bancarización" en el sujeto de nuestro estudio, provocando cierta homogeneización entre las distintas entidades de crédito que no siempre es razonable en relación con las finalidades de las normas y las consecuencias de su implementación.

Adicionalmente, el citado informe *Proportionality in Bank Regulation* enumera y define las **dimensiones o pilares que delimitan este principio** y permiten analizar su magnitud. Se trata de cinco pilares respecto a los objetivos, la regulación como un todo, la complejidad, la diferenciación y la materialidad. En primer lugar, en cuanto a los **objetivos**, de conformidad con el artículo 5 del TUE, se exige que cualquier regulación sea proporcionada en función del objetivo a perseguir, siendo necesario el citado análisis coste-beneficio. En segundo lugar, debe considerarse la **normativa como un todo**, que deberá ser también proporcional a los objetivos perseguidos por el regulador y no fragmentarse para llevar a cabo esta valoración. En tercer lugar, la dimensión relativa a la **complejidad** invoca la idea que la regulación no tiene por qué ser compleja en relación con los objetivos perseguidos puesto que cuanto mayor sean mayores costes de cumplimiento con la consiguiente pérdida de competencia bancaria y con el riesgo de llegar a un arbitraje regulatorio. En cuarto lugar, para saber si una medida es proporcional desde la dimensión o pilar de la **diferencia-**

---

25 MINGUEZ, F. (2011): "La estructura del nuevo marco prudencial y supervisor: hacia Basilea III. Mecanismos de prevención y gestión de futuras crisis bancarias", *Fundación de Estudios Financieros*, núm. 42, pp. 83-96. El mecanismo relativo a la «*endogeneidad*» sería el siguiente: el regulador reacciona ante un problema resultante del comportamiento de la entidad de crédito por un cambio (generalmente una intensificación) en la regulación que, a su vez, incita a las entidades a cambiar el comportamiento para minimizar los costes regulatorios (arbitraje regulatorio), lo que puede generar todavía más una mayor regulación.

ción deberemos examinar si en la aplicación de una disposición en concreto se hacen las suficientes diferenciaciones o clasificaciones entre las distintas tipologías de entidades, sin comprometer los objetivos que persigue la norma en concreto. Por último, como quinto pilar, la **materialidad** revisa si una regulación en concreto se aplica a entes o instituciones a las que directamente no se debería aplicar puesto que están solo marginalmente expuestas a los riesgos que tal regulación tiene objetivo de controlar.

Desde nuestro punto de vista, creemos conveniente resaltar dos de los anteriores pilares como básicos sobre los que se asienta nuestra defensa de la aplicación de la proporcionalidad en las cooperativas de crédito. Así, la necesidad de **diferenciación** es evidente, aunque resulta difícil de implementar en la UE puesto que los reguladores se enfrentan a una gran heterogeneidad de entidades de distintos tamaños, modelos económicos, complejidad, estructuras de propiedad, etc. A pesar de ello, se trataría de uno los pilares que mayor relevancia tiene para las cooperativas, en tanto que un criterio de segmentación entre las entidades es el tipo de empresario o la naturaleza jurídica de la entidad, uno de los elementos diferenciadores de las cooperativas de crédito respecto a las demás entidades de crédito. Por su parte, la dimensión de la **materialidad**, la cual puede considerase como un caso especial de diferenciación, permitiría incluso llegar a exceptuar algunas reglas en lugar de aplicarse de una manera simplificada o menos prescriptiva, cuando una institución está solo marginalmente expuesta a los riesgos para los que se diseñó la regla en concreto. A pesar de ello, ante el peligro evidente que la materialidad se convierta en una fuente de arbitraje regulatorio, las exenciones deben también incorporar autonómicamente una fórmula por la que tal exención desaparecería en el momento en que los riesgos por los que la norma fue creada se incrementaran en la entidad[26].

Sin perjuicio de estos pilares básicos, los **criterios concretos para clasificar o segmentar** a las entidades de crédito para la aplicación del principio de proporcionalidad son heterogéneos y varían entre las distintas jurisdicciones y, para fijarlos, los reguladores deben ponderar las implicaciones para la estabilidad financiera global. Estos suelen ser criterios cuantitativos e incluyen un gran número de indicadores como métricas del balance y diferenciaciones por modelos de negocio. Por ejemplo, la mayoría de las jurisdicciones aplican la proporcionalidad en relación con los requerimientos de capital y liquidez, y la forma como la aplican suele plasmarse o bien en una versión modificada o más sencilla de las actuales normas (sobre todo para las categorías de riesgo más complejas) o en una excepción de dichos requerimientos a la que pueden acogerse determinadas entidades que no lleguen a los umbrales cuantitativos establecidos. También hay jurisdicciones que aplican requisitos de presentación de informes y divulgación adaptables que permiten que algunas entidades estén sujetas a normas y frecuencias de presentación menos onerosas. En su mayoría aplican también un enfoque proporcional a las prácticas supervisoras, incluyendo la intensidad de los exámenes *in situ* o

---

[26] EBA BANKING STAKEHOLDER GROUP (2016): "Proportionality in Bank Regulation. A Report by the EBA Banking Stakeholder Group", *ob.cit.* p. 29. Por ejemplo, según aquí se apunta, los bancos deberían estar exentos de informes detallados sobre algunos tipos de exposición, no porque sean pequeños (en términos, por ejemplo, de los activos totales) u operen a nivel local, sino porque ese tipo de exposición no supere un umbral máximo. De esta forma, la exención terminará automáticamente en el momento en que la participación del banco en ese tipo de negocio aumente a niveles significativos.

a distancia, los requisitos relativos a los controles de la gestión de riesgos y la gobernanza, así como las pruebas de resistencia que llevan a cabo los supervisores[27].

En este ámbito, debe subrayarse el Informe denominado *Proportionality in bank regulation and supervision–a survey on current practices*, el cual resume los principales resultados de una encuesta sobre prácticas de proporcionalidad en la regulación y supervisión bancaria realizada por el Comité de Supervisión Bancaria de Basilea entre sus miembros y los del Grupo Consultivo de Basilea[28]. En resumen, la mayoría de los que respondieron la encuesta aplicaban medidas de proporcionalidad en sus jurisdicciones (75%). En la mayoría de los casos, estas medidas se aplicaban a entidades que representaban una parte relativamente pequeña de los activos bancarios totales, aunque había bastante grado de heterogeneidad. Se identificaba como el principal determinante del umbral de proporcionalidad a las métricas de la hoja de balance; al enfoque más frecuente de proporcionalidad la intensidad de la supervisión; y los desafíos con los marcos existentes son: el equilibrio de la proporcionalidad con la comparabilidad y la competencia, la determinación del segmento y los cambios en los modelos de negocios. Finalmente, se presentaban en el informe planes futuros y temáticas seleccionadas por jurisdicción.

Desde una perspectiva comparada, cabe también destacar el Informe del Instituto de Estabilidad Financiera *Proportionality in banking regulation: a cross-country comparison*, que compara los enfoques en seis jurisdicciones distintas (Brasil, la Unión Europea, Hong Kong, Japón, Suiza y los Estados Unidos), los cuales difieren considerablemente entre ellos, tanto en térmi-

---

27 Así consta en POZDYSHEV, V. (2018) "Panorama regulador: 10 años desde el estallido de la crisis financiera", *ob.cit.*, p. 3.

28 Esta encuesta se realizó en febrero de 2018 con el propósito de reconocer las medidas de proporcionalidad implementadas entre las distintas jurisdicciones.

nos de criterios y umbrales utilizados para decidir qué entidades están sujetas al conjunto de reglas, como también en cuanto a los estándares regulatorios que están sujetos a una posible implementación proporcional[29]. Por ejemplo, en relación con el caso estadounidense, es interesante destacar que las exigencias de Basilea III no se han venido aplicando de forma completa a los bancos pequeños, estableciéndose diversos criterios de flexibilidad en relación con los denominados *community banks*. En esta misma línea ha incidido la reforma de la *Dodd-Frank Act* a través de la *Economic Growth, Regulation Relief and Consumer Protection Act* de 24 de mayo de 2018, que introdujo diversas exoneraciones para los *community banks* más pequeños, así como previsiones específicas para los *community banks* de mayor tamaño (con un volumen de activos situado entre los diez mil y los cincuenta mil millones de dólares). Esta especial sensibilidad del legislador federal estadounidense para los bancos pequeños se explica por el potente lobby constituido por la Asociación bancaria denominada *Independent Community Bankers of America*, que agrupa a numerosas bancos y entidades financieras caracterizados por su dimensión reducida o mediana y su opción por un modelo de negocio caracterizado por la proximidad al cliente y por un sólido enraizamiento y vinculación con las respectivas comunidades regionales y locales en las que se desenvuelven, sin perjudico de que sus formas jurídicas puedan ser variadas.

En cualquier caso, una adecuada aplicación del principio de proporcionalidad permitiría maximizar la función de la regulación puesto que lográndose los objetivos para los que son creadas las normas, la **simplificación del marco regulador** se adecua a las necesidades de cada entidad y ello garantiza con-

---

[29] FSI (2017): "Proportionality in banking regulation: a cross-country comparison", pp.21 y ss., disponible en: https://www.bis.org/fsi/publ/insights1.htm (fecha última consulta: 10/5/2022).

tar con unas condiciones competitivas equitativas para todos los actores y, en última instancia, la mejora de la eficiencia de la supervisión.

Adicionalmente, se ha constatado que la **desproporcionalidad** no comporta sólo un aumento de los costes regulatorios a los que antes hemos aludido, sino que también lleva aparejada otras consecuencias notables, como el hecho que el regulador y supervisor pueda llegar a asumir la efectiva gestión de las entidades crediticias al limitarse la discrecionalidad de sus gerentes y restringir el papel de control del órgano de administración. En este sentido, entendemos que la extensión de la regulación y supervisión bancaria a todas las facetas que presentan la organización y actividad de las entidades de crédito (incluyendo, como hemos visto, el gobierno corporativo) implica que, en la práctica, los supervisores compartan algunas funciones con los administradores de las entidades de crédito, pudiendo llegar a tener un papel determinante en sus orientaciones estratégicas[30]. Se produce así un solapamiento que suscita dudas y plantea problemas, tanto desde el punto de vista funcional u operativo como desde la óptica de la asunción de responsabilidades en el caso de conflictos.

A todo ello, una regulación desproporcionada puede inducir a la desintermediación o desplazamiento de ciertas actividades y servicios hacia instituciones menos reguladas fuera del ámbito de aplicación de la normativa bancaria. Ello puede llegar a comprometer y a afectar a la competencia del sistema financiero, en tanto que las cargas desproporcionadas pueden

---

[30] PEMÁN GAVÍN, J. (2019): "Sobre la imperiosa necesidad de recuperar la ecuanimidad en el tratamiento a la banca. Una aproximación al contexto regulatorio, institucional y social en el que se desenvuelven las entidades de crédito en la España post-crisis", Texto redactado como ponencia para un Seminario complementario del Curso de posgrado sobre Regulación Bancaria de la Facultad de Derecho de Zaragoza impartido el 5 de abril de 2019, p.35.

suponer nuevas barreras de entrada, tanto sobre los pequeños actores del mercado como los nuevos participantes, lo que puede dificultarles competir con los actores más sólidos o de mayor envergadura.

En conclusión, conviene contar con una mayor proporcionalidad en la aplicación de la normativa bancaria en función de las características de sus destinatarios, sin que ello comporte sacrificar la eficacia del marco prudencial de ordenación y solvencia. Desde nuestro punto de vista, la proporcionalidad no debe entenderse como una forma de abrir la puerta al arbitraje regulatorio y crear vacíos legales, sino que se trata de aliviar algunos de los requerimientos impuestos en función de las características de sus destinatarios, abogando por proteger su viabilidad y supervivencia. Todo ello teniendo en cuenta que los principios y objetivos generales en que se basan las medidas adoptadas desde la crisis financiera no deberían verse comprometidos ni desvirtuados, ya que han demostrado ser necesarios y eficaces y la seguridad, estabilidad y resiliencia del sistema financiero son de suma importancia[31].

II. ASPECTOS QUE PODRÍAN DISTORSIONAR LA NATURALEZA COOPERATIVA

En las siguientes líneas trataremos de enfatizar en algunos de los aspectos que se imponen por la norma financiera y que, como se ha explicado, pueden perjudicar el mantenimiento, conservación y fomento de la identidad cooperativa. Los hemos englobado en 4 grandes materias para una mayor sistemática: (1) composición del consejo rector y comités, (2) requisitos de idoneidad, (3) funciones de control y (4) remuneración.

---

31 Dictamen 2020/C 364/02. Conclusión (1.3).

En cuanto a la **composición del Consejo Rector y de los comités** que se constituyen en su seno, la norma bancaria exige que estén integrados parcialmente por consejeros denominados "independientes". Sobre este aspecto, deben hacerse varias apreciaciones. En primer lugar, recordemos que los criterios de clasificación en tipologías de consejeros en la norma financiera y en la cooperativa no coinciden. Mientras la distinción "socios–no socios" se utiliza para clasificar a los consejeros en la norma cooperativa, éste no es un criterio válido por la norma financiera, la cual clasifica los consejeros entre ejecutivos y no ejecutivos (dominicales, independientes y otros externos) tomando como referencia a la norma de sociedades de capital, en particular la LSC y el CBG.

En segundo lugar, a diferencia de las sociedades capitalistas, los consejos rectores de las cooperativas están integrados mayormente por socios (ya que solamente dos pueden ser no socios), coincidiendo en el mismo sujeto el rol de socio y de administrador. Es por ello por lo que el consejo rector, como órgano de control, se presumirá que está en mejores condiciones de alinearse con los intereses de los propietarios para actuar frente a posibles oportunismos de los directivos.

Recordemos también que la norma financiera exige, como **requisito de idoneidad** de la entidad, que todos los miembros del consejo rector ostenten el requisito de "independencia de ideas" y una parte de ellos, que correspondería a los consejeros independientes, "independencia formal". En este sentido, la independencia de ideas es un criterio compatible con el modelo cooperativo y con el principio democrático como garantía, en la medida que no existen miembros individuales que puedan ejercer una significante influencia en los demás sujetos, tal como sucede en sede de sociedades de capital. Por su parte, es la figura de "consejeros independientes" la que provoca mayores dudas, sobre si el legislador está pensando en la figura de "no socios" o bien si los "socios" podrían también tener tal consideración, siempre que se justificara la capacidad del miembro para "emitir un juicio objetivo y equilibrado y para tomar decisiones de forma independiente".

Respecto a los demás requisitos de idoneidad de los consejeros y altos cargos, entendemos que estas exigencias deberían examinarse en base a las concretas circunstancias y necesidades y no aplicarse de forma genérica. Las estrictas exigencias de idoneidad a veces son de difícil cumplimiento para pequeñas cooperativas de crédito, arraigadas al territorio y en las que los gestores tienen un contacto muy próximo con su base social. A ello debe añadirse que se trata de requisitos exigibles a un importante grupo de individuos, por lo que puede dificultar las tareas de selección y captación de talento. No cabe duda de la importancia de contar con consejeros con conocimientos financieros, aunque éstos no son suficientes para asegurar el buen gobierno de la cooperativa de crédito siendo esencial en estas entidades que los consejeros y gestores cuenten con experiencia y conocimientos en otros aspectos como los propios principios y valores cooperativos. Asimismo, debido al enfoque local de estas entidades, deberían contar con una sólida formación regional que les permita tomar decisiones que se adapten a las demandas de la cooperativa y de sus miembros, siendo esta la esencia de la cooperativa: dar respuesta a las necesidades financieras de sus miembros con carácter prioritario.

Otro aspecto relevante sobre el que incide la norma financiera son las **funciones de control**, y en particular, la gestión de los riesgos de la entidad de crédito. Hemos recopilado diversos estudios que muestran como las cooperativas de crédito generalmente tienen menores incentivos para adoptar actividades de riesgo puesto que la propia proporción entre beneficio y riesgo es contraria a los ideales cooperativos, de acuerdo con los cuales el beneficio es un medio y no un objetivo. Es por este motivo que, per se, la política de riesgos suele ser muy conservadora en estas entidades. Es por ello que la exigencia de controles adicionales cuando los existentes han sido suficientes merece al menos ser cuestionada.

Además, resulta muy complicado para las cooperativas de crédito equilibrar la separación funcional de los sujetos con la exigencia de creación de múltiples comisiones y funciones de control distintas, previstas en la actual norma financiera. Sobre este particular, se han demostrado las dificultades a las que se enfrentan algunas instituciones al llevar a cabo la separación y fragmentación de funciones entre su personal o los problemas por la falta de traspaso de información entre departamentos. A ello deben sumarse los costes regulatorios asociados a la creación de estas estructuras que pueden ser extremadamente desproporcionados para algunas entidades.

Finalmente, se ha observado como el gobierno financiero incide especialmente en la regulación de la **política y los sistemas de remuneración**, habida cuenta que la remuneración de los gestores de las entidades de crédito se consideró uno de los puntos débiles que condujo a la crisis financiera de 2007. Sin embargo, a diferencia de lo que lo sucedido en otras entidades de crédito, las políticas de remuneración de las cooperativas de crédito no contenían incentivos que promovieran la asunción excesiva e imprudente de riesgos y las cantidades de retribución variable concedidas eran relativamente bajas en comparación con la de los bancos. Por todo ello, se trata de una exigencia que podría también acabar siendo desproporcionada.

III. LA DIVERSIDAD DEL SISTEMA BANCARIO

Tal como se ha subrayado en anteriores líneas, el gobierno corporativo de las cooperativas de crédito es un elemento que define y singulariza a estas entidades respecto a las sociedades típicamente capitalistas. Sin embargo, las disposiciones sobre gobierno financiero que inciden sobre aquél se aplican al conjunto de entidades de crédito por razón de su actividad a pesar de la heterogeneidad de los operadores, comportando una unificación de los distintos modelos de negocio que perjudica la diversidad del propio sector[32]. Esta consecuencia, probablemente intencionada, también puede obedecer a una cierta "suspicacia" del supervisor financiero hacia las entidades de la economía social que operan en mercados altamente regulados como reiteradamente ha señalado PUYALTO a propósito del sector asegurador[33].

El debate sobre la necesidad de preservar la diversidad en el sector del crédito ha recibido mayor atención en aquellos países en los que los bancos cooperativos se encuentran compitiendo con grandes y heterogéneas instituciones financieras, como por ejemplo, Alemania y Austria, donde el número de cooperativas de crédito y cajas de ahorro sin ánimo de lucro

---

32 De este modo se desarrolla en MIGLIORELLI, M. (2018): "Cooperative Banks Lending During and After the Great Crisis", *ob.cit.*, p.92. Como señala GUIDER comparando con datos de la Estados Unidos, en ningún caso queda demostrado que en Europa haya demasiadas entidades y, en particular, demasiadas entidades pequeñas muchas de las cuales son cooperativas de crédito. La comparación entre la Unión Europea y Estados Unidos es interesante. A finales de 2010, Estados Unidos contaba con 6.000 bancos comerciales, a los que había que añadir 900 cajas de ahorros; es decir, un total de cerca de 7.000 entidades financieras supervisadas por la FDIC. Pero también es necesario contar los 6.000 *community banks*, que tienen sus propios supervisores, pero que son muy activos en la financiación de la economía local. En total, por lo tanto, casi 14.000 entidades que ofrecen financiación a las pymes y a los hogares de Estados Unidos, en comparación con las 7.000 entidades de Europa. En EEUU, hay una entidad financiera por cada 21.400 habitantes, mientras que en Europa hay una por cada 77.000 habitantes. El índice de *Hindfendhal*, a menudo tomado como indicador de concentración (principalmente por el BCE), se establecía en 690 para la zona euro en 2013, mientras que en Estados Unidos era de 450 en 2010 (un 50 % menos). GUIDER, H. (2017): "La banca cooperativa en Europa ¿A qué desafíos se enfrenta después de la crisis financiera?" *ob.cit.*, p. 367.

33 Entre otras, PUYALTO FRANCO, M.J. (2018): "El ejercicio de la actividad aseguradora por las empresas de la Economía Social: una revisión crítica de la situación en España", *ob.cit.* p.124

exceden en número a los bancos comerciales[34]. Este análisis resulta más complicado en nuestro país, no solo por la escasa atención de la comunidad académica en relación con las cooperativas de crédito, sino también por la falta de habilidad para comunicar y presionar al regulador, sin desmerecer en ningún caso las actuaciones de organismos como la UNACC que velan por los intereses del sector o del EACB a nivel comunitario. Nuestra posición sobre este asunto es clara en la defensa de contar con la mayor diversidad de actores y modelos de negocio posibles tratando de evitar la desaparición de alguno de ellos ya que, en el caso de las cooperativas, resultaría claramente perjudicial para las economías locales poniendo en riesgo el apoyo financiero a ciertos colectivos, así como para la estabilidad del sistema financiero en general[35].

Esta posición es compartida por otras instituciones como el Consejo Económico y Social Europeo (CESE) [36] cuando argumenta que los bancos de accionistas con perspectiva *shareholders-value* se deben complementar eficientemente con las entidades crediticias más cercanas a los grupos de interés con perspectiva *stakeholders-value*[37]. De hecho, el CESE postula que

---

34 CASELLI, G. (2018): "The cooperative Banks today in the EU perspective" *New Cooperative Banking in Europe. Strategies for adapting the business model post crisis,* (eds. MIGLIORELLI, M.), p. 203.

35 A este respecto merece la pena destacar el informe de EACB (2016): *Corporate governance in co-operative banks, ob.cit.*

36 Entre otros, véase CESE (Comité Económico y Social Europeo) (2015): "Dictamen del Comité Económico y Social Europeo sobre el papel de las cooperativas de crédito y cajas de ahorros en la cohesión territorial–Propuestas para un marco adaptado de regulación financiera (Dictamen de iniciativa)". (2015/C 251/02), y en relación con la necesidad de una regulación bancaria respetuosa con el principio de proporcionalidad.

37 POLI, F. (2019): *Co-operative banking networks in Europe. Models and performance.* Palgrave Macmillan Studies in Banking and Financial Institutions, p. 329. La evidencia empírica demuestra que, aunque haya un elevado grado de heterogeneidad en el sector cooperativo europeo, su rendimiento y la

reforzar el papel de las cajas de ahorros y las cooperativas de crédito en el sistema financiero europeo resulta clave para la recuperación económica (mensaje que, sin embargo, llegó tarde para las cajas de ahorro españolas)[38] y, en el 2014, este organismo propuso, en relación con la Propuesta de Reglamento sobre medidas estructurales para aumentar la resiliencia de las entidades de crédito de la UE[39] algunas recomendaciones en materia de apoyo a las economías locales.

Especial importancia merece el Dictamen del CESE denominado "Promover una Unión Bancaria más integradora y sostenible, mejorando la contribución de los bancos comunitarios al desarrollo local y creando un sistema financiero internacional y europeo socialmente responsable"[40] cuyas conclusiones detallan muchos aspectos de la situación actual sobre la regulación bancaria y la proporcionalidad, que resaltamos a continuación: (1) en primer lugar, considera que si los objetivos de las reformas efectuadas eran y siguen siendo razonables, no hay duda de que sus repercusiones y resultados en los distintos engranajes del sistema bancario han sido asimétricos, debido al enfoque que hasta ahora ha adoptado el regulador bancario; (2) en efecto, los distintos modelos que caracterizan el pluralismo y la diversidad del sistema bancario europeo no se han visto afectados en la misma medida por las reformas efectuadas; (3)

---

distinta naturaleza de sus prácticas operativas hacen que se consideren completamente distintos a las entidades que están únicamente orientadas al accionista o *shareholder-value*. Sin embargo, también es cierto que la brecha entre estas entidades ha ido disminuyendo pasado el tiempo, especialmente desde la introducción de la normativa de Basilea III.

38 LÓPEZ, J.M. (2017): *El Gobierno Corporativo de las Entidades Bancarias*, Aranzadi, Navarra. p. 51.

39 COM (2014) 43 final–2014/0020.

40 Véase 2020/C 364/02. Texto disponible en: https://eur-lex.europa.eu/legal-content/ES/TXT/PDF/?uri=OJ:C:2020:364:FULL&from=EN (fecha última consulta: 10/5/2022)

en algunos casos, los modelos de negocio que menos contribuyeron a la crisis de 2008, como los bancos locales, a menudo de pequeñas o medianas dimensiones y en algunos Estados de forma cooperativa, han sufrido más la presión de las normas.

A tenor de estas consideraciones, la diversidad financiera debe asegurarse sin que ello suponga la arbitrariedad en la aplicación de las normas, puesto que no se trata de conceder gratuitamente privilegios a determinadas familias del sector financiero ya que siempre se ha apostado por unas condiciones de competencia equitativas, pero sí se permite hacer uso de parámetros objetivos que justifiquen una regulación específica en función de la entidad.

De modo similar, la Asociación Europea de Bancos Cooperativos (EACB) en su calidad de representante institucional a nivel europeo del sujeto de nuestro estudio, también ha manifestado que debe evitarse que sus entidades no sean capaces de competir en condiciones de igualdad por no poder hacer frente al conjunto de requisitos regulatorios. Tal como postula la EACB, el modelo cooperativo se basa en valores clave de transparencia, gobernanza, resiliencia, proximidad, compromiso social y solidaridad. Recordemos además que la banca cooperativa enraíza el sistema financiero en la economía real, aportando estabilidad y riqueza al territorio a través de su función financiera (promover el ahorro, conceder créditos a familias y pymes como segmentos prioritarios) y su función social (en base a los principios cooperativos, la finalidad de la cooperativa, el destino de excedentes, etc.)[41]. Por todas estas características, la EACB reclama un **marco regulatorio adecuado** que permita al sector seguir jugando un papel clave en la

---

41 Véase CASTELLÓ, E. y TRIAS, C. (2015): "Las cooperativas de crédito y cajas de ahorros en el espacio económico europeo: una visión estrategia de futuro", *Boletín de Estudios Económicos*, núm. 216, pp. 555-569.

financiación de la economía real, estimulando el crecimiento económico y social e impulsando el empleo a nivel local.

A ello se refiere CASELLI[42], subrayando que la diversidad del sector bancario debe garantizarse en atención a distintas dimensiones o criterios tales como la diversidad corporativa, competencia en el mercado, estructura de la hoja de balance y resiliencia, y extensión geográfica. Las evidencias presentadas por el autor sugieren que se derivan beneficios macroeconómicos de la diversidad de formas de propiedad, modelos de negocio y objetivos corporativos en la industria bancaria. Así, si la diversidad debe ser salvaguardada teniendo en cuenta los beneficios financieros y económicos que ello supone, es importante que las principales características de las cooperativas de crédito (p.ej. propiedad de los miembros, proximidad al cliente y soporte a la economía local) no sean debilitadas por las restricciones regulatorias, dirigidas y pensadas para los grandes bancos comerciales. Como se ha puesto de manifiesto por la doctrina, la regulación busca estandarizar la banca imponiendo restricciones al control de la actividad bancaria[43], situación que debe ser corregida si se pretende mantener un sistema bancario fuerte y diverso.

En todo caso, para garantizar la diversidad del sistema, resulta imprescindible evitar que las cooperativas de crédito pierdan sus rasgos identitarios. De hecho, FERRI[44] señala que esta

---

42 CASELLI, G. (2018): "The Cooperative Banks Today in the EU Perspective", *ob.cit.*

43 Véase DERMINE, J. (2015): *Basel III leverage ratio requirement and the probability of bank runs, Journal of Banking and Finance*, núm. 53, pp. 266-277.

44 Sobre los retos a los que se enfrentan las cooperativas de crédito, debe destacarse el informe de FERRI, G. (2012): "Credit Cooperatives: Challenges and Opportunities in the New Global Scenario", *Euricse working paper*, núm. 31/12. En este trabajo de determinan tres retos principales para las cooperativas de crédito: (1) como primera tarea, las cooperativas de crédito deben encontrar formas de garantizar que no pierdan su esencia y hay que tomar medidas

cuestión es uno de los retos principales a los que se enfrenta el sector. Para ello, es necesario concienciar a los organismos reguladores y a los legisladores sobre los peligros de una normativa estandarizada dado que la regulación es un factor esencial que marcará la tendencia en los próximos años [45].

En efecto, desde el momento que en la configuración del gobierno corporativo inciden las normas propias de la ordenación y supervisión de la actividad bancaria, estas impactan en la estructura y gobierno de las cooperativas de crédito, viéndose obligadas a adaptarse a unas disposiciones pensadas fundamentalmente para las sociedades anónimas bancarias que, dicho sea de paso, fueron quienes acusaron problemas de gobierno corporativo identificados como una de las causas de la crisis financiera de las últimas décadas[46]. En consecuencia, las

---

adecuadas para preservar esos valores y rejuvenecerlos; (2) las cooperativas de crédito deben encontrar formas adecuadas adaptarse al marco regulatorio bancario; (3) en tercer lugar, las cooperativas deben conseguir sensibilizar a los organismos reguladores.

45 En esta línea, el informe de Vodafone (2021): "Think Tank cajas rurales y cooperativas de crédito" disponible en: https://www.observatorio-empresas.vodafone.es/informes/retos-cajas-rurales-cooperativas-credito-covid/, (fecha última consulta: 2/4/2022) resalta, en relación al «marco regulatorio», la dificultad principal es que se trata de la misma forma a las pequeñas cajas y a los grandes bancos. Al final, concluyen que "te adaptas para que no te sancionen" y ese esfuerzo llega a suponer hasta el 65% del trabajo diario. Por ello, surge la necesidad de apoyarse en terceros especialistas, colaboradores externos para llevar a cabo otras funciones.

46 Por su parte, las cooperativas de crédito, aunque se han estado plenamente afectadas por las reformas del sector financiero, con carácter general, no se han visto tan salpicadas por los problemas de la crisis financiera. Les ha ayudado su modelo de negocio tradicional, principalmente minorista ligado al sector agrícola gracias a sus características esenciales de proximidad al socio y al cliente y su orientación a los intereses de prestamistas y prestatarios. Junto con su vinculación al territorio, arraigo local y responsabilidad social, además de su baja orientación a complejos instrumentos de ingeniería financiera ("deuda híbrida, "preferentes", etc.) y su menor exposición al

normas de gobierno tradicionalmente aplicables a las sociedades de capital han ido "penetrando" en el ámbito de las sociedades cooperativas. Un claro exponente de esta tendencia es la "Propuesta de la Ponencia para la elaboración de un texto articulado de revisión del régimen jurídico de las cooperativas" la cual apuesta por la aplicación directa del marco general de las normas propias de las sociedades de capital a la sociedad cooperativa "en la medida en que aportan un marco de rigor técnico y de seguridad jurídica al funcionamiento de los órganos sociales y a la defensa de los intereses, tanto de socios como de terceros, que como consecuencia de ese funcionamiento pueden verse afectados". Aplicación que no se realiza de una manera automática sino ponderada por el papel fundamental que en la sociedad cooperativa juega la asamblea general y la participación de los socios en este órgano[47].

---

riesgo derivado del mercado inmobiliario, tienen una ratio de morosidad más bajo que el que soporta el resto del sector financiero. Véase UNACC (2013): Banca Cooperativa: Nueva ficha en gobierno corporativo", *Revista de la UNACC*, núm.56, verano, p.22.

47 Como consta en esta "Propuesta de la Ponencia para la elaboración de un texto articulado de revisión del régimen jurídico de las cooperativas", en relación con el órgano de administración, la aplicación ponderada de las normas de las sociedades de capital sobre el gobierno corporativo es muy clara en el texto articulado, fundamentalmente en relación con los deberes de diligencia y lealtad y el régimen de responsabilidad de los administradores, sin menoscabo del control más amplio que corresponde en esta sociedad a la asamblea general. Hay que advertir que se ha optado por abrir la sociedad cooperativa a una administración profesional, admitiendo que los estatutos puedan permitir el nombramiento de terceros como administradores y admitiendo también que los administradores sean retribuidos, aunque sean socios, siempre con el control, la transparencia y la proporcionalidad oportuna, referida también a la peculiaridad de esta sociedad. La eficiencia que puede aportar esta decisión en la actuación del órgano no supone detrimento del poder de los socios en la sociedad que se ejerce a través de su participación en la asamblea general que con amplios poderes nombra y revoca y ejercita la acción de responsabilidad contra los administradores

Con todo, si las normas de gobierno corporativo quedaran circunscritas a meras recomendaciones sujetas al principio de *comply or explain*, típico de los códigos de buen gobierno, las entidades cooperativas tendrían la posibilidad de adaptarlas a su propia naturaleza o bien no adoptarlas explicando los motivos para ello. Sin embargo, en el contexto normativo actual mayormente imperativo, esta posibilidad resulta claramente vedada. Basta comprobar como las obligaciones en la composición del órgano de administración, la figura del consejero independiente o las distintas comisiones obligatorias, entre otros, se han visto impuestas legalmente para el conjunto de entidades de crédito como hemos descrito.

Este es un problema relevante para el conjunto de entidades de la Economía Social puesto que sus actores únicamente pueden desarrollarse adecuadamente si se genera un entorno que establezca condiciones políticas, legales y operativas favorables. En este sentido, una de las prioridades del "Plan de acción Economía Social" del Social Economy Europe (SEE)[48] es "facilitar un ecosistema favorable para el desarrollo de las empresas y entidades de Economía Social que apoye su crecimiento y acceso a la financiación, el establecimiento de un necesario marco y legislativo y que además les permita operar

---

en cualquier momento y determina su retribución. En sede de la asamblea general, las novedades/innovaciones fundamentales se refieren al régimen de los conflictos de interés y la impugnación de acuerdos sociales. En relación con las asambleas de delegados, se trata también de clarificar su regulación. Se reconoce, asimismo, la posibilidad de celebrar la asamblea general por medios telemáticos, siempre que quede debidamente garantizado el cumplimiento de los requisitos de constitución y funcionamiento, así como de participación de los socios.

48 SOCIAL ECONOMY EUROPE (2019): "El futuro de las políticas europeas para la Economía Social. Hacia un plan de acción", Disponible en: http://base.socioeco.org/docs/see-plan_de_accion_economia_social-imprimir.pdf (fecha última consulta: 5/4/2022)

a nivel transnacional en el mercado único" (Prioridad núm. 4). El SEE pone en valor la necesaria eliminación de barreras legales y administrativas para las empresas y entidades de la Economía Social en el mercado único (Medida núm. 6). A tal efecto, la Comisión debe velar por que la normativa europea, cuando sea redactada o revisada, se elabore teniendo en cuenta los diversos modelos de empresa, incluyendo las diversas formas de entidades de Economía Social[49].

En el contexto de nuestro estudio, debemos destacar también la Medida núm. 7 planteada relativa a la construcción de un ecosistema financiero para las empresas y entidades de la Economía Social. En particular, como Acción núm. 23 se establece "reforzar los intermediarios financieros de la Economía Social". La diversidad de los modelos bancarios existentes en el mercado de capitales de la Unión Europea debe salvaguardarse y fomentarse y, para ello, se propone la elaboración de una legislación y reglamentación financiera que tenga en cuenta adecuadamente los diferentes modelos de negocio de los intermediarios financieros de la Economía Social, como los bancos éticos, la banca cooperativa y otras entidades financieras especializadas del sector.

IV. EL PRINCIPIO DE PROPORCIONALIDAD EN EL GOBIERNO FINANCIERO

A nivel interno, el **principio de proporcionalidad** proyectado sobre las normas de gobierno financiero está expresamente recogido en la **LOSSEC** y se ha determinado su alcance a través de Guías y Directrices formuladas por la Autoridad Bancaria

49 Las acciones concretas propuestas para ello serían seis (de la acción 16 a la 21).

Europea en materia de gobierno interno y en materia de idoneidad de consejeros y titulares de funciones clave.

La alusión a este principio no es casualidad, siendo una transposición de la norma europea la que, a su vez, trae causa de las reformas de gran calado impulsadas por **Comité de Supervisión Bancaria de Basilea** que, con el objetivo de reforzar las normas bancarias internacionales, se centraron en las principales deficiencias detectadas en la crisis financiera mundial de 2007. La intensificación del régimen regulatorio era del todo necesaria para reducir la probabilidad de fallos y quiebras en el sistema financiero y evitar (o, al menos, minimizar) los costes asociados a futuros fracasos y ya preveía en su articulado alusiones a la necesaria proporcionalidad. Este comité también reconoce el papel que la proporcionalidad desempeña en la supervisión. De hecho, en los "Principios Básicos para una supervisión bancaria eficaz" [50] de 2006 ya se estipulaba que las prácticas de supervisión deben estar en consonancia con el perfil de riesgo y la importancia sistémica de los bancos supervisados. A raíz de este movimiento a nivel internacional, la normativa europea se adaptó para tratar de mejorar la situación postcrisis y contribuir a la resiliencia de las entidades de crédito, lo que ha supuesto un marco regulatorio mayor y más complejo aplicable a todas las entidades de crédito. La norma sustantiva principal de referencia de regulación bancaria a nivel europeo es la **Directiva CRD IV** y el **Reglamento CRR**, y ambos contienen tanto la alusión a los principios de proporcionalidad y subsidiariedad, genéricos de la UE, contemplados en el TUE y sendos protocolos, así como su concreción en materia de gobierno corporativo, objeto de nuestro estudio.

Las disposiciones insertas de la normativa comunitaria que aluden a la necesaria aplicación del principio de proporciona-

---

[50] Disponible en: https://www.bis.org/publ/bcbs129esp.pdf (fecha última consulta: 12/5/2022).

lidad en las normas de gobierno corporativo de las entidades de crédito se encuentran principalmente en el **artículo 74 de la Directiva CRD IV** relativa a "Gobierno interno y planes de rescate y resolución" y los Considerandos (46) y (128) del Reglamento CRR. El artículo 74 de la Directiva CRD IV alude al Principio de Proporcionalidad estableciendo en su primer apartado que "las entidades se dotarán de sólidos procedimientos de gobierno corporativo, incluida una estructura organizativa clara con líneas de responsabilidad bien definidas, transparentes y coherentes, procedimientos eficaces de identificación, gestión, control y comunicación de los riesgos a los que esté expuesta o pueda estarlo, mecanismos adecuados de control interno, incluidos procedimientos administrativos y contables correctos, así como políticas y prácticas de remuneración que sean compatibles con una gestión adecuada y eficaz de riesgos y que la promuevan" y haciendo expresa referencia en su segundo apartado al citado principio de la siguiente forma "los sistemas, procedimientos y mecanismos contemplados en el apartado 1 serán *exhaustivos y proporcionados* a la *naturaleza, escala y complejidad de los riesgos inherentes al modelo empresarial y las actividades de la entidad.* Se tomarán en consideración los criterios técnicos establecidos en los artículos 76 a 95 (que refieren a los criterios técnicos a la organización y el tratamiento de los riesgos)" [51].

Por su parte, el **Considerando (46) del CRR** señala que sus disposiciones respetan el Principio de Proporcionalidad, teniendo en cuenta la diversidad de tamaño y de escala de las operaciones y la gama de actividades de las entidades[52]. Par-

---

51 La cursiva es nuestra.

52 Considerando (46) Reglamento CRR: "(...) Los Estados miembros deberán velar por que los requisitos establecidos en el presente Reglamento se apliquen *de forma proporcionada a la naturaleza, el volumen y la complejidad de los riesgos inherentes al modelo de negocio y la actividad de la entidad de que se*

ticularmente requiere en su Considerando (128) que la Comisión y la Autoridad Bancaria Europea, cuando preparen estándares regulatorios técnicos en áreas de mutuas, sociedades cooperativas, instituciones de ahorro o similares, deberían asegurar que estos estándares y requerimientos pueden ser aplicados por todas las instituciones afectadas de forma proporcional a su naturaleza, escala y complejidad para estas instituciones y sus actividades[53] .

Ya en nuestro ordenamiento interno, la **LOSSEC**, tras exigir que las entidades y los grupos consolidables de entidades de crédito se doten de sólidos procedimientos de gobierno corporativo, el **artículo 29** añade que "los sistemas, procedimientos

---

trate. La Comisión deberá garantizar que los actos delegados y de ejecución, las normas técnicas de regulación y las normas técnicas de aplicación sean coherentes con el Principio de Proporcionalidad, de forma que se garantice la aplicación proporcionada del presente Reglamento. Por consiguiente, la ABE deberá asegurarse de que todas las normas técnicas de regulación y todas las normas técnicas de aplicación *se elaboren de tal forma que cumplan y sean coherentes con el Principio de Proporcionalidad*". La cursiva es nuestra.

53 Considerando (128) Reglamento CRR: "La Comisión debe adoptar mediante actos delegados, con arreglo al artículo 290 del TFUE y de conformidad con los artículos 10 a 14 del Reglamento (UE) no 1093/2010, los proyectos de normas técnicas de regulación elaborados por la ABE en relación con las mutuas, las sociedades cooperativas, entidades de ahorro y entidades similares, determinados instrumentos de fondos propios, los ajustes prudenciales, las deducciones de los fondos propios, los instrumentos de fondos propios adicionales, los intereses minoritarios, los servicios auxiliares de las actividades bancarias, el tratamiento del ajuste por riesgo de crédito, la probabilidad de incumplimiento, la pérdida en caso de impago, los métodos de ponderación por riesgo de los activos, la convergencia de las prácticas de supervisión, la liquidez, y las disposiciones transitorias relativas a los fondos propios. Reviste particular importancia que la Comisión lleve a cabo las consultas oportunas durante la fase preparatoria, en particular con expertos. *La Comisión y la ABE deben velar por que todas las entidades afectadas puedan aplicar esas normas y esos requisitos de manera proporcional a la naturaleza, la escala y la complejidad de dichas entidades y de sus actividades*". La cursiva es nuestra.

y mecanismos contemplados en este apartado serán exhaustivos y **proporcionados** a la naturaleza, escala y complejidad de los riesgos inherentes al modelo empresarial y las actividades de la entidad". Como hemos visto, este modelo de gobierno corporativo que propone la LOSSEC adopta como referencia normas societarias previstas para las sociedades de capital, y especialmente, para las sociedades anónimas cotizadas. El consejo de administración (o consejo rector) constituye uno de los elementos clave del gobierno de la entidad de crédito, es por ello que, junto a las habituales funciones asignadas por las normas societarias a este órgano colegiado, la LOSSEC le atribuye la máxima responsabilidad en la definición de un sistema de gobierno corporativo que garantice una gestión sana y prudente de la entidad, y que incluya el adecuado reparto de funciones en la organización y la prevención de conflictos de intereses.

Por su parte, la **Autoridad Bancaria Europea (ABE)** se pronuncia indicando que ciertas instituciones pueden cumplir con la normativa mediante la implementación de políticas menos complicadas, pero apropiadas, mientras que otras tienen que implementar políticas más sofisticadas[54]. La carga regulatoria debe ser proporcional al modelo de negocio de la entidad de crédito y a los riesgos que representa para el sector financiero y para la economía en general[55], por lo que una adecuada aplicación del principio de proporcionalidad supone equilibrar costes y beneficios de la regulación bancaria de modo que ésta resulte efectiva, eficiente y económica. A todo ello, las diferen-

---

54 EBA (2015): "Opinion of the European Banking Authority on the application of the principle of proportionality to the remuneration provisions in Directive 2013/36/EU", EBA/Op/2015/25, p.14.

55 Así lo manifestó en su momento el presidente de la ABE en su speech de obertura del workshop sobre proporcionalidad en julio de 2015, p.2. ENRIA, A. (2015): "Opening remarks by Andrea Enria, Chairperson of the EBA." EBA proportionality workshop London, p. 2

tes Guías, a pesar de no hacer una referencia expresa a las sociedades cooperativas de crédito, contienen una serie de parámetros para la aplicación del principio de proporcionalidad de carácter cualitativo, que entendemos que reflejan elementos diferenciadores de las sociedades cooperativas de crédito tales como la forma legal, la estructura de propiedad, la estrategia del riesgo y el modelo de negocio, entre otros.

Atendiendo a lo expuesto hasta el momento, resulta lógico defender la ponderada aplicación de este principio en el ámbito de gobierno financiero, en la medida que, a pesar de ser un principio clave de la UE, se ha venido descuidando la proporcionalidad en las disposiciones de la **Directiva CRD IV**, que tienden a seguir el **enfoque de *one-size-fits-all* (o talla única)**, lo que ha provocado problemas para las entidades más pequeñas y/o menos complejas[56]. Deben por tanto tenerse en cuenta los peligros de este enfoque de talla única y los consiguientes aumentos de costes para algunas entidades y la forma de no seguir este enfoque pasa por una correcta aplicación del principio de proporcionalidad[57]. Es por ello por lo que entendemos que su

---

56 Entre otros, FERRARINI, G. (2017): "Understanding the Role of Corporate Governance in Financial Institutions: A Research Agenda". *University of Genoa and ECGI*, p. 14.

57 Debemos citar estudios como el de ALESSANDRINI, P., FRATIANNI, M., PAPI, L., ZAZZARO, A. (2016): "The asymmetric burden of regulation: will local banks survive?", *Money and Finance Research group (Mo.Fi.R.)* working papers núm. 125. Este artículo argumenta que la carga del sistema regulatorio es "asimétrica" y penaliza en especial a los bancos pequeños. Esta conclusión se corrobora con los resultados preliminares de un cuestionario sobre el impacto de la regulación en diferentes tipos de bancos italianos. También resulta interesante el trabajo de BANK GOVERNANCE LEADERSHIP NETWORK (2016): "The future of banking in Europe: regulation, supervision and a changing competitive landscape," *Ernst & Young*. Ambos observan que el Banco Central Europeo (BCE), como supervisor bancario principal, aplica la regla de "*one-size-fits-all*" o "*talla única*". Ello prácticamente significa que todos los bancos (locales y no locales) están sujetos al mismo marco regulatorio sin

correcta implementación es crucial para la supervivencia de las pequeñas entidades locales, entre las que se encuentran la mayoría de las cooperativas de crédito.

Generalmente, esta renovación legislativa ha estado plenamente justificada dado que su objetivo principal era el fortalecimiento de las entidades de crédito, si bien tampoco ha quedado exenta de crítica. Ello ha sido principalmente porque la regulación ha tenido un impacto significativo en las entidades más pequeñas y regionales, habiéndose demostrado que muchas de las entidades que menos contribuyeron a la generación y expansión de la crisis de 2007 son las que han acabado soportando una mayor la presión regulatoria[58]. Tal como indica PEMÁN[59], de la regulación surgieron enormes cargas de gestión impuestas a las entidades financieras con los costes económicos asociados a las mismas. El resultado ha sido **un sistema financiero más seguro** en el que los riesgos están mucho mejor controlados interna y externamente si bien, con la nueva regulación, **resulta más caro de mantener para todos** ya que

---

diferenciación por tamaño, estructura organizacional, complejidad, riesgo, tipo de intermediación, cartera de clientes y desarrollo regional.

58 Dictamen del Comité Económico y Social Europeo sobre “Promover una Unión Bancaria más integradora y sostenible, mejorando la contribución de los bancos comunitarios al desarrollo local y creando un sistema financiero internacional y europeo socialmente responsable” (2020/C 364/02). Conclusión 1.2: “Los distintos modelos que caracterizan el pluralismo y la diversidad del sistema bancario europeo *no se han visto afectados en la misma medida por las intervenciones regulatorias efectuadas a raíz de la pasada crisis financiera.* En efecto, en algunos casos, los bancos que menos contribuyeron a la crisis de 2008 han sufrido más la presión de las normas adoptadas en respuesta a esta”. La cursiva es nuestra.

59 PEMÁN GAVÍN, J. (2019): “Sobre la imperiosa necesidad de recuperar la ecuanimidad en el tratamiento a la banca. Una aproximación al contexto regulatorio, institucional y social en el que se desenvuelven las entidades de crédito en la España post-crisis”, *ob.cit.,* p. 28.

los costes soportados en primera instancia por las entidades de crédito tienden a repercutirse a la clientela.

Ante esta situación, se han alzado voces que ponen énfasis en la necesaria revisión de la regulación europea adecuándola correctamente al reiterado principio de proporcionalidad, como es el caso del citado informe *Proportionality in bank regulation*, elaborado en 2016 por un órgano consultivo de la Autoridad Bancaria Europea o EBA, el *BSG: Banking Stakeholder Group*. En dicho documento de referencia, se constata el enorme incremento del volumen y la complejidad de la regulación y de los requerimientos de información cuyo cumplimiento se ha impuesto a las entidades de crédito. Y a la vista de los impactos negativos derivados de las nuevas regulaciones sobre el sistema financiero y sobre la economía en su conjunto, se recomienda someterlas a una revisión a la vista de las exigencias del principio de proporcionalidad. Entre otros aspectos, apunta a que la legislación de la UE debería basarse, siempre que fuera posible, en líneas generales y objetivos a asumir, más que en la previsión detallada de cómo estos objetivos deberían alcanzarse[60]. No obstante, en muchas ocasiones no puede ser así y la única manera para adaptar ciertas previsiones es a través de la interpretación y adecuación vía el principio de proporcionalidad.

Según la Autoridad Bancaria Europea, el Principio de Proporcionalidad implica que “las instituciones pequeñas y no complejas pueden cumplir con los principios mediante la implementación de políticas menos complejas, pero aún (...) apropiadas, mientras que las instituciones grandes y comple-

---

60 En este sentido señala que detalles innecesarios y demasiado énfasis en la uniformidad de la legislación de la UE pueden resultar superfluos y tener un impacto no deseable en su implementación nacional, en los costes, y en la diversidad.

jas tienen que implementar políticas (...) más sofisticadas[61]" y estructura el régimen jurídico de aplicación del Principio de Proporcionalidad mediante directrices insertas en las citadas Guías EBA.

Si bien la norma sustantiva se ha basado fundamentalmente en criterios esencialmente cuantitativos para la aplicación del Principio de Proporcionalidad, también existen disposiciones de *soft law* como los aludidos "Principios de Gobierno Corporativo OCDE", que apuntan que el marco de gobierno corporativo se desarrollará teniendo presente su repercusión en los resultados económicos globales, la integridad del mercado y los incentivos que genera para los agentes del mercado y para el fomento de la transparencia y el buen funcionamiento de los mercados. Por consiguiente, los encargados de la elaboración de políticas tienen la responsabilidad de establecer un marco lo bastante flexible como para satisfacer las necesidades empresariales en circunstancias muy diversas para favorecer que se desarrollen nuevas oportunidades, crear valor y determinar la forma más eficiente de utilizar los recursos. Entre otros factores que pueden requerir flexibilidad en la normativa, se encuentran la estructura de propiedad y de control de las empresas, su presencia geográfica, sus sectores de actividad y su fase de desarrollo, los cuales entendemos como criterios de carácter más cualitativo. También en los "Principios de Gobierno Corporativo para bancos" que detallan en su apartado (6) que:

---

61 EUROPEAN BANKING AUTHORITY (2015): "Opinion of the European Banking Authority on the application of the principle of proportionality to the remuneration provisions in Directive 2013/36/EU", *ob.cit.*, p.14 y ENRIA, A. (2015): "Opening remarks by Andrea Enria, Chairperson of the EBA" o*b.cit.*, p.2. Así lo manifestó en su momento ENRIA (Presidente de la EBA) en su discurso de obertura del *workshop* sobre proporcionalidad de julio de 2015: "la EBA está firmemente convencida de que la carga regulatoria *debe ser proporcional al modelo de negocio del banco y a los riesgos que representa para el sector financiero y para la economía en general*". La cursiva es nuestra.

"la implantación de estos principios deberá ser proporcional al tamaño, complejidad, estructura, relevancia económica, perfil de riesgo y modelo de negocio del banco y del grupo (en su caso) al que pertenezca. Esto supone ajustes razonables según procedan para bancos con perfiles de riesgo más bajos, y mantenerse alerta ante mayores riesgos que podrían ir unidos a instituciones más complejas y que cotizan en bolsa. (...)".

Además de las normas indicadas, destacamos que la publicación de directrices por parte de la **Autoridad Bancaria Europea** ha supuesto un gran avance puesto que se han incluido en textos normativos unos parámetros o criterios cualitativos que permiten adaptar los requisitos a las cooperativas de crédito en base a su naturaleza jurídica, mediante la aplicación del Principio de Proporcionalidad. La primera de las Guías a la que haremos referencia es la Guía EBA/2021/05 de Directrices sobre el gobierno interno, que instaura unas directrices sobre gobernanza interna de las instituciones de la UE, de acuerdo con los requisitos de la Directiva CRD IV y teniendo en cuenta el Principio de Proporcionalidad. En concreto, el **Título I de esta Guía EBA/2021/05 desarrolla el Principio de Proporcionalidad**[62] determinado sobre la base del ya citado artículo 74.2 de la Directiva CRD IV, cuyo objeto es garantizar que los sistemas de gobernanza interna sean coherentes con el perfil de riesgo individual y el modelo comercial de la institución. Se estipula que las entidades deberían tener en cuenta su tamaño y organización interna, así como la naturaleza, escala y complejidad de sus actividades, al desarrollar e implementar los sistemas de gobernanza interna, por lo que los organismos más complejos

62 En el apartado (16) indica que: "El principio de proporcionalidad previsto en el artículo 74, apartado 2, de la Directiva 2013/36/UE pretende garantizar que los sistemas de gobierno interno sean coherentes con el perfil de riesgo individual y el modelo de negocio de la entidad, de modo que se alcancen eficazmente los objetivos de las disposiciones y los requisitos regulatorios".

deben tener sistemas más sofisticados, mientras que los más pequeños y/o menos complejos pueden implementar sistemas más simples.

Para su adecuada aplicación, esta Guía enumera además una serie de criterios cuantitativos y cualitativos que las entidades y las autoridades competentes deben tener en cuenta. En su Directriz (18) indica que éstos deberían tener en cuenta criterios como el tamaño de la entidad (en términos del total del balance de la entidad y sus filiales dentro del ámbito de consolidación prudencial), la presencia geográfica de la entidad y volumen de operaciones en cada jurisdicción; si la entidad está admitida a cotización, el tipo de actividades y servicios autorizados que realiza la institución o el perfil de riesgo de la entidad, entre otros. A propósito de lo anterior, los siguientes **criterios** en particular se aplicarían directamente a las cooperativas de crédito "c. la forma legal de la institución, incluyendo si la institución es parte de un grupo y, de ser así, la evaluación de proporcionalidad para el grupo"; "g. el modelo y la estrategia de negocio subyacentes; la naturaleza y la complejidad de las actividades de negocio y la estructura organizativa de la entidad"; "h. la estrategia de riesgo, el apetito de riesgo y el perfil de riesgo real de la entidad, teniendo en cuenta también el resultado de las evaluaciones de capital y liquidez del proceso de revisión y evaluación supervisora (PRES)"; "i. la estructura de propiedad y de financiación de la entidad; el tipo de clientes (p. ej., minoristas, corporativos, institucionales, pequeñas empresas, entidades públicas) y la complejidad de los productos o contratos".

Por su parte, la **Guía EBA 2021/06 de Directrices** sobre la evaluación de la idoneidad de los miembros del órgano de administración y los titulares de funciones clave también esclarece en la definición y en los criterios de proporcionalidad. Esta Guía contiene directrices para evaluar la idoneidad de los miembros de los órganos de gestión y titulares de funciones clave en las entidades de crédito. Según el **Título I relativo a**

la aplicación del Principio de Proporcionalidad, éste pretende adecuar los sistemas de gobierno corporativo al perfil de riesgo y el modelo de negocio específicos de la entidad y tiene en cuenta el puesto concreto para el que se realiza una evaluación, de forma que se alcancen eficazmente los objetivos de los requisitos regulatorios. De forma similar a la anterior Guía, la idea en general es que las instituciones importantes deben tener políticas y procesos más sofisticados, mientras que las instituciones pequeñas y menos complejas pueden implementar políticas y procesos más simples[63]. Al objeto de calibrar y aplicar el Principio de Proporcionalidad, la Directriz (21) ofrece también un listado de criterios que deben ser observados tanto por las entidades como por las Autoridades competentes (Banco de España y el Banco Central Europeo), los cuales son cuantitativos y cualitativos si bien difieren en parte con los contenidos en la primera Guía. Por lo que al presente artículo respecta, nos interesa resaltar los siguientes criterios "b. la forma jurídica de la entidad, y si la entidad forma parte de un grupo y, en caso afirmativo, la evaluación del principio de proporcionalidad realizada para el grupo"; "d. el tipo de actividades y servicios autorizados que realiza la institución"; "f. el modelo y la estrategia de negocio subyacentes; la naturaleza y la complejidad de las actividades y la estructura organizativa de la entidad"; "g. la estrategia de riesgo, el apetito de riesgo y el perfil de riesgo real de la entidad, teniendo en cuenta también el resultado de la evaluación anual de la adecuación del capital"; "i. el tipo de clientes"; y "j. la naturaleza y complejidad de los productos, contratos o instrumentos ofrecidos por la entidad".

---

63 Sin embargo, hay unos requisitos mínimos que deberán cumplir tanto los miembros del órgano de administración y titulares de funciones clave, independientemente del tamaño de la institución, la organización interna y la naturaleza, alcance y complejidad de sus actividades y los deberes y responsabilidades del puesto específico. Nos referimos a la buena reputación, honestidad e integridad.

Como veremos a continuación, la anterior enumeración de criterios permite perfectamente diferenciar a las cooperativas de crédito respecto del resto de entidades de crédito. De hecho, se ha reivindicado en particular el papel y los valores que han aportado desde su existencia hace más de cien años, argumentando la necesidad de disponer de un marco regulatorio propio adaptado a las singularidades de estas entidades[64]. En base a la **identidad cooperativa**, cada uno de estos criterios se postulan como parámetros que permiten defender la aplicación del principio de proporcionalidad en las cooperativas de crédito.

En primer lugar, en cuanto a la **forma jurídica** de la entidad, reiteramos que los bancos son sociedades anónimas a los que se aplica la LSC y a las cooperativas de crédito cuentan con una normativa propia precisamente en base a su naturaleza jurídica. Esta normativa configura la estructura, régimen jurídico y régimen económico de estas entidades por lo que la forma social determina en un inicio la identidad cooperativa. Sobre este aspecto, en contra de la aplicación del principio de proporcionalidad en base a la naturaleza jurídica de la entidad se ha postulado VERCHER. El autor apunta que la actividad de la entidad no se encuentra prediseñada por la forma social que adopte, de manera que actúan en libre competencia en el mercado tanto las entidades de base capitalista como las de base mutualista (como

---

64 En particular indica: "Hemos pedido que se respete nuestra singularidad y que el marco regulatorio responda a dos criterios: en primer lugar, la regulación debe respetar la actual diversidad de modelos y tamaños de las entidades bancarias puesto que dicha diversidad es la respuesta a las múltiples necesidades financieras de la economía real y, en segundo lugar, ser conscientes de la presencia de nuevos jugadores que compiten con nosotros amparándose en "nichos regulatorios" menos exigentes y, por lo tanto, con más libertad de actuación y con menos exigencias regulatorias". Texto disponible en: https://ineca-alicante.es/noticias/las-cajas-rurales-ante-el-reto-del-sistema-financiero/ (fecha última consulta: 22/4/2022).

las cooperativas). De este modo, las entidades de base capitalista y las entidades de base mutualista, salvo determinadas excepciones particulares, pueden desarrollar todas ellas el mismo objeto social y por tanto la forma social no puede considerarse como un elemento definidor que determine el alcance del principio de proporcionalidad[65]. Sin embargo, a nuestro entender, la forma jurídica en este caso no es simplemente el paraguas sobre el que actúa la entidad, sino que la identidad cooperativa configura la forma de funcionar de estas entidades, situación que debe valorarse por su impacto en materia de gobierno corporativo, analizando el porqué de cada exigencia de la norma bancaria y su adecuación a los sujetos de estudio.

En segundo lugar, respecto al **tipo de actividades** que llevan a cabo las entidades, los bancos suelen seguir el modelo llamado "*originate to distribute*" que implica una mayor complejidad en la naturaleza de sus operaciones, mientras que las cooperativas de crédito seguirían un modelo de "*originate to hold*", sin perder de vista la idea que sus socios son también propietarios y la naturaleza de las operaciones es menos compleja. Es decir, la finalidad última de la actividad que realizan es distinta y, por tanto, no se trata de la misma actividad realizada por dos formas jurídicas distintas, sino que la actividad y los riesgos inherentes a la misma son diferentes.

---

65 VERCHER MOLL, J. (2018): "Aplicación del Principio de Proporcionalidad a las entidades que operan en el mercado financiero", *Revista Aranzadi de Derecho Patrimonial*, núm. 47, Pamplona, pp. 150-284. El autor señala en su artículo que las entidades que operan en el mercado financiero deben de respetar la normativa que les afecta en todos sus extremos. No obstante, en determinados supuestos, pueden aplicar el Principio de Proporcionalidad atendiendo a la naturaleza, escala y complejidad de la entidad. Esto es, para las distintas entidades financieras, tanto de seguros, como de crédito, como empresas de servicios de inversión, entidades de inversión colectiva, etc., ha supuesto un incremento importante de las exigencias de naturaleza tanto jurídica como económica.

En tercer lugar, la **propiedad y estructura de financiación** es claramente distinta entre bancos y cooperativas de crédito, cuyos propietarios difieren entre accionistas y socios cooperativos que realizan la actividad cooperativizada, con las peculiares características en cuanto al régimen económico que ya hemos expuesto. En cuanto a los riesgos que se asumen, si bien algunos autores sostienen que la gobernanza de los bancos cooperativos caracterizada por el papel activo a sus miembros basándose en el principio democrático no es suficientemente relevante para aislarlos de los episodios de riesgo que han sufrido la mayoría de las entidades de crédito, se ha demostrado que durante los episodios de crisis financiera, estos fenómenos han sido menos generalizados e intensos para el sector de la banca cooperativa que para los otros modelos de negocio[66].

Por último, el **tipo de clientes objetivos** de cada una de las entidades suele ser también distinto, teniendo un mayor arraigo al territorio las cooperativas de crédito que buscan mejorar la vida de clientes más locales, siendo una de sus características la irrepartibilidad de fondos que buscan, precisamente, las mejores condiciones para sus socios actuales y futuros.

Estos parámetros de tipo estrictamente cualitativo (véase que no se ha hecho referencia al tamaño de la entidad en ningún momento) permiten cualificar a las cooperativas como sujetos apropiados a quienes aplicar el principio de proporcionalidad. Sin perjuicio de lo anterior, resulta conveniente resaltar que, si bien los enunciados criterios cualitativos permiten amparar que la aplicación del principio de proporcionalidad de la normativa de gobierno corporativo a las cooperativas de crédito debe estar motivada en base a su naturaleza jurídica o

---

66 POLI, F. (2019): *Co-operative banking networks in Europe. Models and performance, ob.cit.*, p. 342.

empresarial[67], siguiendo **parámetros puramente cuantitativos** también se les puede aplicar este principio en la mayoría de los supuestos ya que, como regla general, por su volumen de negocio no llegan a alcanzar la consideración de entidades sistémicas (y más si nos centramos en España).

Estas directrices enunciadas mantienen la mayor parte de previsiones insertas en las anteriores Guías EBA 2017/11 y 2017/12 aludiendo en concreto a criterios cualitativos que permiten la aplicación directa del principio de proporcionalidad en las cooperativas de crédito. De esta forma, la Autoridad Bancaria Europea pone de manifiesto el interés por preservar la diversidad del sector financiero europeo y en particular a estas instituciones. Tal aplicación resulta de la interpretación de los criterios a los que hemos aludido y no de una referencia directa a las cooperativas de crédito. Sin embargo, en el trámite consultivo de la anterior Guía EBA 2017/11 se planteó la conveniencia de hacer mención expresa a las cooperativas de crédito. Pese a que la **EBA se negó alegando que las Guías no podían dirigirse a un especial modelo de negocio o a una concreta forma legal**, se aludió a que las particularidades de este tipo de entidades de crédito podrían tenerse en cuenta en la aplicación del principio de proporcionalidad también desarrollado en las mismas.

---

67 PUYALTO FRANCO, MJ. (2013): "Las entidades aseguradoras de la Economía Social en el Proyecto de Ley de Supervisión de los Seguros Privados", *ob.cit.*, p.4. La autora señala como la alusiva a la falta de comprensión de la naturaleza empresarial o del modelo societario de las cooperativas en particular y de las entidades que forman parte integrante de la Economía Social en general. Falta de comprensión que, cuando es imputable al legislador, se traduce en propuestas normativas que toman como referencia primordial la forma jurídica dominante (esto es, las sociedades de capital), ignorando al resto o, lo que es peor, favoreciendo procesos de isomorfismo organizativo que conducen al «desvirtuamiento» de los atributos esenciales de las empresas de la Economía Social y a su convergencia con el tipo societario preponderante.

A modo de conclusión, reiterando que las normas de gobierno corporativo de las entidades de crédito están pensadas en el prototipo de los grandes bancos sociedades anónimas, defendemos que la adecuada aplicación del principio de proporcionalidad en las cooperativas de crédito por su naturaleza jurídica es la única vía para adecuar la norma a sus características y necesidades. Ello, sin perder de vista por un lado la noción de riesgo y la protección de la seguridad jurídica[68] y, por otro, las consecuencias de la societarización y bancarización que conducen a la adulteración de los atributos esenciales de las empresas de la Economía Social y a su convergencia con el tipo societario preponderante[69] incitando en última instancia al isomorfismo[70] y la pérdida de diversidad del sector. Es por

---

68 Tal como señala VERCHER MOLL, J. (2018): "Aplicación del Principio de Proporcionalidad a las entidades que operan en el mercado financiero", *ob.cit*, es necesario señalar que la posible interpretación o aplicación de la norma a través del Principio de Proporcionalidad no debe de provocar desigualdades con similares características, por lo que los órganos supervisores deberán de establecer unas directrices de actuación, incluso doctrinales, de manera que, analizadas a la luz del principio de seguridad jurídica no se altere, en definitiva, el sistema de ordenación y supervisión.

69 Esta circunstancia ha sido señalada por los expertos como uno de los riesgos más importantes de las empresas de la Economía Social. En particular, HERRERA GÓMEZ (1998): "La especificidad organizativa del tercer sector: tipos y dinámicas" *Papers 56*, pp. 163-196, p. 185; BELO MOREIRA, M. (2003): "Holdings cooperativos en el contexto de la globalización" *Integración empresarial cooperativa* (coords. CHAVES, R., FAJARDO, G. y NAMORADO, R.), *CIRIEC-España*, Valencia, pp. 161-184.

70 Como destaca PUYALTO FRANCO, MJ. (2013): "Las entidades aseguradoras de la Economía Social en el Proyecto de Ley de Supervisión de los Seguros Privados", *op.cit*, p.4, el isomorfismo constituye uno de los conceptos esenciales de la teoría institucional. P. J. DIMAGGIO y W. POWELL lo definen del siguiente modo: "*Isomorphism is a constraining process that forces one unit in a population to resemble other units that face the same set of environmental conditions*". En particular, el «isomorfismo institucional» constituye un proceso de homogenización entre las organizaciones sujetas a presiones similares por

ello que, siguiendo la tesis de PUYALTO[71] es necesario postular una apreciación más purista del principio de proporcionalidad para aquilatar la exigencia de determinados requerimientos, particularmente los relativos al gobierno corporativo, cuando éstos se proyectan sobre entidades de la Economía Social.

V. PROPUESTA DE MODELOS DE APLICACIÓN DEL PRINCIPIO DE PROPORCIONALIDAD

Una vez identificada la identidad cooperativa del sujeto de nuestro estudio y completado el análisis de las disposiciones que aluden al principio de proporcionalidad, en este epígrafe plantearemos distintas opciones que, desde un plano puramente teórico, pueden facilitar la aplicación de este principio en materia de gobierno corporativo de las entidades de crédito.

---

efecto del ambiente institucional. Los autores citados identifican tres mecanismos de isomorfismo institucional: (i) el isomorfismo coercitivo (*Coercive Isomorphism*), (ii) el isomorfismo normativo (*Normative Pressures*) y (iii) el isomorfismo mimético (*Mimetic Processes*). El primero "es el resultado de las presiones tanto formales como informales ejercidas sobre la organización por otras organizaciones de las que dependen y por expectativas culturales en la sociedad dentro de la cual funcionan". Según este enfoque, el Estado se considera un actor central en la explicación de las características de las organizaciones de modo que cuando un gobierno establece una normativa específica que afecta a una serie de organizaciones, éstas deben aplicarla para evitar las consecuentes sanciones por lo que el comportamiento de estas será similar creándose homogeneidad en el campo organizativo. Véase también de los autores DIMAGGIO, P. J. y POWELL, W. (1983): "The iron cage revisited institutional isomorphism and collective rationality in organizational fields", *American Sociological Review,* núm. 48, pp. 147-160.

71 PUYALTO FRANCO, M.J. (2018): "El ejercicio de la actividad aseguradora por las empresas de la Economía Social: una revisión crítica de la situación en España", *ob.cit.*, pp. 106-125, p. 125.

Antes de entrar en detalle, debemos realizar una serie de consideraciones iniciales. En primer término, las propuestas que aquí se postulan se proyectan sobre las sociedades cooperativas de crédito españolas. Esto es importante puesto que el régimen jurídico de la banca cooperativa no es homogéneo en todo el continente y cada país define en su ámbito nacional los distintos modelos cooperativos, incluyendo en el sector financiero. Esta heterogeneidad contribuye a un panorama diversificado entre los países europeos por lo que resulta prácticamente imposible extrapolar las soluciones de un país a otro[72]. De hecho, el origen, la evolución, la situación actual, la estructura y la relevancia del sector de las cooperativas de crédito en cada país es distinta y particular[73] si bien sí que se comparten en esencia los principios configuradores de este tipo de entidades. Así, mientras que algunos de los bancos cooperativos de mayor relevancia (en países como Alemania, Francia y Países Bajos) se clasifican como instituciones de importancia sistémica, las normas de Basilea no se aplican a las

---

72 KARAFOLAS, S. (2016): *Credit Cooperative Institutions in European Countries*, Springer. Este libro ofrece un análisis comparativo de los sistemas de cooperativas de crédito en 23 países europeos. Entre otros aspectos, relata como banca cooperativa tiene un lugar importante en la vida financiera, económica y social de la mayoría de los países europeos, y aunque los bancos cooperativos, las cooperativas de crédito y las *credit unions* comparten el espíritu de cooperación y mutualidad, a menudo tienen características, historia y desarrollo muy diferentes.

73 POLI, F. (2019): *Co-operative banking networks in Europe. Models and performance*, *ob.cit.* Este libro estudia las características de diferentes modelos de redes de banca cooperativa en varios países europeos para evaluar su impacto en la rentabilidad y la resiliencia de las redes y sus componentes cooperativos. Los países europeos considerados son Austria, Finlandia, Francia, Alemania, Italia y los Países Bajos. En estos países, los bancos cooperativos constituyen una presencia significativa, aunque las formas organizativas que adoptan sus redes son bastante diferentes.

llamadas *credit unions*, que son entidades sin fines de lucro que brindan servicios únicamente a sus miembros.

En segundo término, tal como expone LAMARQUE (así como para muchos partidarios del modelo cooperativo) debemos partir de que la regulación supone una amenaza real a los principios históricos básicos sobre los que se constituye una cooperativa y que, a pesar de ello, damos por hecho que los reguladores no modificarán su política regulatoria por lo que acaban siendo necesarias propuestas que ponderen el cumplimiento de las imposiciones regulatorias con el mantenimiento de la identidad cooperativa, todo ello incrementando el nivel de responsabilidad de los órganos de gobierno[74]. Es por ello que algunas de las propuestas que sugerimos en este trabajo se desarrollan simplemente a efectos teóricos, partiendo de la realidad que el regulador no va a permitir su implementación.

En esta coyuntura, como apunta MIGLIORELLI, respecto al ámbito comunitario se han adoptado principalmente dos aproximaciones complementarias para incorporar las singularidades de las cooperativas a las normas de gobierno: (1) por un lado, mediante la aplicación del principio de proporcionalidad cuando sea apropiado y, (2) por otro, con la incorporación de detalladas provisiones teniendo en cuenta las características inherentes de estas entidades (en particular en relación con los derechos de sus socios y de las estructuras organizativas de los grupos cooperativos y sus redes)[75]. En nuestro país, está claro que la segunda de las opciones se cumple dado las sociedades cooperativas de crédito cuentan con una normativa propia que hemos expuesto en el presente trabajo de investigación, la cual regula un régimen jurídico y económico pro-

---

74 LAMARQUE, E. (2018): "The Governance of Cooperative Banks: Main Features and New Challenges", *ob.cit.*, pp. 139-155.

75 MIGLIORELLI, M. (2018): "Cooperative Banks Lending During and After the Great Crisis", *ob.cit.*, p. 90.

pio que les permite organizarse de forma distinta a los bancos sociedades anónimas. Sin embargo, hemos visto como la norma de referencia data de 1989 y que, si bien ha sido sujeto de múltiples modificaciones, puede resultar necesaria su revisión exhaustiva, entre otros extremos, al hilo de lo expuesto en este trabajo. Asimismo, no solo la LCC es la norma aplicable, como se ha visto, se trata de una estructura normativa compleja, con superposición de reguladores y legisladores de distintas procedencias y sectores, que van desde el ámbito internacional a la norma autonómica.

V.I. DISPENSA TOTAL DE LA NORMATIVA

Desde un punto de vista eminentemente hipotético y teórico, una primera opción sería la invocación del principio de proporcionalidad para defender una **dispensa total de la normativa comunitaria y estatal sobre gobierno corporativo financiero para las cooperativas de crédito**. En concreto, se trataría de aplicar similares soluciones respecto a otros ámbitos regulatorios en los que se ha exceptuado expresamente a las cooperativas de crédito[76] aunque la norma en ningún paso prevé

---

[76] Así consta en MIGLIORELLI, M. (2018): "Cooperative banks and banking regulation in EU: Key elements", *New cooperative banking in Europe. Strategies for adapting the business model post crisis*, pp. 93-106, p. 96. Fuera del ámbito del gobierno corporativo, existen áreas en los que se aplica la proporcionalidad en base a "modelos de negocio" llegado a exonerar a las cooperativas de su cumplimiento, como por ejemplo en cuanto a la identificación de las acciones a los efectos de capital regulatorio, teniendo en cuenta que una de las diferencias principales entre las cooperativas de crédito y los bancos comerciales son los títulos que otorgan la condición de socio (recordemos que mientras que los bancos sociedades anónimas tienen acciones, las aportaciones de los bancos cooperativos no tienen esta naturaleza, sino que son títulos nominativos de aportación) y que las aportaciones de las sociedades cooperativas de crédito tienen aparejados distintos derechos en comparación con las acciones de las sociedades de capital. En este sentido, Basilea

tal posibilidad por lo que el principio de proporcionalidad no puede extenderse indiscriminadamente hasta el punto de justificar la exención completa de la regulación[77] o de alguna de sus disposiciones (entendiendo la regulación como un todo) y se trataría desde nuestro punto de vista a una puerta abierta al arbitraje regulatorio.

Sin embargo, la cuestión que debe plantearse es por qué en las normas de gobierno corporativo financieras comprendidas en la Directiva CRD IV y en la LOSSEC no ha habido referencia expresa a la exención para estas entidades a diferencia del ICO (Instituto de Crédito Oficial) que ha sido expresamente exonerado. Contrariamente, se configuran para las cooperativas de crédito como un requisito ineludible para ejercer la actividad bancaria como se ha visto. La respuesta a esta cuestión la hemos venido desarrollando en este trabajo, cuando se ha incidido en los antecedentes y estructura del sistema financiero actual y de la Unión Bancaria, así en cómo se ha considerado el gobierno corporativo materia de obligado cumplimiento por cuanto se identificó como uno de los puntos débiles de la crisis iniciada en 2007.

A todo ello debe añadirse que, en algunos Estados miembros, los bancos públicos de desarrollo y entidades semejantes a nuestras cooperativas de crédito están expresamente exentos del marco regulatorio comunitario en virtud del artículo 2 de

---

III definió el criterio para identificar las acciones ordinarias a los efectos de capital regulatorio. Entre otras condiciones, las acciones ordinarias deben representar "un principal que sea perpetuo y nunca pagado fuera de la liquidación". Estos criterios, que se aplican en principio a todas las entidades de crédito, no pueden acomodarse a los bancos cooperativos. Por este motivo, Basilea III deja a las jurisdicciones la especificación de las condiciones bajo las cuales las aportaciones de capital pueden considerarse equivalentes a las acciones ordinarias por lo que a requerimientos de capital se refiere.

77 EBA BANKING STAKEHOLDER GROUP (2016): "Proportionality in Bank Regulation. A Report by the EBA Banking Stakeholder Group", *ob.cit.*, p.17

la Directiva CRD IV, el cual contiene una lista de **entidades** que han estado históricamente **exentas** de su alcance[78]. Es por ello que la no inclusión de las cooperativas de crédito españolas en ese listado podría llegar a suponer una vulneración del propio *Single Rulebook* europeo por el que todos los Estados miembros deberían poder sujetar a las cooperativas de crédito a salvaguardias reglamentarias nacionales de forma similar, acorde y proporcional. De hecho, es la idea que inicialmente siguió la Comisión cuando se comprometió a estudiar la posibilidad de que todos los Estados miembros autorizaran que este tipo de sociedades operaran al margen de la normativa europea sobre los requisitos de capital aplicables a los bancos. Como uno de sus objetivos, nació la Propuesta de Directiva del Parlamento Europeo y del Consejo por la que se modifica la Directiva 2013/36/UE en lo que respecta a los entes exentos, las sociedades financieras de cartera, las sociedades financieras mixtas de cartera, las remuneraciones, las medidas y las facultades de supervisión y las medidas de conservación del capital (en adelante, la Propuesta[79]), en la que se mantenía y ampliaba la lista de exclusiones del artículo 2 de la CRD y que tenía el objetivo de reemplazar el poder de implementación de la Comisión por un marco delegado de poder que le permita eximir a otras entidades cuando se cumplan unos criterios específicos, lo que comportaría, desde nuestro punto de vista, una mayor seguridad jurídica en cuanto a futuras exenciones.

Esta Propuesta se enmarcaba en el Plan de acción para la construcción de una unión de mercados de capitales de sep-

---

[78] Por ejemplo, en Estonia, las "*hoiu-laenuühistud*", como empresas cooperativas y en Irlanda las "*credit unions*", así como todas las entidades enumeradas en el artículo 5 de la Directiva CRD IV.

[79] COM (2016) 854 final. Texto disponible en: https://eur-lex.europa.eu/legal-content/ES/TXT/?uri=CELEX%3A52016PC0854 (fecha última consulta: 23/4/2022).

tiembre de 2015 que, entre otras, hacía la siguiente consideración "la aplicación de normativa bancaria intricada y compleja puede constituir, a veces, un *obstáculo desproporcionado para las cooperativas de crédito y otras cooperativas sin ánimo de lucro que prestan servicios a las pymes.* Ello puede ser así, especialmente, cuando son de pequeño tamaño y se especializan principalmente en recabar fondos de sus miembros y redistribuirlos entre ellos, de manera que los riesgos para el conjunto del sistema financiero son limitados" [80].

En particular, la citada Propuesta proponía la modificación del artículo 2 de la CRD, con el objetivo de facilitar que entidades similares a las incluidas en el listado de exentas tuvieran esta condición en el marco regulador comunitario. Se añadía así al artículo 2 de la CRD los apartados 5 *bis* y 5 *ter*, que autorizaban a la Comisión Europea a eximir a determinadas entidades o categorías de entidades de la CRD, siempre que cumplieran una serie de criterios claramente definidos[81]. El proyectado apartado 5 *ter* preveía que la normativa comunitaria no sería de aplicación para unas categorías de entidades siempre que se cumplieran dos requisitos cumulativos: (1) que la Comisión estableciera que las entidades que componen tal categoría se consideran cooperativas de crédito con arreglo a la legislación nacional de un Estado miembro y que (2) se reunieran una serie de condiciones. Entre las condiciones que se enumeraban constaban las siguientes: "(a) que sean entidades financieras de naturaleza cooperativa; (b) que estén integra-

---

80 En este Plan de Acción, la Comisión se comprometió a explorar la posibilidad de que todos los Estados miembros autoricen a las cooperativas de crédito a operar fuera del marco de requisitos de capital de la UE para los bancos al objeto, entre otros, de reforzar la capacidad y préstamo, puesto que tienen sólidos vínculos y conocimientos del ámbito local. La cursiva es nuestra.

81 Estas nuevas exenciones solo pueden aplicarse caso por caso si se trata de bancos como los bancos públicos de desarrollo o para todo el sector de las cooperativas de crédito de un Estado miembro.

das exclusivamente por una serie de socios que comparten determinadas características o intereses personales predefinidos; (c) que solo puedan prestar servicios financieros y de crédito a sus miembros; (d) que solo puedan aceptar depósitos o fondos reembolsables procedentes de sus socios, y tales depósitos pueden considerarse depósitos con cobertura a tenor del artículo 2, apartado 1, punto 5, de la Directiva 2014/49/UE; (...); (h) que sus actividades se limiten al Estado miembro en el que esté situada su administración central".

Llegados a este punto, nos planteamos si las cooperativas de crédito españolas cumplirían o no los requisitos definidos en el citado apartado 5 *ter* y, en consecuencia, podrían quedar exentas de la aplicación de la CRD aunque teniendo en cuenta que el análisis del cumplimento o no de los requisitos exigidos, se trata de un examen teórico puesto que la Directiva CRD V no ha incluido tales modificaciones en el texto de la Directiva CRD IV por lo que no se prevé en el vigente articulado los citados apartados 5 *bis* y 5 *ter*.

Sin embargo, aunque el análisis simplemente sea desde el punto de vista académico, está claro que se cumpliría el primer requisito relativo a su consideración como cooperativa de crédito con arreglo a la legislación nacional de un Estado miembro en tanto que dispone de una normativa propia en la LCC y RCC. Por lo que respecta al segundo requisito, a continuación, revisaremos algunos de los criterios que proyectaba la propuesta. En primer lugar, no caben dudas en cuanto a la condición (a) puesto que las cooperativas de crédito son entidades financieras de naturaleza cooperativa, autorizadas para llevar a cabo la actividad de intermediación financiera propia de las entidades de crédito. En cuanto a la condición (b) relativa a que estén formadas exclusivamente por socios que compartan determinadas características o intereses personales predefinidos, debemos recordar que la legislación española estipula el principio de puertas abiertas y no limita la entrada como socio cooperativo a unas personas en concreto, si bien se prevé que los estatutos sociales de cada entidad pueden exigir unos requisitos para ser socio, los cuales deben ajustarse a la legislación y a los principios cooperativos, ser objetivos y estar justificados. A continuación, especial relevancia merece el apartado (c) y (d) que fija limitaciones a que solo puedan prestar servicios y aceptar depósitos con sus miembros. Hoy en día las cooperativas de crédito españolas no están limitadas a la mutualidad entendida como la prohibición de realizar operaciones con terceros. De hecho, si bien la legislación obliga a la atención preferente a las necesidades de los socios y limita el conjunto de operaciones con terceros a un porcentaje en concreto, el criterio previsto no se cumpliría en las cooperativas de crédito españolas puesto que quedarían exentas de la Directiva CRD IVA las que "solo" prestaran servicios financieros y de crédito a sus miembros, no siendo posible las actividades con terceros. Por último, la condición del apartado (h) referente a la limitación de sus actividades al Estado Miembro en el que esté situada su administración central no sería generalizada para todas las cooperativas de crédito españolas puesto que la legislación interna no prevé tal restricción.

En definitiva, aun en el supuesto de que la redacción inicial de la Propuesta hubiera calado y hubiera sido seguida por el legislador en la aprobación de la vigente Directiva CRD V, las cooperativas de crédito españolas no cumplirían los criterios establecidos inicialmente y, por consiguiente, de haberse aprobado la misma, la exención prevista (o *waiver*) no alcanzaría a este tipo de entidades.

V.II. CREACIÓN NORMATIVA EX NOVO

Se podría asimismo plantear la creación *ex novo* de una normativa propia y completa para las cooperativas de crédito que contemplara detalladamente las materias de gobierno corporativo financiero, con normas especiales que se adecuen a sus particularidades asegurando al mismo tiempo la protección de los riesgos para la estabilidad financiera. La ventaja principal de esta opción sería que las normas se podrían adaptar perfectamente a las necesidades reales y a la naturaleza de las cooperativas de crédito, protegiendo al mismo tiempo los riesgos reales a los que incurriera por su actividad.

Se ha visto como el elenco normativo aplicable actualmente a las cooperativas de crédito es complejo por lo que esta opción que aquí apuntamos podría simplificarlo. Esta "nueva" normativa podría incluso tomar como referencia la LCC de 1989, para adaptarla en su conjunto a la realidad del sector que por supuesto ha cambiado considerablemente desde su aprobación a la actualidad. Realizando una apresurada aproximación, uno de los puntos para tener en cuenta en esta opción sería el ámbito competencial. En el análisis teórico, nos surgen dudas de si este aspecto debería recaer en el legislador estatal, tratándose de un aspecto vinculado a la actividad bancaria o bien considerarse esencialmente materia societaria y cooperativa y, por tanto, competencia autonómica (por el momento, sin perjuicio de los debates sobre la mercantilidad y la competencia estatal, y las consecuencias para el mercado único a nivel estatal). En el primer supuesto, además, cabría plantearse hasta qué punto podría considerarse materia básica o no básica estatal o bien la Comunidad Autónoma podría fijar estas normas, atendiendo a que el vigente artículo Noveno LCC relativo a órganos societarios es materia no básica según la LCC.

Sea como fuere, el principal peligro de llevar a cabo esta opción es la afectación al *Single Rulebook* dentro del mercado único, competitivamente neutral entre los distintos países y jurisdicciones y que incorpora una nueva dimensión en la regulación bancaria[82]. Como ya hemos apuntado, una de las tareas centrales que se encomiendan a la Autoridad Bancaria Europea es contribuir al *Single Rulebook* y conseguir un conjunto de reglas directamente aplicables en todos los Estados miembros de la UE con el objetivo de proporcionar igualdad de condiciones para todas las instituciones de crédito, así como un nivel de protección igualmente elevado para depositantes, inversores y consumidores. Según lo que se proclama desde la Autoridad Bancaria Europea, la idea principal que subyace en el enfoque regulatorio del Single Rulebook es "la misma regla para el mismo riesgo" o, mejor dicho, "requisitos más estrictos en presencia de mayores riesgos para la estabilidad", por lo que teniendo en cuenta la heterogeneidad de entidades, supondría un incremento de la multiplicidad y complejidad normativa y el quebrantamiento del *Single Rulebook*.

Sobre este aspecto, cabe destacar que el pilar de la **diferenciación** ha penetrado mejor en la regulación de los Estados Unidos más que en Europa y, particularmente, en los requisitos de capital[83]. El sistema legislativo de Estados Unidos[84] po-

---

82 EBA BANKING STAKEHOLDER GROUP (2016): "Proportionality in Bank Regulation. A Report by the EBA Banking Stakeholder Group", *ob.cit.*, p. 13. La búsqueda de un alto grado de armonización, incluso mayor del necesario para la creación este mercado único, puede ser también considerado un potenciador de la desproporcionalidad.

83 EBA BANKING STAKEHOLDER GROUP (2016): "Proportionality in Bank Regulation. A Report by the EBA Banking Stakeholder Group", *ob.cit.*, p. 28. Por ejemplo, Basilea II se implementó en los Estados Unidos solo por los 19 bancos más grandes y en Basilea III, los requisitos se modulan de conformidad con el tamaño del banco. En particular, Basilea III no se aplicará a bancos pequeños (con menos de USD 500 millones en activos totales) y será menos estricto para los *community banks*. También se prevé que la regulación sobre la liquidez y los estándares de gobernanza será menos estricta en los EE. UU. Para bancos pequeños y menos complejos.

84 Es decir, de acuerdo con este marco, se aplica un conjunto estricto de pautas regulatorias a los grandes bancos sistémicos que tienen un mayor riesgo en

see una regulación bancaria en dos niveles o *Two-tier banking*, por lo que el sistema regulatorio categoriza a las entidades de crédito en dos subtipos: por un lado, las entidades de menor tamaño que ofertan servicios tradicionales y que asumen menos riesgos y, por otro lado, los bancos de inversión más grandes y de mayor riesgo, que exigen contar con una regulación y supervisión más estricta. Esta estructura no sería directamente trasladable a la UE principalmente por dos motivos. En primer lugar, dado que el mercado crediticio europeo está más diversificado y, en segundo lugar, puesto que el objetivo de la UE de crear un mercado único añade una mayor complejidad en muchos aspectos de regulación bancaria[85].

Relacionado con ello, en el ámbito europeo, el Bundesbank en Alemania ha trabajado extensamente en una propuesta para la aplicación efectiva del Principio de Proporcionalidad cuyo objetivo principal sería aliviar la carga regulatoria en las entidades de menor riesgo creando una clasificación a tres niveles distintos[86]. Además, esta reflexión va en línea con las principa-

---

su impacte para la estabilidad financiera y se aplica un conjunto de reglas menos rigurosas a los *community banks* menores, cuyo riesgo sistémico es mucho menor que el de las grandes instituciones financieras complejas. Al respecto, véase a BALASUBRAMANYAN L., HAUBRICH J., JENKINS S., WALLMAN N. (2013): "Focusing on the Future: Regional Banks and the Financial Marketplace", *Federal Reserve Bank of Cleveland*, pp. 4-9.

85 EBA BANKING STAKEHOLDER GROUP (2016): "Proportionality in Bank Regulation. A Report by the EBA Banking Stakeholder Group", *ob.cit.*, p.17.

86 Se ha planteado también el llamado "*Three-tier approach*" con una clasificación en tres grupos distintos: las instituciones sistémicamente importantes y potencialmente sistémicamente con mayor riesgo; en las que se seguirán aplicando todos los requisitos de Basilea III; un segundo grupo incluiría entidades que no son grandes y sistémicamente importantes, pero que tampoco son pequeñas y de bajo riesgo, por lo que no es posible simplificarlas de forma extensiva; finalmente, el tercer grupo está compuesto por instituciones pequeñas y no complejas, entidades que son las más afectados en cuanto a costes de la regulación, sin que se considere individualmente su importancia sistémica.

les políticas de la UE, como el Acta del Mercado Único[87] "para poder desarrollarse y responder a sus objetivos, el sector de la Economía Social en el mercado interior deberá poder adoptar unas formas de organización dotadas de un estatuto jurídico especial".

V.III. CONSEJO RECTOR DUAL

Lo que tenemos claro es que una adecuada aplicación del principio de proporcionalidad para el sujeto de nuestro estudio debe asegurar el mantenimiento de un único *Single Rulebook* y a su vez la conservación de la identidad cooperativa (incidiendo en el mantenimiento del principio democrático y la necesaria profesionalización del consejo rector). Recordemos que esto resulta primordial para garantizar la diversidad del sector bancario y asegurar seguir sirviendo a la economía local.

En este contexto deseado, se ha sugerido como forma de mejorar la gobernanza en las cooperativas de crédito, la estructuración de una suerte de consejo rector dual, con dos órganos societarios en el nivel más alto jerárquico. Se ha propuesto por la *International Cooperative Banking Association* (ICBA)[88] y

---

Este grupo, el más grande en términos numéricos, verá su carga de costos radicalmente reducidos por medio de una regulación separada denominado "pequeño compartimiento bancario". DOMBRET, A. (2017): "On the road to a greater regulatory proportionality? *Speech delivered at the strategy conference of the Rhinealnd Savings Banks and Giro Association.* Disponible en: https://www.bundesbank.de/en/press/speeches/on-the-road-to-greater-regulatory-proportionality—711552#tar-6 (fecha última consulta: 10/5/2022).

87 COM (2011) 206 final. Disponible en: https://eur-lex.europa.eu/legal-content/ES/TXT/PDF/?uri=CELEX:52011DC0206&from=es

88 Entre otros, vid. INTERNATIONAL COOPERATIVE BANKING ASSOCIATION (ICBA) (2020): *Regulation and sustainability of cooperative banks: a cross country study*, Bruselas, p.35. El informe realiza una comparación de las regulaciones y la sostenibilidad de los bancos cooperativos entre distintos países

por autores como LAMARQUE[89], destacando que este sistema dualista puede ser la solución para garantizar al mismo tiempo el respeto de la identidad cooperativa, así como las exigencias de profesionalización (particularmente, por lo que se refiere a conocimientos y experiencia) de los órganos de gobierno de las entidades de crédito.

Se propondría así la creación de una estructura de doble gobierno con un consejo rector supervisor y con un consejo rector ejecutivo. Por un lado, el "consejo rector supervisor" tendría la función principal de supervisión y estaría formado por miembros expertos siguiendo todos los requisitos de perfiles, conocimientos, experiencia y número de miembros independientes, etc. Ello implicaría que no habría conflicto con las reglas y principios de su condición de cooperativa. Los límites de su responsabilidad deberían estar claramente definidos y, asimismo, sería necesario determinar los asuntos sobre los que tendría poder decisorio definitivo y aquellos en los que tendría un simple poder de propuesta. Por otro lado, un "consejo rector ejecutivo o cooperativo", formado por administradores con la condición de socios, que garantizaría el respeto de los valores y principios cooperativos antes de la toma de decisiones definitivas. Permitiría tener en cuenta las inquietudes de los clientes-miembros, como ya lo hacen los consejos rectores en la actualidad. En cualquier caso, las competencias, funciones y responsabilidades deberán estar claramente asignadas y distribuidas entre los dos consejos, si bien no existe consenso sobre

---

y propone esta suerte de consejo rector dual como mecanismo para mejorar su gobernanza. Asimismo, proporciona una descripción general completa de las características, fortalezas y debilidades de sus miembros, organizaciones sociales y de las regulaciones y mecanismos de supervisión aplicables. Texto íntegro disponible en: https://www.icba.coop/master/document/images/image1869.pdf (fecha última consulta: 20/4/2022).

89 En su artículo de referencia vid. LAMARQUE, E. (2018): "The Governance of Cooperative Banks: Main features and new challenges" *ob.cit.*

la asignación de responsabilidades a cada uno[90] por lo que sería necesario definir su papel y el alcance de sus poderes en los procesos de toma de decisiones, según el asunto en cuestión.

Esta propuesta debe relacionarse con la posibilidad de implementar un sistema de administración dual o dualista. La aproximación hacia un sistema dualista podría configurase como opción para el órgano de administración de la cooperativa de crédito para el cumplimiento de todas las exigencias derivadas de la norma financiera sin menoscabar la identidad cooperativa. Entendemos que esta solución garantizaría el cumplimiento de las demandas técnicas del regulador sin comprometer el *Single Rulebook* y, al mismo tiempo, el mantenimiento de la identidad cooperativa puesto liberaría a algunos miembros del consejo rector de la necesidad de demostrar algunos de los requisitos de idoneidad y permitiendo a su vez que algunos de los ejecutivos de la entidad formaran parte del consejo rector ejecutivo, puesto que poseerían la experiencia exigida. De este modo, los gestores y los miembros del consejo rector ejecutivo mantendrían el control sobre el conjunto de la entidad focalizándose en la gestión cualitativa de la entidad en lugar de en el cumplimiento de formalismos, que quedarían bajo la responsabilidad del consejo rector supervisor. A esta propuesta se podría sumar también la creación de comités conformados por los mismos miembros y, en ciertos casos, permitir que competencias asignadas a los actuales comités fueran asumidas directamente por el consejo rector ejecutivo o supervisor, en función de la tarea.

---

90 LAMARQUE, E. (2018): "The Governance of Cooperative Banks: Main Features and New Challenges", *ob.cit.* pp. 152-153. El autor detalla esta propuesta señalando que se aseguraría contar con las demandas técnicas preceptivas, así como asegurando el respeto a la naturaleza cooperativa.

De hecho, tal como señala TATO PLAZA[91], cada vez más

---

[91] TATO PLAZA, A. (2019): "Capítulo VI. Órganos sociales" *ob.cit.*, p. 556. Dentro de los dos sistemas existentes en el Derecho comparado a la hora de configurar la estructura del órgano de administración (sistema monista y sistema dualista), el Derecho Cooperativo español se ha decantado tradicionalmente por el primero. De suerte que es habitual que nuestra legislación cooperativa confiera la gestión y administración de la sociedad a un único órgano: el consejo rector. No obstante, el desarrollo de nuestra legislación cooperativa y, en particular, la del ámbito autonómico, ha provocado un progresivo acercamiento al sistema dualista (muy lejos sin embargo de la incorporación plena). De hecho, existen algunas leyes autonómicas que, si bien confieren la gestión de la sociedad cooperativa al consejo rector, crean también, al lado de éste, un segundo órgano: la Comisión de Vigilancia o Comisión de Control de la Gestión (vid. Por ejemplo artículo 53 LCPV y artículo 54 LCCV, aunque con regímenes distintos). El artículo 53 LCPV: "Los estatutos fijarán el número de miembros titulares de la *comisión de vigilancia*, que no podrá ser inferior a tres, así como, en su caso, el de suplentes y el periodo de duración del mandato, que no coincidirá con el de las personas administradoras. No será obligatoria dicha comisión cuando el número de personas socias resulte inferior a cien. 2. *Solo las personas socias podrán ser miembros de la comisión de vigilancia*, salvo que los estatutos prevean la designación de *personas no socias que reúnan los requisitos de honorabilidad, cualificación profesional y experiencia técnica o empresarial adecuados* en relación con las funciones de aquel órgano, y siempre que el número de dichos miembros personas no socias no exceda de la mitad del total de los de la comisión, calculada por defecto. Si la cooperativa tiene más de cincuenta personas trabajadoras con contrato laboral, un o una representante de estas podrá formar parte de la comisión de vigilancia si los estatutos lo prevén. 3. Las personas miembros de la comisión serán elegidas y revocadas, siempre mediante votación secreta, por el mayor número de votos válidamente emitidos en la *asamblea general*; son reelegibles, salvo limitación estatutaria, y quedan sometidas a las normas de la presente ley sobre responsabilidad, remuneración, incapacidad, prohibiciones e inscripciones registrales establecidas para las personas administradoras". Por su parte, el artículo 54 LCCV: "1. Los estatutos sociales *podrán prever* la designación de una *comisión de control de la gestión*, compuesta por un número entre tres y siete personas socias, elegidas por la asamblea general para un período de tres a seis años, *los cuales no podrán formar parte simultáneamente del consejo rector ni ostentar la condición de director o directora de la cooperativa.* 2.

hay un progresivo acercamiento al sistema dualista en nuestro país.

V.IV. EXONERACIÓN DE CIERTOS REQUISITOS

Otra opción podría ser la exoneración o dispensa de los requisitos de idoneidad para las cooperativas de crédito asociadas a un grupo cooperativo y/o SIP, siendo la entidad cabecera la obligada a su respectivo cumplimiento. Ello liberaría a las cooperativas asociadas de los costes de asumir las funciones de control, pudiendo asumirse tales costes en forma de economías de escala por la entidad cabecera o por todo el grupo en su conjunto. Así, se permitiría la externalización y delegación de funciones de control, los costes asociados a este sistema son desproporcionados para las cooperativas de crédito por lo que no se cumpliría.

Para finalizar, reiteramos que se trata de propuestas iniciales para dar respuesta a los problemas identificados en el presente trabajo si bien ponemos de manifiesto nuestra intención de analizar más pormenorizadamente estas cuestiones en próximos estudios.

Será competencia de esta comisión, examinar la marcha de la cooperativa, las directrices generales y las decisiones concretas adoptadas por el consejo rector, el consejero o consejera delegada o comisión ejecutiva y la dirección; advertir a estos sobre su conformidad o no con la política fijada por la asamblea general y los criterios de una buena gestión empresarial, e informar por escrito, en el momento que consideren oportuno a la asamblea general y, en todo caso, a la asamblea general ordinaria. A tal fin, dicha comisión podrá recabar y examinar, en todo momento, la documentación y contabilidad de la cooperativa. 3. En lo no previsto en este artículo y en los estatutos sociales, se observarán, en cuanto sean aplicables, las normas establecidas para el consejo rector". La cursiva es nuestra.

Referencias Bibliográficas

ADAMS, R. (2009): "Governance and the Financial Crisis", *ECGI, Finance Working Paper* núm. 2487/2009, pp.1-24.

ALDA GARCÍA, M., ASSO SANZ, J.L., MARCO SANJUÁN, I. (2017): "Las cooperativas de crédito en España tras la reestructuración del sector financiero". *Aposta. Revista de Ciencias Sociales*, núm.75, pp. 98-129.

ALFARO ÁGUILA-REAL, J. (2013): "Retribución de administradores e incremento del riesgo" Entrada en Blog Almacén de Derecho, Disponible en: https://derechomercantilespana.blogspot.com/2013/11/retribucion-de-administradores-e.html

ALFARO ÁGUILA-REAL, J. (2019): "Clasificación de los tipos societarios", *Blog El almacén del derecho*. Disponible en: https://almacendederecho.org/clasificacion-de-los-tipos-societarios.

ALFONSO, R. (1999): "La reforma de la legislación estatal sobre sociedades cooperativas y su incidencia en las comunidades autónomas sin ley reguladora", *La Ley*, núm.4750, pp.1-6.

ALONSO LEDESMA, C. (1999): "El papel de la Junta general en el gobierno corporativo de las Sociedades de Capital", *El gobierno de las sociedades cotizadas* (coord. ESTEBAN VELASCO, G.), pp. 615-706.

ALONSO LEDESMA, C. (2016): "La reforma del Gobierno Corporativo de las entidades de crédito", *Hacia un sistema financiero de nuevo cuño. Reformas andantes y pendientes*, Ed. Tirant lo Blanch, pp. 59-126.

ALONSO LEDESMA, C. (2017): "Precisiones de la EBA en relación con determinados aspectos del gobierno corporativo de las entidades de crédito" *Revista de Estabilidad financiera*, núm. 33, pp. 11-33.

ALONSO UREBA, A. (2006): "Diferenciación de funciones (supervisión y dirección) y tipología de consejeros (ejecutivos y no ejecutivos) en la perspectiva de los artículos 133.3 y 141.1 del TRLSA", *Derecho de Sociedades anónimas cotizadas*, II, Cizur Menor, Aranzadi.

ÁLVAREZ-VIJANDE, J. (2012): "El consejo rector de las cooperativas de crédito: principios de actuación y responsabilidades" *40 UNACC: El Sistema financiero y el gobierno corporativo*, Madrid, pp. 61-66.

ARAGONÉS REYES, M. (1995): *Libertades económicas y Estado social*, ed. McGraw-Hill, Madrid.

ASSOCIATION OF CHARTERED CERTIFIED ACCOUNTANTS (ACCA) (2008): "Corporate Governance and the Credit Crunch" *discussion paper*, noviembre.

BALASUBRAMANYAN L., HAUBRICH J., JENKINS S., WALLMAN N. (2013): "Focusing on the Future: Regional Banks and the Financial Marketplace", *Federal Reserve Bank of Cleveland*, pp. 4-9.

BANCO DE ESPAÑA (2020): "Memoria de la supervisión bancaria 2020. Supervisión microprudencial" Disponible en: https://www.bde.es/f/webbde/Secciones/Publicaciones/PublicacionesAnuales/MemoriaSupervisionBancaria/20/MemoriaSupervision2020_Cap2.pdf

BARBERÁ HEREDIA, E. (2004): "Diversidad de género, igualdad de oportunidades y entornos laborales (La diversidad de género como estrategia favorecedora de la igualdad de oportunidades en los entornos laborales)", *Ciriec-España*, núm. 50, pp. 37-53.

BARBERÁ HEREDIA, E., RAMOS, A, SARRIÓ, M., CANDELA, C. (2002): "Más allá del «techo de cristal» Diversidad de género", *Revista del Ministerio de Trabajo e Inmigración*, núm. 40, pp. 55-68.

BARRERO RODRÍGUEZ, E., VIGUERA REVUELTA, R. (2015): "El principio de gestión democrática en las sociedades cooperativas. Alcance y recepción legal", *CIRIEC-España Revista Jurídica de Economía Social y Cooperativa*, núm. 27, pp. 175-203.

BATALLER GRAU, J. (2018): "Un concepto de Responsabilidad Social de la Empresa desde el Derecho Mercantil" *Revista de Derecho Mercantil*, núm. 310, Editorial Civitas, Pamplona.

BECHT, M., BOLTON, P. y RÖELL, A. (2012): "Why bank governance is different" *Oxford Review of Economic Policy* , vol. 27, núm.3, pp. 437-463.

BELMONTE UREÑA, J. (2007): "El sector de las cooperativas de crédito en España: un estudio por comunidades autónomas", *Consejo Económico y Social de Andalucía*, pp. 2-384.

BELTRATTI, A., STULZ, R.M. (2009): "Why did some Banks Perform Better during the Credit Crisis? A Cross-Country Study of the Impact of Governance and Regulation", *ECGI Finance Working Paper* núm. 254/2009.

BERLE, A., MEANS, G. (1991): *The modern corporation and private property*, Ed. Routledge.

BOLDÓ RODA, C. (2013): "Incidencia de la Ley de Igualdad en las empresas de economía social", (dirs./coords. FUENSANTA GOMEZ,

M., MAGNOLIA PARDO, M.) *Economía Social y Derecho. Problemas jurídicos actuales de las empresas de la Economía Social*, ed. Comares, pp.3-18.

BORJABAD GONZALO, P. (2005): *Derecho Cooperativo Catalán*, EURL, Lleida.

BOTANA AGRA, M. (2020): "Acomodación de la cooperativa de crédito al marco de gobierno corporativo de las entidades de crédito", *Cooperativismo e Economía Social*, núm. 42, pp. 97-116.

BRUNER, C.M. (2011): "Corporate Governance Reform in a Time of Crisis", núm. 36, *Journal of Corporation Law*, pp. 309-339,

BUENDÍA MARTÍNEZ, I. (2000): "La participación democrática: ¿un valor en extinción en las sociedades cooperativas?" *CIRIEC-España*, núm. 34, pp. 7-21.

BURILLO, F. (2013): "Transformación de las cajas de ahorro en el marco de la reforma del sistema financiero" (dirs./coords. FUENSANTA GOMEZ, M., MAGNOLIA PARDO, M.) *Economía Social y Derecho. Problemas jurídicos actuales de las empresas de la Economía Social*, ed. Comares, pp.225-245

CALVO BERNARDINO, A., PALOMO ZURDO, R.J. y GUITIÉRREZ FERNÁNDEZ, M. (2013): "El panorama actual del sistema financiero español", *Los mercados financieros*, ed. Tirant lo Blanch, Valencia, pp. 29-75.

CASELLI, G. (2018): "The cooperative Banks today in the EU perspective" *New Cooperative Banking in Europe. Strategies for adapting the business model post crisis*, (eds. MIGLIORELLI, M.) pp.187-213.

CASTELLÓ, E., TRIAS, C. (2015): "Las cooperativas de crédito y cajas de ahorros en el espacio económico europeo: una visión estrategia de futuro", *Boletín de Estudios Económicos*, núm. 216, pp. 555-569.

CESE (Comité Económico y Social Europeo) (2015): "Dictamen del Comité Económico y Social Europeo sobre el papel de las cooperativas de crédito y cajas de ahorros en la cohesión territorial–Propuestas para un marco adaptado de regulación financiera (Dictamen de iniciativa)". (2015/C 251/02), Bruselas, 18 de febrero de 2015. Disponible en: https://op.europa.eu/es/publication-detail/-/publication/9be5b8d1-3746-11e5-98a0-01aa75ed71a1

COCRIS, V., UNGUREANU, M.C. (2007): "Why are Banks Special? An Approach from the Corporate Governance Perspective", pp. 55-66,

COELHO, R., MAZZILLO, J.A., SYORONOS, J., YU, T. (2019): *FSI Insights on policy implementation, No 15 Regulation and supervision of financial cooperatives*, Bank for international settlements, january, p.7. Disponible en: https://www.bis.org/fsi/publ/insights15.pdf

COMITÉ DE SUPERVISIÓN BANCARIA DE BASILEA (2004): *Aplicación de Basilea II: aspectos prácticos,* Texto disponible en https://www.bis.org/publ/bcbs109esp.pdf

COMITÉ DE SUPERVISIÓN BANCARIA DE BASILEA (2013): *Carta estatutaria,* disponible en https://www.bis.org/bcbs/charter_es.pdf

CONTHE, M. (2012): "Gobierno corporativo: tendencias recientes" *40 UNACC: El Sistema financiero y el gobierno corporativo,* Madrid, pp. 29-33.

CO-OPERATIVES UK (2016): *The governance of large co-operative businesses. A research study by Professor Johnston Birchall,* disponible en: https://www.ica.coop/sites/default/files/2021-11/governance-report_2017_Coops%20UK_final_web.pdf

COQUE MARTÍNEZ, J. (2003): "De la eficiencia cooperativa. El gobierno participativo bajo una perspectiva sistémica" *Acciones e investigaciones sociales,* núm. 18, pp. 67-87.

COQUE MARTÍNEZ, J. (2008): "Puntos fuertes y débiles de las cooperativas desde un concepto amplio de gobierno empresarial", *REVESCO,* núm. 95, pp. 65-93.

CORDONES RAMÍREZ, M. (2019): "Órganos sociales" *Tratado de Derecho de Sociedades Cooperativas,* (dir. PEINADO GRACIA, J.I.), (coord. VÁZQUEZ RUANO, T.), Tomo I, 2ª edición, pp. 387-651.

CORTÉS GARCÍA, F. (2007): "Buen gobierno y las cooperativas de crédito", *La sociedad cooperativa,* núm. 43, pp. 14-18.

CRUZ RIVERO, D. (2019): "Órganos sociales", *Tratado de Derecho de Sociedades Cooperativas* (dir. PEINADO GRACIA, J.I.), (coord. VÁZQUEZ RUANO, T.), Tomo I, 2ª edición, pp. 387-651.

CRUZ, E. (2015): "Guía de aplicación del Principio de Proporcionalidad" *Convención de Aseguradores de México.*

CUEVAS C.E., BUCHENAU J. (2018): "Financial cooperatives: Issues in regulation, supervision and institutional strengthening" *World Bank,* Washington, DC.

CUEVAS C.E., FISCHER K.P. (2006): "Cooperative financial institutions: Issues in governance, regulation, and supervision", *World Bank,* Working Paper núm. 82.

CHAVES, R. (2004): "Gobierno y democracia en la Economía Social", *Mediterráneo económico,* núm.6, pp. 35-52.

CHAVES, R., SAJARDO, A. (2004): "Economía política de los directivos de las empresas de Economía Social" *CIRIEC-España, Revista de Economía Pública, Social y Cooperativa,* núm. 48, abril, pp. 31-52.

CHAVES, R., SOLER, F. (2004): "El Gobierno de las Cooperativas de crédito en España", *CIRIEC-España, Centro Internacional de Investigación e Información sobre la Economía Pública, Social y Cooperativa,* Valencia.

CHEFFINS, B. (2014): "The Corporate Governance Movement, Banks and the Financial Crisis", *ECGI – Law Working Paper,* núm. 232/2014.

DAVIS, P. (2001): "The governance of co-operatives under competitive conditions: issues, processes and culture" *Corporate Governance,* núm. 1(4), pp. 28-39.

DE CASTRO APARICIO, M. (2012): "Buen gobierno y ética en los negocios, ¿nueva tendencia o recuperación de principios?" *40 UNACC: El Sistema financiero y el gobierno corporativo,* Madrid, pp. 75-80.

DE MIRANDA, J.E., CORREA LIMA, A. (2020): "La influencia del principio de la educación, formación e información en la identidad cooperativa: de las consecuencias prácticas de la aplicación meramente formal hacia la preservación de la esencia del cooperativismo en el escenario pos-pandemia" *Boletín de la Asociación Internacional de Derecho Cooperativo,* núm. 57/2020, Bilbao, pp. 95-111.

DEPRÉS, M., VILLEGAS, R., AYORA, J. (2020): *Manual de regulación bancaria en España,* Funcas, Madrid.

DERMINE, J. (2015): *Basel III leverage ratio requirement and the probability of bank runs, Journal of Banking and Finance,* núm. 53, pp. 266-277.

DÍAZ DE LA ROSA, A. (2010): "Reflexiones a propósito del artículo 129.2 de la Constitución Española" *Anuario da Facultade de Dereito da Universidade da Coruña,* núm.14, pp. 311-324.

DIMAGGIO, P.J., POWELL, W. (1983): "The iron cage revisited institutional isomorphism and collective rationality in organizational fields", *American Sociological Review,* núm. 48, pp. 147-160.

DIVAR, J. (1985): *La alternativa Cooperativa,* CEAC, Barcelona.

DOMBRET, A. (2017): "On the road to a greater regulatory proportionality? *Speech delivered at the strategy conference of the Rhinealnd Savings Banks and Giro Association.* Disponible en: https://www.bundesbank.de/en/press/speeches/on-the-road-to-greater-regulatory-proportionality—711552#tar-6

EACB (2016): *Corporate governance in co-operative banks. Key features.* Disponible en: https://www.eacb.coop/en/studies/eacb-studies/corporate-governance-in-co-operative-banks-key-features.html

EBA BANKING STAKEHOLDER GROUP (2016): "Proportionality in Bank Regulation. A Report by the EBA Banking Stakeholder

Group". Texto disponible en: https://www.eba.europa.eu/sites/default/documents/files/documents/10180/807776/de9b6372-c2c6-4be4-ac1f-49f4e80f9a66/European%20Banking%20Authority%20Banking%20Stakeholder%20Group-%20Position%20paper%20on%20proportionality.pdf?retry=1

ENRIA, A. (2015): "Opening remarks by Andrea Enria, Chairperson of the EBA". *EBA proportionality workshop*, London.

ESPIN GUTIERREZ, C. (2018): "La idoneidad de los altos cargos de las entidades de crédito" *Cuestiones controvertidas de la regulación bancaria. Gobierno, supervisión, resolución de entidades de crédito,* (dirs. GONZÁLEZ VÁZQUEZ, J.C. y COLINO MEDIAVILLA, J.L.), La Ley, pp. 207-242.

ESTEBAN VELASCO, G. (2006): "La separación entre dirección y control: el sistema monista español frente a la opción entre distintos sistemas que ofrece el Derecho comparado", *Derecho de Sociedades anónimas cotizadas,* II, Cizur Menor, Aranzadi, pp. 727-768.

ESTEBAN, M. L, GARGALLO, A. Y PÉREZ, F. J. (2010): "Composición del consejo rector y género en las cooperativas turolenses", *REVESCO. Revista de Estudios Cooperativos, Primer Cuatrimestre,* núm. 101, pp. 7-27.

ESTEVE GONZÁLEZ, L. (2008): "Las cooperativas en la sociedad de la información" *Internacionalización de las cooperativas. Aspectos jurídicos, económicos, geográficos y sociológicos* (coord. MORÁN GARCÍA, M.E.), Valencia, pp. 31-50.

EUROPEAN BANKING AUTHORITY (2015): "Opinion of the European Banking Authority on the application of the principle of proportionality to the remuneration provisions in Directive 2013/36/EU", (EBA/Op/2015/25).

EUROPEAN COMPANY LAW EXPERTS (2011): "Response to the European Commission's Green Paper The EU Corporate Governance Framework", Disponible en http://ssrn.com/abstract=1912548

FAJARDO GARCÍA, G. (2011): "How viable are Spanish credit cooperatives after recent bank capitalization and restructuring regulations?", *CIRIEC-España, Revista de Economía Pública, Social y Cooperativa,* núm. 73, Special Issue, pp. 151-170.

FAJARDO GARCÍA, G. (2020): "Las asambleas telemáticas de las cooperativas en España", *XVIII Congreso Internacional de Investigadores en Economía Social y Cooperativa.* Disponible en: http://ciriec.es/wp-content/uploads/2020/09/COMUN-032-T16-FAJARDO-ok.pdf

FAMA, E., JENSEN, M. (1983): "Agency problems and residual claims", *Journal of Law and Economics*, vol. XXVI.

FARINHA, G. (2003): "Corporate Governance: a survey of the literature". *Universidade do Porto Economia Discussion Paper no. 2003-06.* University of Porto, p. 5 Disponible en: https://www.researchgate.net/publication/228260774_Corporate_Governance_A_Survey_of_the_Literature

FERRARINI, G. (2015): "CRD IV and the Mandatory Structure of Bankers'Pay", *ECGI Law working paper*, núm. 289/2015.

FERRI, G. (2012): "Credit Cooperatives: Challenges and Opportunities in the New Global Scenario", *Euricse working paper*, núm. 31/12.

FERRI, G., PESCE, G. (2012): "Regulation and the viability of co-operative Banks" *The Amazing Power of Co-operatives*, Cumbre Internacional de Cooperativas, Quebec, pp. 325-340, Por último, como apunta ZERVOUDI, E.K. (2019): "Parallel banking system: opportunities and challenges" *Journal of Applied Finance & Banking*, vol. 9, núm. 4, pp. 47-70.

FICI, A. (2015): "Tendencias y perspectivas del derecho cooperativo en el contexto global y la supervisión como oportunidad para el sector de la economía solidaria", *Boletín de la Asociación Internacional de Derecho Cooperativo*, Universidad de Deusto, pp. 223-249.

FIGUERUELO BURRIEZA, A. (2014): "Igualdad de género en la toma de decisiones; sobre la composición equilibrada de los consejos de administración de las grandes empresas", *Igualdad y democracia: el género como categoría de análisis jurídico: estudios en homenaje a la profesora Julia Sevilla*, pp. 241-252.

FINANCIAL STABILITY BOARD (2008): "Report of the financial Stability Forum on Enhancing Market and Institutional Resilience", disponible en http://www.financialstabilityboard.org/list/fsb_publications/pag_3.htm

FMI (2009): "The Recent financial Turmoil-Initial Assessment, Policy Lessons, and Implications for Fund Surveillance", disponible en http://www.imf.org/external/np/pp/eng/2008/040908.pdf.

FOLGADO FERNÁNDEZ, J.A., HERNÁNDEZ MOGOLLÓN, J.M, MARIÑO ROMERO, J.M. (2012): "Responsabilidad social corporativa: una herramienta para un nuevo enfoque del gobierno corporativo", *Revista de Estudios Económicos y Empresariales*, núm. 24, pp. 57-79.

FONTEYNE, W. (2007): "Cooperative Banks in Europe Policy Issues", *IMF Working Papers.*

GADEA SOLER, E. (2009): "Estudio sobre el Concepto de Cooperativa: Referencia a los Principios Cooperativos y a su discutida vigencia", *Boletín JADO Academia Vasca de Derecho*, núm. 17, pp. 165-185.

GADEA, E. (2006): "Cooperativismo y globalización", *Asociación Internacional de Derecho Cooperativo*, Universidad de Deusto, pp.49-62.

GALÁN CORONA, E. (1998): "La junta general" *La sociedad de responsabilidad limitada* (coord. NIETO CAROL, U.), Madrid, pp. 599-641.

GARCÍA COMPANYS, A. (2018): "El principio de proporcionalidad en la normativa de gobierno corporativo de las cooperativas de crédito", *Comunicación aceptada y presentada en el XVII Congreso Internacional de Investigadores en Economía Social y Cooperativa*, con el lema "La Economía Social: transformaciones recientes, tendencias y retos de futuro" celebrado los días 4 y 5 de octubre de 2018.

GARCÍA COMPANYS, A. (2019): "El deber de lealtad de los administradores: una aproximación desde el análisis económico del derecho" *Derecho de sociedades: cuestiones sobre órganos sociales* (dirs. GONZÁLEZ FERNÁNDEZ, M.B., COHEN BENCHETRIT, A.), (coords. OLMEDO PERALTA, E., F. GALACHO ABOLAFIO, A.),Tirant lo Blanch, pp. 771-788.

GARCÍA COMPANYS, A. (2020): "Análisis comparado del régimen de exclusión de socios en las sociedades de capital con el régimen de expulsión de socios en las sociedades cooperativas" *Comunicación presentada al Congreso de Sociedades Málaga.*

GARCÍA DE ENTERRÍA, J. (2005): "El reglamento de la Junta General", *Revista Ius et Veritas*, núm. 30, pp. 85-97.

GARCÍA ROMERA, P. (2014): "Las cooperativas de crédito, ¿un modelo con esencia o la esencia del modelo?" *40 UNACC. Conectando con el cambio de modelo de negocio*, Madrid.

GARCÍA SALINERO, R. (2014): *Los pósitos agrícolas: análisis de su evolución económica y contable.* Tesis Doctoral, Salamanca.

GARCÍA-ALVAREZ, G. (2014): "La construcción de una unión bancaria europea: La autoridad bancaria europea, la supervisión prudencial del Banco Central Europeo, y el futuro Mecanismo Único de Resolución", *La reforma bancaria en la Unión Europea y España*, (coords. TEJEDOR BIELSA y FERNÁNDEZ TORRES), ed. Civitas-Thomson Reuters, Navarra, pp. 74-146.

GARCÍA-VILLARUBIA, M. (2015): "La prescripción de las acciones de responsabilidad de los administradores. El supuesto de la responsabilidad por deudas sociales y la responsabilidad de los liquidadores", *Blog*

Uría Menéndez, El Derecho, Revista de Derecho Mercantil, núm. 31. Disponible en: https://www.uria.com/es/publicaciones/4638-la-prescripcion-de-las-acciones-de-responsabilidad-de-administradores-el-supues#:~:text=Frente%20a%20ello%20est%C3%A1%20el,el%-20ejercicio%20de%20la%20administraci%C3%B3n%E2%80%9D

GIRON TENA, J. (1952): *Derecho de Sociedades anónimas: (según la Ley de 17 de julio de 1951),* Universidad de Valladolid, Valladolid.

GÓMEZ DÍAZ, D., FERNÁNDEZ-REVUELTA, L. (1998): "Complejidad organizativa y desarrollo contable de los pósitos en España, Siglos XVI-XIX". *Revista de Contabilidad,* núm. 2, pp. 85-112.

GONZALEZ ESTEBAN, E. (2007): "La Teoría de los *Stakeholders*: un puente para el desarrollo práctico de la ética empresarial y de la responsabilidad social corporativa", *Veritas,* vol. II, núm. 17.

GROENEVELD, H. (2015): "Governance of European Cooperative Banks: overview, issues and recommendations", *TIAS School for business and society.*

GROENEVELD, H. (2016) "A snapshot of European Co-operative Banking", *TIAS School for business and society,* abril.

GUERRA MARTIN, G. (2018) "El Gobierno Corporativo de las entidades de crédito", *Actores, actuaciones y controles del buen gobierno societario y financiero* (dirs. FERNÁNDEZ-ALBOR, A., PÉREZ CARRILLO, E.), Marcial Pons, pp. 160-176.

GUIDER, H. (2014): "Impacto de la regulación sobre la banca cooperativa" *40 UNACC. Conectando con el cambio de modelo de negocio,* Madrid, p. 65-68.

GUIDER, H. (2017): "La banca cooperativa en Europa ¿A qué desafíos se enfrenta después de la crisis financiera?" *Mediterráneo Económico,* núm. 29, pp. 361-379.

GUINNANE, T.W. (2012): "Las primeras cooperativas de crédito alemanas y las actuales organizaciones de microfinanzas. Semejanzas y diferencias", *Revista MBS de microfinanzas y banca social,* Fundación Cajamar, núm. 2, pp. 88-109.

GUTIÉRREZ, M. (2011): *Análisis del desempeño en la reordenación del sistema bancario español: el caso de las cajas de ahorros,* Tesis doctoral, Universidad Nacional de Educación a Distancia, Madrid.

HENRŸ, H. (2013): *Orientaciones para la legislación cooperativa (segunda edición),* Organización Internacional del Trabajo, Ginebra.

HENSELMANN, K., DITTER, D., LUPP, P. (2016): "The Effects of the Financial Crisis on Cooperative Banks in Europe. A Critical Comparison", *Working Papers in Accounting Valuation Auditing,* núm. 2016-1.

HERNÁNDEZ NICOLÁS, C., MARTÍN UGEDO, J.F., MÍNGUEZ VERA, A. (2016): "La influencia del género en la dirección de las sociedades cooperativas españolas sobre la rentabilidad y el endeudamiento: un análisis empírico", *REVESCO. Revista de Estudios Co*operativos, *Tercer Cuatrimestre*, núm. 122, pp. 135-164.

HERNÁNDEZ ORTIZ, M. J., GARCÍA MARTÍ, E., MARTÍNEZ JIMÉNEZ, R., PEDROSA ORTEGA, C., & RUIZ JIMÉNEZ, C. (2020): "El efecto de la diversidad de género sobre el rendimiento de las sociedades cooperativas agroalimentarias españolas", *REVESCO. Revista De Estudios Cooperativos*, núm. 133, pp. 51-60.

HERRERO, J. (2015): "La reciente evolución del Gobierno Corporativo de las entidades de crédito", *Revista de Estabilidad Financiera*, núm. 28, pp. 51-73.

HIERRO ANIBARRO, S. (2014): "Gobierno corporativo sin mercado de valores" *Gobierno corporativo en sociedades no cotizadas* (dir. HIERRO ANIBARRO), ed. Marcial Pons, Madrid, pp. 17-35.

HOPT, K.J. (2013): "Better Governance of Financial Institutions", *ECGI – Law working paper*, núm. 207/2013.

IBÁÑEZ JIMÉNEZ, J. (2014): "La cuarta reforma del buen gobierno corporativo español: antecedentes y consecuencias para el régimen de la junta general" *Comentarios a la reforma del régimen de la junta general de accionistas en la reforma del buen gobierno de las sociedades: Examen del Informe de la Comisión de Expertos y del Proyecto de reforma de la Ley de Sociedades de Capital*, Thomson Reuters, pp. 21-43.

INTERNATIONAL COOPERATIVE BANKING ASSOCIATION (ICBA) (2020): *Regulation and sustainability of cooperative banks: a cross country study*, Bruselas.

JÁCOME, L. (2013): "Política macroprudencial: en qué consiste y cómo ponerla en práctica", *Boletín del Cemla*, Abril-junio, pp. 93-120, p. 95. Disponible en: https://www.cemla.org/PDF/boletin/PUB_BOL_LIX02-03.pdf

JANIS, I.L. (1987): "Pensamiento grupal", *Revista de Psicología Social*, vol. II, pp.125-179.

JENSEN, M., MECKLING, W. (1976): "Theory of the firm: Managerial behavior, agency costs and ownership structure", *Journal of Financial Economics* 3, pp. 305-360.

KAPLAN DE DRIMER, A. (2000): "Las cooperativas ante los peligros de desnaturalización y desmutualización", *Anuario de Estudios Cooperativos*, núm.1, Universidad de Deusto, Bilbao, pp. 167-176.

KARAFOLAS, S. (2016): *Credit Cooperative Institutions in European Countries*, Springer.

LAMARQUE, E. (2018): "The Governance of Cooperative Banks: Main features and New challenges" *New Cooperative Banking in Europe: Strategies for Adapting the Business Model Post Crisis* (ed. MIGLIORELLI, M.), pp. 139-155.

LAMARQUE, E., DEVIELLE, A. (2016): "Diversity of cooperative bank governance models questioning by regulation: an international qualitative research" *15èmeConférence Internationale de Gouvernance*, Montpellier, France, pp.1-27.

LEÓN SANZ, F. (1997): "Fusión, transformación y otras modificaciones estructurales de sociedades cooperativas. Distribución de competencias entre el Estado y las Comunidades Autónomas", *RdS*, núm.9, pp. 25-59

LIDÓN ORTIZ, M. (2020): "Fortalezas y debilidades de la regulación bancaria europea" *Regulación bancaria y actividad financiera* (dir. GONZALEZ, J.C. y COLINO, J.L.) ed. Wolters Kluwer, pp. 31-66.

LIDÓN ORTIZ, M. (2018): "Visión crítica del sistema de competencias compartidas en el mecanismo único de supervisión", *Cuestiones controvertidas de la regulación bancaria*, (dirs. GONZÁLEZ, J.C. y COLINO, J.L.) La Ley, pp. 57-90.

LÓPEZ EXPÓSITO, A.J. (2016): "La idoneidad para el desempeño de los administradores y de determinados puestos clave" *El gobierno corporativo de las entidades bancarias* (dir. LÓPEZ JIMÉNEZ, J.M.), Aranzadi, pp. 409-436.

LÓPEZ, J.M. (2017): *El Gobierno Corporativo de las Entidades Bancarias*, Aranzadi, Navarra.

LLOBREGAT HURTADO, M.L. (1994): "Cooperativas de crédito" *Derecho del Mercado Financiero*, vol. 1, (dirs. ALONSO UREBA, A. y MARTÍNEZ-SIMANCASM, J.), Madrid, pp. 135-182.

MARTÍNEZ LEÓN, I., ARCAS LARIO, N., GARCÍA HERNÁNDEZ, M. (2011) "La influencia del género sobre la responsabilidad social empresarial en las entidades de economía social", *La economía social y la igualdad de género*, REVESCO, núm. 105, monográfico, pp. 143-172.

MARTÍNEZ SEGOVIA, F. (2006): "La relación cooperativizada entre la sociedad cooperativa y sus socios: naturaleza y régimen jurídico", *Revista de Derecho de Sociedades*, núm. 25, pp. 203-234.

MARTÍNEZ-PINA GARCÍA, A. (2019): "Intermediación financiera no bancaria", *Revista de estabilidad financiera*, núm. 37, pp. 107-131, p. 107. Texto disponible en: https://repositorio.bde.es/bitstream/123456789/11166/1/Intermediacion_financiera.pdf

MATEO BLANCO, J. (1990): "Raiffeisen: vida, doctrina, obras e influencia en el actual cooperativismo de crédito" *Ob. col. EL CREDITO, octavas jornadas cooperativas, Monografías Cooperativas*, núm. 8, Lleida, pp. 11-43.

MATEOS, R., ITURRIOZ, J., GIMENO, R. (2009): "La participación financiera y el papel de la mujer en la toma de decisiones de las sociedades cooperativas: los consejos de administración", *Revista Europea de dirección y Economía de la Empresa*, vol. 18, núm. 3, pp. 65-82.

MATEU DE ROS, R. (2019): "El principio jurídico de la igualdad de género", *Gobierno corporativo e Igualdad de Género. Realidades y tendencias regulatorias actuales*, Tirant Lo Blanch, Valencia, pp. 83-95.

MCKILLOP, D., FRENCH, D., QUINN, B., SOLECH, A., WILSON, J. (2020): "Cooperative financial institutions: a review of the literature", *International Review of Financial Analysis*, vol. 71, pp.1-11.

MEHRAN, H., MORRISON, A., SHAPIRO, J. (2011): "Corporate Governance and Banks: What Have we Learned from the Financial Crisis?", *Federal Reserve Bank of New York Staff Reports*, num. 502, junio, pp.1-42.

MIGLIORELLI, M. (2018): "Cooperative Banks and Banking regulation in the EU: Key elements", *New cooperative banking in Europe. Strategies for adapting the business model post crisis*, pp. 93-106,

MIGLIORELLI, M. (2018): "Cooperative Banks Lending During and After the Great Crisis", *New cooperative banking in Europe. Strategies for adapting the business model post crisis*, pp.63-92.

MINGUEZ, F. (2011): "La estructura del nuevo marco prudencial y supervisor: hacia Basilea III. Mecanismos de prevención y gestión de futuras crisis bancarias", *Fundación de Estudios Financieros*, núm. 42, pp. 83-96.

MORILLAS, M.J. (2010): "Las formas jurídicas de empresarios en el mercado de crédito", *Tendencias actuales en torno al mercado de crédito* (dir. PULGAR EZQUERRA, J.), (coord. VARGAS VASSEROT, C.), ed. Dykinson, pp. 51-114.

MORILLAS, M.J. (2016): “La responsabilidad de los administradores de las sociedades cooperativas: mosaico legal e interpretación judicial”, *CIRIEC-España. Revista Jurídica*, núm.28, p. 1-58.

MORILLAS, M.J. (2019): “Capítulo II. Concepto y clases de cooperativas” *Tratado de Derecho de Sociedades Cooperativas* (dir. PEINADO GRACIA, J.I.), Tomo I, Tirant Lo Blanch, Valencia, pp. 145-181.

MORILLAS, M.J., FELIU, M.I. (2018): *Curso de cooperativas*, ed. Tecnos, Madrid.

MORILLAS, M.J., GRECHENIG, K. (2002): “La administración de la Sociedad Anónima Europea en el Reglamento (CE) de 8 de octubre de 2001. El sistema dualista austriaco y alemán, y la adaptación del derecho español”, *Revista de Derecho de los Negocios*, núm. 145, octubre, pp. 9-14.

MÜLBERT, P.O. (2010): “Corporate Governance of Banks after the Financial Crisis–Theory, Evidence, Reforms”, *ECGI – Law working paper*, núm. 130/2009.

OBSERVATORIO DE RESPONSABILIDAD SOCIAL CORPORATIVA (2019): “La responsabilidad social corproativa en las empresas del IBEX 35. Gobierno corporativo. Análisis ejercicio 2019”, disponible en: https://observatoriorsc.org/la-responsabilidad-social-corporativa-en-las-memorias-anuales-de-las-empresas-del-ibex-35

OLAVARRIA IGLESIA, J. (2011): “Capítulo V. Órganos sociales I. La asamblea general” *Cooperativas: régimen jurídico y fiscal* (coord. FAJARDO GARCÍA, G.), Valencia, pp. 111-128.

OLCESTE SANTOJA, A. (2005): *Teoría y Práctica del Buen Gobierno corporativo*, ed. Marcial Pons, Madrid-Barcelona.

OLIVENCIA RUIZ, M. (2012): “Los códigos de buen gobierno en la crisis o la crisis de los códigos de buen gobierno?” *40 UNACC: El Sistema financiero y el gobierno corporativo*, Madrid, pp. 25-27.

OLIVENCIA, M. (2011): “El gobierno corporativo como instrumento al servicio del accionista minoritario” *Cuadernos de Derecho para Ingenieros*, núm. 10: accionistas minoritarios, (coord. CREMADES, J., PEINADO GRACIA, J.I.), (dir. AGÚNDEZ, M.A. y MARTÍNEZ-SIMANCAS, J.), pp. 49-62.

ONTIVEROS BAEZA, E. (2012): “Gobierno corporativo y cooperativas de crédito: un modelo singular” En *40 UNACC: El Sistema financiero y el gobierno corporativo*, Madrid, pp. 55-59.

ONTIVEROS, E., VALERO, F. J. (2003): "El sistema financiero español desde la constitución. Homologación internacional vertebración territorial" *Economía Industrial*, núm. 349-350, pp.111-126.

PALOMO ZURDO, R.J. (2000): *Pasado, presente y futuro de la banca cooperativa en España*, CIRIEC-España.

PALOMO ZURDO, R.J., GUTIÉRREZ FERNÁNDEZ, M., FERNÁNDEZ TORRES, Y. (2017): "La cuestión del género en los órganos de gobierno de la banca cooperativa", *CIRIEC-España, Revista de Economía Pública, Social y Cooperativa*, núm. 89, pp. 137-166.

PALOMO ZURDO, R.J., SANCHIS PALACIO, J.R. (2010): "Efectos de las fusiones sobre la concentración y la eficiencia bancaria: el caso de las Cajas Rurales y los retos de la crisis financiera", *Revista española de financiación y contabilidad*, vol. XXXIX, núm. 146, abril-junio, pp. 289-319.

PANIAGUA ZURERA, M. (2006): "El capital social cooperativo en Derecho español y su armonización con las Normas Internacionales de Contabilidad", *REVESCO*, núm. 90, tercer cuatrimestre, pp.57-91.

PAREJO, J.A., RODRÍGUEZ, L., CALVO, A., CUERVO, A. (2012): "Capítulo 1. Sistema financiero: características generales" *Manual del Sistema Financiero Español*, ed. Ariel Economía, 24ª edición, Barcelona.

PASTOR SEMPERE, C. (2002): "Consejo rector (administradores) y dirección" *REVESCO. Revista de Estudios Cooperativos*, segundo cuatrimestre, número 077, pp. 123-174.

PAZ CANALEJO, N. (1994): "Ley General de Cooperativas" *Comentarios al Código de Comercio y legislación mercantil especial* (dirs. PAZ CANALEJO, N. y VICENT CHULIÁ, F.), Tomo XX, vol. 3º.

PAZ CANALEJO, N. (1995): "Principios cooperativos y prácticas societarias de la cooperación" *REVESCO: Revista de estudios cooperativos*, (Ejemplar dedicado a: La identidad cooperativa), núm. 61, pp. 15-34.

PEMÁN GAVÍN, J.M. (2019): "Sobre la imperiosa necesidad de recuperar la ecuanimidad en el tratamiento a la banca. Una aproximación al contexto regulatorio, institucional y social en el que se desenvuelven las entidades de crédito en la España post-crisis" *Texto redactado como ponencia para un Seminario complementario del Curso de posgrado sobre Regulación Bancaria de la Facultad de Derecho de Zaragoza impartido el 5 de abril de 2019.*

PEÑAS MOYANO, M.J. (2018): "La función de las comisiones internas del Consejo sobre el control societario" Actores, actuaciones y controles del buen gobierno societario y financiero (dirs. FERNÁNDEZ-ALBOR

BALTAR, A., PÉREZ CARRILLO, E.), (coord. RORRES CARLOS, M.), Marcial Pons, pp. 351-365.

PEREA ORTEGA, R. (2016): "La remuneración de los consejeros y directivos (I): principales aspectos regulatorios" *El gobierno corporativo de las entidades bancarias* (dir. LÓPEZ JIMÉNEZ, J.M.), Aranzadi, pp. 437-480.

PÉREZ CARRILLO, E. (2009): *Gobierno corporativo y responsabilidad social de las empresas,* Marcial Pons.

PÉREZ CARRILLO, E. (2012): "Empresa socialmente responsable, y crecimiento empresarial sostenible" *Empresa responsable y crecimiento sostenible: aspectos conceptuales, societarios y financieros* (dir. FERNÁNDEZ-ALBOR), Aranzadi, pp. 25-57.

PÉREZ MORGA, F. (1827): *Colección de reales cédulas, instrucciones, órdenes y demás disposiciones del ramo de Pósitos, expedidas hasta fin del año 1826, con algunas notas instructivas para mayor ilustración.* Imprenta Real, Madrid.

POLI, F. (2019): *Co-operative banking networks in Europe. Models and performance.* Palgrave Macmillan Studies in Banking and Financial Institutions.

POZDYSHEV, V. (2018): "Panorama regulador: 10 años desde el estallido de la crisis financiera", *Taller 3, La proporcionalidad y el marco de Basilea,* Disponible en: https://www.bis.org/bcbs/events/icbs20/ws3_es.pdf.

PUY FERNÁNDEZ, G. (2021): "La importancia del gobierno corporativo en la gestión de las cooperativas de crédito" *Responsabilidad, economía e innovación social corporativa* (coords. VARGAS, C., HERNÁNDEZ, D.), ed. Marcial Pons, pp. 251-268.

PUYALTO FRANCO, M.J. (2013): "Del isomorfismo organizativo al reconocimiento de una identidad diferenciada: algunas propuestas para desarrollar el potencial de las empresas de la Economía Social en el mercado de seguros español". *Revista CEF Legal, revista práctica de derecho. Comentarios y casos prácticos,* núm. 146, pp. 49-74.

PUYALTO FRANCO, M.J. (2013): "Las entidades aseguradoras de la Economía Social en el Proyecto de Ley de Supervisión de los Seguros Privados" *Supervisión en seguros privados: Hacia solvencia II. Actas del Congreso de Ordenación y Supervisión en Seguros Privados.* Valencia, 15 y 16 de septiembre de 2011. (coord. BENITO OSMA, F., OLAVARRÍA IGLESIA, M.T., VERCHER MOLL, F., CUÑAT EDO, V.), (dir. BATALLER GRAU, J., BENITO OSMA F., OLAVARRÍA IGLESIA, M.T., VERCHER MOLL, F., CUÑAT EDO, V.), pp. 539-576.

PUYALTO FRANCO, M.J. (2017): "Los retos en materia de gobernanza de las entidades aseguradoras de la Economía Social", *Un derecho del seguro más social y transparente* (coord. ATIENZA NAVARRO, M.L, MAS BADIA, M.D., PEÑAS MOYANO, B., CASAR FURIÓ, M.E.), (dir. BATALLER GRAU, J. y PEÑAS MOYANO, M.J.), pp. 597-642.

PUYALTO FRANCO, M.J. (2018): "El ejercicio de la actividad aseguradora por las empresas de la Economía Social: una revisión crítica de la situación en España", *Revista Ius et Veritas,* núm. 57, pp. 106-125, p. 125.

PUYALTO FRANCO, M.J. (2021): "La infrarrepresentación femenina en el gobierno corporativo de las sociedades cotizadas españolas: una aproximación holística", *Revista CEF Legal, revista práctica de derecho. Comentarios y casos prácticos,* núm. 244.

QUINTANS EIRAS, R. (2016): "Deterioro financiero y crisis de las entidades aseguradoras" *III Congreso Nacional de Ordenación, Solvencia y Supervisión en Seguros Privados y II Congreso Internacional de Derecho de Seguros* (dirs. BATALLER GRAU, J., PEÑAS MOYANO, M.), Valencia, ed. Psylicom Distribuciones Editoriales, pp. 555-594

QUIRÓS TOMÁS, F.J (2015): *Análisis de las tendencias en gestión de los recursos humanos desde una perspectiva académica y empresarial* (Tesis Doctoral), Universidad de Sevilla.

RIVERO ORTEGA, R. (2018): *Derecho administrativo económico,* Marcial Pons.

ROLDAN, J., CARO, A. (2014): "Las entidades financieras en España. Un sistema en evolución al servicio de la sociedad", *50 años de análisis financiero en España,* pp. 83-99.

ROSE, P. (2010): "Regulating risk by strengthening corporate governance", *SSRN Electronic Journal,* pp.1-30.

SALVADOR ARMENDÁRIZ, M.A. (2018): "Sistema de fuentes del derecho bancario: cuestiones actuales" *Cuestiones controvertidas de la regulación bancaria. Gobierno, supervisión y resolución de entidades de crédito* (coords. GONZÁLEZ VÁZQUEZ, J.J. y COLINO MEDIAVILLA, J.L.) pp. 25-56.

SÁNCHEZ CALERO, F. (2006): "El declinar de la Junta y el buen gobierno corporativo", *Revista Derecho bancario y bursátil,* núm. 104, pp. 9-36.

SÁNCHEZ CALERO, J. (2009): "El papel de los accionistas y administradores en la crisis de las entidades de crédito", *Revista de derecho bancario y bursátil,* núm. 28, pp. 113-132.

SÁNCHEZ RUIZ, M. (2001): "Asamblea General" *La Sociedad Cooperativa en la Ley 27/1999, de 16 de julio de Cooperativas* (coord. ALONSO ESPINOSA, F.J.), Comares, Granada, pp. 197-228.

SANJUÁN MUÑOZ, E. (2016): "Capítulo 9. El consejo de administración y sus comisiones (nombramientos, retribuciones, riesgos, auditoría).

El presidente, el consejero delegado, el secretario del consejo", *El gobierno corporativo de las entidades bancarias* (dir. LÓPEZ JIMÉNEZ, J.M.), Aranzadi.

SANTOS DOMÍNGUEZ, M. A. (2014): *El poder de decisión del socio en las sociedades cooperativas: La Asamblea general.* Cizur Menor, Thomson Reuters, Navarra.

SANTOS JAÉN, J.M., TORNEL MARTIN, M.T. (2020): "La gestión dual en las Sociedades Anónimas alemanas (Aktiengesellschaft), a través del Consejo de Vigilancia (Aufsichtsrat)". *La razón histórica. Revista hispanoamericanta de Historia de las Ideas,* núm. 45, pp. 89-97.

SANZ JARQUE, J.J. (1994): *Cooperación, teoría general y régimen de las sociedades cooperativas, el nuevo derecho cooperativo,* Ed. Comares, Granada.

SEBASTIÁN QUETGLAS, R. (2015): "El Órgano de Administración de las Sociedades de Capital", *Fundamentos de Derecho Empresarial* (coord. BELTRÁN, J., IBÁÑEZ JIMÉNEZ, J., SÁNCHEZ GRAELLS, A.), Tomo II, Aranzadi, Navarra, pp. 179-201.

SENENT VIDAL, M.J. (2011): "Principios cooperativos, género y RSE", *Cuadernos mujer y cooperativismo,* núm. 13, pp. 5-32.

SEPE, S.M., (2012): "Regulating Risk and Governance in Banks: a contractarian perspective" núm. 62, *Emory Law Journal,* pp. 327-406.

SERRANO, A. D., SOLDEVILLA, Y. (1982): "La cooperativa como sociedad abierta", *Servicio de Publicaciones. Ministerio de Trabajo y Seguridad Social,* Sevilla, pp. 21-25.

SOCIAL ECONOMY EUROPE (2019): "El futuro de las políticas europeas para la Economía Social. Hacia un plan de acción", Disponible en: http://base.socioeco.org/docs/see-plan_de_accion_economia_social-imprimir.pdf

SOLER TORMO, F. (2002): "La identidad cooperativa como garantía de futuro: Las cooperativas de crédito ante la trivialización de sus principios", *CIRIEC-España,* núm. 40, pp. 215-242.

TAPIA HERMIDA, A. (2011): "El sistema europeo de supervisión financiera", *Revista de Derecho Bancario y Bursátil,* núm. 121, pp. 9-60, p. 22.

TAPIA HERMIDA, A. (2017): "Los sistemas de gobierno de las entidades financieras", *Estudios sobre órganos sociales de las sociedades de capital. Liber amicorum Fernando Rodríguez Artigas y Gaudencio Esteban Velasco* (coords. JUSTE, J., ESPÍN, C.), Cizur Menor, Aranzadi, pp. 591-609.

TAPIA HERMIDA, A. (2018): "Sociedades mercantiles de intermediación financiera y buen gobierno empresarial" *Actores, actuaciones y controles del buen gobierno societario y financiero* (dirs. FERNANDEZ-ALBOR, A. y PÉREZ CARRILLO, E.), (coord. TORRES, M.), ed. Marcial Pons, pp. 177-191.

TATO PLAZA, A. (2019): "Capítulo VI. Órganos sociales" *Tratado de Derecho de Sociedades Cooperativas* (dir. PEINADO GRACÍA, J.), (coord. VÁZQUEZ RUANO, T.), Tomo 1, pp. 387-651.

TENCATI, A., ZSOLNAI, L. (2009): "The Collaborative Enterprise" *Journal of Business Ethics*, 85, pp. 367-376.

TRIDIMAS, T. (2006): *The General Principles of EU Law (2nd. Edition)*, Oxford University Press..

TRUJILLO DÍEZ, I. (2000): "El valor jurídico de los principios cooperativos. A propósito de la Ley 27/1999, de 16 de julio, de cooperativas", *Revista Crítica de Derecho Inmobiliario*, núm. 658, pp. 1329-1360

UNACC (2012): *El sistema financiero y el gobierno corporativo.*

UNACC (2013): "Banca Cooperativa: Nueva ficha en gobierno corporativo", *Revista de la UNACC*, núm.56, verano, pp.8-12.

UNAI DEL BURGO, D. (2002): "La desnaturalización de las cooperativas. Estudio de los instrumentos financieros de carácter societario y del modelo de expansión no-cooperativo de Eroski S. Coop". *Boletín de la Asociación Internacional de Derecho Cooperativo*, núm.36, pp.51-120.

URÍA, R., MENÉNDEZ, A., VÉRGEZ, M. (2006): "Sociedades cooperativas", *Curso de Derecho mercantil* (dirs. URÍA- MENÉNDEZ), ed. Tomson-Civitas, Madrid, 2ª ed., Tomo I, pp. 1421-1446.

VALENZUELA GARACH, F., VALENZUELA GARACH, F.J. (2007): "Las cooperativas de crédito en el vigente ordenamiento jurídico español (una visión sintética)" *Estudios de derecho de sociedades y derecho concursal: libro homenaje al profesor Rafael García Villaverde*, vol. 3, Marcial Pons, pp.1609-1632.

VALENZUELA GARACH, F., VALENZUELA GARACH, F.J. (2019): "Cooperativas de crédito" *Tratado de Derecho de Sociedades Cooperativas* (dir. PEINADO GRACÍA, J.), (coord. VÁZQUEZ RUANO, T.), Tomo 2, pp. 1417-1450.

VAN der ELST, C. (2015): "Corporate Governance and Banks: How justified is the match?", *ECGI*, Law Working Paper núm. 284/2015.

VAÑO, M.J. (2004): "Transparencia y nuevas tecnologías en las cooperativas de crédito", *CIRIEC-España, Revista de Economía Pública, Social y Cooperativa*, núm. 49, agosto, pp. 117-141, p. 127, disponible en: http://ciriec-revistaeconomia.es/wp-content/uploads/05_Vano_49.pdf

VARGAS VASSEROT, C. (2006): *La actividad cooperativizada y las relaciones de la cooperativa con sus socios y con terceros*, ed. Thomson-Aranzadi, Cizur Menor (Navarra).

VARGAS VASSEROT, C. (2007): "Los previsibles efectos de la NIC 32 en el sector cooperativo" *REVESCO. Revista de estudios cooperativos*, núm. 91 pp. 120-159.

VARGAS VASSEROT, C. (2009): "La estructura orgánica de la sociedad cooperativa y el reto de la modernidad corporativa", *CIRIEC-España. Revista jurídica de Economía Social y cooperativa*, núm.20, pp. 1-23.

VARGAS VASSEROT, C. (2011): "Aportaciones exigibles o no exigibles: ésa es la cuestión", *CIRIEC-España, Revista Jurídica*, núm. 22, pp. 1-45.

VARGAS VASSEROT, C. (2015): "El principio cooperativo de puertas abiertas (adhesión voluntaria y abierta). Tópico o realidad en la legislación y en la práctica societaria", *CIRIEC-España, Revista jurídica* núm. 27/2015.

VARGAS VASSEROT, C. (2015): "Situación y perspectivas del cooperativismo de crédito en España ante la futura e incierta reforma de su régimen legal", *Boletín de la Asociación Internacional de Derecho Cooperativo*, pp. 115-135.

VARGAS VASSEROT, C., GADEA, E., SACRISTAN, F. (2009); *Régimen jurídico de la sociedad cooperativa del s. XXI. Realidad actual y propuestas de reforma*, ed. Dykinson, 1ª ed.

VEGA SERRANO, M. (2011): "La regulación bancaria", *La Ley*.

VERCHER MOLL, J. (2017): "Los requisitos subjetivos de los que ostentan la dirección efectiva en las sociedades del mercado financiero", *Revista de Derecho Bancario y Bursátil*, núm. 146, Madrid, pp. 113-141.

VERCHER MOLL, J. (2018): "Aplicación del Principio de Proporcionalidad a las entidades que operan en el mercado financiero", *Revista Aranzadi de Derecho Patrimonial*, núm. 47, Pamplona, pp. 150-284.

VICENT CHULIÁ, F. (1989): "La nueva Ley de Cooperativas de Crédito", *CIRIEC-España*, núm. 7, pp. 121-138.

VICENT CHULIÁ, F. (1989): "Nota breve sobre la ley de cooperativas de crédito", La Ley, núm. 3, pp.169-174.

VICENT CHULIÁ, F. (1994): "El nuevo estatuto jurídico de las Cooperativas de Crédito (I)", *Revista de Derecho Bancario y Bursátil*, núm. 53, pp. 9-52.

VICENT CHULIÁ, F. (1999): *Ley General de cooperativas*, XX-2°.

VILLAFÁÑEZ PÉREZ, I. (2017): "Principios y valores cooperativos, igualdad de género e interés social en las cooperativas" *CIRIEC-España Revista Jurídica de Economía Social y Cooperativa*, núm. 30, pp. 47-83.

VODAFONE (2021): "Think Tank cajas rurales y cooperativas de crédito" disponible en: https://www.observatorio-empresas.vodafone.es/informes/retos-cajas-rurales-cooperativas-credito-covid/

ZUNZUNEGUI, F. (2019): "Concepto y sistema del derecho del mercado financiero", *Regulación financiera. Revista de Derecho del Mercado Financiero*, working paper 2/2019.

ZUNZUNEGUI, F. (2020): "Sociedad cotizada en bolsa", *GPS Derecho de Sociedades*, coord. por BENITO OSMA, F., CANDELARIO MACÍAS, I. (dir.), pp. 469-507.